능엄경 강해 I
楞嚴經 講解 I

한자경 지음

서광사

일러두기

- 한문 원문은 반라밀제 한역 『대정신수대장경』(19권, T.0945)을 따르되, 『정맥소』나 『계환해』 등에서의 수정을 참조하여 별도의 표시 없이 글자를 수정하기도 하였음.
- 『능엄경』의 내용을 설명하면서 진명 역 『능엄경정맥소』를 인용하거나 일귀 역 『수능엄경』에서의 『계환해』를 간접 인용한 때는 한글 번역문을 있는 그대로 가져오지 않고 한문 원문의 내용과 문맥을 따라 부분적으로 조정하여 인용하였음.

능엄경 강해 I(楞嚴經 講解 I)

한자경 지음

펴낸이 | 이숙
펴낸곳 | 도서출판 서광사
출판등록일 | 1977. 6. 30.
출판등록번호 | 제 406-2006-000010호

(10881) 경기도 파주시 회동길 77-12 (문발동)
대표전화 (031) 955-4331   팩시밀리 (031) 955-4336
E-mail : phil6161@chol.com
http : //www.seokwangsa.co.kr | http : //www.seokwangsa.kr

제1판 제1쇄 펴낸날 ― 2023년 11월 30일

ISBN 978-89-306-3603-2   94150
ISBN 978-89-306-3602-5   94150 (세트)

현대 우주과학은 138억 년 전의 시간과 반지름 465억 광년 공간의 우주에서 펼쳐지는 별들의 신비를 파헤치고, 양자역학과 나노과학은 수억 분의 1mm보다 더 작은 미시세계의 신비를 드러내면서 우리에게 인간과 세계에 대한 무수한 정보를 제공해주고 있다. 그러나 정작 천체망원경과 전자현미경을 통해 온갖 신비를 들여다보고 알아가는 인간의 의식 내지 마음이 무엇인가에 대해서는 어느 과학도 그럴듯한 답을 제시하지 못하고 있다. 우리는 우리에게 보여지는 대상 내지 현상을 알 뿐, 그것을 보고 아는 자기 자신이 어떤 존재인지는 잘 알지 못한다. 자신을 알기 위해 스스로를 대상화해서 파악하면, 그렇게 알려진 나는 다시 또 보여진 나, 대상화된 나이지 그 나를 보는 나 자신이 아니기 때문이다. 일체 앎의 체계를 완결하는 그 마지막 한 지점은 그 체계 안에서 설명되지 않는다. 과학은 그것을 '괴델의 불완전성 정리'라고 하고, 철학은 그것을 '거짓말쟁이 역설'로 표현한다. 보고 아는 나를 보여지고 알려진 나와 동일 차원에 놓으면 역설이 성립한다.

과학의 완전성을 내세우고 이 역설을 피하기 위해 사람들은 오히려 '보고 아는 나'를 부정하며 '보고 아는 나는 없다'고 말하기도 한다. 전체 체계 너머에서 전체 체계를 마무리하는 마지막 한 지점, 따라서 전체와 하나가 아니면서 또 둘이 아닌 그 지점을 애써 도외시하는 것이다. 그러면서 의식이나 마음을 한갓 보여진 대상인 신체나 두뇌의 기능 또는 정보나 관념의 산물이라고 설명하고, 붓다가 설한 무아(無我)까지도 그런 식으로 해석한다. 그러나 그 마지막 지점은 부정하고 제거하려는 순간에도 여전히 거기에 남아 있어 역설은 피할 수 없다. 화자는 언제나 그 지점에서 말하기 때문이다. '보고 아는 나'가 없다고 무아를 말하는 그 마음이 바로 그 지점의 마음이다. 수행이 지향하는 마음, 일체 번뇌를 멸하여 열반에 이르는 마음, 해탈한 마음, 부처의 마음이 바로 그 지점의 마음인 것이다. 실제로 우리는 처음부터 끝까지 그 마음자리를 벗어난 적이 없다. 무아의 참된 의미는 보여진 세계, 연기와 윤회의 세계 안에 자아는 없다는 것이다. 붓다가 무아를 설한 것은 보여진 세계 전체를 보는 눈, 현상 전체를 완결하는 그 마지막 지점은 현상 속 나가 아니라는 것을 말하기 위함이다.

그런데도 현대과학에 세뇌된 우리는 쉽게 그 마음을 지우려고 하며, 그 마음까지도 두뇌나 정보가 만든 환상이라고 여긴다. 현상세계 전체가 우리의 뇌나 정보가 만들어낸 가상이고, 우리는 그렇게 우리가 만들어낸 가상을 보고 있는 것인데, 그 보는 자를 다시 보여진 가상 속으로 밀어넣는 것이다. 모두들 그렇게 말하면 그런가라고 생각하면서, 흔들리게 된다. '마음이란 것은 가상 속 가상이구나', '보는 마음의 확실성은 가상 속 확실성이구나'라고 여기게 된다. 결국 도무지 깨어날 수 없는 환상에 갇히는 것이다. 그렇게 되면 붓다가 말한 대각(大覺)과 해탈과 열반이 모두 그냥 환상 속 이야기가 된다. 많은 사람들이 불교를 그런 식으로 읽는다. 현대에도 그렇고 예전에도 마찬가지였다.

대승은 깨달음과 해탈과 열반을 그런 식으로 현상 차원으로 되돌려 상대화하는 것을 악취공(惡取空)에 빠진 단멸론(斷滅論)이라고 비판한다. 보여진 현상세계 전체를 넘어서는 그 마음 한자리를 놓쳐 버리면 업보의 순환인 유전문에 갇혀 그로부터의 탈출, 해탈이 불가능해지기 때문이다. 붓다가 강조한 환멸문의 수행, 해탈과 열반이 무의미해지기 때문이다. 『능엄경』은 붓다의 가르침을 완성하기 위해, 그 마지막 지점인 마음 한자리를 확고하게 붙잡기 위해 쓰여진 경전이다. 수행하는 불자라면 놓쳐서는 안 되는 그 마지막 지점의 마음을 '신묘하고 맑고 밝은 마음'인 묘정명심(妙淨明心), '원만하며 묘하고 밝은 마음'인 원묘명심(圓妙明心)으로 밝히면서 그 존재를 증명하고 있다. 그리고 그 마음에 입각해서 우리가 경험하는 자아와 세계의 실상을 해명한다.

『능엄경』을 읽으면서 '아난과 대중이 미증유의 것을 얻어 환희하였다'는 말이 실감이 났다. 알고도 놓칠 뻔했던 마음, 스스로 느끼면서도 애써 외면하게 되는 마음, 그 마음을 이렇게도 확실한 언어와 탄탄한 논리로 이야기하다니! 다문제일 아난을 붙잡고 붓다가 고구정녕으로 깨우쳐주고자 한 것이 바로 이 마음이라니! 모든 중생 안에 깃든 이 어마어마한 보물을 놓치고 작은 것에 목숨을 걸고 사는 중생이 그리도 안타까워 넘치는 자비심으로 중생을 일깨워주려 하다니! 이 『능엄경』이 우리 한국의 역사 속에서 계속 읽히고 사랑받고 심지어 한글 창제 이후 세워진 간경도감에서 언해본으로까지 출간되었다는 것도 놀라운 일이었다. 우리 선조는 이 마음을 놓치지 않고 알고 있었구나! 일반 백성들조차도 이 마음을 붙잡고 있었구나! 그러니까 최제우의 깨달음, '오심즉여심(吾心卽汝心)'이 가능했고, '인내천(人乃天)'이 나올 수 있었구나! 선불교가 기반한 '본래성불'과 '중생즉부처'가 무엇을 의미하는지, 간화선이 말하는 본래면목의 깨달음, 견성(見性)과 돈오(頓悟)가 무엇을 뜻하는지도 이 『능엄경』을 읽으면서 확연히 알 수 있었다.

내가 『능엄경』이 논증하는 마음(원묘명심)과 그 마음의 빛인 본각(本覺)의 각명(覺明)을 엄청난 보물이라고 여기는 까닭은 바로 여기에 현대의 심리학이나 심리철학, 뇌과학이나 인지과학이 해명하지 못하고 남겨놓은 인간 마음의 핵심, 의식(意識)의 본질이 놓여 있다고 생각하기 때문이다. 나는 정보처리시스템 차원의 '명제적 의식'과 질적으로 구분되는 의식, 즉 정보를 자각하여 아는 '현상적 의식'의 정체가 바로 이 본각에 있다고 생각한다. 『능엄경』을 읽다 보면, 지금 여기에 깨어 있는 이 의식이 바로 심층 묘정명심인 진심에서 뻗어나오는 각명(覺明)의 빛이라는 것, 땅속 나무뿌리의 생명력이 땅 위 나뭇가지 끝에서 꽃을 피우듯이, 가장 심층의 본각의 밝음이 가장 표층의 현재적 의식의 성성한 깨어 있음을 이룬다는 것을 실감하게 된다. 살아 있는 중생의 마음과 알고리즘적 인공지능의 차이가 바로 이 각명의 빛에 있다는 것, 경험적 과학이나 사변적 철학 너머의 종교적 영성(靈性)은 바로 이 원묘명심의 보고(寶庫)에서 성립한다는 것, 우리는 누구나 그 공적영지(空寂靈知)의 마음으로 살아가며, 그래서 모두가 걸림 없는 무애(無碍)의 하나를 꿈꾸며 산다는 것, 이런 것들을 확신하게 된다.

『능엄경』을 처음 읽고 크게 감동받은 후 종종 대학원 수업에서 학생들과 함께 읽기 시작한 지도 벌써 10여 년이 되었다. 『능엄경』은 그 양이 많아서 한문 문장과 같이 읽다 보면 짧게는 두 학기, 길게는 세 학기에 걸쳐 읽어야 했다. 몇 번을 그렇게 읽으면서 나는 내가 왜 『능엄경』을 이렇게도 좋아하는 것일까 스스로 의아해하기도 했다. 그러다가 문득 그 답을 찾은 듯한 느낌이 든 것은 최근의 일이다. 어린 시절 명륜동 한옥

집에 혼자 깨어 있던 밤이면 밀려오는 고요함과 적막감 속에서 나는 일체 분별이 사라지고 전체 우주와 그대로 하나가 되는 듯한 묘한 감정에 빠져들곤 했다. 그때 내가 의식했던 것은 적막을 뚫고 내 안에서 느껴지는 심장 고동과도 같은 미세한 진동이었다. 마음의 집중을 따라 몸 어디에서든 그 진동을 느낄 수 있었는데, 나는 그것을 내 안의 심장의 고동, 맥박과 같은 것이라고 생각해왔다. 나중에 불교를 알고 수행에 관심을 가지면서 위빠사나 수행으로 호흡에 집중해보기도 하고, 간화선 수행으로 화두에 집중해보기도 했지만, 나는 늘 그 진동으로 되돌아왔다. 생각을 따라가지 않고 빈 마음으로 성성하게 깨어 있음을 가장 잘 느낄 수 있는 상태가 바로 그 진동에 머물러 있는 것이었기 때문이다. 그것은 일종의 파동처럼 느껴졌고, 우주의 파동과 주파수가 맞으면 활연관통하면서 시방 여래와 살아 있는 모든 중생과 마음이 하나로 통할 것 같은 그런 기대를 갖고 살아왔다. 나는 그것을 어디에서도 확인받지 못한 나만의 비밀 병기처럼 나의 수행법으로 혼자 사용하면서 살아왔던 것이다. 그러다가 어느 날 문득 내가 느껴온 진동이 『능엄경』의 이근원통(耳根圓通)이 말하는 '흐름에 들어가 대상을 잊음'(입류망소入流忘所)의 그 흐름이 아닐까라는 생각이 불현듯 들었다. 고요를 뚫고 느껴지는 진동 내지 파동이 일종의 흐름으로 묘사될 수 있지 않을까? 진동에 나를 맡김은 흐름을 따라 일체의 매듭인 6근(根)을 풀어 한마음으로 돌아가는 그 출발점이 아닐까? 그래서 『능엄경』에 사로잡혀 있었던 것일지도 모른다는 생각이 들었다. 『능엄경』에서 마음을 찾아 아난이 눈물 흘릴 때 붓다가 그 정수리를 어루만지는 그 '마정(摩頂)'을 나는 몹시 부러워하기만 했다. 그러다가 또 어느 날 문득 '나는 늘 그렇게 어루만져지고 있었던 것이 아닐까'라는 생각이 들었다. 붓다, 여래법신, 진여가 이끄는 것이 아니라면, 어떻게 수십 년을 이 한 길을 걸어올 수 있었겠는가? 이처럼 『능엄경』 안에 불교의 진리가 모두 녹아 있고, 내 삶의 이모저모를 비춰볼 수 있기에, 내가 『능엄경』을 좋아하는 것이 우연이 아닐지도 모른다는 생각이 든다.

『능엄경』을 좋아하는 사람은 나뿐만이 아니다. 과거부터 수많은 사람들이 『능엄경』에 매료되었으며, 따라서 우리말로 쓰여지거나 번역된 주해서도 적지 않다. 그러니 거기에 『능엄경 강해』라는 이름으로 또 하나의 해설서를 더하는 것이 무슨 의미가 있을까? 스스로 이렇게 반문하면서도 작업을 계속하여 강해를 완성하고 나니, 과연 무엇이 이 책의 특징일까 되묻게 된다. 내용적으로 가능한 한 현대의 우리말로 풀이하고 철학

적으로 설명해보고자 노력하였지만 성공하였는지는 잘 모르겠다. 다른 책들보다 조금
은 더 이해하기 쉽게 쓰여졌기를 희망해본다. 내용 중심으로 장과 절을 나누어 설명하
였고, 목차만 봐도 대충의 내용을 알아볼 수 있게 하려고 노력했다. 또 번다한 내용을
가능한 한 간략하게 도표화하여 이해를 돕도록 하였다. 짧은 내용은 짧은 도표로, 긴
내용은 긴 도표로 정리하였고, 긴 도표는 뒤에 따로 묶어 두었다. 반라밀제 한역의 글
자들은 기본적으로 『신수대장경』을 따르되 『정맥소』나 『계환해』 등에서의 수정을 참
조하여 의미상 맞다고 생각될 경우 그에 따라 수정하였다.

　기존의 책들과의 형식상의 차이는 본문의 글을 서분만 제외하고 모두 대화체 형식
으로 바꿔서 희곡 대본처럼 꾸며본 것이다. 글 자체가 붓다가 아난, 파사익왕, 관세음
보살 등과 나눈 대화체의 글이기 때문이다. 그래서 생생하게 대화 분위기를 살려보고
자 했다. 다른 책들과의 또 다른 차이는 대화 전체를 존댓말로 번역한 것이다. 우리말
번역본에서는 모두 스승인 붓다는 제자에게 반말을 하고 제자 아난은 스승에게 존댓
말을 하는 식으로 되어 있다. 그러면서도 붓다가 파사익왕한테 하는 말은 존댓말로 번
역한다. 그러나 나는 나이 또는 사회적 지위를 따라 존댓말이냐 반말이냐를 선택하는
것은 평등한 인간관계를 해친다고 본다. 인도 범어나 한문에는 그런 선택이 없을 것이
다. 따라서 모두 존댓말로 바꿔 본래의 분위기를 살려보고자 하였다. 이런 시도가 당
연한 것으로 받아들여질 수 있는 날이 오기를 기다려본다.

　마당 한쪽에 흙을 고르고 빨간색 노란색 봄꽃을 사다 심으면 하루만에도 마당에 아름
다운 꽃밭이 생긴다. 또 마당 한쪽에 흙을 일구어 상추나 고추 모종을 사다 심으면 몇
달이고 맛있는 먹거리를 따먹을 수 있는 텃밭이 생긴다. 하루 이틀 일을 하면 금방 표가
나고, 그렇게 성과가 눈에 띄게 드러나니 일하고 나서도 기분이 좋다. 그런데 책상 앞에
앉아서 하는 공부는 백날을 해도 그게 그거다. 하는 나도 뭘 했는지 모르겠고, 밖에서
보는 남들도 도대체 뭘 하고 앉아 있는 건지 알지 못할 것이다. 그런 식으로 책상 앞에
앉아 『능엄경』을 붙잡고 있는 것이 벌써 며칠, 몇 달, 몇 년째인지 모른다. 아님 몇 생을
두고 하는 것인지도 모르겠다. 혹시나 이 책이 누군가의 사유와 삶에 작은 보탬이라도
된다면, 그의 덕에 내 노력이 헛된 일이 아니게 될 터이니, 그에게 감사하고 싶다.

가평 아침고요마을에서 한자경 씀

『능엄경』의 세계

1. 『능엄경』은 어떤 책인가?

『능엄경』은 심(心)이나 견(見)에 대한 잘못된 생각을 바로잡음으로써 인간의 본래 마음을 '묘하고도 맑고 밝은 마음'인 묘정명심(妙淨明心)으로 밝혀나가는 책이다. 인간의 마음을 주와 객, 능과 소로 이원화된 분별적 표층의식이 아니라 주와 객, 나와 너, 정신과 물질 등 일체를 두루 포괄하는 심층 한마음으로 밝힘으로써 인간과 자연, 인식과 존재, 이론과 실천, 중생과 부처를 하나의 체계로 통합하여 설명하는 경전이라고 할 수 있다. 한마디로 불교의 인간관과 세계관, 인식론과 존재론, 수행론과 해탈론을 두루 포괄하여 하나의 체계로 설명하는 책이다.

묘정명심이 바로 일심(一心) 내지 여래장을 뜻하므로 이 책은 기본적으로 대승 여래장사상에 속하는 경전이다. 중국의 주해서에서는 『능엄경』의 사마타-삼마제-선나가 천태의 공-가-중에 배대되어 천태의 일심삼관(一心三觀)의 틀로 해석되기도 하고, 『능엄경』의 여래장묘진여성에 입각하여 화엄의 틀로 해석되기도 하였다.[1] 또는 『능엄

1 　『능엄경』을 천태의 틀로 처음 주해한 사람은 자중 홍연이고, 『능엄경』을 화엄의 틀로 해석한 첫 주석서는 송대 장수 자선(子璿)의 『의소주경(義疏註經)』이라고 한다. 주성옥(명법), 「『능엄경』 주소(註疏)를 통해 본 과문의 특징: 『계환해』와 『정맥소』를 중심으로」(『불교학연구』, 41호, 2014) 60쪽 이하 참조.

경』의 대화체가 선사들의 선문답이나 공안처럼 보이고 선수행을 강조한다는 점에서 선종(禪宗)의 경전으로 여겨지기도 하고,[2] 수행의 방편으로 수능엄다라니를 제시한다는 점에서 밀교(密敎)의 경전으로 평가되기도 한다. 그렇지만 이 책에 등장하는 인물들은 석가모니 부처님 그리고 아난을 위시한 붓다의 제자들이며, 그들이 기원정사에 모여 5온·12처·18계의 실상을 논하고 일체를 공성(空性)에 입각한 공여래장과 불공여래장으로 설명하며 궁극적으로 3계유심(三界唯心)의 도리를 밝히고 있으므로, 이 책은 초기불교와 대승 중관과 유식과 여래장사상 및 천태와 화엄과 선 그리고 밀교 등을 인간의 심층마음인 묘정명심 하나로 관통하여 설명하는 회통불교적 경전이라고 할 수 있다.

　현재까지 남아 있는『능엄경』은 전체 10권으로 된 것으로 8세기경 인도 승 반라밀제의 번역과 중국 승 불공(不空)의 번역이 있다.[3] 산스크리트 본이 발견되지 않았기에 『능엄경』은 중국에서 찬술된 것이라고 보는 견해도 있다.[4]

2　『능엄경』을 선종의 입장에서 해석한 첫 주석서는 장경 도헌(長慶 道巘)의「설문(說文)」이며, 선종에서 마조 도일이나 규봉 종밀도『능엄경』에서 선수행의 근거를 찾았다고 한다. 주성옥(2014), 60쪽 이하 참조. 선사상에서『능엄경』이 갖는 의미에 대해서는 마해륜,「선사상에서 지각의 위상에 대한 예비적 연구:『능엄경』의 견문각지와 식심의 함의」(『불교학연구』, 58호, 2019), 62쪽 이하 참조. 연구자들이 지적하듯『능엄경』이 선의 기반일 수는 있지만, 실제『능엄경』에서의 대화는 선가에서의 선문답과는 그 차원과 깊이가 다르다고 본다. 선문답은 이성적 사유가 따라갈 수 없는 지점으로 우리를 몰고 가서 의심으로써 그 사유의 한계를 뛰어넘게 하는 반면『능엄경』의 대화는 바로 그 지점까지도 상세히 논의함으로써 혜안(慧眼)으로 진리를 꿰뚫어보게 하는, 즉 사유로써 사유의 한계를 넘어서게 하는 차이가 있다고 본다.

3　이들 번역의 원제목은『대불정여래밀인수증료의제보살만행수능엄경』이고, 약해서『대불정수능엄경』이라고도 한다. 이 경전 이외에 능엄삼매를 설하는 또 다른 종류의 경전이 있는데, 바로『수능엄삼매경』으로 이것은 후한 시기 185년경 지루가참이 초역하였으나 산실되었고 이후 후진 시기 402-412년경의 구마라집(鳩摩羅什)의 번역이 남아 있다. 185년경 지루가참의 번역설에 입각해서『수능엄삼매경』은 대략 100-150년쯤 서북 인도에서 완성되었으며『화엄경』,『법화경』,『유마경』등 대승경전의 선구가 되었다고 추정된다. 장순용의 번역서『수능엄경통의』(운주사, 2020) 해제 참조.

4　이『능엄경』을 중인도 나란타사에 보관하면서 인도 본국에만 유통시키고 다른 나라로 나가지 못하게 한 인도 왕의 명이 있어서 중국에도 당대 이전까지 전해지지 않았다는 설이 있다. 그러다가 중국에서 8세기가 되어서야 비로소 반라밀제 역으로 등장하였기에 이 경을 중국 찬술로 보기도 한다. 내용적으로『능엄경』8권에서 6취(趣) 대신 선취(仙趣)를 포함한 7취를 논하기에 도교의 신선(神仙) 사상이 가미된 중국 찬술이라는 주장이 제기되기도 한다. 그러나 세친의 유식논서『유식이십론』의 게송19 전후로 아련야 선인(仙人) 및 몇몇 성선(聖仙)의 분노가 언급되는 것을 보면 인도에서도 선(仙)의 존재를 인정하며 7취를 논했을 수도 있다. 더구나 인도의 나란타사에 있던 경전들을 그대로 티벳어로 번역한 『티벳대장경』「밀교부」안에『마하실달다반달라경(대백산개경)』이란 제목의 경전이 있다고 하니, 이 문

한문 번역:『대불정여래밀인수증료의제보살만행수능엄경』

- 705년경 인도 사문 반라밀제(Paramiti)의 번역(『대정신수대장경』, 19권, 945)

- 불공(不空, 705-774)이 정리한『정본수능엄경』

『능엄경』이 우리나라에 전래된 시기는 정확하지 않지만 1011년 편찬된 고려대장경에 수록된 것을 보면 신라 말쯤으로 추측된다.[5] 조선 시대 승가 내 교육기관인 강원(講院)의 교과과정 중 4교과(四敎科)에서 가장 먼저 교육한 것이『능엄경』이고[6] 조선 초 간경도감에서의 언해본 출간 중 가장 먼저 출간된 것도『능엄경』인 것을 보면 우리나라 사상계에서 상당히 중시된 책이라는 것을 알 수 있다. 이후 한글 번역본도 여럿 있다.

한글 언해본

- (조선) 1462년 세조의 명으로 간경도감에서 언해본 나옴(해인사승가학원 발행, 1981)

한글 번역본

- 일귀 역,『수능엄경』(샘이깊은물, 2009): 각주에서『계환해』,『정맥소』를 인용

- 도견 역,『능엄경』(수능엄, 2009)

- 황정원 역,『우리말 능엄경』(운주사, 2013)

제에 대해서는 더 많은 연구가 있어야 할 것으로 보인다. 티벳 역에 대해서는 황정원,『우리말 능엄경』
(운주사, 2013), 8쪽 참조.
5   일귀 역,『수능엄경』(샘이깊은물, 2009), 8쪽 참조.
6   4단계의 강원교과과정에서 다루는 교재는 다음과 같다. 운허의『불교사전』참조.
  1. 사미과(沙彌科):『조석송주』,『사미율의』,『반야심경』,『예참』,『초발심자경문』,『치문경훈』
  2. 4집과(四集科): ①『선원제전집도서(禪源諸詮集都序)』(도서): 규봉 종밀(당, 780-841)의 서문
    ②『법집별행록절요병입사기』(절요): 보조 지눌(고려, 1158-1210)의 절요병입사기
    ③『대혜보각선사서(大慧普覺禪師書)』(서장), 대혜 종고(남송, 1089-1163)의 편지글
    ④『고봉원묘화상선요(高峰原妙和尙禪要)』(선요): 고봉 원묘(원, 1238-1295)의 설법집
  3. 4교과(四敎科): ①『대불정여래밀인수증료의제보살만행수능엄경』(능엄경)
    ②『대방광원각수다라요의경(大方廣圓覺修多羅了儀經)』(원각경)
    ③『금강반야바라밀경(金剛般若波羅密經)』(금강경)
    ④『대승기신론(大乘起信論)』(기신론)
  4. 대교과(大敎科): ①『화엄경(華嚴經)』
    ②『선문염송(禪門拈頌)』: 진각 혜심(고려, 1178-1234)이 편집한 공안집
    ③『경덕전등록(景德傳燈錄)』

『능엄경』은 불교경전이지만 불교계에서뿐 아니라 성리학자들 간에도 널리 애독되었던 책이다. 중국 송대 성리학자 장재·정호·정이·주희 등도 『능엄경』을 읽었으며, 우리나라 성리학자 이규보·정몽주·정도전·김만중·이이 등도 『능엄경』을 읽고 영향을 받았다. 그렇게 두루 읽혀진 책이지만, 대승불교의 핵심사상을 이론과 실천 전반에 걸쳐 상세히 논하고 있어 그 내용이 쉽지는 않다. 따라서 중국에서도 일찍부터 많은 주석가들의 주석이 있어 왔다. 대표적인 것으로는 송대 계환의 『능엄경요해』(이하에서 『계환해』로 약함)가 있고, 명대에 진감이 앞의 여러 주석들이 지나치게 천태의 관점에 치우쳐 있음을 비판하면서 쓴 『능엄경정맥소』(이하에서 『정맥소』로 약함)가 있다. 그 이외의 것들을 포함하여 간략히 정리하면 다음과 같다.

중국에서 나온 주석서

- (송대) 장수 자선(子璿), 『의소주경(義疏註經)』(『卍속장경』, 10권, 265), 화엄종 계통
-       고산 지원(智圓), 『곡향초(谷響鈔)』, 천태종 계통
-       온릉 계환(1127년경 완성), 『능엄경요해』[7](『卍속장경』, 11권, 270), 선(禪) 경향, 원각은 수행을 통해 얻어진다고 봄
- (원대) 천여 유칙, 『십가회해』: 10가(홍복 유각, 자중 홍연, 진제 숭절, 취이 홍민, 장수 자선, 고산 지원, 오홍 인악, 늑담 효월, 온릉 계환, 천여 유칙), 천태3관
- (명대) 교광 진감, 『능엄경정맥소』[8](『卍속장경』, 12권, 275)(진명 역, 불광출판사, 2018), 원각의 본래 있음을 강조
- (명말) 감산 덕청(1546-1623), 『수능엄경통의』[9](『卍속장경』, 12권, 279)(장순용 역, 운주사, 2020), 일심3관
- (현대) 선화상인, 『능엄경 강설』(정원규 역, 불광출판사, 2012)

---

7 『계환해』에서 이미 사마타를 견도분, 삼마제를 수도분, 선나를 증과분으로 칭하고 있으니, 아마 그 이전부터 그런 등치가 일반적으로 받아들여진 것 같다.

8 진감은 『능엄경』의 사마타(견도분)에서 해오(解悟)를 설하고 삼마제(수도분)에서 이근원통 등 수행을 설하였는데, 이전의 주석가들이 견도분부터 천태의 3관을 적용하여 마치 그것을 수도분인 듯 해석한 것이 문제라고 비판한다. 진감, 『정맥소』(진명 역, 불광출판사, 2018), 1권, 228쪽 참조.

9 감산은 『능엄경』 견도분 중의 공여래장을 공관, 불공여래장을 가관, 공불공여래장을 중도관에 배대하며, 따라서 견도분을 3관의 체(體), 수도분을 3관의 상(相), 증과분을 3관의 용(用)으로 간주한다. 또한

우리나라에 『능엄경』의 주석서가 본격적으로 도입된 것은 고려 의천(1055-1101) 때로 추정된다. 그가 속장경 준비 작업으로 저술한 『신편제종교장총록(新編諸宗敎藏總錄)』에 28종의 『능엄경』 주석서가 소개되고 있는데, 대개 교종에 치우친 편이었다. 『능엄경』을 선종의 경전으로 이해한 사람으로는 거사 이자현(李資玄, 1061-1125)이 주로 언급된다.[10] 그는 『능엄경』에 입각하여 참선을 이해하였으며, 이후 『능엄경』은 선종의 주요 경전으로 간주된다. 고려시대부터 주석서가 나왔으며, 조선을 거쳐 현대에 이르기까지 다양한 주석서 및 참고도서들이 나와 있다. 많이 언급되는 것들을 열거하면 다음과 같다.

한국에서 나온 주석서
- (고려) 한암 보환(閑庵 普幻), 『능엄경신과(楞嚴經新科)』 2권(1276)
- _____, 『수능엄경환해산보기(首楞嚴經環解刪補記)』 2권(1279): 계환해 수정, 일연이 봄
- (조선) 유일(有一), 『능엄경사기(楞嚴經私記)』 1권
- 의첨(義沾), 『능엄경사기』 1권(통도사에서 『능엄사족』으로 발행)
- (현대) 운허 용하, 『수능엄경주해』(동국역경원, 1981), 계환해보다 정맥소를 따름

본 경의 주된 내용은 경의 제목에서 잘 드러난다. 경의 본래 제목은 『대불정 여래밀인 수증료의 제보살만행 수능엄경(大佛頂 如來密因 修證了義 諸菩薩萬行 首楞嚴經)』이다. 이중 '대불정(大佛頂)'의 '대'는 체·상·용 3대의 대이고, '불'은 법신·보신·응신 3불신의 불이며, '정'은 붓다의 반야 지혜의 높음을 뜻한다. '여래밀인(如來密因)'은 붓다가 되는 인(因), 즉 성불하게 하는 비밀스런 원인을 말하고, '수증료의(修證了義)'는 닦아 증득하는 구체적 방법을 말하며, 궁극을 남김없이 설하기에 료의(了義)라고 한다. '제보살만행(諸菩薩萬行)'은 보살이 57위 수행을 통해 바라밀 등 만행을 행한다는 것이다. '수능엄(首楞嚴)'은 범어 수람가마(śūraṃgama)의 음역으로 '수능'은 필경, 구

일심의 적(寂)을 공, 조(照)를 불공, 무애를 공불공에 배대함으로써 『능엄경』 전체를 일심3관의 틀로 읽는다. 그는 『능엄경』을 읽다가 얻은 대오(大悟)를 이렇게 표현한다. "이때 비로소 일심3관에 의거하여 하나의 경전을 원융해 회통했는데, 말하자면 미혹과 깨달음이 일심을 벗어나지 못하고, 구경(究竟)이 3관을 여의지 못한 것이다." 감산, 『수능엄경통의』(장순용 역, 운주사, 2020), 1권, 70쪽.
10   이자현에 대해서는 정병삼, 『한국불교사』(푸른역사, 2020), 276쪽 이하 참조.

경의 뜻이고, '엄'은 견고(堅固)의 뜻으로 불성 내지 여래장을 의미한다. 그리고 '경
(經)'은 수트라(sutra)의 번역으로 실 내지 끈을 뜻하는 경전을 의미한다.

> 대(大): 체상용 3대
> 불(佛)+정(頂): 3불 + 지혜
> 여래밀인(如來密因): 성불의 인(因)   ─ 사마타(견도분): 수능엄정을 해오(解悟)
> 수증료의(修證了義): 수증의 방법   ─ 삼마제(수도분): 수능엄정에 입(入)
> 제보살만행(諸菩薩萬行): 57위 수행   ─ 선나(증과분): 수능엄정을 주지(住持) 수증(修證)
> 수능(首楞)+엄(嚴): 구경+견고=여래장, 불성
> 경(經)

『능엄경』은 인간 마음의 실상을 논하고(사마타/견도분), 그에 입각한 수행의 기본
방법을 밝히며(삼마제/수도분), 나아가 수행을 단계적으로 완성해가는 과정(선나/증
과분)을 제시한다.『능엄경』은 과연 인간과 세계를 어떻게 이해하고 있는가?

2.『능엄경』의 세계관

불교에서는 존재의 실상을 여실하게 깨닫는 단계를 견도(見道)라고 하고, 그 깨달음에
근거하여 번뇌를 닦아나가는 단계를 수도(修道)라고 한다. 그리고 대승은 깨달아야 할
그 존재의 궁극을 인간의 본성, 진여심, 여래장, 불성 내지 일심으로 밝힌다. 그러므로
대승에 따르면 견도는 '본성을 직관한다'는 의미의 '견성(見性)' 또는 '단박의 깨달음'
이란 의미의 '돈오(頓悟)'이고, 수도는 그렇게 직관된 본성의 실현을 가로막는 묵은 번
뇌를 제거해나가는 '점진적 닦음'이란 의미의 '점수(漸修)'이다.

> 견도(見道)   →   수도(修道)
> = 본성 직관/견성(見性)   = 본성 실현/번뇌 제거
> = 돈오(頓悟)   = 점수(漸修)

수도에 앞선 견도라고 해서 그 깨달음이 개념적 분별작용만으로 성립하는 것이 아니다. 하늘의 해가 구름에 가려질 수 있듯이, 인간의 본성은 대개 번뇌로 가려져 있어 분별적 의식에 쉽게 포착되지 않기 때문이다. 구름 너머 해를 보려면 구름 너머로 나아가야 하듯이, 본성을 자각하자면 번뇌에 이끌리지 않고 번뇌 너머로 나아가야 한다. 그렇게 본성을 깨닫기 위한 방법이 지(止)·관(觀) 수행이다. 지는 마음의 번뇌를 가라앉히는 것이고, 관은 마음의 본성을 깨닫는 것이다. 지와 관을 닦음으로써 본성의 깨달음을 얻게 된다. 그리고 그렇게 본성을 확인하고 나면, 즉 구름 너머 해를 보고 나면, 스스로 그 본성의 자리에 머무르는 것, 스스로 해가 되는 것이 요구되니, 그것이 바로 수도(修道)이다. 수도는 깨달은 본성의 실현이며, 본성의 실현을 방해하는 번뇌를 닦아 없애는 것이다. 그렇게 함으로써 일념의 마음 상태인 삼매, 정(定)에 이르고, 구경의 깨달음인 반야, 혜(慧)를 얻게 된다. 그래서 지(止)를 통해 정(定)에 이르고, 관(觀)을 통해 혜(慧)를 얻는다고 말한다.

견도	→	수도
지(止, śamatha)		정(定, samādhi, 삼매)
관(觀, vipassanā)		혜(慧, prajna, 반야)

대승은 지관 수행을 성적등지문(惺寂等持門)으로 설명한다. 지로써 가라앉히고자 하는 번뇌는 대상을 좇아 흩어지는 산란심인 도거(掉擧)이다. 일상의 마음이 대상에 사로잡힌 분주한 산란심이라면, 지로써 마음의 대상을 덜어내고 마음을 비워서 고요한 적적(寂寂)의 마음을 얻는다. 그런데 일상의 마음은 그 안의 대상이 지워지면 작용도 따라서 멈춰 혼침(昏沈)에 빠져든다. 마음이 본래자리의 자신을 자각하자면 대상을 좇지 않는 적적의 상태에서 잠들지 않고 성성(惺惺)하게 깨어 있어야 한다. 이처럼 적적과 성성을 함께 유지하는 것이 성적등지이다. 지로써 적적을 이루고, 관으로써 성성을 이룬다.

〈일상의 마음〉		〈수행의 마음〉
도거	↔	지(止): 적적(寂寂)
혼침	↔	관(觀): 성성(惺惺)

불교는 처음에는 수행을 통해 부처의 경지를 성취해가는 과정을 중시하였지만, 대승 여래장사상은 그렇게 도달하고자 하는 그 경지가 사실은 모든 인간 안에서 이미 작동하고 있는 현실적 마음, 현재적 마음이라는 것을 강조한다. 도달하고자 하는 해는 중생 마음 바깥의 대상이 아니고 가장 깊은 내면의 빛인 것이다. 인간 안의 본래 마음인 진심은 이미 부처의 마음이다. 비고 고요한 공적의 마음이 신령하게 자신을 아는 '공적영지(空寂靈知)', 마음 본성이 자신을 신묘하게 아는 '성자신해(性自神解)', 한마디로 본래적 각성인 '본각(本覺)'이 이미 우리에게 내재해 있는 것이다. 그래서 '본래성불(本來成佛)', '구래성불(舊來成佛)'을 말하며, '중생즉부처', '번뇌즉보리', '생사즉열반'의 불이(不二)를 논한다.

〈일상의 마음〉 〈수행의 마음〉 〈본래의 마음〉

도거 ↔ 지: 적적(寂寂) = 공적(空寂) ⎤
혼침 ↔ 관: 성성(惺惺) = 영지(靈知) ⎦ 공적영지, 성자신해(性自神解), 본각(本覺)

『능엄경』은 우리의 일상적 마음작용을 세밀하게 관찰하고 분석하여 해명함으로써 이와 같은 대승적 인간관과 세계관의 타당성을 체계적으로 논증한 책이다. 『능엄경』은 우리의 일상의식은 안·이·비·설·신·의 6근(根)이 색·성·향·미·촉·법 6진(塵)을 반연하면서 대상을 따라 일어났다 가라앉는 견문각지(見聞覺知)의 마음인 데 반해, 우리의 진짜 마음은 이보다 훨씬 더 깊은 심층에서 대상의 현전 유무와 상관없이 언제나 작동하는 마음, 시간적으로 생멸하거나 변화하지 않고 공간적으로 움직이거나 유실되지 않는 원만하고 밝은 원명(圓明)의 마음이라고 논한다.

표층의 분별심과 심층의 진심
1. 표층의 견문각지심: 대상을 따라 생멸하는 반연심(攀緣心)
2. 심층의 진심: 불생불멸의 진여심, 원정명심, 적상심(寂常心)

일상의 의식은 밝으면 보고 어두우면 보지 않는다고 여기지만, 진심은 어둠 또는 허공을 보기에 보이는 대상이 없음까지도 아는 마음이다. 일상의 의식은 소리가 있으면 듣고 소리가 없으면 듣지 않는다고 여기지만, 진심은 적막을 듣기에 들리는 소리가 없음까지도 아는 마음이다. 이처럼 진심이 허공을 보고 적막을 듣는다는 것은 곧 마음 그 자체가 텅 빈 적막의 마음, 공적의 마음으로서 스스로를 신령하게 아는 영지(靈知)의 마음임을 말해준다. 이와 같이 대상의 유무에 제한되지 않고 언제 어디서나 공적의 마음으로 일체를 보고 듣고 아는 마음을 『능엄경』은 견문각지심을 넘어선 진심인 '원묘명심(圓妙明心)'이라고 부른다. 이 마음이 바로 중생 안의 여래심이고, 공적의 항상된 마음인 '적상심(寂常心)'이며, 그 마음의 본각이 바로 묘하게 맑고 밝은 '묘정명(妙淨明)'이다.

『능엄경』에 따르면 인간이 무시이래로 대상을 좇아 6도 윤회하는 것은 인간이 자신을 묘정명의 원묘명심으로 알지 못하고, 자신을 오히려 대상을 좇아 일어났다가 사라지는 표층 반연심인 견문각지심으로만 알기 때문이다. 자신 안에 원묘명심의 묘정명이 이미 언제나 빛나고 있음에도 불구하고, 즉 본각이 있음에도 불구하고, 그것을 자기 마음으로 알아차리지 못하고 자신을 오히려 자기 마음에 비추어진 그림자, 영상, 허망분별상으로만 알기 때문이다.

마음이 자기 자신을 원묘명심으로 자각하여 알지 못하는 것이 무명(無明)이고 불각(不覺)이다. 본각이 이미 밝은데도, 즉 '각명(覺明)'인데도, 그것을 알아차리지 못하고 자신을 대상화하여 밝혀보려고 하는 것, 각을 밝히려고 하는 것이 바로 '명각(明覺)'이다. 마음이 이미 전체를 하나로 보고 있는데, 다시 보려고 애를 씀으로써 그 피로가 쌓여서 허망한 상이 나타난다. 마치 눈에 피로가 쌓이면 뿌연 막이 생기거나, 눈을 누르면 눈앞에 제2월이 그려지는 것과 같다. 이와 같이 자신을 원묘명심으로 알지 못하여 동하는 것이 '무명업상(無明業相)'이고, 그렇게 대상화하여 보고자 함이 '능견상(能見相)'이며, 그에 따라 나타나는 갖가지 상이 '경계상(境界相)'이다. 우리의 표층의식이 나와 세계라고 여기는 것들이 모두 심층의 적상심이 움직여서 그려놓은 마음의 그림사인 것이다.

각명(覺明): 진심의 묘정명, 본각(本覺) - 심진여문

   ↑

명각(明覺): 심을 알지 못하여 밝히려 함, 불각(不覺) - 심생멸문

  1. 무명업상: 무명 불각의 움직임

  2. 능견상: 보고자 함

3. 경계상: 보여지는 상 - 유근신/근/아 + 기세간/진/법

이 점에서 『능엄경』은 아와 법, 자아와 세계, 유근신과 기세간, 근(根)과 진(塵)이 모두 심층 아뢰야식의 전변 결과일 뿐이라고 주장하는 유식(唯識)과 맥을 같이한다. 아뢰야식의 활동 결과 근과 진이 형성되면, 근은 그 근에 상응하는 진을 흡입하는데, 이것이 바로 표층식의 견문각지의 활동이다. 안근이 색진을 보고, 이근이 성진을 듣는 것 등이다. 그리고 그러한 흡입을 통해 근이 더 강화되고, 그 근에 의거하여 진이 더 확실해진다. 소리를 많이 들을수록 예리한 이근의 귀명창이 되고, 와인 맛을 많이 맛볼수록 예리한 미감의 소믈리에가 되는 것과 같다. 오랜 기간 동굴 속에 살아 색진을 흡입하지 못한 박쥐들이 결국 안근을 잃게 되는 것도 마찬가지이다. 식이 진을 흡입하는 것은 곧 식(경험)이 심층마음에 정보(종자/업력)를 남기는 '현행훈종자'에 해당하고, 그렇게 함으로써 다시 근과 경이 확립되는 것은 곧 심층마음 속 종자가 다시 현실 태로 드러나는 '종자생현행'에 해당한다. 무명업상과 능견상으로부터 경계상인 근과 진이 형성되고, 그렇게 형성된 근과 진으로부터 표층식이 일어나며, 그 식으로부터 다시 종자가 심겨져 그 종자(업력)의 힘으로 다시 근과 경이 형성된다. 이처럼 경험이 종자를 남기고, 종자가 다시 경험을 일으켜 경험과 선험이 서로를 규정하면서 반복되어 끝나지 않는다.

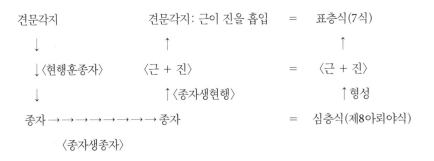

이러한 순환에 이끌려 근과 진의 매임을 벗어나지 못하는 것이 우리의 윤회적 삶의 실상이다. 근을 갖고 그에 상응하는 기세간에 살면서 경험을 하면 그 근이 더욱 강화되고 그에 상응하는 진을 벗어나지 못하게 된다. 이러한 순환을 벗어나는 것은 근과 진, 아와 법이 심층마음이 그린 영상이라는 것, 공(空)이고 가(假)라는 것을 깨달아야

만 가능하다. 즉 자기 자신을 근과 진을 형성하는 심층마음으로 자각함으로써만 가능
하다. 이러한 존재의 실상을 밝히기 위해 『능엄경』은 우리에게 표층의 견문각지심 너
머 심층의 본심이 있다는 것, 두루하는 맑고 밝은 원묘명심이 각자의 심층마음으로 이
미 활동하고 있다는 것을 밝힌다. 이것이 바로 우리 안에서 이미 활동하면서 근과 진
을 형성해내는 여래장이다.

　　이와 같이 『능엄경』은 일체 현상세계, 5음과 6입, 12처와 18계 나아가 지·수·화·
풍·공·견·식 7대(大)까지도 모두 여래장인 심층마음의 발현이라고 논한다. 마음이 표
층의 반연심으로 그치는 것이 아니라 근과 진을 형성하는 심층 여래장이라는 것을 깨
닫기 위해 근과 진 너머의 심층으로 나아가는 것이 요구되지만, 그렇다고 해서 『능엄
경』이 일체 현상을 부정하는 것은 아니다. 여래장에 의해 형성되는 근과 진이 그 자체
로 실재하는 실체가 아니고 피로와 먼지로 축적된 가(假)이고 환(幻)이라는 것, 따라
서 여래장 바깥에 따로 있는 것이 아니라는 것은 곧 그 자체가 바로 여래장의 신묘한
표현이라는 것을 의미한다. 마치 거울 속 영상이 결국은 거울이고, 허공 속 환화가 결
국은 허공이며, 종이 위의 그림이 결국은 종이인 것과 같다. 일체 현상은 마음속에 그
려진 마음의 그림자, 영상이기에 결국 마음 자체인 것이다. 이렇게 해서 현상 너머의
심층마음은 결국 그 안에 나타나는 일체 현상을 모두 포괄하는 무변(無邊)과 무외(無
外)의 일심(一心)으로 밝혀진다. 여래장은 현상 너머의 것이기에 '공여래장'이지만, 그
것이 결국은 일체 현상을 모두 포괄하기에 다시 '불공여래장'이다. 여래장과 현상은 불
일(不一) · 불이(不二)이다.

현상:	허망상	
상구보리/진속불일	↓ ↑	하화중생/진속불이
진심:　〈공여래장〉	진여성(여래장)	〈불공여래장〉

3. 『능엄경』의 전체 구성

『능엄경』은 서분과 유통분을 제외한 본론(정종분)이 모두 5부분으로 되어 있는데,
제1부는 지(止)인 사마타(奢摩他, śamatha), 제2부는 정(定, 삼매)인 삼마제(三摩提,

samādhi),¹¹ 제3부는 선(禪)인 선나(禪那, dhyana)이며, 이어 제4부는 제목을 설명하는 결경분이고, 제5부는 윤회하는 중생 부류인 7취(趣)와 수행을 방해하는 마장(魔障)을 설명하는 조도분으로 구성되어 있다.

> 서분
> 정종분
>> 제1부. 사마타: 견도분
>> 제2부. 삼마제: 수도분
>> 제3부. 선나: 증과분
>> 제4부. 결경분: 경의 제목
>> 제5부. 조도분: 7취와 마장
> 유통분

정종분의 다섯 부 중 앞의 세 부분인 사마타와 삼마제와 선나가 능엄경의 주 내용을 이룬다. 일반적으로 불교 수행에서 사마타(지)와 삼마제(정)는 비파사나(관)와 지혜(혜)와 한 쌍을 이루는 개념으로 사용되어 왔다. 즉 지를 닦아 정에 이르고, 관을 닦아 혜에 이르는데, 지와 관은 동시에 닦아야 하므로 늘 '지관겸수(止觀兼修)' 내지 '정혜쌍수(定慧雙修)'가 강조되어 왔다.

〈1. 사마타〉   〈2. 삼마제〉   〈3. 선나〉

지(止, śamatha) → 정(定, samādhi, 삼매) ┐
                                        ├ 지관겸수, 정혜쌍수
관(觀, vipassanā) → 혜(慧, prajna, 반야) ┘

『능엄경』에서의 사마타는 지관겸수로서 관을 포함한 지를 뜻하고, 삼마제는 정혜쌍수로서 혜를 포함한 정을 뜻하며, 선나는 정혜를 완성하는 마지막 단계를 뜻한다고 볼 수 있다.『능엄경』은 이 세 단계를 각각 마음의 본래자리인 집을 보는 단계, 집의 대문

---

11   정(定) 또는 등지(等持)로 의역되는 사마디(samādhi)는 전통적으로 삼매(三昧)나 삼마제(三摩提) 또는 삼마지(三摩地)로 음역되었다. 모두 마음이 하나에 집중된 심일경성(心一境性)을 뜻하는 말이다.

을 통과하여 집에 들어서는 단계, 집 안 마당을 거쳐 방 안까지 걸어가는 단계에 비유하고 있다. 이는 달리 말하자면 산의 지도를 보고 지형을 익힌 뒤 직접 산 있는 곳으로 와서 올라갈 산 정상을 우선 바라보는 단계, 그 산에 들어서는 단계, 정상을 향해 걸어 올라가는 단계로 생각할 수 있다. 이러한 세 단계는 각각 견도분, 수도분, 증과분으로 풀이된다.

1. 사마타(śamatha, 지＋관): 견도분. 깨달음의 단계   – 집을 보기   – 산 정상을 보기
2. 삼마제(samādhi, 정＋혜): 수도분. 실천 수행의 단계   – 대문을 넘기 – 산에 들어서기
3. 선나(dhyana, 禪): 증과분. 수행 결과에 이르는 57지위 – 방까지 가기 – 정상까지 오르기

1) 사마타(견도분): 마음의 본래자리를 바로 보고자 하면 우리는 우리가 그동안 세간에서 보고 듣고 배워서 형성한 분별적 사유틀, 오랜 습관으로 몸에 배어 버린 인식틀로부터 자유로워져야 한다. 그 틀이 바로 허망상을 만들어내는 우리 자신의 분별과 습(習)의 번뇌이기 때문이다. 이 번뇌를 가라앉혀서 허망분별 이전의 실상, 허정명한 마음의 밝음을 여실하게 보는 것이 바로 사마타, 지(止)이다. 마음 본래의 빛을 돌이켜 깨닫는 회광반조(回光返照)의 과정이라고 볼 수 있다. 이 과정을 통해 우리는 마음이 본래 우주 전체를 포괄하는 무변(無邊) 무애(無碍)의 존재, 공적의 마음이며 스스로를 밝게 아는 영지의 마음, 본각과 각명의 마음이라는 것을 깨닫게 된다.

2) 삼마제(수도분): 마음의 실상을 깨달아 아는 것과 실제 그 마음자리로 들어서는 것은 또 다른 일이다. 대문 너머로 집 안을 바라보는 것과 대문을 통과하여 집 안으로 들어서는 것이 다른 것과 같고, 산 아래에서 산을 바라보는 것과 직접 산으로 걸어 들어가는 것이 다른 것과 같다. 깨달아 알게 된 그 마음자리에 실제로 들어서는 단계가 바로 삼마제, 정(定)이다. 그러기 위해서는 발걸음을 옮겨야 한다. 마음의 본래자리에서 마음의 눈을 떠야 한다. 그 발걸음은 집의 방 안 또는 산의 정상에 이르기까지의 기본 걸음이라고 할 수 있으며, 그것이 곧 수행 전체에 원만하게 통하는 원통(圓通)의 방법이 된다. 『능엄경』은 이곳에서 6근·6경·6식·7대에 의거한 25가지 수행을 열거하며, 그중 이근원통(耳根圓通)이 최상의 방법이라고 논한다.

3) 선나(증과분): 그런데 마음자리에 들어선다고 해서 마음 안에 습(習)으로 녹아 있던 일체 번뇌가 일시에 모두 사라지는 것은 아니다. 집 안에 들어섰다고 해서 집 중

심의 방 안까지 다 걸어간 것이 아니고, 산에 들어섰다고 해서 이미 정상에 이른 것이 아닌 것과 같다. 방 안 깊숙이 그 중심에 이르러 집의 보물을 손에 넣는 것, 산의 정상에 이르는 것, 우주의 중심에 자리하여 스스로 빛을 방출함으로써 일체 번뇌를 지혜의 표현으로 바꾸어 놓는 것, 세간과 출세간, 속과 진을 불이(不二)의 하나로 통섭하는 것, 그것이 모든 수행을 완성한 최후의 모습이다. 『능엄경』은 그러한 수행과 증득의 과정을 선나, 선(禪)이라고 하며, 이곳에서 대승의 수행단계인 57위(位)를 논한다.

이와 같이 사마타와 삼마제와 선나의 3단계를 거쳐 『능엄경』은 우리의 본래 마음이 단지 견문각지심에 그치는 것이 아니라 묘하게 맑고 밝은 영지의 마음이라는 것, 우리의 마음이 표층의식에 그치는 것이 아니라 우주 전체를 포괄하는 심층의 한마음이라는 것을 밝히고, 그 본래의 마음자리로 우리가 어떤 수행 방편을 통해 나아갈 수 있는지, 그리고 어떤 수행 단계를 따라 궁극의 해탈의 경지에 이르게 되는지를 논한다.

이어 제4부 결경분에서 경의 제목을 설명하고, 제5부 조도분에서는 우리가 윤회하는 세계인 3계(界)와 그 안에서 윤회하는 중생 부류인 7취(趣)를 설명한다. 그리고 수행과정에서 일어날 수 있는 부작용을 색·수·상·행·식 5음의 각 단계에서 일어나는 마사(魔事)로 설명한다.

이와 같이 서분과 유통분 사이의 다섯 부를 통해 『능엄경』은 불교의 궁극 지향점인 상구보리와 하화중생의 길을 밝힌다. 우리 마음의 실상, 세계 존재의 근원, 번뇌의 형성 그리고 그 번뇌의 소멸을 논함으로써 이론과 수행, 인식과 실천을 함께 아우르는 것이다. 결국 『능엄경』은 일체 존재의 방대한 범위를 체계적으로 설명하고, 수행과정에서 드러나는 신비한 내용까지도 논리적으로 해명하는 통합적 불교이론서 내지 수행 안내서라고 할 수 있다.

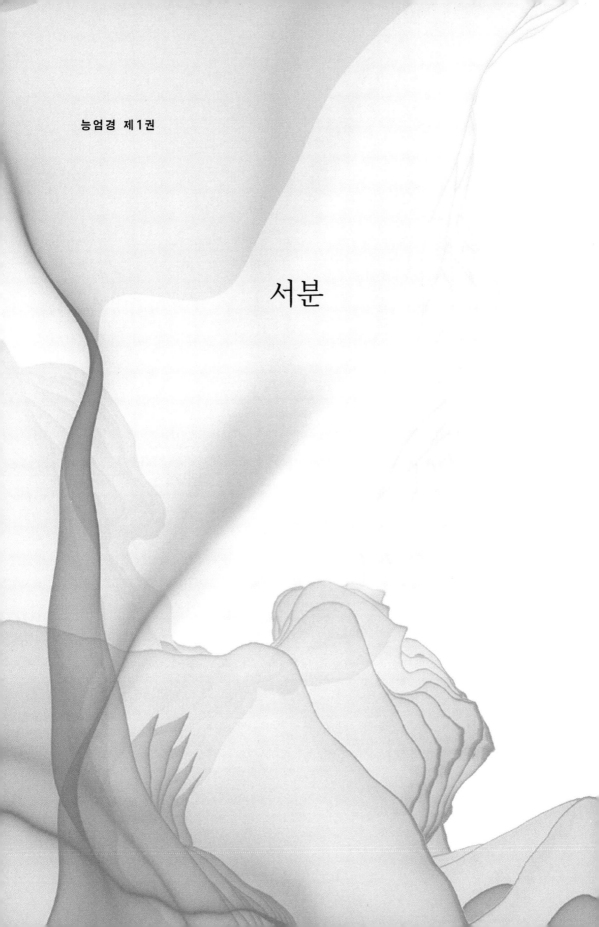

능엄경 제1권

서분

1. 설법의 배경

> 이와 같이 내(아난)가 들었다. 한때 붓다가 실라벌성의 기원정사에 대비구
> 1250인과 함께 있었다.
> 如是我聞. 一時佛在室羅筏城祇桓精舍, 與大比丘衆千二百五十人俱.

6성취:
1. 신(信)성취: 여시
2. 문(聞)성취: 아문
3. 시(時)성취: 한 때 (언제)
4. 주(主)성취: 붓다＝석가모니 (누가)
5. 처(處)성취: 실라벌(사위)성 남쪽 1km쯤 떨어진 기수급고독원(기원정사) (어디서)
6. 중(衆)성취: 대비구 1250인 (대비구: 안으로 보살, 밖으로 성문) (누구와)

『능엄경』의 배경은 기원정사이다. 기원정사(祇園精舍, Jetavana)는 코살라국의 수도인 사위성(śrāvastī/sāvatthī, 실라벌성) 남쪽에 있는 승원으로 기수급고독원(祇樹給孤獨園)의 약어이다. 기원정사는 마가다국의 기타태자(祇陀太子) 소유의 동산을 급고독장자(給孤獨長者, 須達長者, 아나따삔디카)가 구입하여 붓다에게 보시한 것이라고 한다.[1] 『능엄경』도 다른 경들과 마찬가지로 '이와 같이 내가 들었다'의 여시아문(如是我聞)으로 시작한다. 그렇게 들었다고 보고하는 자는 아난이다. 아난이 찬술하되 그 내용은 아난 자신의 말이 아니라 붓다의 말씀이라는 것을 강조한 것이다. 붓다와 함께 있는 비구가 1,250인이라고 한 것에 대해『정맥소』는 다음과 같이 1,255명인데, 5명은

---

[1]　붓다는 코살라국의 북쪽에 있는 작은 부족(석가족) 국가인 카필라국의 왕자로 태어났다. 당시 인도의 4대 강국, 각 나라의 수도 그리고 당시 각 나라의 왕들의 이름은 아래와 같다. 카필라국은 붓다 생존시 코살라국의 비두다바왕에 의해 정복되었고, 코살라국은 곧 마가다국에 병합되었다. 마가다국이 멸하면서 난다 왕조가 일어나고, 다시 BC 320년경 찬드라굽타가 마우리야 왕조를 세운 후 2대 빈두사라왕 다음의 3대 아소카왕이 인도를 통일하였다.
코살라국(갠지스강 서북쪽): 사밧티(사위성)　　- 파세나디(파사익)왕 → 비두다바(유리)왕 - 기원정사
마가다국(갠지스강 동남쪽): 라자가하(왕사성) - 빔비사라왕 → 아자타삿투(아사세)왕　　- 죽림정사
아반타국(인도 서남부):　　　웃자이니(우선니) - 파초타왕
밤사국(야무나강 남쪽):　　　코잠비(교삼미)　- 우다나왕(우전왕)

생략되었다고 설명한다.[2]

첫 제자[3]: 교진여(콘단야), 아사지, 마하남, 밧디야, 바파	– 5명
가섭 3형제(우루빈라, 가야, 나제: 배화 소속이었음) + 그들의 제자	– 1,000명
사리불(회의론자 산자야[4]의 제자였음) + 그의 제자	– 100명
목건련(회의론자 산자야의 제자였음) + 그의 제자	– 100명
야사(바라나시의 한 장자의 아들)의 사람들	– 50명

> 모두 무루의 대아라한이며 불자로 주지(住持)하여 일체 존재를 잘 초월하였고, 능히 국토에서 위의(威儀)를 성취하였다. 붓다를 따라 법륜을 굴리고 유촉(遺囑)을 신묘하게 감당하며 계율을 엄정히 지켜 널리 3계의 모범이 되었다. 응신이 무량하여 중생을 제도해서 해탈하게 하고 미래(중생)도 구제하여 번뇌를 벗어나게 했다.
>
> 皆是無漏大阿羅漢佛子住持善超諸有, 能於國土成就威儀. 從佛轉輪, 妙堪遺囑, 嚴淨毘尼, 弘範三界. 應身無量度脫衆生, 拔濟未來越諸塵累.

붓다와 함께했던 비구들은 아라한들이다. 아라한은 성문4과 중 마지막 단계로서 수행이 완성되어 더 공부할 것이 없기에 무학(無學)이라고 하고, 번뇌가 다했기에 무루(無漏)라고 한다. 번뇌를 의미하는 루(漏, 범어 āsrava)는 샌다는 뜻이다. 마음이 그 자리에 머무르지 않고 밖으로 새어나가는 것이 번뇌이다. 여기에서 '대아라한'이라고 한 것은 그들이 겉으로는 성문이지만 실제는 대승 보살도를 닦은 보살과 같다는 것을 뜻한다. 불교는 근본번뇌를 6가지 또는 10가지로 제시하며, 그 근본번뇌 중 어느 것을 약

---

2 진감, 『정맥소』, 1권, 432쪽 참조.

3 이들은 붓다 출가 후 오랜 기간 동안 붓다와 함께 수행하였으나 붓다가 수자타로부터 우유죽을 받아먹는 것을 보고 결별하였다. 그 후 깨달음을 얻은 붓다가 녹야원(사르나트)에 찾아오자 이들은 붓다의 모습을 보고 감동하여 설법을 청하였고, 이때의 설법을 '초전법륜(初轉法輪)'이라고 한다.

4 산자야는 6사외도 중의 하나로 회의주의를 표방한다. 그는 붓다에게 "나는 어떠한 논리도 세우지 않는다. 따라서 당신은 나의 논리를 깰 수 없다"라고 말하며 논쟁을 걸었다. 이에 붓다는 "당신의 그 말은 논리를 세운 것인가, 아닌가? 만일 논리를 세운 것이라면, 당신은 스스로 자신의 주장을 어긴 것이니 당신의 논리는 이미 깨진 것이다. 만일 세우지 않은 것이라면, 주장이 없으므로 깨트릴 것도 없다"고 반박하였다.

화 또는 단멸하는가에 따라 성문4과(果)를 구분한다.

근본번뇌:　탐　진　치　　　만　의　견(유신견, 변집견, 사견, 견취견, 계금취견)

　　　　　貪　瞋　癡　　　慢　疑　見(有身見　邊執見　邪見　見取見　戒禁取見)

　　　　　└──┘　　└──┘

　　애번뇌/수혹/사혹　　견번뇌/견혹

성문(śrāvaka/sāvaka) 4과(果):

　1. 수다원(예류預流): 만(慢)·의(疑)·견(見)을 끊음

　2. 사다함(일래一來): 탐(貪)·진(瞋)·치(癡)를 약화

　3. 아나함(불환不還): 탐·진 끊음

　4. 아라한(무학無學): 탐·진·치 끊음. 공부가 완성된 무학 ↔ 대아라한: 보살

　일체 존재는 중생이 윤회하는 6도 윤회의 세계, 즉 욕계(욕망의 세계)와 색계(순수 물질의 세계)와 무색계(정신세계) 3계를 말한다. 3계를 '초월한다'는 것은 2승이 몸을 없애 3계를 벗어나는 것을 뜻하지만, '잘 초월한다'는 것은 보살이 3계를 떠나지 않고도 3계와 생사에 매이지 않는다는 것을 뜻한다. 그러므로 국토에 머물면서 위의(威儀)를 성취한다고 말한다. '위의를 성취한다'는 것은 행주좌와(行住坐臥) 어느 상태에서든 일거수일투족이 법도에 맞게 처신한다는 뜻이다. '법륜을 굴린다'는 것은 대중을 설법으로 교화한다는 것이고, '유촉을 감당한다'는 것은 붓다가 제시한 뜻을 잘 따른다는 것이다. 비니(毘尼)는 팔리어 vinaya의 음역으로 비나야(毘奈耶)라고도 하며 계율(戒律)을 의미한다. 여기 등장하는 대비구들의 '응신(應身)이 무량하다'고 하는 것은 그들의 행동이 많은 부분 중생제도를 위한 보살행이라는 것을 의미한다. 응신은 다음과 같은 3불신 중의 하나이다.

3불신(佛身):

　1. 법신(法身): 진리의 몸

　2. 보신(報身): 수행 중에 나타나는 몸

　3. 응신(應身): 32상(相) 80종호(種好)를 갖는 몸 ↔ 화신(化身): 상호 없이 나타나는 몸

그 이름은 ① 대지혜 사리불, ② 마하 목건련, ③ 마하 구치라, ④ 부루나 미다라니자, ⑤ 수보리, ⑥ 우파니사타 등이고 이들이 대표가 되었다. 또 수많은 벽지불과 무학 그리고 초심자들이 함께 붓다가 있는 곳에 왔으니, 마침 모든 비구가 하안거를 마치고 자자(自恣)하는 날이었다.

其名曰大智舍利佛, 摩訶目乾連, 摩訶拘絺羅, 富樓那彌多羅尼子, 須菩提, 優波尼沙陀等而爲上首. 復有無量辟支無學幷其初心同來佛所, 屬諸比丘休夏自恣.

모인 사람들:

제자들(대아라한)	+	벽지불	+	무학	+	초심자
보살(①-⑥)		연각 또는 독각		아라한		

붓다의 10대 제자:

①사리불 ·	②목건련 ·	가섭 ·	아나율 ·	④부루나 ·	⑤수보리 ·	가전연 ·	우파리 ·	나후라 ·	아난
지혜 제일	신통	두타	천안	설법	해공/자비	논쟁	지계	밀행	다문
〈안식〉	〈의식〉	〈법진〉	〈안근〉	〈설식〉	〈의근〉		〈신식〉		
『반야심경』		(선종1조)			『금강경』				

붓다 생존 시 욕탐을 끊고자 하는 고행의 두타(頭陀, dhūta) 행을 가장 철저하게 하여 '두타 제일'로 불린 사람은 가섭이었다. 가섭은 바라문 출신으로 붓다와 연령이 비슷하였고 붓다의 승인하에 교단의 우두머리 역할을 하였다. 가섭 3형제와 구분하기 위해서 흔히 마하가섭이라고 부른다. 가섭은 선(禪)의 전통을 만든 자로 간주되어, 중국 선종에서는 33조사 중 1조를 가섭, 2조를 아난으로 꼽는다.[5] 아난은 교학에 뛰어나며 붓다의 가르침을 가장 많이 듣고 가장 정확히 기억하는 자로 여겨져 '다문(多聞) 제일'로 불린다. 아난은 붓다의 사촌동생인 데바닷다[6]의 친동생으로 출가 후 붓다 가까이에

---

5   붓다가 마하가섭에게 마음을 전한 것이 '3처전심(三處傳心)'이다. 1. 영축산 설법에서 연꽃을 들어 보이자 가섭만 미소지었다는 '영산회상 염화미소(靈山會上 拈花微笑)', 2. 다자탑 앞에서 붓다가 가섭에게 자리 반을 내주었다는 '다자탑 반분좌(多子塔 半分坐)', 3. 붓다가 열반에 든 후 네란자라(니련선하) 강변에서의 다비식에서 뒤늦게 도착하여 붓다를 보고 싶어 하는 가섭에게 관 밖으로 발을 내보였다는 '니련선하 곽씨쌍부(尼連禪河 郭氏雙趺)'가 그것이다. 이는 곧 말로써 뜻을 전하는 교(教)와 달리 말 아닌 심(心)으로써 뜻을 전하는 선(禪)의 교외별전(教外別傳) 방식이다.

6   데바닷다는 붓다의 사촌으로 출가하여 색계 선정과 신통까지 얻었지만 붓다를 질투하면서 다른 뜻

서 붓다를 보좌하였다. 붓다에게 여성 출가의 허용을 청하여 비구니 승가를 가능하게
한 사람이 아난이다. 『능엄경』은 교에서 선으로 나아가 보살지를 완성하는 단계를 드
러내기 위해 아난을 주된 질문자로 등장시킨다. 붓다 임종 시 가섭은 다른 곳에 있다
가 곧 돌아와서 다비식에 참여하였으며, 이어 아라한들만 참여하는 1차 결집을 열어
다수의 암송을 통해 붓다의 교설과 계율의 내용을 확정하고자 하였다. 아난은 결집 전
날까지 노력해도 끝내 아라한을 이루지 못해 절망하여 포기하려는 순간 단번에 깨달음
을 얻어서 아라한과를 이루어 500 아라한으로 구성된 1차 결집에 참여하게 되었다. 결
집에서 아난이 경(經)을 담당하고, 우파리가 율(律)을 담당하였다. 붓다와 연령이 비
슷했던 가섭이 붓다 멸후 10년 정도 교단을 이끌었고, 가섭 사망 후에는 아난이 120세
에 사망하기까지 약 50년간 교단을 이끌면서 불교의 확장에 기여하였다.

① 사리불과 ② 목건련은 처음에 회의주의자 산자야의 제자로 있다가 붓다의 제자
아사지로부터 붓다가 '일체는 인연이 있어 생하고 멸한다'는 연기(緣起)를 설한다는
말을 듣고 각각 자신의 제자 100명을 이끌고 붓다에게로 귀의하였으며, 그로써 불교교
단이 크게 일어나기 시작했다고 한다. 둘은 어려서부터 친구 사이였고, 사리불은 『반
야심경』에서 사리자(舍利子)로 칭해지는 불제자로서 '지혜 제일'로 간주되고, 목건련
은 '신통 제일'로 간주되는 뛰어난 인물들이었다. 특히 사리불은 지혜가 뛰어나서 붓다
가 그를 장자(長者)라 칭하며 후계자로 여길 정도였지만, 두 명 모두 붓다보다 먼저 입
적하였다.[7] 사리불은 25원통 중 안식을 주장하고, 목건련은 의식을 주장하였다. ③ 마
하구치라는 말을 잘하고 논쟁을 잘해서 '문답 제일'이라고 하며, 사리불의 외삼촌이다.
25원통 중 비식을 주장한 손타라난타와 함께 수식관을 했다. ④ 부루나는 설법을 잘하

을 품었던 자이다. 마침 마가다국 빔비사라왕의 아들 아자타삿투가 그에게 귀의하며 크게 보시하자 세
력을 얻어 붓다에게 승단을 물려달라고 요구하다 거절되자 앙심을 품었다. 아자타삿투는 부친을 죽이
고 왕이 되었고, 데바닷다는 붓다를 살해하려다가 실패한 후 붓다를 모략하고 승단의 화합을 깨는 일을
계속하였다. 후일 아자타삿투왕은 자신의 악업을 참회하고 붓다를 직접 만나 불법에 귀의하였고, 세력
을 잃은 데바닷다도 참회하였지만 붓다를 만나지 못한 채 사망하였다고 한다.

7 사리불은 4선정의 삼매를 갖춘 지혜 제일의 아라한이었지만 현생으로 이어지는 자신의 무수한 지난
업을 모두 관하지는 못하였다. 일체지를 갖춘 붓다만이 업보의 관계를 훤히 알아보았는데, 이에 따르면
사리불은 과거 금세공업자로서 아름다움만 보던 습관 때문에 현생에 부정관을 행하기가 어려웠다고 한
다. 목건련은 33천신들과 자유롭게 소통하는 신통 제일의 아라한이었는데도 외도를 믿는 강도들에 의
해 맞아 죽었다. 이것은 붓다에 의하면 오랜 겁 전에 처와 함께 모의해서 자신의 장님 부모를 숲에 데려
가 죽게 한 때문이라고 한다.

여 '설법 제일'이라고 한다. 25원통 중 설식을 주장하였다. ⑤ 수보리는 『금강경』에 나오는 불제자로 기원정사(기수급고독원)를 붓다에게 기증한 급고독장자의 동생이다. 급고독장자가 붓다에게 기수급고독원을 공양하는 개원 법회 날 붓다의 설법을 듣고 발심하여 출가하였다고 한다. 수보리는 25원통 중 의근을 주장하였다. ⑥ 우파니사타는 탐욕이 많은 편이라 붓다로부터 부정관을 권고받고 수행하여 무학도를 이룬 자이다. 25원통 중 색진을 주장하였다.

승가는 1년에 2번 90일간 외출하지 않고 한곳에 모여 수행한다. 하안거는 음력 4월 15일부터 7월 15일까지이고, 동안거는 10월 15일부터 다음 해 1월 15일까지이다. 하안거를 마치는 7월 15일에 모두 모여서 안거 중에 생겨난 의심을 붓다에게 스스로(자自) 묻고, 자신이 알지 못하는 잘못을 남들이 들추는 대로 맡기는(자恣) 자자(自恣)를 행한다. 자자에서의 작법참회(作法懺悔)를 갈마(羯磨)라고도 한다. 갈마는 행위 내지 업인 카르마(karma)의 음역이다.

> 시방 보살도 마음의 의심을 질문하여 해결하고자 붓다를 공경하여 받들며 밀의(密義)를 구하였다. 이때 여래가 자리를 펴고 편히 앉아 모든 회중을 위해 심오한 것을 베풀어 보이니, 법연에 모인 청정한 대중들이 미증유의 것을 얻었다. 가릉새의 신묘한 음성이 시방 세계로 두루 퍼지고 항하사만큼 많은 보살들이 도량에 모여들었으며 문수사리가 대표가 되었다.
>
> 十方菩薩諮決心疑, 欽奉慈嚴, 將求密義. 卽時如來敷座宴安, 爲諸會中宣示深奧, 法筵淸衆得未曾有. 迦陵仙音遍十方界, 恒沙菩薩來聚道場, 文殊師利而爲上首.

여기에서 대중이 밀의(密意)를 구한다는 것은 그들이 소승의 가르침을 넘어선 대승의 진리를 구한다는 뜻이다. 소승에서 명료하게 드러나지 않고 감추어져 있던 깊은 뜻을 밝게 드러내어 알고자 하는 것이다. 그래서 사람들이 밀의를 듣고 미증유의 것을 얻었다고 말한다. 가릉은 신선같이 신묘한 소리를 내는 가릉빈가(kalavinka) 새이다. 머리가 사람의 형상을 한 새로 극락조(極樂鳥)라고도 한다. 붓다의 신묘한 음성을 새의 소리에 비유한 것이다. 붓다가 설법을 할 때는 이 인간세계의 수행자들만 모여들어 듣는 것이 아니라, 인간계 바깥 다른 세계에 살고 있는 보살들도 함께 와서 듣는다. 대지(大智) 문수사리(文殊師利, Manjuśri)는 지혜의 화신으로 간주되는 보살이며, 실행의 화신인 대행(大行) 보현보살과 쌍을 이룬다. 대개 지혜의 상징인 검을 들고 있는 문수보살은 비로자나불을 좌에서 보좌하고, 보현보살은 우에서 보좌한다. 자비의 화신은 대비(大悲) 관세음보살이고, 지옥중생을 포함해서 일체 중생을 모두 구제하고자 원을 세우는 자는 대원(大願) 지장보살이다. 붓다가 설법할 때 수많은 보살들이 모여들어 그 수가 항하(갠지스강)의 모래알 수만큼 많았다고 한다.

이때 파사익왕이 그 부왕의 제삿날에 재(齋)를 지내기 위해 붓다를 궁으로 청해 친히 여래를 맞이하였고 널리 최고의 묘한 맛의 진수성찬을 차렸으며 겸하여 여러 대보살을 친히 맞이하였다. 성에는 또 장자와 거사들도 있어 스님에게 공양하고자 붓다가 내응하기를 기다리고 있었으므로, 붓다는 문수에게 보살과 아라한을 나누어 여러 재주들에 응하도록 명하였다.

時波斯匿王爲, 其父王諱日營齋, 請佛宮掖自迎如來, 廣設珍羞無上妙味, 兼復親延諸大菩薩. 城中復有長者居士同時飯僧佇佛來應, 佛勅文殊分領菩薩及阿羅漢應諸齋主.

붓다와 제자들: 기원정사에서 법회 ⇒ 사위성(실라벌성) 파사익왕의 궁으로 가서 재(齋)

재(齋)는 죽은 사람의 명복을 빌고자 지성으로 공양을 올리는 의식을 말한다. 불교의 승려들이 재가 신자들의 재를 지내주는 풍습이 있었음을 볼 수 있다. 그 마을의 파사익왕도 재를 지내려고 하고 또 다른 장자나 거사들도 스님들이 내방하기를 기다리고 있었다. 붓다는 파사익왕의 청을 받아 궁으로 가서 재를 지내고, 성 안의 다른 장자와 거사의 청에는 문수가 다른 보살과 아라한들을 적절히 나누어 방문하게 하는 방식으로 해결하였다. 코살라국의 파사익왕의 딸이 『승만경』의 주인공인 승만(勝鬘) 부인이다.

2. 유혹에 빠진 아난을 능엄주로 비호(庇護)

오직 아난만이 먼저 별청을 받아서 멀리 나가 아직 돌아오지 못해 승차에 이르지 못했다. 아난은 상좌와 아사리 없이 혼자 돌아오는 길이었다. 그날은 공양이 없었고, 때가 되자 아난은 발우를 들고 성을 다니며 차례로 걸식을 하면서, 마음으로 첫 보시자를 구해 첫 재주로 삼되 깨끗한가 더러운가 귀족 존성인가 도살자인가를 묻지 않고 평등한 자비를 행하여 미천을 가리지 않고 일체 중생에게 무량한 공덕을 원만히 이루고자 뜻을 내었다. 아난은 이미 여래 세존이 수보리와 대가섭이 아라한이면서도 마음이 균등하고 평등하지 않음을 꾸짖었던 것을 알고 있었으며, 여래가 열려 있고 막힘이 없어 모든 의심과 비방을 넘어섬을 흠앙하였다.

唯有阿難先受別請, 遠遊未還, 不遑僧次. 旣無上座及阿闍黎途中獨歸. 其日無供, 卽時阿難執持應器, 於所遊城次第循乞, 心中初求最後檀越以爲齋主, 無問淨穢刹利尊姓及旃陀羅, 方行等慈不擇微賤, 發意圓成一切衆生無量功德. 阿難已知如來世尊訶須菩提及大迦葉, 爲阿羅漢心不均平, 欽仰如來開闡無遮度諸疑謗.

종성(카스트) 4계급: 브라만 – 크샤트리아(찰리) – 바이샤 – 수드라
4계급 외 천민: 불가촉천민, 전나라

수보리: 탁발 시 부자를 선택. 빈자를 위해 또는 부자의 타락을 막기 위해(『정맥소』)
가섭: 탁발 시 빈자를 선택. 빈자에게 보시 공덕의 인연을 주기 위해

시주가 수행자를 지정하여 공양하기를 청하는 것이 별청(別請)이고, 수행자를 지정하지 않고 청해서 승단 내에서 좌석 순서대로 가게 되는 것이 승차청(僧次請)이다. 파사익왕은 붓다가 재를 지내주기를 청하였으니 별청이고, 나머지 장자와 거사들은 특정인을 지정하지 않아 문수가 순서에 따라 지정해주니 승차청이다. 그런데 아난은 이미 별청을 받아 그곳으로 갔기에 그 자리에 없었던 것이다. 율에 따르면 승려가 출타할 때는 혼자 다니지 않고 반드시 두 명의 스승, 즉 상좌(상수)와 아사리와 함께 다녀야 한다. 아사리는 궤범(軌範)으로 규율을 따라 본보기가 되는 스승을 말한다. 혼자 다니면 유혹이나 기타 위험에 처할 수 있기에 다른 두 명과 함께 다녀야 한다는 규칙이 있었던 것이다.

탁발을 하면서 누구에게나 평등하게 대한다는 것은 보시를 청할 때 귀족인가 천민인가, 부자인가 빈자인가를 염두에 두지 않고 대등하게 대하는 것을 말한다. 보시를 구할 때 수보리는 부자가 쉽게 보시할 수 있다고 여겨 가난한 자를 피하고, 가섭은 가난한 자에게 좋은 인연을 주기 위해 부자를 피하였는데, 아난은 이를 모두 마음이 평등치 못한 것이라고 여겼다. 아난은 마음에 걸림이 없는 붓다를 사모하여 그를 따르고 싶어 했다. 이처럼 똑같은 사안을 놓고 수보리와 가섭이 정반대의 판단을 하고 정반대의 행동을 한다는 것은 깊이 생각해볼 만한 일이다. 경제적 내지 사회복지적 차원에서 보면 부자에게 보시를 청하는 것이 가난한 자에게 보시를 청하는 것보다 더 바람직하다. 있는 자는 내놓아도 남는 것이 있기 때문이다. 이처럼 수보리는 가난한 자를 생각해서 가난한 자로부터 보시받는 것을 꺼린 것이다. 그러나 종교적 내지 수행적 관점에서 보면 보시는 바라밀수행 중의 하나다. 가난한 자가 경제적으로 어렵다고 보시행을 행할 기회까지 얻지 못한다면 그건 가난한 자를 더욱 불리하게 만드는 것이다. 가섭은 그렇게 생각해서 가난한 자에게 수행의 인연 내지 복 받을 기회를 주기 위해 일부러 가난한 자에게 보시하게 하였다. 결국 두 명 모두 부자보다는 더 많은 고통을 받고 있는 가난한 자를 더 많이 염려하고 배려한 것인데, 그 배려의 방식이나 결과가 정반대로 나타난 것이다. 이는 결국 어떤 사안에 대해서든 인간의 사려분별은 늘 편파적이고 제한되어 한계가 있을 수밖에 없다는 것을 보여주는 것이기도 하다. 아난은 아라한인 수보리나 가섭을 비판하며 붓다처럼 누구에게나 평등하게 대하고 싶어 했으며, 이는 곧 유마거사가 보여준 태도이기도 하다.

그 성의 해자를 지나 천천히 성곽 문으로 걸어가며 위의를 엄정히 하고 숙연하고 공손하게 재(齋)의 법을 실행하였다. 그때 아난이 걸식의 순서 때문에 음실을 경과하게 되었으며 대환술가 마등가녀를 만나게 되었다. 그녀는 사비가라 선범천주를 읊어서 (아난을) 음석으로 끌어들여 음란한 몸으로 어루만지고 비벼 계체(戒體)를 훼손하려 하였다.

經彼城隍徐步郭門, 嚴整威儀肅恭齋法. 爾時阿難因乞食次經歷婬室. 遭大幻術摩登伽女. 以娑毘迦羅先梵天呪攝入婬席, 婬躬撫摩將毀戒體.

성의 해자를 지나고 성곽 문을 통과하면서 아난은 재를 행하듯 마음을 가다듬어 위의를 단정히 하면서 걸식하였다. 그러던 중 아난에게 뜻하지 않은 일이 일어난다. 다문 제일 아난은 붓다의 가르침을 이해하고 기억하고 그대로 설법하는 것에는 뛰어났지만, 수행에는 약했던 것으로 묘사된다. 수행에서 얻어지는 법력의 부족으로 아난은 그만 성적 유혹에 빠지는 곤경에 처하고 만다. 그를 유혹한 마등가녀는 『마등가경』에 따르면 전생에 아난과 애욕으로 얽힌 인연이 있는 여인이다. 그녀가 읊었던 주문을 '사비가라 선범천주(先梵天呪)'라고 한다. '사비가라'는 번역하면 황발(黃髮)인데, 사비가라학파는 곧 상키야학파, 수론(數論)학파이다. 수론학파는 인도 6파철학의 하나로서 정신과 물질을 각각 독립적 실체로 인정하는 이원론적 관점을 가지고 있다. '선범천주'는 이전 범천이 사용하던 주문이란 뜻으로 스스로 자신의 주문을 그렇게 부른 것이다.

여래는 그(아난)가 음란한 마술에 걸려들었음을 알고서 재를 마치고 돌아왔다. 왕과 대신과 장자와 거사도 함께 붓다를 따라 와서 법요를 듣기를 원했다. 이때 세존은 정수리에서 백보 무외광명을 내놓으니 광명 가운데 천 잎의 보배로운 연꽃이 피어나고 거기에 붓다의 화신들이 결가부좌를 하고 신묘한 주문을 널리 설하였다. (붓다가) 문수사리에게 주문을 가지고 가서 (아난을) 보호하라고 명하였다. 악한 주문은 소멸하였고, (문수는) 아난과 마등가를 구해 붓다가 있는 곳으로 돌아왔다.

如來知彼婬術所加, 齋畢旋歸. 王及大臣長者居士俱來隨佛, 願聞法要. 于時世尊頂放百寶無量光明, 光中出生千葉寶蓮, 有佛化身結跏趺坐宣說神呪. 勅文殊師利將呪往護. 惡呪鎖滅, 提獎阿難及摩登伽歸來佛所.

붓다와 제자들: 실라벌성 파사익왕 궁에서 재 마침 ⇒ 기타림 기원정사로 돌아옴

붓다 정수리로부터 광명 + 연꽃 + 붓다 화신들 - 주문 = 대불정능엄신주(大佛頂楞嚴神呪)

보통은 재를 마치고 그곳에서 설법을 하는데, 그날은 붓다가 멀리 있는 아난이 위험에 빠져 있음을 신통으로 알아보고는 그냥 속히 정사로 돌아왔고, 따라서 법문을 듣고자 하는 사람들도 붓다를 따라 함께 정사로 왔다. 아난이 삿된 주문에 걸려들어 계를 범할 위험에 처했기에, 붓다는 그보다 더 강한 주문을 문수에게 주어 아난을 구해 오

게 한다. 붓다 정수리로부터 광명이 나오고 그 안에 연꽃이 있고 그 위에 많은 붓다의 화신들이 출현해서 주문을 설하는데, 이 주문이 바로 『능엄경』 제7권에 나오는 '대불정능엄신주'이다. 붓다의 정수리에서 나온 광명과 함께 설해진 능엄신주라는 뜻이다. 주(呪)는 주문, 다라니(陀羅尼, dhāraṇī)이다. 음 자체에 주술적 의미가 있다고 여겨 범어 그대로 읊고 뜻을 따라 번역하지 않는다. '옴' 또는 '옴마니반메훔'이나 『반야심경』의 '아제아제 바라아제 바라승하제 모디사바하'는 비교적 짧은 주문이지만, 『천수경』의 신묘장구대다라니(神妙章句大陀羅尼)나 『능엄경』의 대불정능엄신주는 상당히 긴 주문이다. 한국에서는 천수주(千手呪)나 대비주(大悲呪)로 불리는 신묘장구대다라니를 오래전부터 외웠는데, 그런 기록이 신라 의상 스님의 「백화도량발원문」에 이미 등장한다. 중국에서는 주로 대불정능엄신주를 외웠는데, 한국에서도 성철 스님은 능엄주를 많이 권하였다고 한다.

> 아난은 붓다를 보자 정례하고 슬피 울며 무시이래로 한결같이 다문(多聞)만 했지 도력(道力)을 온전히 하지 못했음을 한탄하였다. 시방 여래들이 보리를 이룬 신묘한 사마타, 삼마제, 선나의 최초의 방편을 알려달라고 간절히 청하였다. 이때 다시 항하사만큼의 보살과 모든 시방 대아라한과 벽지불 등이 함께 즐겨 듣기를 원하여 침묵하고 물러나 앉아 성스런 요지를 이어받고자 하였다.[8]
>
> 阿難見佛頂禮悲泣, 恨無始來一向多聞未全道力. 殷勤啓請十方如來得成菩提, 妙奢摩他三摩禪那最初方便. 於時復有恒沙菩薩及諸十方大阿羅漢辟支佛等俱願樂聞, 退坐默然承受聖旨.

아난은 자신의 한계를 깨닫고, 붓다에게 모든 여래가 보리(菩提)를 이룬 묘사마타와 묘삼마제와 묘선나의 최초 방편을 알려달라고 청한다. 보리는 Bodhi의 음역으로 최고

---

8 『정맥소』의 과문에 따르면 이 구절로써 정종분 중 사마타 부분이 시작된다. 아난을 붓다 앞에 붙들어오기까지의 이야기 전개가 서분에 해당하고, 그렇게 해서 붓다 앞에 오게 된 아난이 후회하면서 가르침을 구하는 것부터 정종분에 해당한다고 본 것이다. 그러나 『계환해』에서는 아난이 후회하면서 가르침을 구하는 부분까지를 서분으로 보고, 그러한 청에 의해 붓다가 가르침을 주는 부분부터 사마타 부분으로 놓고 있다. 여기서 아난이 청하는 것이 사마타(견도분), 삼마제(수도분), 선나(증과분)를 모두 포함하기에, 본 강해에서도 이 구절은 서분에 놓는다.

의 지혜 내지 최고의 깨달음인 무상정등정각, 아뇩다라삼먁삼보리를 말한다. 아난은 이 보리를 얻게 하는 수행의 길인 사마타, 삼마제, 선나를 언급하면서 그 최초 방편을 가르쳐달라고 말한다. 뒤의 삼마제에서 논할 25가지 수행 방편 중 관세음보살이 제시한 이근원통이 아난이 묻는 최초 방편에 해당한다고 볼 수 있다. 지금 아난이 붓다에게 알려달라고 부탁한 사마타와 삼마제와 선나가 곧 각각 이하에서 논할 견도분과 수도분과 증과분의 내용이 된다.

1. 사마타(śamatha, 止, 寂靜): 견도분(깨달음 부분)
2. 삼마제(samādhi, 定, 삼매): 수도분(실천 수행 부분)
3. 선나(dhyana, 禪):   증과분(수행 단계 57위 부분)

『능엄경』에서 붓다가 사마타, 삼마제, 선나 등을 설하게 되는 계기를 아난의 음심의 발동에서 찾은 이유는 무엇일까? ① 왜 하필 아난이고, ② 왜 하필 음심인가? ①『능엄경』은 붓다의 이론적 가르침을 넘어 실천적 수행을 강조하는 경전이다. 교종을 넘어 선종의 특징을 갖는다고 할 수 있다. 따라서 여기에서는 교에 능한 아난이 그럼에도 불구하고 선(禪) 수행에서는 부족함이 있다는 것을 보임으로써 선의 필요성 내지 우월성을 강조하고 있다고 볼 수 있다. 즉 아난이 다문으로서 교에 능하지만 선정 수행은 하지 않았기에 도력이 갖추어지지 않아서 유혹에 약하다는 것이다. ② 진심을 깨닫고 자각한다고 해도 끝까지 생사윤회를 벗어나지 못하게 만드는 가장 큰 장애가 바로 애욕의 마음인 음심이다. 애욕이 생사의 근본이기에 이 마지막 하나를 벗어나기가 쉽지 않은 것이다. 아난의 음심을 들어 이를 표현한 것이다.

붓다: (이때 세존이 대중 가운데서 금색 팔을 펼쳐 아난의 정수리를 어루만지면서 아난과 모든 대중에게) 삼마제가 있으니 '대불정수능엄왕'이라고 불립니다. 만행을 구족한 시방 여래가 하나의 문으로 초월하여 나가니 묘하고 장엄한 길입니다. 당신들은 이제 잘 들으십시오.
아난: (정례하고 엎드려 자비로운 총지를 받들었다.) ★★★[9]
(爾時世尊在大衆中舒金色臂摩阿難頂, 告示阿難及諸大衆.) 有三摩提名大佛

頂首楞嚴王. 具足萬行十方如來一門超出妙莊嚴路. 汝今諦聽.

(阿難頂禮伏受慈旨.)

여기서 말한 삼마제(정)는 셋 중의 두 번째 단계의 삼마제가 아니라 셋을 총괄한 명
칭으로 봐야 한다. 수능엄정은『능엄경』전체가 말하고자 하는 묘정으로서 세 단계에
걸쳐 두루 논해지기 때문이다.

수능엄정 = 묘정(妙定) = 본래 구족한 본성의 정 = 성정(性定)

1. 수능엄정을 해오(解悟) – 사마타(견도분)   – 화옥(華屋)을 봄
2. 수능엄정에 들어감   – 삼마제(수도분) = 이근원통   – 대문을 통과
3. 수능엄정을 주지증득함 – 선나(증과분) = 57위   – 당(堂)에 올라 방으로 감

---

9   이 부분은 반라밀제의 번역에서는 견도분 7처징심 중 제1논의 과정(본 강해 54쪽 주4 *** 표한 부
분)에 실려 있던 것인데, 불공이 정리하면서 이 자리로 옮겨놓았다. 본 강해도 문맥상 이곳이 더 합당해
보여 여기에 놓는다.

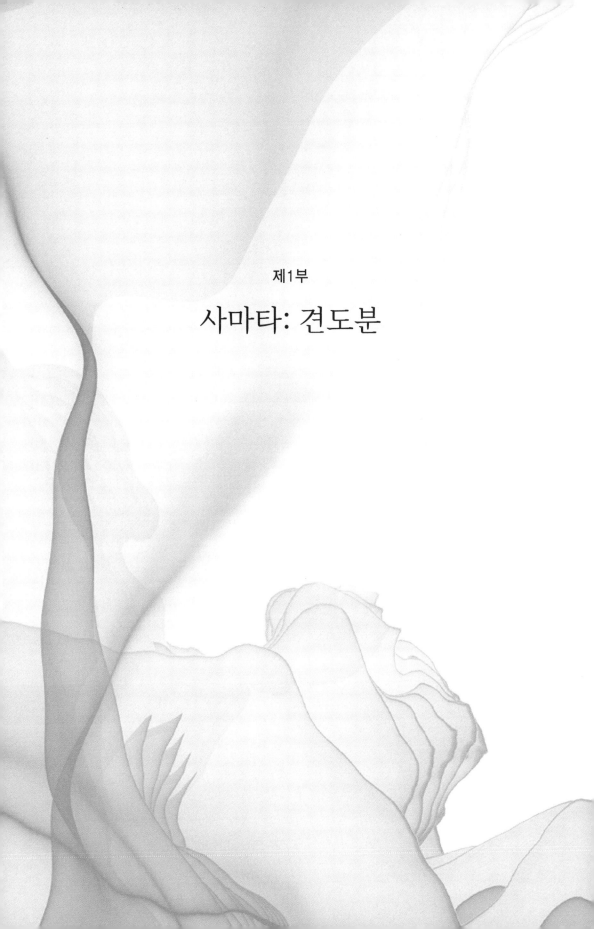

제1부

사마타: 견도분

I

망심(妄心)에서
진심(眞心)으로

1. 마음의 처소를 물어 망심을 파함: 7처징심(七處徵心)

붓다: (아난에게) 당신과 나는 같은 기운(사촌)이며 정은 천륜(형제)과 같습니다. 처음 발심했을 때 나의 법 중에서 어떤 수승한 모습을 보았기에 세속의 깊고 중한 은혜와 사랑을 단박에 버렸습니까?

아난: (붓다에게) 저는 여래의 32상이 수승하고 절묘하며 형체가 맑게 비침이 마치 유리와 같음을 보고, 이 모습은 애욕에서 생긴 것이 아니라고 항상 생각했습니다. 왜 그렇겠습니까? 욕망의 기운은 거칠고 탁하며 비리고 누린 것이 서로 얽히고 고름과 피가 잡란하므로 수승하고 맑고 묘하게 밝은 자금색의 광명을 일으킬 수 없기 때문입니다. 그래서 목마르게 우러르면서 붓다를 따라 머리를 깎았습니다.

붓다: 좋습니다, 아난이여, 당신들은 알아야 합니다. 일체 중생이 무시이래로 생사를 상속하는 것은 모두 상주하는 진심의 본래 맑고 밝은 본체를 알지 못하고 온갖 망상을 일으키기 때문입니다. 이 망상이 참되지 않기 때문에 윤회하는 것입니다.

(佛告阿難) 汝我同氣情均天倫. 當初發心於我法中見何勝相, 頓捨世間深重恩愛?

(阿難白佛) 我見如來三十二相勝妙殊絕形體映徹猶如瑠璃, 常自思惟此相非是
欲愛所生. 何以故? 欲氣麤濁腥臊交遘膿血雜亂, 不能發生勝淨妙明紫金光聚. 是
以渴仰從佛剃落.

(佛言) 善哉, 阿難, 汝等當知. 一切衆生從無始來生死相續, 皆由不知常住眞心性
淨明體, 用諸妄想. 此想不眞故有輪轉.

윤회의 원인: 진심의 성정명체(성의 청정하고 밝은 체)를 모르고 망상(식심)을 일으킴

붓다는 아난에게 처음 붓다를 보고 출가하던 초발심 때에 붓다의 무엇을 보고 그를
따라서 출가한 것인지를 묻는다. 아난은 붓다의 외적 모습인 32상이 너무 맑고 밝아서
붓다의 인품이 일반 범부의 욕망을 초탈한 것이라고 믿어 그를 따라 출가하였다고 답
한다. 붓다의 32상이 맑고 밝아 그의 인격이 특출하다고 믿고 출가하였다는 아난의 답
변을 듣고 붓다는 우리가 무시이래로 생사를 상속(윤회)하는 이유를 말한다. 즉 우리
가 진심을 모르고 망상을 일으키고 살면서 망상의 마음인 식심(識心)을 자기 마음이라
고 생각하기 때문에 윤회한다는 것이다. 이는 곧 아난이 붓다의 32상을 좋게 판단하여
출가하기로 결심한 그 마음도 진심이 아니고 일종의 망상이라는 것을 의미한다. 여래
의 성품이 아니라 드러난 모습인 상(相)을 보고 애착한 것이기 때문이다. 상을 보고 끌
리는 마음이니까 결국 애욕에도 끌려 계를 범하게 되는 것이다. 붓다가 수승하게 보여
서 출가한 그 마음과 마등가녀가 아름답게 보여서 거기에 끌려간 그 마음은 서로 다르
지 않은 마음이다. 그 마음은 드러난 모습인 상(相)을 따라 판단하는 분별적 식심으로
망상의 마음이지 참된 마음인 진심(眞心)이 아니다. 윤회를 벗고자 하면 그런 망상을
벗어나 참된 마음을 깨달아야 한다. 그렇다면 참된 마음, 진심은 과연 어떤 마음, 어떤
존재인가?

붓다: 당신이 이제 무상보리를 참구하여 진실로 본성을 밝히고 싶다면, 직심
(直心)으로 내가 묻는 것에 답해야 합니다. 시방의 여래가 동일한 하나의 도로
써 생사를 벗어났으니, 모두 직심에 의해서입니다. 마음과 말이 곧기 때문에 이

와 같이 처음부터 마지막 지위까지 중간에 굽은 모습이 아예 없습니다. 아난이
여, 내가 이제 당신에게 묻습니다. 당신이 여래의 32상을 인연하여 발심하였다
고 하니, 무엇으로 보고 누가 사랑하고 좋아한 것입니까?

아난: (붓다에게) 세존이여, 이와 같이 사랑하고 좋아한 것은 나의 마음과 눈
을 사용해서입니다. 눈이 여래의 수승한 상을 보고 마음에 사랑하고 좋아함이
생겼기 때문에 제가 발심하여 생사를 버리기를 원했습니다.

汝今欲硏無上菩提眞發明性, 應當直心詶我所問. 十方如來同一道故出離生死,
皆以直心. 心言直故, 如是乃至終始地位中間永無諸委曲相. 阿難, 我今問汝, 當汝
發心緣於如來三十二相, 將何所見, 誰爲愛樂?

(阿難曰佛言) 世尊, 如是愛樂用我心目. 由目觀見如來勝相心生愛樂, 故我發心
願捨生死.

┌─ 눈(目): 상(相)을 봄
└─ 심(心): 애요(愛樂)가 생겨 발심함

붓다는 사람들에게 마음에 관한 허망한 망상을 깨고 상주하는 진심의 참모습을 보
여주고자 한다. 진심은 이런저런 근거를 따라 진행되는 분별적 사유를 통해서 발견되
는 것이 아니라, 단적으로 작동하는 직심(直心)으로 직접 아는 것이다. 진심은 분별심
너머의 마음이며, 그 자체가 곧고 정직한 마음인 직심이다. 그러므로 붓다는 본인이
묻는 말에 이런저런 사려분별을 하지 말고 직심으로 답하라고 말한다. 그러면서 붓
다의 모습을 보고 출가한 것이라면, 무엇이 그 모습을 보고 무엇이 그 모습을 좋아한
것이냐고 묻는다. 붓다는 이 물음으로써 마음의 문제로 접근해간다. 아난이 붓다의
모습을 본 것은 눈이고, 보여진 그 모습이 일반 사람들의 모습과 달리 수승하다고 생
각하며 좋아한 것은 마음이다. 그래서 아난은 눈으로 보고 마음으로 좋아하였다고
답한다.

붓다: (아난에게) 당신의 말처럼 사랑하고 좋아하는 것은 실로 마음과 눈으로 인한 것이니, 만약 마음과 눈의 소재를 알지 못한다면, 번뇌를 항복시킬 수 없을 것입니다. 비유하자면 국왕이 도적의 침입을 당해서 병사를 일으켜 토벌하여 제거하자면, 이 병사가 도적의 소재를 알아야 하는 것과 같습니다. 당신을 유전하게 하는 것은 마음과 눈의 허물이니, 내가 이제 당신에게 묻겠습니다. 마음과 눈은 지금 어디에 있습니까?

(佛告阿難) 如汝所說眞所愛樂因于心目, 若不識知心目所在, 則不能得降伏塵勞. 譬如國王爲賊所侵發兵討除, 是兵要當知賊所在. 使汝流轉, 心目爲咎, 吾今問汝. 唯心與目今何所在?

눈으로 모습을 보고 그 모습을 따라 좋아하거나 싫어하는 분별을 일으키는 마음은 상주진심이 아니고 일종의 허망한 생각인 망상이다. 바로 이러한 망상으로 인해 생사윤회를 반복하게 된다. 망상은 번뇌 망상이다. 생사윤회는 탐·진·치 번뇌와 망상으로 일어나고, 이러한 번뇌 망상은 눈과 마음의 활동으로 일어난다. 그래서 '유전하게 하는 것은 마음과 눈의 허물이다'라고 말한다. 붓다는 이처럼 생사윤회의 허물이 되는 눈과 마음을 도적에 비유한다. 아난이 마음이라고 생각하는 분별심이 상주진심이 아닐 뿐 아니라 자신 안의 보물인 상주진심을 가려서 보지 못하게 하기에, 그것을 보물을 훔쳐 가는 도적에 비유한 것이다. 상주진심을 찾으려면, 도적을 잡아야 한다. 도적을 잡으려면 도적이 있는 곳을 알아서 그리로 가서 잡아야 하듯이, 번뇌 망상을 제거하여 생사윤회를 벗어나려면 그 범인인 눈과 마음이 어디에 있는지, 그 소재를 알아야 한다. 그래서 이하에서는 아난이 생각하는 그 마음의 소재를 찾아나간다.

그런데 7처징심을 통해 밝혀지는 것은 아난이 생각하는 그 마음은 소재가 없다는 것이다. 즉 그 마음은 어디에서도 찾아지지 않는다. 눈앞에 드러나는 마음의 작용은 있지만, 즉 보고 좋아하고 싫어하는 마음의 작용은 있지만, 그런 작용을 하는 마음이 실체로서, 마음 자체로서 특정 장소에 존재하는 것이 아니다. 그런 마음은 없다는 것, 그것은 망상이라는 것이 붓다의 결론이다. 아난은 보고 좋아하는 마음을 자신의 마음이라고 생각하고 있지만, 붓다에 따르면 그 마음은 5온이 일으키는 식심(識心)이고 망상일 뿐이지 어딘가에 실재하는 마음이 아니다. 즉 처소가 없다. 우리가 자기 마음이라

고 생각하고, 자기 몸과 연관해서 어딘가 특정한 처소에 위치한다고 여기는 그런 마음
(식심)은 실재하는 마음이 아닌 것이다. 식심이 실재하지 않는데도 실재한다고 생각하
면서 그 식심에 집착하는 것을 파하기 위해서 그 식심의 처소가 없음을 밝히는 것이
다. 도적이 있다고 생각되는 여러 은신처를 차례로 찾아가서 결국 어디에도 도적이 없
음을, 식심이 망상이었음을 밝히는 것이다. 『정맥소』에서는 우리가 마음이라고 여기는
식심이 진심이 아니라는 것을 밝히는 방식에 세 가지가 있는데, 7처징심에서는 이 중
세 번째를 택한 것이라고 설명한다.[1]

> 식심(견문각지심)이 진심이 아님을 밝히는 방식:
>   1. 식심과 구분되는 진심이 있음을 밝힘
>   2. 식심이 체(體)가 없음을 밝힘 ↔ 진심은 체가 있음
>   3. 식심이 처소가 없음을 밝힘 ↔ 진심은 두루 상주함

우리는 분별심(식심)을 마음이라고 여기면서 그 마음이 어딘가 특정한 장소에 있다
고 생각하는데, 분별심은 처소가 있지 않다. 허망한 마음작용만 있을 뿐이다. 식심이
특정한 장소에 있지 않다는 것을 알게 될 때, 비로소 우리는 마음을 식심으로 여기는
망상을 버리게 되며, 그때 비로소 마음은 본래 특정한 장소에 있는 것이 아니라는 것,
어디에나 두루 상주(常住)하는 밝은 빛이라는 것을 알게 된다. 그렇게 두루 상주하는
마음, 본래 맑고 밝은 마음인 본정명심이 인간의 진짜 마음인 진심(真心)이다. 이하에
서 마음이 어디에 있는가라는 붓다의 질문에 아난은 생각나는 대로 차례대로 답한다.
아난은 그 물음의 답으로 7곳을 제시하지만, 붓다는 각 답마다 반론을 제기함으로써
그 어느 곳도 마음의 자리가 아니라는 것을 밝힌다. 이를 7처에서 마음을 구한다는 의
미에서 '7처징심(七處徵心)' 또는 7번 마음의 자리를 파한다는 의미에서 '7번파처(七
番破處)'라고 한다.[2] 그렇게 마음을 처소가 있는 식심으로 여기는 망상을 제거함으로
써 두루 상주하는 진심으로 나아가게 된다.

---

1 진감, 『정맥소』, 1권, 482쪽 참조.
2 『정맥소』에서 진감은 이전 주석가들이 사용한 개념인 '7처징심'에서 징(徵)은 다그친다는 뜻만 있
   을 뿐 파한다는 뜻이 없기에 모호한 표현이고, 대신 '7번 그 소재를 파한다'는 의미의 '7번파처(七番破
   處)'가 더 정확한 표현이라고 주장한다. 『정맥소』, 1권, 489쪽 참조.

7처징심 / 7번파심

  1. 몸 안 ↔ 몸 안을 왜 못 보는가? 눈이 본다면, 그럼 창문이 보는가?

  2. 몸 밖 ↔ 몸과 몸 밖의 마음이 어떻게 1대1로 연결되는가?

  3. 근 안에 잠복 ↔ 근을 보는가?

  4. 다시 몸 안 어둠 속 ↔ 눈 감고 보는 어둠이 뱃속인가?

  5. 법과 합하는 곳 ↔ 몸의 자극을 아는 마음이 일(一)인가, 다(多)인가?

  6. 안과 밖, 근과 진의 중간 ↔ 중간이 정확히 어디인가?

  7. 집착 없는 곳 ↔ 없다면, 뭘 집착 안 함? 있다면, 이미 집착 아닌가?

1) 몸 안

> 아난: (붓다에게) 세존이여, 일체 세간의 10가지 중생들이 동일하게 식심(識心)을 몸 안에 두고 있습니다. 가령 여래의 푸른 연화안을 봐도 붓다의 얼굴에 있고, 제가 지금 이 4부진근을 봐도 오직 저의 얼굴에 있으니, 이와 같이 식심은 진실로 몸 안에 있습니다.
>
> (阿難白佛言) 世尊, 一切世間十種異生同將識心居在身內. 縱觀如來靑蓮花眼亦在佛面, 我今觀此浮根四塵祇在我面, 如是識心實居身內.

눈은 얼굴에 + 아는 마음(식심)은 몸 안에

마음이 몸 안에 있다는 생각은 우리의 가장 일반적이고 또 일상적인 생각이다. 여기에서는 마음이 몸 안에 있다는 판단의 근거를 눈을 포함한 4부진근(浮塵根)이 모두 얼굴에 있다는 것으로 제시한다. 불교는 근(根)을 두 차원으로 구분한다. 보거나 듣는 감각 능력으로서의 근을 '수승한 의미의 근'인 승의근(勝義根)이라고 하고, 그러한 승의근이 그 안에 자리하고 있는 구체적인 물리적 신체기관으로서의 근을 '부유하는 진으로 된 근'인 부진근(浮塵根) 또는 '승의근을 보조하는 진으로 된 근'인 '부진근(扶塵根)'이라고 한다. 안·이·비·설·신·의 6근은 각각 승의근과 부진근으로 존재하며, 그중 앞의 4부진근인 눈·코·입·귀는 모두 얼굴에 있다. 여기에서는 인간뿐 아니라 10가지 중생이 모두 식심을 몸 안에 가진다고 말한다. 10중생은 불교가 분류하는 12류 중생 중에서 몸이 흩어져 신상(身相)이 없는 무색(無色)과 무정물처럼 심상(心相)이 없

는 무상(無想)을 제외한 10중생을 말한다.[3]

우리는 대개 각자의 마음이 각각 자신의 신체 안에 그 신체에 딸린 마음으로 존재한다고 여긴다. 마치 나의 위장이 나의 몸 안에 있듯이 나의 마음도 그렇게 내 몸 안에 있다고 여기는 것이다. 위장은 물질이므로 보고 아는 능력이 없는 대신 보이고 만져지는데 반해, 마음은 물질이 아니어서 보이지는 않지만 그 대신 보고 아는 능력이 있다. 이처럼 기능이나 존재방식은 다르지만 위장과 마찬가지로 마음 또한 내 몸 안 어딘가에 있다고 여기는 것이다. 마음이 몸 안에 있다고 여기는 관점은 우선 심신이원론이다. 마음은 본래 신체 독립적인 존재이지만, 그 마음이 몸과 연결되기 위해 몸 안 심장이나 두뇌에 머문다고 간주한다. 이처럼 마음을 몸 안에 있되 몸과는 다른 존재로 간주하는 이원론적 입장을 일원론은 '기계 속의 유령'의 주장이라고 비판한다. 반면 유물론적 일원론은 마음을 몸과 다른 존재로 보지 않으며, 따라서 마음을 몸 안에 나타나는 일종의 부수적 현상으로 간주한다. 예를 들어 현대의 뇌과학적 설명에 따르면 마음은 물리화학적 자극을 받아 일어나는 뇌 신경세포의 움직임에 지나지 않는다. 그렇게 보면 마음은 엄밀히 말해 뇌 안에 있는 것이 아니라 뇌 안에서 비로소 만들어지는 것이다. 마음은 물질인 뇌의 활동이 만들어내는 부수적 산물일 뿐이다. 마치 바다에 바람이 일면 파도라는 현상이 일어나듯이 마음은 뇌신경의 기능 내지 부수현상에 지나지 않는다. 이를 '뇌물리주의'라고 하자. 파도가 바닷물에 의해 생긴 부수현상이긴 하지만, 그래도 '파도가 어디에 있는가?'라고 물으면 '파도는 바닷물에 있다'라고 답하게 되듯이, 뇌물리주의도 '마음이 어디에 있는가?'라고 물으면 결국 '마음은 뇌에 있다'라고 답할 것이다. 뇌가 몸 안에 있으니, 결국 아난이 답한 대로 '마음은 몸 안에 있다'가 된다.

붓다: (아난에게) 당신은 지금 여래가 강연하는 강당에 앉아 기타림을 보는데, (기타림은) 지금 어디에 있습니까?

아난: 세존이여, 이 다층의 청정한 강당은 급고독원 안에 있고, 지금 기타림은

---

3   12류 중생은 『능엄경』 제7권에서 상세히 다룬다. 12류 중생의 명칭만 나열하면 다음과 같다.
태생 · 난생 · 습생 · 화생 · 유색 · 유상 · 비유색 · 비무색 · 비유상 · 비무상 · 무색 · 무상
胎生 · 卵生 · 濕生 · 化生 · 有色 · 有想 · 非有色 · 非無色 · 非有想 · 非無想 · 無色 · 無想

강당 바깥에 실재합니다.

붓다: 아난이여, 당신이 지금 있는 강당에서는 무엇이 먼저 보입니까?

아난: 세존이여, 저는 강당에서 먼저 여래를 보고 다음에 대중을 봅니다. 이와 같이 바깥을 바라보면 비로소 숲과 뜰을 보게 됩니다.

붓다: 아난이여, 당신이 숲과 뜰을 보는데, 무엇으로 인해 봅니까?

아난: 세존이여, 이 큰 강당의 창문이 활짝 열려 있기에, 제가 강당에서 멀리 바라볼 수 있습니다.

(佛告阿難) 汝今現坐如來講堂觀祇陀林, 今何所在?

世尊, 此大重閣淸淨講堂在給孤園. 今祇陀林實在堂外.

阿難, 汝今堂中先何所見?

世尊, 我在堂中先見如來次觀大衆, 如是外望方矚林園.

阿難, 汝矚林園因何有見?

世尊, 此大講堂戶牖開豁, 故我在堂得遠瞻見.

아난과 붓다와 대중이 있는 강당 ⊂ 기수급고독원(기원정사/뜰) ⊂ 기타림(숲) ↔ 실라벌성(사위성)

아난이 눈과 마음이 몸 안에 있다고 말하자, 붓다는 그 답이 맞는지를 검토하기 위해 아난이 실제로 무엇을 어떻게 보는지를 확인하게 한다. 즉 강당에 있는 아난이 강당의 안과 밖을 어떤 방식으로 보는지를 묻는다. 이에 아난은 먼저 강당 안에 있는 것들을 보고 다시 강당의 창문을 통해 강당 밖에 있는 것들을 본다고 답한다. 이하에서 붓다는 다시 반문함으로써 '마음은 몸 안에 있다'는 답이 맞지 않음을 밝혀 나간다.

***4

---

4 앞의 43쪽 주9에서 언급했듯이 서분 마지막 본문의 글이 반라밀제 역에 따르면 이 자리에 온다. 본 강해에서는 불공의 번역을 따라 그 자리에 두었다.

붓다: (아난에게) 당신이 말한 것처럼 몸은 강당에 있지만 창문이 활짝 열려 있어서 멀리 숲과 뜰을 본다면, 이 강당에 있으면서 여래는 보지 않고 강당 밖을 보는 중생이 있습니까?

아난: (답하여) 세존이여, 강당에 있으면서 여래는 보지 않고 숲과 샘을 볼 수 있는 그런 경우는 없습니다.

붓다: 아난이여, 당신도 또한 이와 같습니다. 당신의 마음은 영묘해서 일체가 명료하므로, 만약 당신의 눈앞을 밝게 아는 마음이 실제로 몸 안에 있다면 이땐 몸 안을 먼저 아는 것이 합당할 것입니다. 그렇지만 어떤 중생이 몸 안을 먼저 보고 그다음 외물을 봅니까? 비록 심장이나 간, 비장이나 위는 볼 수 없더라도, 손톱이 생기고 머리가 자라고 근육이 움직이고 맥박이 뛰는 것은 진실로 명료해야 할 텐데, 어째서 알지 못합니까?[5] 필경 안을 알지 못하는데, 어떻게 밖을 아는 것입니까?

(佛告阿難) 如汝所言身在講堂, 戶牖開豁遠矚林園. 亦有衆生在此堂中不見如來見堂外者?

(阿難答言) 世尊, 在堂不見如來能見林泉, 無有是處.

阿難, 汝亦如是. 汝之心靈一切明了, 若汝現前所明了心實在身內, 爾時先合了知內身. 頗有衆生先見身中後觀外物? 縱不能見心肝脾胃, 爪生髮長筋轉脈搖誠合明了, 如何不知? 必不內知云何知外?

〈마음은 몸 안에 있음〉의 문제점: 몸 안에 있는 심이 왜 몸 안은 못 보고 몸 밖만 보는가?

붓다는 마음이 몸 안에 있다는 일상적 생각에 대해 그렇다면 마음이 왜 몸 안을 보지 못하는가라고 묻는다. 이원론적 관점에 대해 이 물음은 타당한 반론이 된다. 그렇다면 뇌물리주의에 대해서는 어떠한가? 뇌에서 일어나는 마음이 왜 그 자리의 뇌는 알

---

5 불공(不空)은 이 구절을 "비록 손톱이 생기고 머리가 자라고 근육이 움직이고 맥박이 뛰는 것은 볼 수 없더라도, 오장육부는 진실로 명료해야 할 텐데, 어째서 알지 못합니까?(縱不能見爪生髮長筋轉脈搖, 五臟六腑誠合明了, 如何不知?)"로 바꾸었으며, 일귀(一歸)도 이에 따라 번역하였다. 일귀 역, 『수능엄경』, 47쪽 주28 참조. 그러나 질문의 의도를 몸 안에서 심과 간과 비위는 정적인 것이라서 못 알아챈다고 해도, 손톱이 자라고 맥박이 뛰는 것은 동적인 것이니 마음이 몸 안에서 그런 것은 먼저 명료하게 알아봐야 하는 것 아니겠냐는 질문으로 읽을 수 있다. 그렇다면 굳이 불공처럼 바꾸지 않아도 뜻이 통할 수 있기에 그대로 두었다.

아보지 못하는가? 이에 대해 뇌물리주의자는 마음이 뇌의 안이나 밖에 뇌와 따로 있다면 뇌를 볼 수 있겠지만, 뇌에 의해 비로소 만들어진 것이기에 상황이 다르다고 말할 것이다. 그러나 신경세포의 활동결과물로서의 마음이 외부세계를 보는 것이라면, 그 외부를 보기 전에 왜 더 가까이의 내부는 못 보는가의 물음은 여전히 성립한다. 나아가 뇌물리주의자에게 제기될 수 있는 보다 심각한 문제는 뇌물리주의자의 주장이 내포한 논리적 자기모순성이다. 뇌물리주의가 마음의 작용을 신경세포의 활동으로 환원해서 설명할 때, 그 신경세포의 활동은 결국 신경세포 내에서 자극이 전달되는 전기적 사건, 그리고 한 신경세포에서 다른 신경세포로 자극이 전달되는 시냅스에서의 물리-화학적 사건일 뿐이다. 그런데 뇌 안에서 진행되는 물리-화학적 내지 전기적 사건 안에서는 우리가 실제로 눈 뜨고 바라보는 세계의 모습, 구체적인 산하대지의 모습은 발견되지 않는다. 결국 우리가 외부세계라고 여기는 그러한 세계의 모습은 뇌신경의 물리-화학적 내지 전기적 사건을 통해 우리 마음이 그려낸다는 말이 된다. 그리고 뇌 또한 외부세계의 일부로서 보여지는 것들에 속한다. 그러므로 뇌물리주의자들이 뇌를 물리적 외적 실재라고 주장한다고 해도, 그 뇌의 실재성은 결국 마음이 그려낸 것이기에 뇌물리주의는 자가당착에 빠지고 만다. 심리적인 것을 물리적인 것의 활동산물로 설명하는데, 그 물리적인 것이 실은 심리적인 것이 그려놓은 상에 지나지 않기 때문이다. 즉 마음활동에 의해 보여진 결과의 산물을 그 마음활동의 원인으로 설정하는 자기모순에 빠져 있는 것이다.

아난: 보는 것은 그 눈입니다. 마음은 알기는 하지만 (마음이) 눈이 아닌데, (마음이) 본다고 하는 것은 옳지 않습니다.

붓다: 만약 눈이 본다면, ① 당신이 방 안에 있을 때 문이 볼 수 있습니까? ② 또 이미 죽은 사람도 눈이 있으니 모두 사물을 보아야 할 것입니다. 만약 사물을 본다면, 어떻게 죽었다고 말하겠습니까? ★★★[6]

(阿難言) 見是其眼. 心知非眼, 爲見非義.

(佛言) 若眼能見, ① 汝在室中門能見不? ② 則諸已死尚有眼存, 應皆見物. 若見物者, 云何名死?

아난의 주장: 심   ↔   눈

　　　　　　　　〈아는 자〉   〈보는 자〉

붓다: 〈눈이 본다〉의 문제점:

　①〈문의 비유〉문이 보는 것 아니듯이, 눈이 보는 것이 아님

　　　방속의 나 ＋ 문(문이 있어서/문을 열어서) → 내가 밖을 봄(문이 보는 것 아님)

　　　　　심 ＋ 눈(눈이 있어서/눈을 떠서) → 심이 밖을 봄(눈이 보는 것 아님)

　②〈시체의 비유〉시체는 눈(승의근)이 있어도 못 보니까, 눈이 보는 것이 아님

'마음이 몸 안에 있다면 마음이 밖을 보기 전에 몸 안을 봐야 하지 않는가?'라는 붓다의 반론에 대해 아난은 '보는 것은 눈이지 마음이 아니지 않는가? 마음은 몸 안에 있지만, 보는 눈은 몸 안에 있지 않고 몸에 붙어 있으니, 눈이 몸 안을 못 보는 것은 당연하지 않는가? 마음은 알 뿐이고, 보는 것은 눈이지 않은가?'라고 질문한다. 이에 붓다는 '눈이 본다'는 주장을 반박한다. ① 우리가 '눈이 본다'라고 생각하는 것은 보기 위해서는 눈, 그것도 뜬 눈이 필요하기 때문이다. 우리는 눈이 있어 그 눈을 떠야만 볼수 있고, 눈이 없다거나 있어도 감고 있다면 아무것도 볼 수가 없다. 그러므로 보는 자는 바로 눈이라고 생각한다. 그런데 눈을 뜨면 밖을 보고 눈을 감으면 밖을 보지 못하니 눈이 밖을 보는 것이라고 주장한다면, 예를 들어 내가 방 안에서 창문을 열면 밖을 보게 되고 창문을 닫으면 밖을 보지 못하니 밖을 보는 것은 창문이라고 주장해야 할 것이다. 문이 열려 있어야 밖이 보인다고 해서 문이 밖을 본다고 말할 수 없듯이, 눈을 떠야 밖이 보인다고 해서 눈이 밖을 본다고 말할 수 없다는 것이다. 열린 눈은 밖을 보기 위한 수단으로서 있어야 하는 필요조건이긴 하지만, 그렇다고 해서 '눈이 본다'고 말할 수는 없다는 것이다. 우리가 일상적으로 눈으로 보기에 '눈이 본다'고 말하지만 실제로 보는 자가 바로 눈은 아니라는 것을 생각하게 하는 예들이 있다. a. 하나는 과학 실험의 예이다. 눈의 시신경에 문제가 있어 시력이 없는 사람에게 외부자극을 수용

6　반라밀제 역에 따르면 이 부분은 본래 7처징심 5번째 논의 부분(본 강해, 71쪽 주8 *** 부분)에 나온다. 그러나 이 질문은 마음의 소재를 묻는 처음부터 제기될 수 있는 물음이기에 이 자리로 옮겨놓았다. 우리는 일상적으로 '눈이 보고, 마음이 안다'고 여기는데, 붓다는 여기에서도 '마음이 본다'라고 말하므로 이 문제를 짚고 넘어가는 것이 필요하기 때문이다. 황정원도 그의 책『불교와 마음』, 49쪽에서 여기가 적절한 자리라고 주장하고 있다. 실제로 보는 자가 눈(안근)이 아니라 마음이라는 것에 대한 본격적 논의는 뒤에 나오는 '10번현견' 중 '1. 눈 너머 마음의 견' 부분에서 다시 행해진다.

하는 기구를 뇌와 직접 연결시키면, 그 사람은 그 뇌의 자극을 통해 마치 눈으로 외부를 보듯이 바깥 세계를 본다고 한다. 이것은 과연 보는 자가 누구인지를 되묻게 만든다. 눈은 단지 정보의 수용처일 뿐이고, 수용된 정보를 갖고 세계의 모습을 보는 자는 눈이 아닌 것이다. 여기에서는 그 보는 자를 눈이 아닌 마음이라고 한 것이다. b. 보는 자가 눈이 아니라는 것을 생각하게 하는 또 다른 예는 꿈이다. 밤에 우리는 눈을 감고 잠을 자지만, 꿈에서 마음은 무엇인가를 본다. 게다가 꿈에서는 주변에 햇빛도 없고 전깃불이 없어도 훤하게 본다. 눈이 아니라 꿈을 꾸는 마음이 꿈꾸어진 세계를 밝게 보는 것이다. 이런 것들은 곧 보는 능력은 원래 밝은 마음의 능력이지 눈에서 비로소 생기거나 눈 자체가 가지는 능력이 아니라는 것, 마음은 그렇게 이미 전체를 보고 있다는 것을 말해준다. 마음은 전체에 대한 자각성, 본래의 밝음, 원명을 갖고 있다. 그런데 실제로 마음에 보이는 것이 없는 것처럼 여겨지게 되는 것은 그 마음에 업(業)으로 인해 안근(眼根)의 벽이 형성되기 때문이다. 그 안근의 벽에 붙어 개폐하는 문이 바로 눈꺼풀이다. 문이 열리면 밖이 보이듯 눈꺼풀을 열어 눈을 뜨면 마음이 밖을 본다. 그래도 결국 보는 자는 눈이 아니라 마음인 것이다. ② 눈이 본다고 말할 수 없다는 두 번째 반론을 펴기 위해 여기에서는 죽은 사람의 경우를 든다. 열린 눈은 보기 위한 필요조건일 뿐 충분조건이 되지 못한다는 것은 눈이 있다고 해서 다 보는 것은 아니기 때문이다. 예를 들어 눈이 있어도 보지 못하는 경우가 있다. 장님의 경우와 죽은 시체의 경우이다. 장님의 경우는 물리적인 눈은 있지만, 그 눈은 볼 수 있는 능력으로서의 눈이 아니다. 즉 장님은 부진근으로서의 눈은 있지만, 승의근으로서의 눈은 갖고 있지 못하다. 반면 죽은 사람인 시체는 죽기 전에 그가 장님이 아니었다면 승의근으로서의 눈을 갖고 있었으며 또 죽고 나서도 몇 시간 정도는 아직 승의근으로서의 능력이 유지된다. 안구 이식 수술을 통해 시신으로부터 취한 눈을 다른 사람이 쓸 수 있다는 것이 이를 증명한다. 여기에서 아난이 '마음이 아니고 눈이 본다'라고 주장할 때, 그 눈은 부진근이 아니라 승의근이다. 그러니까 붓다가 그에 대한 반론으로서 눈이 있다고 다 보는 것은 아닌 경우로서 제시한 예가 단순하게 장님이 아니라 오히려 시체인 것이다. 시체는 죽고 나서 어느 정도는 승의근으로서의 눈을 가지지만, 그렇다고 해서 시체가 보는 것은 아니라는 것이다. 보고 있다면 그를 죽었다고 말할 수 없기 때문이다. 만약 눈이 본다면, 죽은 시체도 일정 기간 승의근으로서의 눈이 남아 있으니 봐야 하겠지만, 그러나 시체는 보지 못한다. 이처럼 눈이 있어도 보지 못하는 경우가 있으니, 단순하게 '눈이 본다'라고 말할 수 없다는 것이다.

> 붓다: 그러므로 당신이 말한, 깨어서 능히 아는 마음이 몸 안에 머무르는 그런
> 경우는 없다는 것을 마땅히 알아야 합니다.
> 是故應知汝言覺了能知之心住在身內, 無有是處.

마음을 물리-심리 이원론으로 파악하든 물리 일원론으로 파악하든 마음이 몸 안에 있다고 할 경우, 마음이 자기 자신이 있는 안은 왜 보지 못하는지, 그리고 그런 마음이 바깥을 어떻게 볼 수 있는지의 문제는 해결되지 않는다. 이와 같이 붓다는 마음이 몸 안에 있다고 말할 수 없음을 밝힌다. 결국 식심의 처소가 없음을 통해 식심이 진심이 아니라는 것을 말하려는 것이다.

2) 몸 밖

> 아난: (머리를 숙이며 붓다에게) 제가 여래의 이와 같은 법문 음성을 들으니, 이제 저의 마음이 실제로 몸 밖에 있음을 알겠습니다. 어째서 그렇겠습니까? 비유하여 등불이 방 안에서 불타고 있으면, 그 등은 반드시 먼저 방 안을 비추고 그 방문을 따라 후에 정원까지 미칠 것입니다. 일체 중생이 몸 안을 보지 않고 오직 몸 밖만을 보는 것은 등불이 방 밖에 있어서 방 안을 비추지 못하는 것과 같습니다. 이 뜻이 필시 분명하여 의혹되는 바가 없으니, 붓다의 료의와 같아서 잘못이 없겠습니까?
> (阿難稽首而白佛言) 我聞如來如是法言, 悟知我心實居身外. 所以者何? 譬如燈光然於室中, 是燈必能先照室內, 從其室門後及庭際. 一切衆生不見身中獨見身外, 亦如燈光居在室外不能照室. 是義必明將無所惑, 同佛了義得無妄耶?

마음이 몸 안에 있을 경우 몸 안을 보아야 하는데, 우리가 실제로는 몸 안을 보지 못하니, 그렇다면 마음은 몸 밖에 있는 것이 아닌가라고 생각하게 된다. 그래서 아난은

마음은 몸 밖에 있다는 두 번째 가능성을 제시한다. 등불이 집 밖에 있으면 집 안이 아니라 집 밖만 비추듯이, 마음이 몸 밖에 있으니까 몸 안은 못 보고 몸 밖만 보는 것이라고 판단한 것이다.

붓다: (아난에게) 이 모든 비구들이 아까 나를 따라 실라벌성에서 집마다 찾아가 걸식하여 음식을 얻어 기타림으로 돌아왔습니다. 나는 이미 공양을 마쳤는데, 당신이 보면 비구 한 명이 식사할 때 다른 여러 사람들이 배가 부르겠습니까?

아난: (답하며) 아닙니다, 세존이여. 어째서 그렇겠습니까? 이 모든 비구는 비록 아라한이지만, 몸과 목숨이 서로 같지 않습니다. 어떻게 한 명이 여러 사람을 배부르게 할 수 있겠습니까?

(佛告阿難) 是諸比丘適來從我室羅筏城循乞摶食歸祇陀林. 我已宿齋, 汝觀比丘一人食時諸人飽不?

(阿難答言) 不也, 世尊. 何以故? 是諸比丘雖阿羅漢軀命不同. 云何一人能令衆飽?

〈마음은 몸 밖에 있음〉의 문제점 1:
심이 왜 여러 몸이 아닌 한 사람의 몸과만 연결되는가?

심이 몸 밖이라고 설정할 경우 심과 몸이 어떻게 연결되는지가 문제가 된다. 여기에서는 마음이 몸과 어떤 식으로든 연결된다고 해도, 왜 굳이 한 사람의 몸과만 연결되는지, 왜 한 사람의 마음으로만 머무르는지에 대해 의문을 제기한다. 등불이 집 밖에 있으면 이 집도 밝힐 수 있고 저 집도 밝힐 수 있다. 즉 이 집의 등불일 수도 있고 저 집의 등불일 수도 있다. 그처럼 마음이 몸 밖에 있다면, 그 마음은 특정한 한 사람하고만 연결되지 않고 많은 사람의 마음으로 될 수도 있어야 한다. 그러나 우리가 현실에서 실제로 경험하는 것은 각자의 몸과 연결된 각자의 마음이다. 내가 밥을 먹어 느끼는 포만감은 나만 느끼지 다른 사람은 느끼지 못한다. 그렇듯 나의 마음은 나와만 연결되니, 내 몸 밖에 있다고 말하기 어렵다는 것이다. 밖에 있다면 다수가 함께 공유할 수 있어야 하기 때문이다.

붓다: (아난에게) 만약 당신의 깨어 이해하고 알아보는 마음이 실제로 몸 밖에 있다면, 몸과 마음이 서로 밖에 있어 서로 상관이 없을 것입니다. 즉 마음이 아는 것을 몸이 지각하지 못하고, 지각이 몸에 있어도 마음이 알지 못할 것입니다. 내가 지금 당신에게 도라면 같은 손을 보이면, 당신의 눈이 볼 때 마음은 분별합니까?

아난: (답하며) 그렇습니다, 세존이여.

붓다: (아난에게) 만약 안다면, 어떻게 밖에 있는 것이겠습니까? 그러므로 당신이 말한 각료능지의 마음이 몸 밖에 있는 그런 경우는 있지 않다는 것을 알아야 합니다.

(佛告阿難) 若汝覺了知見之心實在身外, 身心相外自不相干. 則心所知身不能覺, 覺在身際心不能知. 我今示汝兜羅綿手, 汝眼見時心分別不?

(阿難答言) 如是, 世尊.

(佛告阿難) 若相知者, 云何在外? 是故應知汝言覺了能知之心住在身外, 無有是處.

〈마음은 몸 밖에 있음〉의 문제점 2:

　　몸과 심이 별개가 되는데, 그 심이 어떻게 몸과 연결되는가?

　　　　지각하며 보는 눈: 몸에 있음　　↔　　분별하는 마음: 몸 밖에 있음

마음이 정말로 몸 밖에 있다면, 마음과 몸은 서로 별개의 것이 되고 만다. 서로 다른 두 사람이 각각 별개의 존재이기에 한 명이 배불러도 다른 한 명은 배부르지 않은 것처럼, 몸과 마음도 그렇게 서로 무관한 존재가 된다는 문제가 있다. 심신이 서로 떨어져 있는 별개의 존재라면, 그 심과 신의 연결이 설명되지 않는다는 문제가 있는 것이다. 이 자리의 몸이 밥을 먹는데, 이 자리 바깥에 있는 저 자리의 마음이 어떻게 포만감을 느낄 수 있단 말인가? 이 자리의 몸에 붙어 있는 눈이 붓다의 손을 보는데, 그 몸 바깥에 있는 마음이 어떻게 그 손을 분별하여 알 수 있단 말인가? 그런데 실제로 우리는 늘 자신의 심신의 연결을 경험하고 있으므로, 그렇게 서로 연결되어 있는 마음을 몸 밖에 있는 것으로 간주하는 것은 옳지 않다는 것이다. 그러므로 마음이 몸 바깥에 있다는 것 또한 성립하지 않는다고 말한다. 여기서 도라면(兜羅綿)은 부드러운 면(綿)

을 말한다. 도라면 같은 손은 그렇게 맑고 부드러운 손을 뜻한다.

3) 근(根) 안에 잠복

아난: (붓다에게) 세존이여, 붓다의 말씀대로 안을 보지 않으므로 몸 안에 있지도 않고, 몸과 마음이 서로 알아 서로 떠나지 않으므로 몸 밖에 있지도 않습니다. 제가 이제 생각해보니, 한 곳에 있음을 알겠습니다.

붓다: 그곳이 지금 어디입니까?

아난: 이 아는 마음은 안은 모르고 밖만 볼 수 있으니, 제가 생각하기에 근 안에 잠복해 있습니다. 마치 누군가 유리 안경을 취해 양 눈에 대면 비록 대는 사물이 있어도 저 근이 (안경을) 따라 보는 것에 장애를 낳지 않는 것과 같으니, (눈이 본 것을) 따른 즉 (마음이) 분별합니다. 그러니 저의 각료능지의 마음이 안을 보지 못하는 것은 근에 있기 때문이고, 분명하게 밖을 보는 데 장애가 없는 것은 근 안에 잠복해 있기 때문입니다.

(阿難白佛言) 世尊, 如佛所言不見內故不居身內, 身心相知不相離故不在身外. 我今思惟知在一處.

(佛言) 處今何在?

(阿難言) 此了知心旣不知內而能見外, 如我思忖潛伏根裡. 猶如有人取瑠璃椀合其兩眼, 雖有物合而不留礙彼根隨見, 隨卽分別. 然我覺了能知之心不見內者爲在根故 分明矚外無障礙者潛根內故

〈안경의 비유〉 심이 안근 안에 잠복. 눈이 안경을 따라(隨) 밖을 보듯이, 심이 안근을 따라 밖을 봄

눈 +))   →   산하를 봄   ― 안경을 따라 눈이 봄
    안경
  (안경 = 밖으로만 열린 투명유리)

심 +))   →   밖을 봄   ― 안근(눈)을 따라 심이 분별함
    안근
  (안근 = 밖으로만 열린 투명한 근)

마음이 몸 안을 보지 못하니 몸 안에 있는 것도 아니고, 그렇다고 몸과 분리되지 않으니 몸 밖에 있는 것도 아니라면, 그럼 어디에 있는가? 여기서는 마음이 몸 안과 몸 밖을 연결시키고 소통시키는 열린 문에 해당하는 눈인 안근(眼根) 안에 잠복해 있다고 주장한다. 그래서 '안근에 잠복해 있다' 또는 '안근이 마음을 덮고 있다'고 말한다. 아난은 마음이 안근 안에 잠복해 있는 것을 안경 낀 눈이 안경 안에 잠복해 있는 것에 비유한다. 눈이 안경 안에 있어서 안경을 통해, 즉 안경을 따라 밖을 보듯이, 마음이 안근 안에 잠복해 있으면서 안근을 따라 밖을 보고 분별한다는 것이다. 그렇다면 심이 안근 안에 잠복해 있는데, 어떻게 밖을 보는가? 눈이 안경 안에 잠복해 있어도, 즉 눈에 사물(유리)이 대어 있어도, 안경이 투명해서 눈의 봄을 장애하지 않듯이, 안근이 마음이 보는 것을 장애하지 않는다. 그래서 '안경을 더한 것이 근(눈)이 (안경을) 따라서 보는 것을 장애하지 않듯이' 마음에 더해진 안근이 마음이 보는 것을 장애하지 않고, 그래서 마음은 '(본 것을) 따라 분별한다'고 말한다. 근이 안경을 따라 보듯이, 마음이 안근을 따라서 보고, 마음은 그 본 것을 따라 분별한다는 것이다. 그렇다면 심이 안근에 잠복해 있는데, 안을 못 보는 것은 왜인가? 마음이 안근 안에 잠복해 있다는 것은 곧 마음이 안근을 통해서 본다는 것인데, 안근이 바깥을 향해 있기 때문에 결국 그 안에 잠복한 마음도 안이 아니라 바깥만을 보게 된다고 말한다.

붓다: (아난에게) 당신이 말한 대로 근 안에 잠복함이 유리(를 댄 것)와 같다면, 그 사람은 유리로써 눈을 덮었으니 산하를 볼 때 응당 유리를 봅니까, 아닙니까?
아난: 그렇습니다, 세존이여. 이 사람은 유리로써 눈을 덮었으니 마땅히 실제로 유리를 볼 것입니다.
붓다: (아난에게) 당신의 마음이 만약 유리를 대는 것과 같다면, 산하를 볼 때 어째서 눈을 보지 않습니까? ① 만약 눈을 본다면, 눈이 곧 대상(境)과 같아지니, '따름'이 성립할 수 없게 됩니다. ② 만약 (눈을) 볼 수 없다면, 이 료지심이 유리를 대듯 근 안에 잠복해 있다고 어떻게 말할 수 있겠습니까? 그러므로 당신이 말한 각료능지의 마음이 유리를 대듯 근 안에 잠복해 있는 그런 경우는 없다는 것을 알아야 합니다.
(佛告阿難) 如汝所言潛根內者猶如瑠璃, 彼人當以瑠璃籠眼, 當見山河見琉璃不?

如是, 世尊. 是人當以瑠璃籠眼實見瑠璃.

(佛告阿難) 汝心若同瑠璃合者, 當見山河何不見眼? ① 若見眼者, 眼卽同境, 不得成隨. ② 若不能見, 云何說言此了知心潛在根內如瑠璃合? 是故應知汝言覺了能知之心潛在根裏如瑠璃合, 無有是處.

〈마음은 안근에 잠복(안근을 안경에 비유)〉의 문제점:

 (안경을 보듯이) 우리가 안근(눈)을 보는가?

  ① 본다면, 안근이 대상으로서 바깥에 있다면, 마음이 어떻게 그것을 따를 수 있는가?

  ② 못 본다면, 안경은 보는데 안근(눈)은 못 보니, 비유가 성립하지 않음

　여기서는 마음이 안근 안에 있음을 주장하기 위해 사용된 안경의 비유가 적절한 비유가 아니라는 것을 밝힘으로써 그 답이 옳지 않음을 논한다. 우리가 안경을 따라 바깥세상을 볼 때는 세상을 보기 전에 안경을 본다. 그렇다면 우리는 우리의 안근(눈)을 보는가? ① 만약 우리가 안근(눈)을 본다면, 안근은 산하와 같이 보여지는 대상, 즉 마음 바깥의 대상이 된다. 그런데 그렇게 보는 눈이 마음 밖의 대상이 된다면, 그 눈이 본 것(영상)도 마음 밖에 있는 것이 되니, 마음이 어떻게 그 마음 밖의 것을 취해 분별할 수 있단 말인가? 그러므로 본 것을 따라 분별한다는 것이 성립하지 않게 된다. 그래서 '따름(隨)이 성립하지 않는다'고 말한다. 이것은 마음을 몸 밖에 있다고 하면, 몸의 근과 몸 밖의 심이 서로 연결되지 않는 문제와 마찬가지 문제이다. 여기에서는 심이 근 안에 잠복한다고 하면서, 근을 심 밖의 대상으로 놓으면, 심과 심 밖의 것이 연결되지 않는 문제가 생기는 것이다. 이처럼 심과 근을 내외로 분리하면 서로 연결이 어렵게 된다. 심이 안근 안에 잠복한다고 하면서, 안근을 견의 대상으로 놓으면 문제가 있는 것이다. ② 보지 않는다고 해도 문제가 없지 않다. 마치 눈이 유리 안에 있듯이, 마음이 안근 안에 잠복해 있다고 주장한다면, 눈이 유리를 통과하여 사물을 보되 원한다면 유리 또한 볼 수 있듯이, 마음은 눈을 통과하여 밖을 보되 원한다면 눈 또한 볼 수 있어야 한다. 그렇지 않다면 위의 비유가 적절치 않은 것이 된다. 즉 안근을 볼 수 없다면, 눈이 유리에 덮여 있듯이 마음이 안근에 덮여 있다고 주장하는 것은 타당하지 않다는 것이다. 물론 우리가 투명한 유리 안경을 쓰고 밖을 볼 경우 우리는 그 안경을 통해 또는 안경을 따라 바깥 풍경을 바라볼 뿐이지 안경을 바라보는 것은 아니다. 그

렇지만 원하면 안경을 벗어서 대상으로 바라볼 수 있다. 반면 우리가 근을 따라 대상을 본다고 하지만, 우리가 그 근을 대상으로 바라볼 수 없다면, 그 비유가 적절하지 않은 것이다. 따라서 마치 눈이 안경 안에 감추어져 있듯이 마음이 안근 안에 잠복해 있다는 주장은 마음의 소재에 대한 바른 답이 될 수 없다.

4) 몸 안 어둠 속

> 아난: (붓다에게) 세존이여, 저는 이제 다시 이렇게 생각합니다. 중생의 몸은 5장6부가 안에 있고 구멍이 밖에 있습니다. 장부가 있는 곳은 어둡고 구멍이 있는 곳은 밝습니다. 지금 제가 붓다를 대면하여 눈을 떠서 밝음을 보는 것을 '밖을 본다'고 말하고, 눈을 감고서 어둠을 보는 것을 '안을 본다'고 말하면, 이 뜻은 어떻습니까?
>
> (阿難白佛言) 世尊, 我今又作如是思惟. 是衆生身腑藏在中竅穴居外. 有藏則暗, 有竅則明. 今我對佛開眼見明名爲見外, 閉眼見暗名爲見內, 是義云何?

〈마음은 몸 안 어둠 속에 있음〉의 주장:

　　　　몸 안: 어둠　　　　　〈눈〉　　　　몸 밖: 밝음
　　　　　　　　　　　　　(뜨고)　→　밖을 봄(밝아서 보임)
안을 봄(어두워서 안 보임)　←　(감고)

마음이 있는 곳이 몸 안도 아니고 몸 밖도 아니고 안근 안도 아니니 다시 몸 안일 가능성을 검토한다. 마음이 몸 안에 있다고 할 경우 그럼 왜 몸 안을 보지 못하는지가 문제인데, 이로부터 '마음이 몸 안에 있지 않기 때문에 안을 보지 못한다'는 결론으로 나아가지 않고, '몸 안이 어두워서 보지 못한다'는 식으로 생각해보는 것이다. 마치 우리가 방 안에 있어도 방이 어두우면 아무것도 볼 수 없듯이, 마음이 몸 안에 있어도 몸 안이 어두워서 아무것도 볼 수 없다는 것이다. 그리고 몸 안이 어두워서 안에서는 어둠밖에 보지 못하는 것을 눈을 감으면 어둠밖에 보지 못하는 것에 비유한다. 그렇게 안은 어두워서 보지 못하지만, 그래도 몸 바깥을 볼 수 있는 것은 몸 안의 마음이 몸 바깥을 내다볼 수 있게끔 눈·코·입·귀·피부의 구멍들이 열려 있고 또 그 몸 바깥이 밝기 때문이라고 설명한다. 이는 마치 어두운 방 안에서도 밖을 향해 문이 열려 있고 밖이 밝으면, 그 밖을 볼 수 있는 것과 같다. 그러니까 안을 보는 것은 눈을 감고 어둠을 볼 때처럼 보이는 것이 없고, 밖을 보는 것은 눈을 뜨고 창문을 통해 밝은 곳을 보는 것처럼 이것저것이 보인다는 것이다.

> 붓다: (아난에게) (1) 당신이 눈을 감고 어둠을 볼 때, 이 어둠의 경계는 눈의 대상입니까 아니면 눈의 대상이 아닙니까? ① 만약 눈의 대상이라면, 어둠이 눈앞에 있는데 어떻게 몸 안이 되겠습니까? 만약 (눈앞의 것이) 몸 안이 될 수 있다면, 암실 중에 있는데 해나 달이나 등이 없으면 이 암실의 어둠 속 모든 것이 당신의 뱃속이 됩니까? ② 만약 눈의 대상이 아니라면, 어떻게 (어둠을) 봄이 성립하겠습니까?
>
> (佛告阿難) 汝當閉眼見暗之時, 此暗境界爲與眼對爲不對眼? ① 若與眼對, 暗在眼前, 云何成內? 若成內者, 居暗室中無日月燈此室暗中皆汝焦腑? ② 若不對者, 云何成見?

〈마음은 몸 안 어둠 속에 있음〉의 문제점 1:

  (1) 어둠을 볼 때, 어둠이 눈의 대상인가? (눈 감고 본 어둠 = 암실에서 본 어둠)

    ① 대상이면, 어둠이 눈앞이니 몸 안이 아님

                 몸 안이라면, 암실 전체도 몸 안이 됨

    ② 대상 아니면, '어둠을 봄'이 성립하지 않음

몸 안을 보지 못하는 것은 몸 안이 어두워서 다른 것을 보지 못하고 어둠만을 보는 것이며, 이는 곧 밝은 방 안에서 눈을 감고 어둠을 보는 것과 같다는 아난의 주장에 대한 비판이다. 여기서 두 어둠을 구분해보자. 첫째는 눈을 뜨고 바라보던 밝은 방 안이 점점 어두워지다가 결국 깜깜해져 아무것도 보이지 않게 될 때 방 안에 남겨지는 어둠(암실의 어둠)과 둘째는 밝은 방 안에서 눈 감으면 나타나는 어둠이다. 첫째가 방의 어둠이라면, 둘째는 무엇의 어둠인가? 두 어둠은 같은가, 다른가? 밝은 방이 눈의 대상이듯 암실의 어둠 또한 눈의 대상이다. 지금 문제가 되는 것은 눈을 감음으로써 나타나는 어둠이다. 눈을 감으면 나타나는 어둠은 눈의 대상인가, 아닌가? ① 눈 감았을 때 나타나는 어둠이 눈의 대상이라면, 그 어둠은 곧 눈앞에 펼쳐지는 어둠이다. 그러면 눈 감고 보는 어둠은 눈앞에 펼쳐지는 어둠, 암실에서 보는 어둠과 다르지 않은 것이 된다.[7] 그렇게 눈 감고 보는 어둠이 눈앞에 펼쳐지는 어둠이라면, 그 눈앞의 어둠을 몸 속의 어둠이라고 말할 수는 없다. 눈앞은 몸 밖이기 때문이다. 그런데도 눈앞의 어둠을 몸속의 어둠이라고 주장한다면, 이는 곧 암실의 어둠을 내 몸속의 어둠이라고 주장하는 것과 같은 것이 된다. 암실의 어둠이 내 몸속의 어둠이라면, 암실이 곧 내 몸속이 된다. 누가 암실을 내 뱃속이라고 하겠는가? 여기서 뱃속으로 번역한 초부(焦腑)는 5장 6부 중의 하나의 부로서 3초라고 한다. 다른 5장 5부는 구체적 형상이 있고 서로 상응하는 짝이 있지만, 3초는 경락처럼 형상화되기 이전의 에너지로서 상응하는 장(腸)이 없다. 그래서 뱃속 전체를 초부라고 부른 것이라고 본다.

5장(臟, 안이 채워진 것): 비장   간장   신장   심장   폐장
6부(腑, 안이 빈 것):   위   담(쓸개)   방광   소장   대장   3초(상초,중초,하초)

② 만약 눈 감았을 때 나타나는 어둠이 눈의 대상이 아니라면, 우리가 어떻게 어둠을 본다고 말할 수 있겠는가? 눈을 감고 어둠을 본다는 것은 어둠이 눈의 대상이 된다는 말이다. 그러므로 어둠이 눈의 대상이 아니라고 말할 수 없다.

붓다: (2) 밖을 보는 것을 떠나 안을 대함이 성립하므로, 눈을 감고 어둠을 보는 것을 몸속이라고 한다면, ① a. 눈을 뜨고 밝음을 볼 때 어째서 얼굴을 보지는 못합니까? b. 만약 얼굴을 보지 못한다면, 내대도 성립하지 않습니다. ② 만약 얼굴을 보는 것이 성립한다면, a. 이 료지심 내지 당신의 안근이 허공에 있는 것이 되는데, 어떻게 안에 있다고 하겠습니까? b. 만약 허공에 있다면 저절로 당신의 몸이 아닐 것이며, 그런즉 지금 당신의 얼굴을 보는 여래 또한 당신의 몸이 될 것입니다. c. 당신의 눈이 이미 알아도 몸은 마땅히 깨닫지 못할 것입니다. d. 몸과 눈이 둘 다 깨닫는다고 당신이 필히 고집한다면, 응당 두 개의 앎이 있는

---

7 두 어둠은 동일한 어둠이다. 첫째가 세계의 어둠이라면, 둘째는 나의 어둠이다. 그런데 그 둘은 같다. 그러니까 우리는 어둠 속에서 나와 세계가 같다는 것, 경계선이 없다는 것을 느낀다. 우리가 어둠을 두려워하는 것은 나의 경계선이 사라져 버리는 것을 두려워하기 때문일 것이다. 무아(無我)의 깨달음은 이 두려움을 통과해야만 얻어질 수 있다.

것이 되며, 그런즉 당신의 한 몸에 두 붓다가 있는 것이 됩니다. 그러므로 당신이 말하는 '어둠을 보는 것이 안을 보는 것'이 되는 그런 경우는 없다는 것을 알아야 합니다.

若離外見內對所成, 合眼見暗名爲身中, ①a. 開眼見明, 何不見面? b. 若不見面, 內對不成 ② 見面若成 a. 此了知心及汝眼根乃在虛空, 何成在內? b. 若在虛空, 自非汝體, 卽應如來今見汝面亦是汝身. c. 汝眼已知, 身合非覺. d. 必汝執言身眼兩覺, 應有二知, 卽汝一身應成兩佛. 是故應知汝言見暗名見內者, 無有是處.

〈마음은 몸 안 어둠 속에 있음〉의 문제점 2:
  (2) 외견(눈 뜨고 밝음 봄) 떠나면 내대(눈 감고 어둠 봄)가 성립하는데, (외견에서) 얼굴을 보는가?
    ① 얼굴을 못 본다면,
      a. 외견에서 밝음에 있는 얼굴을 왜 못 보는가?
      b. 눈 뜨고 얼굴 못 본다면, 눈 감고 어떻게 안을 보나? 내대도 성립 안 함
    ② 얼굴을 본다면,
      a. 심과 근이 몸 밖 허공에 있으니, 몸 안이 아님
      b. 심이 몸 밖 허공에 있으면, 심과 몸의 연결이 사라짐. 여래도 내 몸이 됨
      c. 심신의 연결이 없으면, 심이 알아도 몸은 모르게 됨
      d. 둘 다 안다면, 한 몸에 아는 자(붓다)가 둘이 됨

안을 볼 때는 안이 어두워서 못 보고 밖을 볼 때는 밝아서 본다면, 안을 보는 시선을 돌려서 밖으로 향할 때는 전체가 보여야 한다. 그 외견에서 나는 나의 얼굴을 보는가? ① 외견에서 나의 얼굴을 못 본다고 하면 문제가 있다. a. 시선이 밖으로 향한 외견일 경우 밖은 밝아서 다 보아야 하는데, 얼굴은 왜 못 보는가? b. 외견에서 얼굴을 보지 못한다면, 그 시선을 돌려 내대가 되어도 아무것도 보지 못해야 한다. 즉 외견이 성립하지 않으면 내견도 성립하지 않게 된다. ② 반대로 시선을 돌려 자기 얼굴을 본다고 해도 문제가 있다. a. 마음이 얼굴을 볼 수 있으려면 마음이 몸 바깥 허공중에 있어야 하기에 마음이 몸 안에 있다고 말할 수 없게 된다. b. 이럴 경우에는 마음이 몸 밖에 있다고 할 때와 마찬가지로 심과 신이 무관한 것이 되어 이 몸이 그 마음의 몸, 즉 나의 몸이 아니게 된다. 그리고 설혹 어떤 식으로든 심과 신이 연결된다 해도, 그 마음이 어떻게 해서 하나의 몸과만 연결되는지 근거가 없다. 내 마음이 허공중에 있는데도, 이

몸을 내 몸이라고 한다면, 여래의 몸은 왜 내 몸이 아닌지가 설명되지 않는다. 그러니까 '여래도 내 몸이 된다'라고 말한다. c. 또한 그렇게 심신이 분리되어 있다면, 허공 속에 있는 안근이나 마음이 알아도 몸은 알지 못해야 하는데, 실제로는 그렇지 않으니 문제가 된다. d. 혹 어떤 식으로든 연결되어 심신이 같이 안다고 해도, 분리되어 있는 둘인 심과 신이 동시에 아는 것이 되어 결국 두 개의 앎이 되니 한 몸에 아는 자인 각자(覺者), 즉 붓다가 둘이 있는 것이 된다. 이런 문제들이 있으니, 시선을 돌려 얼굴을 본다고 해도 문제가 있는 것이다. 결국 마음은 몸 안도 아니고 밖도 아니고 근에 잠복하지도 않고 몸 안 어둠 속에 있는 것도 아니라는 것이다.

5) 법과 합하는 곳

아난: 저는 항상 붓다가 4부대중에게 '마음이 일어나므로 갖가지 법이 일어나고, 법이 일어나므로 갖가지 마음이 일어난다'고 말씀하시는 것을 들어왔습니다. 제가 지금 생각해보니 사유 자체가 실제로 저의 심성이어서, 합해지는 곳을 따라 마음이 따라서 있지, 안이나 밖이나 중간의 3처에 있지 않습니다.

(阿難言) 我常聞佛開示四衆, 由心生故種種法生, 由法生故種種心生. 我今思惟卽思惟體實我心性. 隨所合處心則隨有, 亦非內外中間三處.

a. 〈법 + 심〉의 합, 심은 법과 합하는 곳에 있음 　　　　— 심은 합하는 것
b. 〈근 + 경〉의 합이 심. 심은 근과 경이 합하는 곳에 있음 　— 심(식)은 합해진 결과

심이 몸 안에 있지도 않고(1,4), 몸 밖에 있지도 않고(2), 중간인 안근 안에 있지도 않다면(3), 그럼 어디에 있는가? 아난은 심이 대상(법)과 함께할 때 대상을 보게 되니까, 심은 어느 특정한 장소에 있는 것이 아니라 법과 합하는 자리, 즉 법과 함께하는 바로 그 자리에 있다고 주장한다. 여기서 합은 a. 〈법과 심〉의 합이라고 볼 수 있다. 이 경우 심은 법과 함께 합하는 것이 된다. b. 그런데 심 내지 식은 〈근과 경〉의 합으로 일어나는 것이며, 그러면 여기서 합은 근과 경의 합이 된다. 이 경우 심은 근과 경의 합, 즉 6근과 6경 화합으로 생겨나는 것, 합해진 결과물이 된다. a. 합하는 것으로서든 b. 합해진 결과물로서든 심을 인연화합의 차원의 것으로 간주한다는 점에서는 마찬가

지이며, 이런 의미로 아난은 마음은 법과 합하는 곳에 있지 어디 특정한 장소가 따로 있는 것이 아니라고 주장한다.

붓다: (아난에게) 당신은 지금 '법이 일어나므로 갖가지 마음이 일어난다.' '합해지는 곳에 따라 마음이 따라서 있다'고 말합니다. (1) 이 마음에 체가 없다면, ① 그런즉 합해질 수 있는 것이 없을 것입니다. ② 만약 체가 있지 않은데도 합할 수 있다면, 19계(界)가 7진(塵)으로 인하여 합한다는 것이 되니, 이런 뜻은 옳지 않습니다. (2) 만약 체가 있다면, 당신이 손으로 스스로 그 몸을 찌를 때 당신에게 알려지는 마음은 안에서 나옵니까 아니면 밖에서 들어옵니까? ① 만약 안에서 나오는 것이라면, 몸 안을 두루 보아야 할 것입니다. ② 만일 밖에서 들어오는 것이라면, 먼저 얼굴을 보아야 할 것입니다.

(佛告阿難) 汝今說言由法生故種種心生, 隨所合處心隨有者. (1) 是心無體, ① 則無所合. ② 若無有體而能合者, 則十九界因七塵合, 是義不然. (2) 若有體者, 如汝以手自挃其體, 汝所知心, 爲復內出, 爲從外入? ① 若復內出, 還見身中. ② 若從外來, 先合見面.

〈마음은 인연화합(6근+6경)에 따라 있음〉의 문제점:

(1) 심의 체가 없다면,

  ① 체 없으면 화합할 수 없음

  ② 체 없이 화합한다면, 6진·18계 대신 7진·19계를 주장하는 것이 됨

(2) 합해서 생겨날 마음에 체가 있다면,

  ① 체가 안에 있다가 그 자리로 간다면, 그럼 왜 몸 안을 보지 못하나?

  ② 체가 밖에 있다가 그 자리로 간다면, 그럼 왜 먼저 얼굴을 보지 못하나?

불교는 일체가 인연화합하여 있다고 한다. 여기에서는 심이 특정한 장소에 따로 존재하는 것이 아니라, 특정한 처소 없이 법과 합해지는 그곳에 마음이 있게 된다고 주장한다. 그렇다면 그렇게 법과 함께하여 생겨날 그 마음은 과연 체가 있는가, 없는가? (1) 마음이 자체가 없다고 보면 다음과 같은 문제가 있다. ① 심이 자체가 없으면, 그런 심은 실재성이 없어 다른 것과 합할 수도 없게 된다. ② 체가 없어도 다른 것과 합

한다고 말한다면, 합하는 것이 6진(塵)이 아니라 7진이 되고, 따라서 합해진 결과가 18계(界)가 아닌 19계가 되어, 6진과 18계를 논하는 불교의 교설과 맞지 않게 된다. (2) 손으로 몸을 찌르면, 거기에 몸이 찔렸다는 식(識)이 일어난다. 즉 근과 경이 합해진 바로 그 자리에 마음이 일어난다. 그 마음에 체가 있는 것이라면, 그럼 그 마음은 어디에 있다가 그 자리에서 일어나는 것일까? 찌름을 아는 마음은 몸 안에 있다가 그 자리로 가는가? 아니면 몸 밖에 있다가 그 자리로 가는가? ① 안으로부터 그 자리를 찾아가는 것이라면, 마음이 몸 안에 있다고 할 때 제기되었던 물음이 그대로 다시 적용된다. 즉 몸 안에 있던 것이 그 자리에 가기까지 왜 몸 안을 보지 못하는가? ② 반대로 몸 밖에 있다가 몸 안으로 들어와서 그 자리로 가는 것이라면, 마찬가지로 마음이 몸 밖에 있다고 할 때 제기되었던 물음이 또 적용된다. 즉 몸 안으로 들어오기 전 얼굴을 봐야 할 텐데, 왜 자기 얼굴을 보지 못하는가?

***8

붓다: 아난이여, (3) 또 만약 당신의 각료능지의 마음에 필히 체가 있다면, 그것은 ① 하나의 체입니까 아니면 ② 다수의 체입니까? ③ 지금 당신의 몸에 두루하는 체입니까 아니면 ④ 두루하지 않는 체입니까? ① 만약 하나의 체라면, 당신이 손으로 한 팔을 찌를 때 4지가 마땅히 알아차려야 할 것입니다. 만약 모두가 알아차린다면, 찌름이 소재가 없는 것이 됩니다. 만약 찌름이 장소가 있다면, 당신이 말하는 하나의 체가 저절로 성립할 수 없게 됩니다. ② 만약 다수의 체라면, 다수의 사람이 성립하니, 어떤 체가 당신입니까? ③ 만약 두루하는 체라면, 앞에서 찌르는 곳에 대해 말한 것과 같습니다. ④ 만약 두루하지 않는 체라면, 당신이 머리를 만지고 또 발을 만질 때 머리에 지각이 있으면 발에는 지각이 없어야 하는데, 지금 당신은 그렇지 않습니다. 그러므로 합해지는 곳에 따라 마음이 따라서 있는 그런 일은 있을 수 없다는 것을 알아야 합니다.

阿難, (3) 又汝覺了能知之心若必有體, 爲復一體, 爲有多體? 今在汝身, 爲復遍體,

---

8 이 책 57쪽 주6에서 언급했듯이 반라밀제 역에 따르면 앞의 〈1〉 몸 안〉 부분에 나오는 글이 이 자리에 온다. 본 강해에서는 앞의 자리가 더 적절하다고 여겨져서 그 자리에 두었다.

爲不遍體? ① 若一體者, 則汝以手挃一肢時, 四肢應覺. 若咸覺者, 挃應無在. 若挃有所, 則汝一體自不能成 ② 若多體者, 則成多人, 何體爲汝? ③ 若遍體者, 同前所挃 ④ 若不遍者, 當汝觸頭亦觸其足, 頭有所覺, 足應無知, 今汝不然. 是故應知隨所合處心則隨有, 無有是處.

〈마음은 인연화합(6근+6경)에 따라 있음〉의 문제점:

　(3) 합해서 생겨난 마음에 체가 있다면,

　　그 체가 ① 하나인가, ② 다수인가, ③ 두루하는가, ④ 두루하지 않는가?

　　① 심체가 하나라면, 한 자극을 몸 전체가 알아야 함

　　② 심체가 다수라면, 다수의 마음, 즉 다수의 인간이 됨

　　③ 두루하면, 한 자극을 사지가 다 알아야 함

　　④ 두루하지 않으면, 몸 이곳저곳을 동시에 지각하지 못해야 함

'마음이 법과 합하는 곳에 있다'고 주장하면서 그렇게 합하는 마음의 체를 상정한다면, 그렇게 상정된 마음의 체는 과연 하나인가, 다수인가, 두루하는가, 두루하지 않는가를 묻는다. ① 마음이 하나의 체라면, 나의 온몸의 4지 전체에 걸쳐 하나의 체로 있어야 한다. 그럴 경우 왼팔을 느끼는 것과 오른팔을 느끼는 것이 하나의 마음이니, 왼팔이 찔려 아프면 오른팔도 똑같이 그렇게 아파야 한다. 그럼 결국 어느 한 곳이 찔리는 곳이 없다는 말이 된다. 그런데 실제로 우리는 오른팔이 찔려 아픈 것과 왼팔이 찔려 아픈 것을 구분하니, 찔리는 곳이 따로 있다는 말이고, 이는 곧 마음이 하나의 체로 있는 것이 아니라는 것을 말해준다. ② 그렇다고 마음이 하나의 체가 아니라 다수의 체로 존재한다고 하면, 나의 한 몸에 여러 마음이 있는 것이 되니, 그중 어느 마음의 체를 나로 삼아야 한단 말인가? ③ 마음의 체가 온몸에 걸쳐 두루한다면, 마음을 하나의 체로 여기는 것과 동일한 문제가 발생하게 된다. 즉 4지 중 어느 한 곳을 찔러도 4지 전체가 다 찔렸다고 느껴야 하는데, 실제는 그렇지 않다는 문제이다. ④ 그렇다고 마음의 체가 온몸에 두루하지 않는다면, 마음이 전체를 한꺼번에 아는 것을 설명할 수가 없다. 즉 머리와 발을 동시에 만지고 있으면, 마음은 머리를 만지는 것도 알고 발을 만지는 것도 함께 아는데, 이를 보면 마음이 두루하지 않는다고 말하기 어려운 것이다. 결국 마음은 여러 인연이 화합한 곳에 생겨나는 것이라고 말할 수 없다는 것이다.

6) 안과 밖, 근(根)과 진(塵)의 중간

아난: (붓다에게) 세존이여, 저는 또 붓다께서 문수 등 여러 법왕자들과 실상에 대해 토론하실 때 세존께서 '마음은 안에 있지도 않고 또 밖에 있지도 않다'고 말씀하시는 것을 들었습니다. 제가 생각해보니 안이라기에는 보이는 것이 없고, 밖이라기에는 또 서로 압니다. 안으로 아는 것이 없으므로 안에 있다는 것이 성립하지 않고, 마음과 몸이 서로를 알기 때문에 밖에 있는 것도 옳지 않습니다. 이제 서로를 알고 안으로는 보는 것이 없으니 중간에 있어야 합니다.

(阿難白佛言) 世尊, 我亦聞佛與文殊等諸法王子談實相時, 世尊亦言心不在內亦不在外. 如我思惟內無所見, 外又相知. 內無知故在內不成, 身心相知在外非義. 今相知故, 復內無見, 當在中間.

몸 안이 아님: 안으로 보이는 것이 없으므로
몸 밖이 아님: 몸과 심이 서로를 알므로
　∴ 안과 밖의 중간에 있음

붓다가 존재의 실상에 대해 말하면서 '마음은 안에 있지도 않고, 밖에 있지도 않다'고 말한 것은 망심은 그 자체가 없는 것이기에 몸 안에도 없고 몸 밖에도 없다는 말이고, 진심은 몸 안이나 밖 어느 한 곳에 국한되지 않고 두루하기에 안이나 밖 어느 한 곳으로 지정할 수 없다는 말이다. 그러나 아난은 아직 그 뜻을 이해하지 못하고 그가 생각하는 마음, 즉 분별심 내지 망심을 어느 한 곳에 존재하는 것으로 생각하면서, 그것이 안도 아니고 밖도 아니니 중간에 있을 것이라고 주장한다. 앞서 논한 것처럼 만약 마음이 몸 안에 있다면 안을 봐야 한다는 문제가 있고, 몸 밖에 있다면 몸과 연결되지 않는다는 문제가 있으므로, 이 두 문제를 다 피하기 위해 마음은 몸 안도 아니고 몸 밖도 아닌 안과 밖의 중간, 근과 진의 중간에 있다고 주장하는 것이다.

붓다: 당신은 중간이라고 말하는데, 중간이 필히 애매하지 않다면 소재가 없지

않을 것입니다. 지금 당신이 중간을 추리하자면, 중간은 어디에 있습니까? 대상에 있습니까 아니면 몸에 있습니까? (1) 만약 (중간이) 몸에 있다면, (몸의) 표면(邊)에 있으면 중간이 아니고, 중간에 있으면 안에 있는 것과 같을 것입니다. (2) 만약 대상에 있다면, (그 지점이) 표시가 납니까, 표시 나지 않습니까? ① 표시가 없다면, 없는 것과 같게 됩니다. ② 표시가 있다 해도 일정하지 않을 것이니, 왜 그렇겠습니까? 사람이 표로써 중간을 표시할 때 동에서 보면 서이고, 남에서 보면 북이 됩니다. 표시 자체가 이미 혼란스러워 마음이 응당 어지러울 것입니다.

(佛言) 汝言中間, 中必不迷非無所在. 今汝推中中何爲在? 爲復在處, 爲當在身? (1) 若在身者, 在邊非中, 在中同內. (2) 若在處者, 爲有所表, 爲無所表? ① 無表同無. ② 表則無定, 何以故? 如人以表表爲中時, 東看則西, 南觀成北. 表體旣混, 心應雜亂.

〈중간 1. 위치상의 중간〉 = 몸(주관)과 처(대상)의 중간

〈마음은 중간에 있음〉의 문제점: 중간이 어디에 있는가? 몸에 아니면 처(대상)에?
  (1) 중간이 몸에 있으면, 몸 표면(邊)이 아닌 몸 안이 됨 - 몸 안에 있음의 문제 발생
  (2) 중간이 대상에 있으면, 그곳을 표시할 수 있나 없나?
      ① 표시할 수 없으면 없는 것
      ② 표시할 수 있어도, 보는 곳 따라 달라, 표시 자체가 혼란스러워짐

　마음이 몸과 세계의 중간에 있다고 한다면, 그 중간이 정확히 어디인가? 중간 지점이 몸 안인가 아니면 몸 바깥인가? (1) 중간이 몸 쪽에 있다면, 몸의 경계인 표면이 아니고 몸 안에 있어야 하니, 그러면 마음이 몸 안에 있다고 말했던 것과 같은 문제에 부딪치게 된다. (2) 중간이 몸 바깥의 대상에 있다면, 그렇게 마음이 있는 곳이 정확히 어디라고 표시될 수 있는가 아니면 표시될 수 없는가를 묻는다. ① 표시될 수 없다면 굳이 어디에 있다고 말할 수 없는 것이 문제이다. ② 표시될 수 있다고 해도 결국 그 표시되는 곳이 애매하고 복잡해진다. 즉 마음이 몸과 대상의 중간지점이라고 해도 그 중간이 아래서 보면 위고 위에서 보면 아래인 식으로 정해지지 않기 때문이다. 그러므로 마음의 자리가 일정치 않아 잡란하게 되는 문제가 있다는 것이다.

아난: 제가 말씀드린 중간은 이 두 가지가 아닙니다. 세존께서 '눈과 색이 연이 되어 안식이 생긴다'고 말씀하시는 것과 같이, 눈은 분별이 있고 색진은 앎이 없는데, 그 중간에서 식이 생기니 (그곳이) 마음이 있는 곳입니다.

붓다: 당신의 마음이 만약 근과 진의 중간에 있다면, 이 마음의 체는 둘(근과 진)을 겸합니까 아니면 둘을 겸하지 않습니까? ① 만약 둘을 겸한다면, 사물과 심체가 섞여 혼란스러울 것입니다. 사물은 (아는 것이) 아니지만 심체는 아는 것이니, (물과 심체가) 서로 적(敵)이 되어 양편으로 갈리는데 어떻게 중간이 있겠습니까? ② 만약 둘을 겸함이 성립하지 않는다면, 지(知)도 아니고 부지도 아니어서 결국 체의 성품이 없게 되니, 중간이 어떤 모습입니까? 그러므로 중간에 있는 그런 일은 있을 수 없다는 것을 알아야 합니다.

(阿難言) 我所說中非此二種. 如世尊言眼色爲緣生於眼識, 眼有分別, 色塵無知, 識生其中則爲心在.

(佛言) 汝心若在根塵之中, 此之心體爲復兼二, 爲不兼二? ① 若兼二者, 物體雜亂, 物非體知, 成敵兩立, 云何爲中? ② 兼二不成, 非知不知, 卽無體性, 中何爲相? 是故應知當在中間, 無有是處.

〈중간2. 기능상의 중간〉 = 근(根)과   진(塵)의 중간으로서의 식

　　　　　　　　　　(유분별＝지知)　(부지不知)

〈마음은 근과 진의 중간에 있음〉의 문제점: 마음이 근과 진의 둘을 겸하는가, 겸하지 않는가?

　① 겸한다면, 근(체)과 진(사물)이 서로 달라서 혼란

　② 겸하지 않으면, 결국 체가 없음

중간을 말하기 어렵다는 붓다의 반박에 대해 아난은 다시 중간이라는 것이 꼭 몸과 처 간의 공간상의 중간을 뜻하는 것이 아니라 작용 내지 기능상의 중간, 즉 근과 진의 중간을 뜻하는 것이라고 주장한다. 식이 근과 경으로 인해 생기니, 따라서 근과 진 둘의 기능상의 중간에서 생긴다는 것이다. 지(知)가 있는 근과 지가 없는 진의 중간, 식이 생기는 그 중간에 마음이 있다는 주장이다. 그러나 마음이 근과 진의 중간에 있다고 하면, 그때 그 중간의 마음은 근과 진을 겸하는가, 겸하지 않는가? ① 마음이 근과 진을 겸한다고 해도 문제가 생긴다. 마음이 겸해야 할 둘 중 하나인 근(根)은 체이면서 아는

능력이 있고, 다른 하나인 진(塵)은 사물로서 아는 능력이 없으니, 둘은 서로 다르므로 함께 겸하기 어렵다. 즉 근과 진이 서로 상반되어 대립되므로 두 개가 중간을 이루기는 어렵다는 것이다. ② 마음이 근과 진을 겸하지 않는다고 하면, 근을 겸하지 않아 지(知)도 아니고, 진을 겸하지 않아 부지(不知)도 아니게 되어, 결국 마음의 체성이 없게 된다. 그러므로 마음이 근과 진의 중간에 있다는 것은 성립하지 않는다고 말한다.

7) 집착 없는 곳

> 아난: (붓다에게) 세존이여, 저는 예전에 붓다께서 대목건련과 수보리와 부루나와 사리불 4대 제자와 법륜을 굴리면서 항상 '각지분별의 심성은 안에 있지도 않고 밖에 있지도 않고 중간에 있지도 않아 어디에도 있는 데가 없다'고 말씀하시는 것을 보았습니다. 일체 집착 없음을 마음이라고 부른 것이니, 저에게 집착이 없음을 마음이라고 하면 되겠습니까?
>
> (阿難白佛言) 世尊, 我昔見佛與大目連須菩提富樓那舍利弗四大弟子, 共轉法輪常言覺知分別心性旣不在內亦不在外不在中間俱無所在. 一切無著名之爲心, 則我無著名爲心不?

'일체무착명지위심'의 의미:
  1. 일체에 집착하지 않는 것이 마음
  2. (일체에 마음이 포함되므로) 자신에 집착하지 않는 것이 마음

마음이 어디에 있는가를 묻고 그 물음에 답하기 위해 마음이 몸 안에 있는가, 몸 밖에 있는가, 아니면 그 중간에 있는가를 생각하며 찾아다닌다는 것은 마음을 어딘가에 있는 것으로 여기며 그 마음에 집착한다는 것이다. 그런데 그 답을 찾을 수 없으니, 이번에는 마음이란 것이 그런 식으로 장소를 갖지 않는 것 아닌가, 그런 식으로 어딘가에 있는 것으로 집착해서는 안 되는 것이 아닌가를 묻는다. 본래 붓다가 생각한 것은 식심은 진심이 아니므로 그 자체가 실재하는 것이 아니고 따라서 처소도 없다는 것이다. 그런데 아난이 지금까지 식심의 처소를 여기저기 제안했지만 모두 아닌 것이 되자, 이제 아난은 식심이 있기는 한데 다만 처소를 규정할 수 없는 것이 아닐까 생각한

다. 그래서 처소를 묻지 말고 식심을 그냥 '일체에 대해 집착 없는 마음'으로 이해하면 되지 않을까 하고 묻는다. 그리고 아래에서 붓다는 그렇게 '일체에 대해 집착 없는 마음'이라는 것이 과연 성립하는가를 묻는다. 즉 마음이 집착하지 않는 그 일체가 과연 있는 것이냐, 없는 것이냐를 되묻는다.

> 붓다: (아난에게) 당신은 지각하고 분별하는 심성은 어디에도 없다고 말하고, 세간의 허공과 물과 육지에서 날거나 걷는 모든 물상(物象)들을 일체라고 이름합니다. 당신이 집착하지 않는다고 하는 그것(일체)은 있는 것입니까, 없는 것입니까? ① (일체가) 없는 것이라면, 거북의 털이나 토끼의 뿔과 같으니, 무엇을 집착하지 않는다고 하는 것입니까? ② 집착하지 않는 것이 있는 것이라면, (집착이) 없다고 말할 수 없습니다. 상(相)이 없으면 없는 것이지만, 없는 것이 아니면 상이 있습니다. 상이 있으면 (집착이) 있는 것이니, 어떻게 집착이 없다고 하겠습니까? 그러므로 일체에 집착 없음을 각지의 마음이라고 부르는 그런 일은 있을 수 없음을 알아야 합니다.
>
> (佛告阿難) 汝言覺知分別心性俱無在者, 世間虛空水陸飛行諸所物象名爲一切. 汝不著者爲在爲無? ① 無則同於龜毛兔角, 云何不著? ② 有不著者, 不可名無. 無相則無, 非無則相. 相有則在, 云何無著? 是故應知一切無著名覺知心, 無有是處.

〈마음은 무집착의 마음임〉의 문제점:
  ①〈일체〉가 없다면, 이미 없는데 뭘 집착하지 않는다고 말할 수 있는가?
  ②〈일체〉가 있다면, 이미 있다고 집착했는데 무슨 무집착인가?

집착하지 않는 무착(無著)이 마음이라는 것은 마음을 '세상에 존재하는 일체에 대해 집착하지 않는 마음'으로 규정한 것이다. 그렇다면 ① 일체가 없어서 집착하지 않는다는 것인가, 아니면 ② 일체가 있는데 집착하지 않는다는 것인가? ① 일체가 없다면, 그것에 집착하지 않는다고 말할 필요도 없다. 일체가 아예 없는 것이라면, 거북 털이나 토끼 뿔처럼 그 자체 허구이니, 그걸 집착할 수도 없으니, 집착하지 않는다고 말하는 것도 의미가 없기 때문이다. ② 일체가 있는데, 그것에 집착하지 않는 것이라면, 말은 집착하지 않는다고 말해도 이미 있는 것으로 생각한 것 자체가 집착을 드러내고 있다. 일체를 이미 있는 것으로 상(相)을 내고 있으니, 무착이라는 말이 맞지 않다는 것이다. 결국 마음은 집착할 바 없는 것이라는 답도 정확하지 않다고 비판한다.

이상과 같은 방식으로 아난은 마음을 어딘가에 있는 것으로 여기면서 '몸 안에 있다', '몸 밖에 있다', '몸의 안과 밖의 중간에 있다' 등으로 차례대로 말해보지만, 붓다에 의해 모두 반박되었다. 결국 마음은 현상세계 어딘가에서 특정한 상(相)으로 존재하는 것이 아니라는 것이다.

2. 망심과 진심의 구분

1) 두 가지 근본 : 생사의 근본과 보리 열반의 근본

> 아난: (대중 안에 있다가 자리에서 일어나 오른쪽 어깨를 드러내고 오른쪽 무릎을 땅에 대며 합장하고 공경하여 붓다에게) 저는 여래의 가장 어린 형제로서 붓다의 자애를 입어 비록 지금 출가하였으나 오히려 연민을 믿어왔습니다. 그래서 다문(多聞)만 했을 뿐 무루를 얻지 못하여 사비라 주문을 절복시키지 못하고, 그 주문에 따라 움직여서 음사에 빠졌으니, 이는 진실의 소재를 모르기 때문입니다. 부디 원하오니 세존이여, 자비로써 불쌍히 여겨 우리에게 사마타의 길을 열어 보여주시고 모든 일천제로 하여금 어리석은 생각을 깨뜨리게 해주십시오. (말을 마치고 오체투지하고서 여러 대중과 함께 간절히 기다리며 흠모하여 가르침을 듣고자 한다.)
>
> (爾時阿難在大衆中卽從座起, 偏袒右肩右膝著地, 合掌恭敬而白佛言) 我是如來最小之弟蒙佛慈愛, 雖今出家猶恃憍憐. 所以多聞未得無漏, 不能折伏娑毘羅呪, 爲彼所轉溺於婬舍, 當由不知眞際所指. 唯願, 世尊, 大悲哀愍開示我等奢摩他路, 令諸闡提隳彌戾車. (作是語已五體投地, 及諸大衆傾渴翹佇, 欽聞示誨)

마음이 어디 있는지에 대한 7차례의 문답을 통해서도 아난은 아직 진정한 마음에 대한 깨달음을 얻지는 못했다. 그렇지만 아난은 자신이 사비가라(娑毘迦羅)의 주문에 이끌렸던 것은 자신이 다문만 했을 뿐 무루를 얻지 못했기 때문이고, 이는 결국 진제(眞際)를 알지 못하기 때문임을 알고 있다. 그래서 아난은 붓다에게 바른 깨달음의 길인 사마타의 길을 열어달라고 부탁한다. 지금까지 아난이 붓다의 질문을 따라 마음의 처소를 찾으려고 했지만 결코 그 처소를 찾을 수 없었던 것은 그가 생각하는 마음이 진심이 아닌 식심, 일종의 망심이기 때문이다. 식심은 처소가 따로 없는 허망한 것이다. 물론 진심도 처소가 따로 없다. 진심은 이곳과 저곳에 구분되지 않고 두루하는 마음이기 때문이다. 그러므로 이제부터 붓다는 더 이상 마음의 처소를 묻지 않고, 마음이 과연 무엇인가를 되묻는다.

붓다: (이때 세존이 얼굴에서 갖가지 광명을 내놓는데, 그 빛이 수백수천 개의 해처럼 밝게 빛나고, 모든 불세계가 6종으로 진동하면서 이와 같은 시방 미진수같이 많은 국토가 일시에 나타난다. 붓다의 위신력이 모든 세계를 합하여 하나의 세계가 되게 하니, 그 세계에 있는 일체 대보살이 모두 본 국토에 머물면서 합장하고 받들어 듣는다. 아난에게) ① 일체 중생이 무시이래로 갖가지로 전도되어 업종자가 자연히 악차열매 무더기와도 같습니다. 많은 수행인이 ② 최고의 깨달음을 얻지 못하거나 또는 ③ 별도로 성문이나 연각이 되거나 또는 ④ 외도의 천, 마왕 내지 마(魔)의 권속이 되는 것은 모두 두 가지 근본을 알지 못하고 헷갈린 채 수행하기 때문이니, 이는 모래를 삶아서 좋은 음식을 만들려는 것과 같아 설령 무수한 시간을 보내도 결국 이루어지지 않을 것입니다.

(爾時世尊從其面門放種種光, 其光晃耀如百千日, 普佛世界六種震動, 如是十方微塵國土一時開現. 佛之威神令諸世界合成一界, 其世界中所有一切諸大菩薩皆住本國合掌承聽. 佛告阿難) ① 一切衆生從無始來種種顚倒, 業種自然如惡叉聚. ② 諸修行人不能得成無上菩提, ③ 乃至別成聲聞緣覺, ④ 及成外道諸天魔王及魔眷屬, 皆由不知二種根本錯亂修習, 猶如煮沙欲成嘉饌, 縱經塵劫終不能得.

수행하지 않는 자:
　　① 전도된 범부: 업종자로 윤회함 - 혹·업·고가 함께함, 악차 열매에 비유
　수행하는 자: 두 가지 근본을 모르는 채 수행 - 망을 진으로 오인(착란)
　　② 최고의 깨달음(무상보리)을 못 이룸: 4선으로 성불하려는 권교(대승시교) 보살
　　③ 성문이나 연각이 됨: 소승 2승
　　④ 외도의 천·마왕·마의 권속이 됨

　붓다가 위신력으로 신통을 보이는 것을 서술하고 있다. 붓다가 얼굴에서 수천 개의 해보다 더 밝은 빛을 발하고, 그 빛 안에서 불세계가 6종 진동하면서 미진수만큼의 수많은 국토가 나타나며 그곳의 대보살들이 여기로 와 머물면서 붓다의 가르침을 듣고자 한다. 이처럼 붓다의 광명 속에 등장하는 다른 세계의 대보살이 이곳에서 붓다의 말을 듣는다는 것은 붓다가 인간세계뿐 아니라 다른 세계의 보살들과도 소통한다는 것을 말해준다. 붓다는 수행에 앞서 분명히 알아야 할 것이 있음을 강조하며, 일반 중생을 생사윤회하게 하는 윤회의 근본원리를 두 가지로 정리한다. 수행을 통해 윤회를 벗어나고자 하면 그 근본원리를 알아야지, 그것을 모르면 아무리 힘들여 수행을 해도 결국 수행을 통해 얻는 것이 없다고 말한다. 선화상인은 6종 진동을 누군가 성불할 때 일어나기도 하고 또 마왕도 일으킬 수 있는 진동으로 간주하며 다음과 같이 설명한다.[9]

　6종 진동:
　　형상: 1. 동(動): 땅이 흔들림, 2. 용(湧): 물이 위로 치솟음, 3. 기(起): 땅이 위로 솟아오름
　　소리: 4. 진(震): 땅이 갈라짐, 5. 후(吼): 울부짖는 소리가 남, 6. 격(擊): 땅이 서로 부딪침

　붓다: 무엇이 그 두 가지(근본)이겠습니까? 아난이여, ① 첫째는 무시이래의 생사의 근본이니, 지금 당신이 여러 중생들과 더불어 반연심을 자기 본성으로 삼는 것입니다. ② 둘째는 무시이래의 보리 열반의 원래 청정한 체이니, 지금 당신의 식정(識精)의 원래 밝음이 여러 연을 내고도 그 연으로 인해 유실되고 있습니다. 모든 중생이 이 본명을 유실하기 때문에 종일 행하면서도 자각하지 못하고 여러 세계로 잘못 빠져듭니다.

9　선화상인, 『능엄경강설』(정원규 역, 불광출판사, 2012), 상, 248쪽 참조.

> 云何二種? 阿難, ① 一者無始生死根本, 則汝今者與諸衆生用攀緣心爲自性者.
> ② 二者無始菩提涅槃元淸淨體, 則汝今者識精元明能生諸緣, 緣所遺者. 由諸衆
> 生遺此本明, 雖終日行而不自覺枉入諸趣.

중생이 모르는 두 가지 근본:
　① 생사의 근본: 반연심을 자기 본성으로 삼는 것
　② 보리·열반의 원래 청정체(식정원명, 본각): 식정원명이 연을 내고, 그 연으로 인해 유실됨
　　　보리(菩提): pannja의 음역. 지혜(智慧). 지혜로써 세계를 건립
　　　열반(涅槃): nirvana의 음역. 적멸(寂滅). 기멸이 없어 생사를 떠남

우리가 윤회하는 까닭을 설명하기 위해, ① 생사윤회하게 하는 근본과 ② 보리 열반에 들게 하는 근본, 두 가지를 말한다. 그러면서 이 두 가지가 모두 시작이 따로 없는 무시이래의 것임을 강조한다. ① 첫째는 생사의 근본이니, 반연심을 자성으로 여기는 것이다. 대상을 반연하는 마음인 6식을 자기 마음으로 여기므로 생사윤회하게 된다. 반연심인 6식을 자기 마음으로 여기는 식은 인간의 허망한 자아식인 제7말나식이다. ② 둘째는 보리 열반의 원래 청정체이니, 이것이 식정의 원래적 밝음, 식정의 원명이다. '식정원명이 연을 낸다'는 것은 식정원명이 대상세계를 형성한다는 것으로 일체유심조(一切唯心造) 내지 유식무경(唯識無境)을 말한다. '연으로 인해 유실된다'는 것은 마음이 만든 대상으로 인해 결국 그 대상을 만든 마음(식정원명)이 가려지고 잊혀진다는 것이다. 따라서 생사윤회를 반복하게 된다.

식정(識精)과 원명(元明)은 정확히 무엇을 의미하는가? '식정원명이 능히 연(緣)을 낸다'에서 능히 연을 내는 것, 즉 일체 현상세계를 형성하는 것은 제8아뢰야식이다. 대상을 형성하는 제8아뢰야식의 활동이 대상을 인식하는 6식의 핵심이기에 식의 정수인 '식정(識精)'이라고 하고, 아뢰야식의 본각의 밝음인 각명(覺明)이 대상을 인식하는 6식의 밝음의 원천이기에 식의 원래 밝음인 '원명(元明)'이라고 하였다. 그렇지만 우리

가 그 밝음을 대상을 인식하는 의식의 빛으로만 알기에 '연으로 인해 원명이 잊혀진다'
고 말한다. 이와 같이 식정은 식의 정수로서 6식으로 나뉘기 이전의 심 자체인 제8아
뢰야식을 말하고, 원명은 제8식 자체의 본각의 밝음인 각명을 말한다. 아뢰야식 자체
는 진심으로서 원래 무명(無明)이 아니고 명(明)이다. 이 식정원명을 청정한 그 자체
로 깨닫는 것, 본각을 깨닫는 것이 곧 보리 열반에 드는 것이다. 제8아뢰야식의 원명이
그 자체로 자각되어 명에 머무르면, 그 식정원명으로부터 대상세계인 연이 만들어지
지 않는다. 원명을 유실하여 무명(無明)이 됨으로써 그것으로부터 6진(塵)의 대상세계
가 만들어진다. 즉 원명을 놓치고 무명에 빠짐으로써 아뢰야식이 무명업상(자체분),
전상(견분), 현상(상분)으로 분화되면서 3세6추를 형성하여 윤회하게 되는 것이다.

원명(元明)	식정(識精)	식
제8식 자체/본각 ─〈무명〉→	아뢰야식의 전변/6식의 정수 →	6식

　　그렇다면 원명과 식정은 서로 상반되는 것인가? 식정이 연을 생하되 연으로 인해 원명
을 유실하면, (1) 오직 무명만 있는 것일까? (2) 무명 안에도 원명은 함께하는 것일까?
　　(1) 원명과 식정을 대비로 놓는 해석도 있다. 아뢰야식을 식정으로 보되 진심과 구
분해서 무명에 빠져 전변하는 망식으로만 간주하는 입장이다. 감산은 "식정은 8식의
체(體)이고, 원명은 바로 본각의 '묘하게 밝은 진심'(묘명진심)이다. 온갖 중생은 이 근
본의 묘명진심을 미혹하는 바람에 식정으로 변해서 망상을 일으키니, 그 뜻인즉 먼저
망상을 타파하고 다음에 식정을 타파해야지 본각의 참마음(진심)이 비로소 드러난다
는 것이다"[10]라고 한다. 황정원은 "중생들은 진심인 청정체가 갖춘 본래의 묘명한 작용
인 본명을 유실하면서 '아타나미세식'이라는 '제8아뢰야식'으로 전변되고, 이러한 망식
을 마음으로 오인하므로 윤회하게 된다"[11]고 말한다. 식정 내지 아뢰야식을 타파해야
할 것으로 간주한 것이다.

원명	식정	식
진심/본각 ─〈무명〉→	망식/제8아뢰야식 →	6식
〈명〉	〈무명〉	

10　　감산, 『수능엄경통의』, 1권, 167쪽.
11　　황정원, 『우리말 능엄경』, 53쪽.

(2) 반면『정맥소』는 식정이 곧 6근의 불생멸의 성이고 묘명본심임을 강조한다. "식정원명은 6근에 갖춰진 원만하고 담적한 생멸 없는 성(性)이다. 식정은 총명이다. 본래 하나의 체이지만 6근에 응하면 다른 이름으로 나뉘니, 보고 듣고 냄새 맡고 맛보고 느끼고 아는 여섯 가지 정(精)이 된다. 붓다는 … 보리 열반 원청정체를 알 수 있는 증거로 6근 가운데 보고 듣는 등의 정(精)을 분명히 가리킨다. 그러므로 식을 파한 후 먼저 견정(見精)이 묘명본심이 된다고 밝혔건만, 옛 주해는 이를 알지 못하고 견(見)을 파한 것이라고 잘못 보았다. 또 붓다께서 계문에서 '타나미세식'이라고 한 것이 바로 이 식정(識精)임을 알아야 한다. 그러므로 식으로 명해도 이는 제8식해(識海)이니 허망무체인 제6식과 비교해서는 안 된다. 이 식정이 참 수행의 근본 인(因)이다. 원통을 수행하는 중에 이근문성을 곧장 선택한 것도 이 식정이며, 이 경의 처음부터 끝까지 중요하게 쓰인다."[12] 앞의 주해와 달리『능엄경』의 요지는 식정을 타파하는 것이 아니고 식정을 원명으로 밝히는 것임을 강조하고 있다.

```
원명(元明)                    식정(識精)                   식
제8식 자체/본각  ─(무명)→ 아뢰야식의 전변/6식의 정수  →   6식
〈원명 + 무명〉
```

말하자면 아뢰야식의 명은 무명 속에서도 사라지는 것이 아니다. 무명 속에서 윤회하더라도 본래 중생의 마음이 식정원명이기에 중생은 모두 매일 이 식정원명을 쓰면서 산다. 반연심의 활동이나 반연되는 대상세계가 모두 이 식정원명에 의해 형성되는 것들이기 때문이다. 그래서『정맥소』는 "원명(元明)은 끊고 닦음을 통해 얻어지는 것이 아니라 본래 스스로 밝은 것이다"[13]라고 강조한다. 다만 우리가 명을 명으로 알아차리지 못할 뿐이다. 즉 범부는 식정원명을 매일 사용하면서도 그것을 그 자체로 알아차리지 못하고 오히려 식정원명이 형성하는 여러 연(현상세계)에 이끌리고 그 연에 매여 결국 미혹의 세계에 빠져들고 만다. 그래서 윤회한다. 식정원명을 자신의 마음의 빛으로 자각하면 보리 열반에 들게 되지만, 이를 자신으로 자각하지 못하고 오히려 식정원명이 만든 연에 이끌리고 그 연에 미혹하게 되면 결국 원명을 놓치고 생사윤회를 반복

---

12 진감,『정맥소』, 1권, 563쪽.
13 진감,『정맥소』, 1권, 564쪽.

하는 것이다. 그렇다면 중생은 왜 식정원명을 자기 자신으로 알지 못하는가? 중생의 마음, 그 식의 정수와 그 식정이 가지고 있는 원래의 밝음은 어떤 것인가? 이하에서는 우리의 참된 마음은 대상에 매인 반연심이 아니라 반연심과 반연되는 경(소연)을 함께 형성해내는 식정원명이라는 것을 밝힌다. 식정원명의 마음이 바로 반연심과 구분되는 두루하며 묘하고 밝은 마음인 원묘명심(圓妙明心)이다.

2) 반연심(攀緣心)과 원묘명심(圓妙明心)의 구분

붓다: 아난이여, 당신이 지금 사마타의 길을 알아 생사에서 벗어나고자 하니, 이제 다시 당신에게 묻습니다. (금색 팔을 들어 다섯 손가락을 구부리면서 아난에게) 당신은 지금 봅니까?

아난: 봅니다.

붓다: 당신은 무엇을 봅니까?

아난: 저는 여래가 팔을 들어 손가락을 구부려서 빛나는 주먹을 만들어 저의 마음과 눈에 빛나게 함을 봅니다.

붓다: 당신은 무엇을 갖고 봅니까?

아난: 저와 대중은 똑같이 눈을 갖고 봅니다.

붓다: (아난에게) 당신은 지금 내게 여래가 손가락을 구부려 광명권을 만들어 당신의 마음과 눈에 빛나게 한다고 답합니다. 당신의 눈은 볼 수 있지만, 무엇이 마음이어서 나의 주먹의 빛남을 아는 것입니까?

아난: 여래께서 지금까지 마음의 소재를 물으셨고 제가 마음으로 추궁하며 깊이 헤아렸으니, 이 능히 추리하는 자를 마음이라고 생각합니다.

阿難, 汝今欲知奢摩他路願出生死, 今復問汝. (卽時如來擧金色臂屈五輪指. 語阿難言) 汝今見不?

(阿難言) 見.

(佛言) 汝何所見?

(阿難言) 我見如來擧臂屈指, 爲光明拳曜我心目.

(佛言) 汝將誰見?

(阿難言) 我與大衆同將眼見.

> (佛告阿難) 汝今答我如來屈指, 爲光明拳耀汝心目. 汝目可見, 以何爲心當我拳耀?
> (阿難言) 如來現今徵心所在, 而我以心推窮尋逐, 卽能推者我將爲心.

붓다가 주먹을 쥐자 주먹에서 빛이 나기에 이를 광명권이라고 부른다. 붓다는 아난에게 무엇을 보냐고 묻고 아난이 마음과 눈앞에서 빛나는 붓다의 광명권을 본다고 대답하자, 다시 묻는다. 마음과 눈 중에서 눈은 보여지는 것이므로 그것이 무엇인지 알수 있지만, 심은 그렇지 않으므로 과연 무엇이 심이냐고 묻는다. 그러자 아난은 지금까지 심의 소재에 대한 물음을 듣고 그 소재를 알아내기 위해서 이리저리 추리하고 헤아려 생각했던 그것이 바로 마음이라고 답한다. 즉 능히 추리하는 자(능추자)인 제6의식이 바로 마음이라고 답한 것이다.

> 붓다: 아니요! 아난이여, 그것은 당신의 마음이 아닙니다.
> 아난: (당황하여 자리에서 일어나 합장하며 서서 붓다에게) 그것이 나의 마음이 아니면, 뭐라고 불러야 합니까?
> 붓다: (아난에게) 그것은 앞의 대상의 허망한 모습의 생각이니, 그것이 당신의 참된 본성을 미혹하게 합니다. 당신이 무시부터 금생에 이르기까지 도적을 자식으로 오인하여 당신의 원래의 항상됨을 잃어버렸기에 윤회하는 것입니다.
> 아난: (붓다에게) 세존이여, 저는 붓다의 총애받는 동생이며 마음으로 붓다를 사랑하였기에 출가하였습니다. 저의 마음이 어찌 오직 여래만을 공양하겠습니까? 항하사 같은 극토를 편력하며 제불과 선지식을 받들어 모시고 큰 용맹심을 일으켜 일체 난행과 법사를 행함도 모두 이 마음을 사용한 것입니다. 설령 법을 비방하여 선근에서 영원히 물러난다고 해도 이 마음으로 인한 것입니다. 만약 이것이 마음이 아니라고 밝혀진다면, 저는 이제 마음이 없어 흙이나 나무와 같을 것입니다. 이 지각을 떠나 다시 있는 것이 없는데, 어째서 여래께서는 이것이 마음이 아니라고 하십니까? 저는 실로 놀랍고 두려우며 함께하는 이 대중 중에도 의혹이 없는 사람이 없을 것입니다. 부디 큰 자비를 베풀어 아직 깨닫지 못한 바를 열어 보여주십시오.

> (佛言) 咄, 阿難, 此非汝心.
> (阿難矍然避座合掌, 起立白佛) 此非我心, 當名何等?
> (佛告阿難) 此是前塵虛妄相想惑汝眞性. 由汝無始至于今生, 認賊爲子失汝元常故受輪轉.
> (阿難白佛言) 世尊, 我佛寵弟, 心愛佛故令我出家. 我心何獨供養如來? 乃至遍歷恒沙國土承事諸佛及善知識, 發大勇猛行諸一切難行法事, 皆用此心. 縱令謗法永退善根, 亦因此心. 若此發明不是心者, 我乃無心同諸土木. 離此覺知更無所有, 云何如來說此非心? 我實驚怖兼此大衆無不疑惑. 唯垂大悲開示未悟.

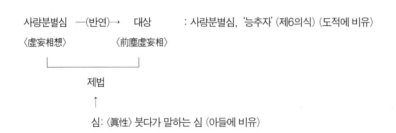

사량분별심 ──(반연)→ 대상 : 사량분별심, '능추자'(제6의식)(도적에 비유)
〈虛妄相想〉　　　　〈前塵虛妄相〉

제법
↑
심: 〈眞性〉 붓다가 말하는 심 (아들에 비유)

아난이 이리저리 추리하는 식(識)이 자신의 마음이라고 답하자, 붓다는 그것은 아난의 진짜 마음이 아니라고 말한다. 일상에서 우리가 각자의 마음이라고 생각하는 것은 자신의 '추리하고 생각하는 사량분별심'인 제6의식이다. 그러나 붓다는 그러한 제6의식은 우리의 마음이 아니라고 단언한다. 그것은 대상(전진)에 의해서 허망하게 떠오른 허망상(虛妄相)에 대한 지각 내지 생각인 '전진허망상상(前塵虛妄相想)'에 지나지 않고, 그것이 오히려 각자 마음의 진실한 성품을 가리고 있다는 것이다. 마음 안에 떠오른 허망상의 생각, 반연심인 제6의식을 나의 마음이라고 여기는 것은 곧 망(妄)을 진(眞)으로 여기는 것, 도적을 자식으로 삼는 것과 마찬가지라고 경고한다. 이처럼 일상에서 마음으로 간주하는 반연심인 제6의식이 마음이 아니라는 말을 듣고 아난은 난감해한다. 이 제6의식을 떠나 우리가 어디에서 진짜 마음을 찾을 수 있단 말인가? 우리가 일상적으로 마음으로 여기는 의식, 세계를 보고 아는 의식이 진짜 마음이 아니라면, 그럼 진짜 마음은 무엇이란 말인가? 붓다를 흠모해서 출가하겠다고 결정한 것도 이 생각하는 의식이고, 설혹 불법을 비방하면서 떠나가도 그것 역시 이 생각하는 의식이다. 이 생각하는 의식이 나의 마음이 아니라면, 그것 이외에 다른 무엇을 찾을 수 없으니 결국 나는 마음이 없다는 말이 되지 않겠는가? 의식이 마음이 아니라면, 그래서 의식을 제외하고 나면, 나는 결국 마음이 없는 초목이나 광물과 뭐가 다르겠는가? 그게 아니고 진짜 마음이 따로 있다면, 그 진짜 마음은 그럼 어디에 있고, 그 진짜 마음을 나는 왜 모른단 말인가? 그래서 아난은 깜짝 놀란다. 아난도 우리처럼 늘 보고 듣고 헤아리는 의식을 자신의 마음으로 여기고, 그 의식 이외에 다른 마음을 알지 못하기 때문이다. 생각하는 마음인 의식이 나의 마음이 아니라는 말을 아난은 이해할 수가 없으므로 붓다에게 그것에 대해 더 설명해달라고 요청한다.

붓다: (아난과 모든 대중을 깨우쳐 마음을 무생법인(無生法忍)에 들게 하고자, 사자좌에서 아난의 정수리를 어루만지며) 여래는 항상 '제법의 일어남은 오직 마음에 의해 나타나는 것이고, 일체 인과와 세계 미진은 마음으로 인해 체(體)를 이룬다'고 말해왔습니다. 아난이여, 세계의 일체 존재가 그중 풀잎이나 명주실조차도 그 근원을 따져보면 모두 체성이 있으며, 가령 허공도 이름과 모양이 있습니다. 청정하고 묘한 정명심이 일체 마음의 본성이 되는데 어찌 자신의 체가 없겠습니까?

(爾時世尊開示阿難及諸大衆欲令心入無生法忍, 於獅子座摩阿難頂而告之言) 如來常說諸法所生唯心所現, 一切因果世界微塵因心成體. 阿難, 若諸世界一切所有, 其中乃至草葉縷結詰其根元咸有體性, 縱令虛空亦有名貌. 何況淸淨妙淨明心性一切心而自無體?

제법: (사량분별심 + 대상): 자체가 있고 이름과 모양이 있음

↑ 생

심 = 진성/진심/청정묘정명심: 당연히 체가 있음!

붓다는 대상을 반연하는 의식인 반연심은 대상으로 인해 생긴 허망한 상일 뿐이고 본래 마음, 진짜 마음이 아니라고 말한다. 대상을 반연하는 의식이 진짜 마음이 아니라고 하는 것은 그 의식보다 더 근원적이고 본래적인 마음이 있기 때문이다. 즉 대상과 그 대상을 반연하는 의식이 있는 것은 그들을 만들어내는 심층마음이 있기 때문이다. 한마디로 일체유심조 내지 유식무경이 성립하며, 진짜 마음은 그렇게 일체를 만들

어내는 바로 그 마음이다. 여래가 항상 해왔다는 말, '제법의 일어남은 오직 마음에 의해 나타난 것이다', '인과와 미진은 마음으로 체를 이룬다'가 바로 이와 같은 유식의 원리를 말해준다. 일체유심조를 통해 붓다가 말하고자 하는 것은 우리의 본래 마음은 허상이 아니고 자신의 체를 가진다는 것이다. 세상에 존재하는 모든 것은 마음에 의해 생겨난 것으로서 그 자체의 상과 성, 용과 체를 가진다. 하물며 그 모든 것을 만드는 마음은 당연히 그 자신의 체를 가진다는 것이다. 붓다는 우리에게 우리의 본래 마음, 진심을 알려주고 우리를 무생법인(無生法忍)에 들게 하고자 한다. 무생법인은 생함도 멸함도 없는 불생멸법의 경지를 말한다. 일체가 인연 따라 허망하게 생멸한다는 것을 깨달을 때 그렇게 깨닫는 마음 자체는 생멸을 넘어선 것이며, 그런 불생불멸의 마음을 깨닫는 것이 곧 무생법인에 드는 것이다. 무생법인에 든다는 것은 스스로 진심인 원묘명심의 마음자리로 나아감을 뜻한다. 이하에서 붓다는 아난이 자신의 참된 마음을 깨달아 알도록 그 참된 마음의 실상을 밝혀주고자 한다. 우리가 일상적으로 나의 마음이라고 여기는 반연심은 왜 본래의 진심인 원묘명심이 아닌지, 원묘명심은 반연심과 달리 어떤 특성을 가지고 있는지를 알려주려는 것이다.

> 붓다: 만약 당신이 분별하고 각관하여 아는 성품을 필히 심이라고 집착한다면, ① 이 마음은 일체 색·향·미·촉 등 모든 대상을 떠나서도 온전한 성품을 가져야 할 것입니다. ② 당신이 지금 나의 법을 듣고 있다면, 이것은 소리로 인하여 분별이 있는 것입니다. ③ 설혹 일체 견문각지를 멸하고 안으로 깊은 한가함을 지킨다고 해도 그것 또한 법진의 분별영사(分別影事)일 뿐입니다.
>
> 若汝執悟分別覺觀所了知性必爲心者, ① 此心卽應離諸一切色香味觸諸塵事業, 別有全性. ② 如汝今者承聽我法, 此則因聲而有分別. ③ 縱滅一切見聞覺知內守幽閑, 猶爲法塵分別影事.

분별심 (전진분별영사)	—(반연)→	분별심의 대상 (전진)	
1. 전오식 — ① 견문각지/감각	—(반연)→ 감각자료	= (외) 4진(색향미촉)	제진의 생
2. 제6의식 ┌ ② 견문각지/사유	—(반연)→ 개념	= (내) 법진/성진	
└ ③ 삼매, 선정	—(반연)→ 허공	= (내) 법진 제거	— 제진의 멸

반연심은 분별적인 각관(覺觀)의 작용으로 아는 성품이다. 각관은 신역으로는 심사(尋伺)이다. 각(심)은 총체적으로 분별하는 거친 사유이고, 관(사)은 개별적으로 분별하는 미세한 사유를 말한다. 분별심이 대상으로 삼는 것, 즉 연(緣)하는 대상을 불교는 티끌 진(塵)이라고 한다. 진은 신역으로는 대상 경(境)이며, 진은 외진과 내진으로 구분된다. 외진(外塵)은 외적 감각의 대상으로 색(성)향미촉이고, 내진(內塵)은 내적 사유의 대상으로 의식대상인 법진(法塵)인데 이는 소리인 성진(聲塵)을 따라 일어난다. 대상을 반연하여 일어나는 심 작용을 '사업(事業)'이라고 하는데, 업을 지을 때 처음 짓는 것이 사(事)이고, 행위가 완료되면 업(業)이라고 한다. 내적 외적 대상을 합해서 앞에 있는 대상인 전진(前塵)이라고 한다. '전진분별영사'는 전진을 분별하는 영상 내지 그림자로서, 대상을 분별하는 식(識)을 말하며, 여기에서는 이것을 세 가지로 구분한다. ① 첫째는 전5식이다. 색·성·향·미·촉을 대상으로 삼는 전5식은 그 대상인 외진의 분별영사이다. 여기에서는 법문을 듣고 이해하는 의식이 성진으로 인해 일어나기에 색·향·미·촉 4진만을 그 대상으로 두었다. ② 그다음은 법경에 대해 분별하고 각관하는 제6의식의 사유활동이다. 법문을 들으면서 그 의미를 이해하고 분별하는 제6의식의 사유활동은 개념인 법진으로 인해 생겨나는 법진의 분별영사이지만, 여기에서는 소리인 성경을 연해서 일어나기에 성경의 분별영사라고 하였다. ③ 그다음은 감각 내지 사유활동을 멈추고 고요하게 남아 있는 의식활동인데, 이것 또한 법진의 분별영사라고 말한다. 마음이 개념을 좇아 활동하지 않고 고요하게 머물러 있어도, 즉 안으로 깊은 한가함(幽閑)에 머물러 있어도 이 또한 법진의 분별영사라는 것이다. 개념이 일어날 때 그 개념을 대상으로 생각하는 것이든, 개념이 멸할 때 그 개념 없는 공(空)을 생각하는 것이든, 둘 다 대상에 의거한 것이기 때문이다.[14] 여기서 말하고자 하는 것은 외진에 의거한 것이든 내진에 의거한 것이든 반연심 내지 분별심은 모두 앞의 대상을 분별하는 그림자인 전진분별영사라는 것이다. 반연된 대상인 전진에 의거하여 일어나고, 그 반연된 대상이 멸하면 따라서 멸하기 때문이다. 그렇게 전진을 따라 생멸하면서 전진에 의해 생겨나서 전진을 분별하는 것이 전진분별영사이다.

---

14 감산은 ①과 ②의 구절에 대해 "상온(想蘊)에 체가 없음을 정확히 타파함으로써 6식의 허망함을 드러내고 있다"고 하고, ③의 구절에 대해 "행온(行蘊)을 타파해서 제7식을 멸하려고 한다"고 설명한다. "견문각지를 멸하여 6근의 작용을 행하지 않고 안으로 고요함을 지킴"을 "7식이 집착하는 자기 안의 나(자내아)"에 머무르는 것으로 해석한 것이다. 감산, 『수능엄경통의』, 1권, 176쪽 참조.

> 붓다: 내가 당신에게 (당신이) 마음이 아니라고 여기도록 말하는 것은 아니니, 다만 당신은 마음을 미세하게 헤아리십시오. 만약 앞의 대상을 떠나서도 분별성이 있다면 진실로 당신의 마음이지만, 만약 분별성이 대상을 떠나서 체가 없다면 그것은 앞의 대상을 분별하는 영상일 뿐입니다.
>
> 我非勅汝執爲非心, 但汝於心微細揣摩. 若離前塵有分別性卽眞汝心. 若分別性離塵無體, 斯則前塵分別影事.

```
   분별심          —(연)→      분별심의 대상
(= 전진의 분별영사)             (= 전진)
  전진 따라 생멸
      ↕
    진심
전진과 무관하게 상주
```

앞에서 붓다는 일체 제법이 마음에 의거하여 존재하며, 마음으로 인해 체를 이룬다는 것을 강조하였다. 그렇게 반연심이 반연할 대상을 존재하게 하는 마음(진심)과 그런 대상의 존재를 전제하고서 그 대상을 반연하여 일어나는 분별심(반연심)은 서로 구분된다. 전자가 근본 마음인 원묘명심 내지 자성청정심인 진심이고, 후자는 그것에 기반을 둔 분별영사에 불과하다. 그렇게 진심과 반연심은 서로 구분된다. 전진의 그림자인 전진분별영사로서의 반연심은 진심이 아니다. 그렇다면 분별영사로서의 반연심인지 진심인지는 어떻게 구분하여 알 수 있는가? 여기에서는 대상이 사라질 때 함께 사라지면 대상의 분별영사이고, 대상이 없어도 남아 있으면 진심이라고 말한다. 반연심은 대상을 반연하여 일어난 것이어서 대상이 사라지면 함께 사라지지만, 진심은 대상을 떠나서도 마음 자체로서 남기 때문이다.

> 붓다: 대상(진)은 항상 머무는 것이 아니므로 변하고 멸할 때 이 마음(반연심)은 곧 거북 털이나 토끼 뿔과 같아질 것입니다. 그런즉 당신의 법신(法身)도 마찬가지로 단멸한다면, 그럼 누가 무생법인(無生法忍)을 닦아 증득하겠습니까?

아난: (대중과 함께 묵묵히 망연자실한다.) …

붓다: (아난에게) 세간의 일체 수행자들이 눈앞에서 비록 9차제정을 이루어도 번뇌가 다한 아라한이 되지 못하는 것은 모두 이 생사의 망상을 진실이라고 잘못 알기 때문입니다. 그러므로 당신도 지금 다문이지만 성인의 과를 이루지 못한 것입니다.

塵非常住, 若變滅時, 此心則同龜毛兎角, 則汝法身, 同於斷滅, 其誰修證無生法忍?

(卽時阿難, 與諸大衆, 黙然自失)

(佛告阿難) 世間一切, 諸修學人, 現前雖成九次第定, 不得漏盡, 成阿羅漢, 皆由執此, 生死妄想, 誤爲眞實. 是故汝今, 雖得多聞, 不成聖果

분별심: 전진분별영사에 머묾   ←   전진

　　┌ 범부: 전5식 + 제6의식   색(6진)

　　└ 수행자: 4선＋4정＋상수멸정   공

↕

진심: 무생법인의 증득

　　── 아라한(번뇌가 다함)

눈앞의 대상이 항상된 것이 아니기에 그것이 변하여 멸하면 그 분별영사로서의 마음인 반연심 또한 연을 따라 없어져 버린다. 마음이 이런 식으로 대상에 따라 생멸하는 것일 뿐이라면 대상 없는 마음은 곧 거북의 털이나 토끼의 뿔처럼 없는 것이 된다. 그렇게 되면 불생불멸의 경지의 깨달음, 무생법인의 증득은 불가능해진다. 무생법인을 닦아 증득한다는 것은 반연심 너머의 본래 마음, 진심을 깨달아 안다는 것이다. 일체 번뇌 너머의 본심, 본래청정심의 깨달음이 곧 무생법인의 증득이다. 수행자들이 4선과 4무색정과 멸진정까지의 9차제정을 모두 이루어도 번뇌가 다한 아라한이 되지 못한다는 것은 9차제정의 수행으로는 반연심 너머 진심의 깨달음에 이르지 못하고 따라서 일체 번뇌를 멸하지 못한다는 것이다. 앞에서 논한 대로 마음이 깊은 한가함에 머물러 있어도 그 마음은 법진분별영사에 지나지 않는다. 그 마음이 바로 9차제정에서의 선정의 마음이다. 이 선정의 마음도 법진분별영사인 분별심이지 진심이 아니다. 그렇게 9차제정까지 이루어도 그러한 분별영사 너머의 진심을 알지 못하기에 결국 궁극

에 이르지 못하고 아라한이 되지 못한다. 분별심 너머 진심을 알아야만 모든 번뇌를 멸하고 진정한 아라한의 과에 이를 수 있다. 본래 아난은 아라한과에 이르지는 못해도 성인4과 중 초과에는 올라 있었는데, 붓다는 여기서 아난이 다문만 할 뿐 성과를 이루지 못했다고 말한다. 아라한과 이전의 수행을 반연심 내지 제6의식에 머무르는 수행으로 보며 비판한 것이다. 『능엄경』은 반연심 너머 원묘명심을 깨닫고 증득하는 수능엄정(首楞嚴定)을 참된 수행이라고 본다. 이하에서는 바로 이러한 원묘명심이 과연 무엇인지, 그 진심의 활동인 견(見)이 어떤 것인지를 다각도로 설명한다.

II

진심의 견(見)을 밝힘:
10번현견(十番顯見)

아난: (듣고는 거듭 슬피 울면서 오체투지하고 무릎 꿇고 합장하며 붓다에게) 제가 붓다를 따라 발심하여 출가한 이후 붓다의 위신력을 믿어 내가 수행하는 노력 없이도 장차 여래께서 내게 삼매를 베풀어주실 것이라고 항상 스스로 생각하고, 몸과 마음이 본래 서로 대신하지 않음을 알지 못하여 저의 본심을 잃어 버렸습니다. 비록 몸은 출가하였지만 마음은 도에 들어가지 못하였으니 마치 거지가 아버지를 버리고 달아난 것과 같습니다. 오늘에야 비로소 다문만 할 뿐 수행하지 않으면 듣지 않은 것과 같다는 것을 알았으니 마치 사람이 음식을 말해도 끝내 배부를 수 없는 것과 같습니다. 세존이여, 저희가 지금 두 가지 장애로 묶여 있는 것이 공적의 항상된 심성을 알지 못하기 때문이니, 부디 여래께서 궁핍하고 헐벗은 저희를 불쌍히 여겨 묘하고 밝은 마음을 밝혀 저의 도안을 열어주시기 원합니다.

(阿難聞已重複悲淚五體投地, 長跪合掌而白佛言) 自我從佛發心出家, 恃佛威神, 常自思惟無勞我修, 將謂如來惠我三昧, 不知身心本不相代, 失我本心. 雖身出家, 心不入道, 譬如窮子捨父逃逝. 今日乃知雖有多聞, 若不修行與不聞等, 如人說食終不能飽. 世尊, 我等今者二障所纏, 良由不知寂常心性, 唯願如來哀愍窮露, 發妙明心開我道眼.

도에 이르고자 하는 3가지 방식:

    1. 수행을 겸함(o): 스스로 수행함

    2. 기복신앙만 가짐(x): 붓다의 위신력으로 가피를 얻음 → 마음의 깨달음을 얻지 못함

    3. 교학만 함(x): 다문하여 이론적으로만 앎 → 음식을 말한다고 배부르지 않음

2장(障) ┬ 번뇌장: 아집의 장애, 사장(事障) - 분별기 견혹 + 구생기 사혹
        └ 소지장: 법집의 장애, 리장(理障) - 분별기 견혹 + 구생기 사혹

아난은 자신이 몸으로는 붓다와 혈연으로서 가깝고 총애를 받아 붓다 덕분에 삼매에 쉽게 이르게 될 수 있을지 몰라도, 그것으로써 마음이 이루어야 할 수행의 깊이를 성취하지는 못하리라는 것을 새삼스레 깨닫는다. 그래서 몸과 마음이 서로를 대신해 줄 수 없음을 이제야 깨달았다고 말한다. 자신의 진심은 본인 스스로 깨달아야 아는 것이지, 누가 위신력으로 알게 해줄 수 있는 것이 아닌 것이다. 아난은 반연심과 구분되는 참된 마음이 있다는 말을 듣고 지금까지 자신의 본심을 제대로 알지 못하고 반연심을 자신으로 알고 살아온 것을 서글퍼한다. 자신의 본래 마음을 알지 못하고 반연심을 자기 마음으로 여김으로써 결국 2가지 장애에 묶여 있었다고 말한다. 2가지 장애는 번뇌장과 소지장이다. 번뇌장은 자아가 있다고 집착하는 아집의 장애이고, 소지장은 법이 따로 있다고 집착하는 법집의 장애이다. 장애는 그것이 어떻게 생겨났는가에 따라 분별기번뇌와 구생기번뇌로도 구분된다. 분별기번뇌는 제6의식의 분별을 따라 일어나는 번뇌로 견혹(見惑)이라고 하고, 구생기번뇌는 제7말나식의 집착을 따라 일어나는 번뇌로 사혹(思惑)이라고 한다. 『정맥소』에 따르면 아난은 성인 초과이므로 번뇌장 중 견혹은 벗었지만 사혹은 남아 있고 소지장도 그대로 남아 있다. 아난은 자신이 본래 마음을 깨닫지 못하고 장애에 묶여 있음을 안타까워하면서, 붓다에게 본래의 마음, 고요하고 항상된 마음(적상심)을 보다 확실하게 밝혀 자신의 번뇌를 없애달라고 부탁한다. 이러한 아난의 요청에 따라 붓다는 무생법인을 닦아 깨달아 알 수 있는 진심을 밝히 드러내고자 여러 가지 방식으로 설명을 시도한다.

붓다: (곧 가슴의 만(卍) 자로부터 보배로운 광명을 용출하는데, 그 빛이 수백

수천 가지 색으로 밝게 빛나며 시방 미진수의 모든 붓다 세계에 일시에 두루 미쳐서 시방에 있는 보배로운 사찰의 모든 여래의 정수리를 두루 비추고 돌아서 아난과 여러 대중에 이른다. 아난에게) 내가 이제 당신을 위하여 큰 법의 깃발을 세우고 또 시방의 일체 중생으로 하여금 신묘한 미밀성과 정명심을 획득하여 청정안을 얻게 하겠습니다.

(卽時如來從胸卍字湧出寶光, 其光晃昱有百千色, 十方微塵普佛世界一時周遍, 遍灌十方所有寶刹諸如來頂, 旋至阿難及諸大衆. 告阿難言) 吾今爲汝建大法幢, 亦令十方一切衆生獲妙微密性淨明心得淸淨眼

묘미밀성: 성 = 공적/본적(本寂) – 아난이 구한 적상심성
묘정명심: 심 = 자각/본각(本覺) – 아난이 구한 묘명심
청정안: – 아난이 구한 도안(道眼)

붓다가 다시 신통력으로 빛을 발하는데, 이 빛이 바로 아난이 구하는 적상심 내지 묘명심의 빛, 여래의 지혜 광명을 의미한다. 광명을 분출한 붓다 가슴의 만(卍) 자는 태양 빛이 발산되는 모양을 본뜬 것으로 불교나 불심(佛心) 또는 사찰을 나타내는 상징 내지 인(印)이다. 이 광명은 단지 붓다만 가진 것이 아니라 만물을 생겨나게 하는 일체 중생 누구나 두루 갖추고 있는 빛이다. 광명이 누구에게나 갖추어진 것이기에 여래의 가슴에서 나온 광명이 모든 불계의 여래를 비추고 다시 아난 및 대중에게 이른다고 한 것이다. 이와 같이 붓다는 광명을 비춤으로써 아난이 무엇을 깨달아야 하는지를 직접 보여준다. 그리고 나서 붓다는 법당(法幢), 즉 법의 깃발을 세운다고 말한다. 법당의 '당'은 당간지주(幢竿支柱)의 깃발 당(幢)이다. 법의 깃발을 세운다는 것은 곧 불법을 편다는 것을 뜻한다. 이제 법문을 하겠다는 뜻이다. 아난의 요청에 따라 붓다는 우리 마음의 미밀성과 묘정명심을 개념적으로 설명하여 우리로 하여금 자신의 진심을 알아보는 청정한 눈을 열어주고자 한다. 이하에서 우리의 진심인 적상묘명심의 정체를 그 마음의 활동인 견(見)을 따라 밝히는데, 미리 정리하면 다음과 같다. 진심의 견을 10가지로 밝힌 것이다.

1. 눈 너머 마음의 견 ─ 손:주먹 ═ 눈:견의 비유, 맹인의 예. 등불이 보는가?

2. 움직이지 않음: 부동(不動) ─ 주먹 펴고 쥠, 빛을 날림

3. 멸하지 않음: 불멸(不滅) ─ 파사익왕의 질문, 갠지스강을 본 나의 정체성

4. 유실되지 않음: 불실(不失) ─ 성전도, 일첨시·배첨시, 명 → 무명 → 공 → 색

5. 환원되지 않음: 불환(不還) ─ 견═정명═제2월 ↔ 월영

6. 사물이 아님: 부잡(不雜) ─ 불견도 보는가?

7. 장애가 없음: 무애(無礙) ─ 견의 크기?

8. 사물과 분리되지 않음: 불리(不離) ─ 문수이다! 성립 안 함

9. 자연도 인연도 아님: 두루하는 견 ─ 자연이나 인연을 넘어섬

10. 견(망견)을 떠남: 제1의의 견(진견) ─ 견견의 견(제1의의 견) ↔ 세속의 견

1. 눈 너머 마음의 견

붓다: 아난이여, 당신은 아까 나에게 '광명의 주먹을 본다'고 대답했습니다. 이 주먹의 광명은 무엇으로 인해 있습니까? 어떻게 주먹이 됩니까? 당신은 무엇으로 봅니까?

아난: 붓다의 전체가 염부단의 금이기에 보배산처럼 빛나며, 청정하게 생겼기에 광명이 있습니다. 저는 실제 눈으로 보는데, (붓다가) 다섯 손가락 끝을 굽혀 주먹 쥐어 사람들에게 보이므로 주먹의 모습이 있는 것입니다.

阿難, 汝先答我見光明拳. 此拳光明因何所有? 云何成拳? 汝將誰見?

(阿難言) 由佛全體閻浮檀金㲲如寶山, 清淨所生故有光明. 我實眼觀五輪指端屈握示人故有拳相.

붓다의 질문 ─ 아난의 대답

1. 주먹의 광명은 무엇으로 인해 있는가? ─ 붓다 몸의 금빛 때문

2. 주먹은 어떻게 생기는가? ─ 손을 쥐어서 생김

3. 주먹을 무엇이 보는가? ─ 눈이 봄

앞에서 반연심과 구분되는 마음의 정체를 논할 때에도 그 논의의 출발은 아난이 붓다의 광명권, 즉 빛나는 주먹을 본다는 것이었다. 붓다의 광명권을 보고 그것에 대해 알 때, 그 아는 마음이 무엇인가를 물었고, 주먹을 보는 반연심으로서의 마음(식심)은

진짜 마음이 아니라는 것을 논하였다. 여기에서는 주먹을 보는 진짜 마음이 무엇인지를 밝히고자 한다. 그러기 위해 이하에서는 실제로 그 주먹을 보는 것이 무엇인지를 따져본다. 여기에서 붓다는 무엇이 광명권을 보는가와 더불어 그 광명권이 어떻게 해서 생겨나고, 무엇이 그것을 보는지를 묻는다. 아난은 광명권의 빛은 붓다의 몸이 처한 염부단(閻浮檀)의 금빛에서 오는 빛이라고 말한다. 염부단은 불교의 세계상에 등장하는 수미산 남쪽 바다 가운데의 섬인 염부제의 북쪽에 있는 나무 이름이다. 나무가 금색 나무이기에 붓다의 몸이 금색임을 말하기 위해 염부단의 금빛이라고 말한다. 또 광명권의 주먹은 붓다가 자신의 다섯 손가락을 구부려서 만들었기에 생겨난 것이라고 대답한다. 그리고 자신은 바로 자신의 눈을 갖고 그 주먹의 모습을 본다고 말한다.

붓다: (아난에게) 여래가 오늘 진실한 말로 당신에게 이야기하니 모든 지혜 있는 자는 비유로써 깨닫게 될 것입니다. 아난이여, 나의 주먹을 갖고 비유하면, 만약 내게 손이 없다면 나의 주먹이 성립하지 않듯이, 만약 당신에게 눈이 없다면 당신의 견도 성립하지 않을 것입니다. 이렇게 당신의 안근을 나의 주먹에 비유하면 그 의미가 적절하겠습니까?

아난: 그렇습니다, 세존이여. 제게 눈이 없다면 봄이 성립하지 않습니다. 저의 안근을 여래의 주먹에 비유하는 것은 의미가 서로 같습니다.

붓다: (아난에게) 당신이 서로 같다고 말하지만 그 의미는 그렇지 않습니다. 왜 그렇겠습니까? 손이 없는 사람은 결국 주먹이 없지만, 눈이 없는 사람이 봄이 완전히 없는 것은 아닙니다. 어째서 그렇습니까? 당신이 시험 삼아 길에서 맹인들에게 '당신은 무엇을 봅니까?'라고 묻는다면 그 맹인들은 필히 당신에게 '나는 지금 눈앞에서 오직 암흑만 보고 다른 아무것도 보지 않습니다'라고 답할 것입니다. 이 의미를 보면 앞의 대상이 그 자체 어두울 뿐이지 견에 무슨 결핍이나 손상이 있겠습니까?

(佛告阿難) 如來今日實言告汝, 諸有智者要以譬喩而得開悟. 阿難, 譬如我拳若無我手不成我拳, 若無汝眼不成汝見. 以汝眼根例我拳理, 其義均不?

(阿難言) 唯然, 世尊. 旣無我眼不成見. 以我眼根例如來拳, 事義相類.

(佛告阿難) 汝言相類, 是義不然. 何以故? 如無手人拳畢竟滅, 彼無眼者非見全無. 所以者何? 汝試於途詢問盲人, '汝何所見?' 彼諸盲人必來答汝, '我今眼前唯見黑暗更無他矚.' 以是義觀前塵自暗, 見何虧損?

〈주먹의 비유〉: 〈눈과 봄〉을 〈손과 주먹〉에 비유함   손 → 주먹
　1) 아난: 맞는 비유로 간주: 눈이 있어야 봄이 있으므로   눈 → 봄
　2) 붓다: 잘못된 비유로 간주: 눈이 없어도 봄은 있음 예) 맹인이 어둠을 봄 ∼눈 → 봄

　손이 주먹을 만들듯, 눈이 견을 만드는가? 손이 없으면 주먹이 만들어질 수 없듯이 눈이 없으면 견이 없는가? 1) 아난은 상식을 따라 그렇다고 대답하지만, 2) 붓다는 그렇지 않다고 말한다. 손이 없으면 주먹이 만들어지지 않지만, 눈이 없다고 반드시 견이 없는 것은 아니라는 것이다. 말하자면 맹인은 눈이 없어도 본다는 것이다. 무엇을 보는가? 맹인은 암흑만을 본다. 암흑만을 보는 것도 보는 것이며, 따라서 눈이 없어도 볼 수 있기에, 〈눈과 견〉의 관계를 〈손과 주먹〉의 관계와 같이 놓을 수는 없다는 것이다. 맹인이 암흑을 본다는 것은 우리가 암실에서 암흑을 보는 것에 비추어 이해할 수 있다. 우리도 암실에서는 오직 암흑만 본다. 그런데 암실에서 암흑을 볼 때의 보는 활동과 빛 속에서 사물들을 볼 때의 보는 활동은 보는 활동의 측면에서 보면 똑같다. 극장에서 영화가 시작되기 전 어둠을 볼 때의 보는 활동과 스크린에 빛이 비춰져서 다양한 색채의 밝은 화면을 볼 때의 보는 활동은 그 봄의 활동 자체만으로 보면 차이가 없다. 다만 보여지는 것이 어둡냐 밝냐, 즉 분별될 것이 없는 어둠이냐 여러 색이나 형태로 분별될 것이 있는 밝음이냐의 차이가 있을 뿐이다. 우리가 암실에서 어둠을 보듯이, 그렇게 맹인도 어둠을 본다. 다만 보는 창구인 눈에 문제가 있을 뿐이다. 이것은 마치 대뇌피질의 시신경은 문제가 없는데, 눈의 시신경에 문제가 있는 것과 같다. 현대의학에서는 눈의 시신경에 문제가 있는 사람에게 뇌의 시신경에 직접 자극을 주면 눈으로 보듯이 앞을 본다고 한다. 결국 보는 것은 단지 눈이 아니라, 눈 너머의 어떤 것이라는 말이 된다. 의학은 그것을 뇌신경이라고 말하지만, 여기에서는 궁극적으로 보는 것은 눈도 아니고 물리적 뇌도 아니고 마음이라고 말한다. 스스로 자신이 보고 있음을 아는 자는 눈이나 뇌가 아니라 마음이기 때문이다. 그렇게 맹인은 눈이 없어도 어둠을 보므로, 즉 눈이 없어도 봄이 성립하므로, 주먹의 비유는 적절하지 않다는 것이다.

아난: 맹인들이 눈앞에 오직 암흑만 보는 것을 어떻게 봄이라고 할 수 있습니까?

붓다: (아난에게) 맹인이 눈이 멀어 어둠만을 볼 때와 눈이 있는 사람이 암실에 있을 때의 그 두 암흑(黑)에 다름이 있습니까, 다름이 없습니까?

아난: 그렇습니다, 세존이여. 이 암실 중에 있는 사람과 그 맹인 간의 두 암흑을 비교해보면 차이가 있을 수 없습니다.

붓다: 아난이여, 만약 눈 없는 사람이 완전히 앞의 암흑만 보다가 홀연히 안광(眼光)을 얻어 다시 앞의 대상에서 갖가지 색을 보게 되는 것을 '눈이 본다'고 말한다면, 그 암실 중의 사람이 완전히 앞의 암흑만 보다가 홀연히 등광(燈光)을 얻어 앞의 대상에서 갖가지 색을 보게 되는 것도 마땅히 '등이 본다'고 해야 할 것입니다. 만약 등이 본다면, 등은 능히 견을 가지니 그 자체 등이라고 불리지 않을 것입니다. 또 등이 본다면, 그게 당신과 무슨 상관이 있습니까? 그러므로 등은 색을 드러낼 뿐이며 이와 같이 보는 자는 눈이지 등이 아니라는 것, 눈은 색을 드러낼 뿐이며 이와 같이 보는 성품은 심이지 눈이 아니라는 것을 알아야 합니다.

(阿難言) 諸盲眼前唯觀黑暗, 云何成見?

(佛告阿難) 諸盲無眼唯觀黑暗, 與有眼人處於暗室, 二黑有別爲無有別?

如是, 世尊. 此暗中人與彼群盲, 二黑校量會無有異.

阿難, 若無眼人全見前黑, 忽得眼光還於前塵見種種色名眼見者, 彼暗中人全見前黑, 忽獲燈光亦於前塵, 見種種色應名燈見. 若燈見者, 燈能有見, 自不名燈. 又卽燈觀, 何關汝事? 是故當知燈能顯色, 如是見者是眼非燈, 眼能顯色, 如是見性是心非眼.

〈눈이 없어도 봄은 있다〉〈눈이 보는 것이 아니다〉를 증명

1. 눈이 없어도 봄

　예1) 맹인이 어둠을 봄

2. 〈맹인의 비유〉 맹인이 어둠을 보는 것도 보는 것인가?

　예2) 맹인이　　　　　어둠을 봄 ┐
　　　비맹인이 암실에서 어둠을 봄 ┘ 같이 어둠을 보는 것임

3. 〈등불의 비유〉 눈이 보는 것이 아님

　예3) 비맹인이 암실에서 어둠을 보다가 등을 얻어 색을 볼 때, 등이 보는 것이 아님
　　　맹인이　　　　　어둠을 보다가 눈을 얻어 색을 볼 때, 눈이 보는 것이 아님

	보는 자	조건(증상연)	
암실에서:	눈	－	등(색을 드러냄)	∴ 보는 자는 눈이지 등이 아님
맹인 경우:	심	－	눈(색을 드러냄)	∴ 보는 자는 심이지 눈이 아님

아난은 맹인이 어둠만을 보는 것을 '본다'고 말할 수 있는가라고 반문한다. 맹인은 보는 것이 아니라고 말하려는 것이다. 맹인은 승의근으로서의 눈이 없어서 보지 못하니, 결국 보는 것은 눈이라는 것을 주장하려는 것이다. 그러나 붓다는 맹인이 보는 어둠과 비맹인이 암실에서 보는 어둠이 같은 어둠인지, 다른 어둠인지를 묻는다. 아난이 답하듯 같은 어둠이라면, 우리가 암실에서 어둠을 보듯이 맹인도 똑같이 어둠을 본다고 말할 수 있다는 것이다. 앞에서 설명했듯이, 우리가 암실에서 어둠을 보는 것과 맹인이 평상시에 어둠만 보는 것은 보는 활동 자체만으로 보면 마찬가지이다. 그렇게 우리가 암실에서 어둠을 보듯, 눈 없는 맹인도 어둠을 보니까 '눈이 본다'고 할 수 없다는 것이다. 나아가 붓다는 〈등불의 비유〉를 들어 거듭 눈이 보는 것이 아님을 논한다. 즉 암실에서 등이 없어 어둠만 보다가 등을 얻으면 밝게 보게 된다고 해서 '등이 본다'고 말하지 않듯이, 맹인이 눈이 없어 어둠만 보다가 눈(안광)을 얻으면 세계를 보게 된다고 해서 '눈이 본다'고 말할 수 없다는 것이다. 암실에서의 경우 보는 것은 사람이고 등은 단지 색을 드러나게 하는 것일 뿐이듯이, 일상에서도 보는 것은 마음이고 눈은 단지 색을 드러나게 하는 것일 뿐이라는 것이다. 이것은 앞서 7처징심 중 1번째(몸 안)에서 논한 문의 비유와도 통한다. 어두운 방에 문을 열면 밝은 밖이 보이고, 문을 닫으면 밝은 밖 대신 어둠만 보이지만, 그렇다고 해서 문이 밖을 본다고 말하지 않는다. 그렇듯이 눈이 있으면 밝은 밖이 보이고, 눈이 없으면 밝은 밖 대신 어둠만 보이지만, 그렇다고 해서 눈이 밖을 본다고 말할 수 없다. 문이나 눈은 밝은 밖을 보기 위한 필요조건이지 보는 주체는 아닌 것이다.

	보는 자	조건(증상연)	
문을 열고 봄:	눈	－	문(막힘을 엶)	∴ 보는 자는 눈이지 문이 아님
눈을 뜨고 봄:	심	－	눈(막힘을 엶)	∴ 보는 자는 심이지 눈이 아님

어두운 방은 등이 없기에, 즉 빛이 없기에, 색이 없다. 색이 있는데 못 보는 것이 아니라, 색이 없기에 그 색이 없음을 보는 것이다. 즉 어둠 속에서 우리는 색이 없음을,

어둠을 본다. 만약 그 어둠 안에 등이 밝혀지면, 그 빛에 의해 색이 생겨나며 그러면 우리는 어둠 대신 색을 보게 된다. 그래서 '등이 색을 드러낸다'(등능현색)고 말한다. 등이 색을 드러낸다는 것은 등을 통해 비로소 색이 있게 된다는 말이다. 그와 같이 등이 색을 있게 하듯이, 우리가 보는 색은 우리의 눈이 있게 하는 색이다. 그래서 '눈이 색을 드러낸다'(안능현색)고 말한다. 색경은 안근의 대상으로서만 존재하기 때문이다. 등은 색을 드러내는 증상연일 뿐이고, 색의 인연은 종자이며, 그 종자(업력)의 정보(正報)가 근(根)이고 의보(依報)가 경(境)이다. 결국 대상 경계의 색깔은 그 대상을 보는 눈에 의해서 존재하고 또 눈에 대해서만 존재한다. 그러므로 맹인처럼 승의근으로서의 눈이 없거나 우리가 눈을 감고 있을 때는, 눈이 없어서 보여질 색이 없는 것이다. 그리고 그렇게 색이 없음을 우리는 본다. 즉 등이 있든 없든, 색이 있든 없든 우리는 계속 보고 있는 것이다. 그렇게 색이 있거나 없거나 보고 있는 것은 눈이 아니라 마음이다. 눈을 뜨면 색을 보게 되는 것은 등이 색을 있게 하듯이 눈이 색을 있게 하기 때문이다. 그리고 눈을 통해 드러난 색을 보는 자는 눈이 아니라 마음인 것이다. 여기서 승의근으로서의 눈은 단지 눈의 시신경뿐 아니라 뇌의 시신경까지를 포함하는 것으로 생각해야 한다. 그리고 실제로 보는 자는 눈 내지 두뇌신경이 아니라 그들 너머의 마음인 것이다. 견정(見精)은 안근에 매여 있지 않은 마음에서 비롯되는 것이다.

```
- 마음: 어둠과 색을 보는 자
- 눈(승의근): 색을 드러냄 ┌ 뇌 시신경 ┐
                        └ 눈 시신경 ┘ 창에 해당
- 눈(부진근)
```

아난: (이 말을 듣고 여러 대중들과 함께 비록 입으로는 침묵하고 있으나, 마음으로는 아직 깨닫지 못하고 있다. 오히려 여래가 자비의 음성으로 제시해주기를 바라면서 합장하고 맑은 마음으로 붓다의 자비로운 가르침을 기다린다.) …

(阿難雖復得聞是言, 與諸大衆口已默然心未開悟. 猶冀如來慈音宣示, 合掌淸心佇佛悲誨.)

비유만을 보면 그럴듯하지만, 그것이 사실일까? 우리는 눈이 없으면 일체 세계를 보지 못하니 눈이 세계를 보는 것을 당연한 것처럼 여긴다. 눈이 있어도 눈을 감고 있으면 아무것도 보이지 않고 눈을 떠야만 세계가 한눈에 들어오니, 어떻게 보는 것이 눈이 아니라고 생각할 수 있겠는가? 눈이 보는 것이 아니고 마음이 보는 것이라면, 왜 눈을 감고 마음으로 세계를 보려고 아무리 애써봐도 아무것도 보이지 않는단 말인가? 그러므로 아난과 다른 사람들 또한 눈이 보는 것이 아니라는 붓다의 말에 쉽게 동의하지 못한다. 붓다가 '보는 것은 눈이 아니라 마음'이라고 말하는 것은 우리 마음의 능력은 눈이 대변하는 근(根)의 능력을 넘어선다는 것을 뜻한다. 근과 경의 매임을 넘어서는 것이 수행의 목표이고 열반에 이르는 길인데, 그러한 수행이 가능한 것은 우리의 마음이 이미 본래 처음부터 근의 한계 너머의 존재이기 때문이다. 근에 매인 중생으로 살아도 근본에서는 이미 근의 한계 너머의 부처의 마음을 쓰면서 살기 때문이다. 이하에서는 이러한 부처의 마음, 진심이 어떤 것인지, 그 절대 묘명심의 특징을 밝힌다.

2. 움직이지 않음: 부동(不動)

> 붓다: (도라면 같은 그물 모양의 빛나는 손을 펴서 다섯 손가락을 벌려 아난과 여러 대중을 가리키면서) 내가 성도하고 처음 녹야원에서 아야다 등 다섯 비구와 당신들 사부대중에게 '일체 중생이 깨달음을 이뤄 아라한이 되지 못하는 것은 모두 객진번뇌에 의해 잘못되었기 때문이다'라고 말하였습니다. 당신들은 그때 무엇으로 인해 깨달아서 지금 성인의 과를 이루었습니까?
>
> (爾時世尊舒兜羅綿網相光手, 開五輪指誨勅阿難及諸大衆) 我初成道於鹿園中, 爲阿若多五比丘等及汝四衆言, 一切衆生不成菩提及阿羅漢, 皆由客塵煩惱所誤 汝等當時因何開悟今成聖果?

누가 보는 것인지, 보는 자가 과연 누구인지를 논하려는 것이다. 보는 자가 눈이 아니라 마음이라는 것을 제시하여 마음의 견이 정확히 무엇인지, 견의 실상을 밝히려는 것이다. 여기에서는 마음 내지 견의 실상을 밝히기 위해 우선 마음에 덧붙여진 것, 즉 마음의 본질에 속하지 않는 것을 배제한다. 그것이 바로 객진번뇌이다. 마음은 본래

청정하고, 번뇌는 바깥에서부터 덧붙여진 먼지인 객진(客塵)이라는 것이다. 붓다는 제
자들에게 그들이 '객진번뇌'의 의미를 어떻게 파악하였냐고 묻는다. 붓다가 언급하는
아야다 등 다섯 비구는 붓다가 출가할 때 붓다의 아버지 정반왕의 명으로 함께 떠나
붓다와 함께 네란자라강(갠지스강의 지류)에서 수행했던 사람들이다. 붓다와 함께
6년간 고행하다가 어느 날 붓다가 수자타라는 여인이 주는 우유죽을 먹는 것을 보고는
붓다가 타락했다고 생각하며 녹야원으로 떠났다. 그러나 그 후 깨달음을 얻은 붓다가
그들 앞에 나타나자 5비구는 붓다의 변한 모습에 놀라워하면서 그의 제자가 되어 그의
초전법륜(初轉法輪)을 들었다. 그의 설법을 듣고 가장 먼저 깨달은 자가 교진여이다.
붓다는 자신의 깨달음으로 다른 사람을 깨닫게 해줄 수 있음을 교진여를 통해 가장 먼
저 확인할 수 있었을 것이다. 아야다가 곧 교진여인데, '교진여'는 의역하면 '알다, 이
해하다'의 뜻이며, 가장 먼저 성도하였기에 이 이름을 얻었다고 한다.

초전법륜을 들은 5비구:

  1. 콘단냐(Anna Kondanna, 俱蓮如): 교진여＝아야다. 석가 탄생 때 예언한 아지타 선인의 아들

  2. 아사지(Assaji, 阿說示)

  3. 마하남(Mahanama, 摩訶男)

  4. 밧디야(Bhaddhiya, 婆提)

  5. 바파(Vappa, 婆頻)

    교진여: (일어나서 붓다에게) 제가 지금 장로로서 대중 가운데 혼자 '이해하
다'의 이름을 얻은 것은 객(客)과 진(塵) 두 글자를 깨달아 과를 이루었기 때문
입니다. 세존이여, ① 비유하자면 여행하는 객은 여관에 머물면서 혹 자고 혹 먹
고 하지만 숙식의 일이 끝나면 행장을 꾸려 길을 나서기에 안주할 수 없으나, 실
제 주인은 스스로 갈 바가 없는 것과 같습니다. 이와 같이 생각하면 머물지 않는
자가 객이고 머무는 자가 주인이니, 머물지 않는 것이 객(客)의 의미가 됩니다.
② 또 새로 날이 개고 맑은 태양이 하늘에 떠올라 빛이 틈으로 새어 들어와서 공
중에 많은 먼지가 있음이 드러날 때, 먼지들은 요동하고 허공은 적연한 것과 같
습니다. 이와 같이 생각하면 맑고 고요한 것이 공이고 요동하는 것이 먼지이니,
요동하는 것이 진(塵)의 의미가 됩니다.

    붓다: 그렇습니다.

(時憍陳那起立白佛) 我今長老於大衆中獨得解名, 因悟客塵二字成果. 世尊,
① 譬如行客投寄旅亭或宿或食, 食宿事畢俶裝前途不遑安住. 若實主人自無攸往.
如是思惟, 不住名客, 住名主人, 以不住者名爲客義. ② 又如新霽淸暘昇天光入隙
中, 發明空中諸有塵相, 塵質搖動, 虛空寂然. 如是思惟, 澄寂名空, 搖動名塵, 以搖
動者名爲塵義.
(佛言) 如是.

〈주인과 객의 비유〉, 〈허공과 먼지의 비유〉

주(主)/공(空)   ↔   객(客)/진(塵)

머무는 자 + 부동   오가는 자 + 요동하는 자

마음 자체   마음의 번뇌

① 번뇌를 '객진번뇌'라고 하는 것은 인간 마음에서도 객(客)과 주(主)의 구분이 타당하기 때문이다. 즉 마음에도 오고 가는 객에 해당하는 것과 그렇게 객처럼 오고 가지 않고 늘 머물러 있는 주인에 해당하는 것이 있다. ② 또 허공중에 먼지가 떠도는 것처럼 그렇게 요동하며 떠도는 것이 진이고, 그렇게 요동하는 것들을 자신 안에 포괄하되 그 자체는 요동하지 않고 고요히 머물러 있는 바탕인 허공이 있다. 객이고 진인 것이 마음을 어지럽히는 번뇌이고 그렇게 번뇌에 물들어 있는 마음이라면, 요동하지 않고 고요히 머물며 비어 있는 것은 참된 마음인 진심이다. 그렇다면 객진이 아닌 주(主)와 공(空)의 마음인 진심은 과연 어떤 마음인가? 오가지 않고 늘 고요하게 있는 공의 마음은 어떤 마음인가? 이하에서 붓다는 이 문제를 해결하고자 한다.

붓다: (대중 앞에서 다섯 손가락을 구부렸다 다시 펴고, 폈다 다시 구부리고 하면서 아난에게) 당신은 지금 무엇을 봅니까?

아난: 저는 지금 여래가 백보 법륜의 손바닥을 대중 앞에서 폈다 쥐었다 하는 것을 봅니다.

붓다: (아난에게) 당신은 나의 손이 대중 앞에서 폈다 쥐었다 하는 것을 봅니

다. 나의 손이 폈다 쥐었다 하는 것입니까, 아니면 당신의 견(見)이 폈다 쥐었다 하는 것입니까?

아난: 세존의 보배로운 손이 대중 앞에서 쥐었다 폈다 합니다. 저는 여래의 손이 스스로 폈다 쥐었다 하는 것을 보지, 저의 견성(見性)이 스스로 펴고 쥐는 것은 아닙니다.

붓다: 누가 움직이고 누가 고요합니까?

아난: 붓다의 손이 머무르지 않지, 저의 견성은 오히려 고요해짐도 없는데 누가 머무르지 않는다고 하겠습니까?

붓다: 그렇습니다.

(卽時如來於大衆中屈五輪指, 屈已復開開已又屈. 謂阿難言) 汝今何見?

(阿難言) 我見如來百寶輪掌衆中開合.

(佛告阿難) 汝見我手衆中開合. 爲是我手有開有合, 爲復汝見有開有合?

(阿難言) 世尊寶手衆中開合, 我見如來手自開合, 非我見性自開自合.

(佛言) 誰動誰靜?

(阿難言) 佛手不住而我見性尙無有靜, 誰爲無住?

(佛言) 如是.

```
    주          ―          객
    견                움직이는 손가락
(부동/머무름)          (동/동과 정)
```

붓다의 손은 머물지 않고 쥐고 펴고 하며 움직이지만, 그것을 바라보는 견은 동정, 즉 움직임도 고요함도 없이 처음부터 그냥 그 자리에 머물러 있을 뿐이다. 이로써 인식의 대상이 움직이거나 멈추는 것이지, 그 대상의 동정을 인식하는 견성이 움직이는 것은 아니라는 것을 밝힌다. 즉 인식대상은 객이어서 오고 가며 움직이거나 멈추지만, 인식주관은 주(主)이므로 동정을 떠나 한자리에 머물러 있다. 견성이 고요함인 정(靜)도 없다는 것은 정이 동의 반대로서 동과 더불어 드러나는 것임을 말한다. 객진은 동과 정이 있지만, 항상 머물러 있는 견성은 그러한 동과 정을 함께 떠나 있다.

붓다: (법륜의 손바닥으로부터 아난의 오른쪽으로 한 보배 광명을 날리니 아난이 머리를 돌려 오른쪽을 보고, 다시 아난의 왼쪽으로 한 보배 광명을 날리니 아난이 다시 머리를 돌려 왼쪽을 바라본다. 아난에게) 당신의 머리가 지금 무엇 때문에 요동합니까?

아난: 저는 여래가 내놓은 미묘한 보배 광명이 저의 좌우로 오는 것을 봅니다. 그래서 좌우를 보니 머리가 저절로 요동합니다.

붓다: 아난이여, 당신은 붓다의 광명을 보느라 좌우로 머리를 움직였습니다. 당신의 머리가 움직인 것입니까, 아니면 당신의 견이 움직인 것입니까?

아난: 세존이여, 저의 머리가 저절로 움직인 것이지, 저의 견성이야 오히려 그칠 것도 없는데 누가 요동한다고 하겠습니까?

붓다: 그렇습니다.

(如來於是從輪掌中飛一寶光在阿難右, 即時阿難廻首右盼, 又放一光在阿難左, 阿難又則廻首左盼. 佛告阿難) 汝頭今日何因搖動?

(阿難言) 我見如來出妙寶光來我左右. 故左右觀頭自搖動.

阿難, 汝盼佛光左右動頭, 爲汝頭動, 爲復見動?

世尊, 我頭自動而我見性尙無有止, 誰爲搖動?

(佛言) 如是

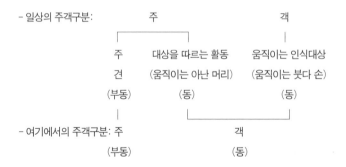

여기에서는 인식대상의 움직임에 따라 인식주관의 인식기관인 눈도 따라서 움직이는 경우를 들었다. 대상을 보기 위해 머리가 따라 움직이고 눈도 따라 움직인다. 그렇다면 인식 전체가 다 움직이기만 한 것인가? 인식대상이 움직이고 인식기관인 눈이 따라 움직여도 그러한 움직임을 알아차리는 견(見)은 움직이지 않는다. 즉 붓다가 투사

한 빛은 이리저리 움직이고 그 빛을 보기 위해 아난의 머리도 이리저리 요동하지만, 머리의 움직임을 통해 빛을 바라보는 견은 요동하기 시작함도 없고 요동을 멈춤도 없이 그냥 처음부터 끝까지 그 자리에 부동으로 있을 뿐이다.[1] 여기에서는 머리의 움직임을 말하였지만, 대상의 자극에 따라 머릿속 신경세포도 따라 움직인다는 것을 생각해 볼 수 있다. 여기서 머리가 움직였느냐, 견이 움직였느냐를 구분해서 묻고 그 대답으로 머리는 움직이되 견은 움직이지 않았다고 말하는 것은 결국 뇌신경세포는 움직여도 견은 움직이지 않았다는 뜻이고, 이는 곧 신경세포의 활동과 견을 동일시해서는 안 된다는 것을 함축한다.

붓다: (널리 대중에게) 만약 중생이 요동하는 것을 '진(塵)'이라고 부르고, 머물지 않는 것을 '객(客)'이라고 부른다면, 당신들은 아난의 머리가 저절로 움직이지만 견(見)은 움직이는 바가 없음을 봅니다. 또 당신들은 나의 손이 스스로 폈다 쥐었다 하지만 견은 폈다 쥐었다 함이 없음을 봅니다. 어째서 당신들은 지금 움직이는 것은 몸이고 움직이는 것은 대상이라고 하면서도, 처음부터 끝까지 생각마다 생멸하면서 진성을 유실하고 전도되어 삽니까? 본성의 마음이 진(眞)을 상실하고 물(物)을 자기로 오인하니, 그 가운데 윤회하면서 스스로 유전을 취하는 것입니다.

(於時如來普告大衆) 若復衆生以搖動者名之爲塵, 以不住者名之爲客. 汝觀阿難頭自動搖, 見無所動. 又汝觀我手自開合, 見無舒卷. 云何汝今以動爲身以動爲境, 從始洎終念念生滅, 遺失眞性顚倒行事? 性心失眞認物爲己, 輪廻是中自取流轉.

---

1 감산은 앞의 〈객진의 비유〉와 이곳 〈머리를 움직이는 봄의 비유〉를 각각 범부의 상견(常見)의 비판과 2승의 단견(斷見)의 비판으로 풀이한다. 5온의 심신에 대해 범부는 그것을 항상적인 자아라고 여기는 상견(常見)을 갖고, 2승은 그것을 무상하다고 여기는 단견(斷見)을 가진다. 〈객진의 비유〉는 5온은 객처럼 왔다 갔다 하는 것이고 먼지처럼 요동하다가 사라지는 것일 뿐, 상주하는 것(주인이나 부동의 공)이 아님을 밝혀 범부의 상견을 타파한다. 그리고 〈머리를 움직이는 봄의 비유〉에서는 머리를 움직여 보되 그 5온 안에 움직임이 없는 부동의 견이 작동하고 있으므로 5온이 단지 무상한 것만은 아님을 밝혀 2승의 단견을 타파한다는 것이다. 감산, 『수능엄경통의』, 1권, 188-192쪽 참조. 그러나 무상한 객을 밝혀 범부의 상견을 비판하고 부동의 주를 밝혀 2승의 단견을 비판한 것이므로, 어느 비유이든 이 두 측면을 모두 가진다고 할 수 있다.

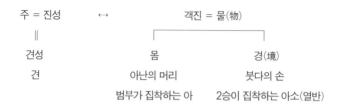

반연된 대상이나 반연하는 마음은 요동하고 운동하지만, 그러한 대상을 아는 마음의 성품 자체인 견성은 요동하지 않으며 고요하게 머무른다. 이러한 부동의 견성인 심이 진심이고 진성이다. 이 진심을 바로 알아야 객진번뇌에 이끌려 생사를 반복하는 윤회를 벗어날 수 있다. 자기 자신이 진심임을 알지 못하고 자신을 사물로 오인하여 사물과 동일시하면, 결국 그 사물에 이끌려 6도 윤회를 벗어나지 못한다.

능엄경 제2권

3. 멸하지 않음: 불멸(不滅)

> 아난과 대중: (붓다의 가르침을 듣고 심신이 편안하여져서 '무시이래로 본심을 잃고 허망하게 (자신을) 전진의 분별영사로 오인하였다가 오늘에야 개오하니 마치 젖을 잃었던 아이가 홀연히 자비로운 엄마를 만난 듯하다'고 생각한다. 합장하여 붓다에게 예를 갖추며, 여래가 심신의 진과 망, 허와 실 그리고 눈앞의 생멸과 불생멸 등 두 가지 드러나는 성품을 밝혀주는 것을 듣기를 원한다.) …
>
> (爾時阿難及諸大衆聞佛示誨身心泰然, 念無始來失却本心妄認緣塵分別影事, 今日開悟, 如失乳兒忽遇慈母. 合掌禮佛, 願開如來顯出身心眞妄虛實, 現前生滅與不生滅二發明性)

지금까지 대상을 따라 움직이는, 대상의 그림자로서의 반연심 이외에 참된 마음, 부동의 마음이 우리 각자의 마음으로서 존재한다는 것을 밝혔다면, 이하에서는 그러한 부동의 마음이 과연 윤회하는 5온을 따라 생멸하는 것인지 아닌지를 밝힌다. 참된 마음이 시간을 따라 멸하는 것이 아님을 밝힘으로써 단멸론을 타파하려는 것이다.

파사익왕: (일어나면서 붓다에게) 저는 예전에 붓다의 가르침을 듣기 전에 가전연과 비라지자를 만났는데, 모두 '이 몸이 죽은 후의 단멸을 열반이라고 한다'고 말하였습니다. 제가 비록 붓다를 만났으나 지금 오히려 여우처럼 의심이 듭니다. 어떻게 해야 이 마음의 불생불멸의 경지를 증득하여 알 수 있습니까? 지금 이 대중 중에서 번뇌 있는 자들이 모두 듣기를 원합니다.

(波斯匿王起立白佛) 我昔未承諸佛誨勅見迦旃延毘羅胝子, 咸言此身死後斷滅名爲涅槃. 我雖値佛今猶狐疑. 云何發揮證知此心不生滅地? 今此大衆諸有漏者咸皆願聞.

외도의 주장　　　　　　　↔　　붓다의 설: 중도
　1. 상견: 사후 상주 - 브라마니즘
　2. 단견: 사후 단멸 - 가전연, 비라지자

　여기서 파사익왕은 붓다가 말하는 열반이 외도가 말하는 단멸로서의 열반과 어떻게 다른가를 묻는다. 몸이 속하는 생멸의 영역에는 고통이 있는데, 붓다는 이 고통을 멸해 열반에 이르고자 한다. 그렇다면 열반이란 단지 몸이 멸하고 따라서 고통도 멸하는 것, 다시 윤회하지 않게 되는 것, 그런 고통의 지멸 내지 멸진을 뜻할 뿐인가? 아니면 고통은 멸하되 불생불멸의 심은 남아 고통이 멸함을 알아차리게 되는 그런 마음의 경지인가? 파사익왕은 외도의 열반은 단멸의 의미만 가지는 데 반해 붓다가 말하는 열반은 심의 불생불멸의 경지일 텐데, 그 마음의 경지를 우리가 어떻게 깨달아 알 수 있는지를 묻는다. 생멸하는 몸과 구분되는 불생불멸의 마음이 존재한다는 것을 우리는 어떻게 확실히 알 수 있는가?

　가전연(파구다 카차야나)과 비라지자(산자야 벨라티푸타)는 각각 6사외도 중 한 사람이다. 가전연은 지·수·화·풍·공·고락·명(命) 7요소가 불멸이라고 주장하는 상주론자로서 죽으면 모든 것이 상주하는 요소로 흩어진다고 주장하고, 비라지자는 불가지론자이고 회의론자이며 사후는 알 수 없다는 관점이다. 사리불과 목건련도 처음에 비라지자의 제자였다고 한다. 이하에서 붓다는 파사익왕의 질문에 답변을 마치면서 "어째서 말가리 등이 '이 몸이 죽으면 모두 멸한다'고 하는 말에 이끌립니까?"라고 반문한다. 외도의 단견을 전반적으로 비판한 것이라고 볼 수 있다. 파사익왕이 언급하는 가

전연이나 비라지자 그리고 붓다가 말하는 말가리는 붓다 당시 활동하던 6사외도에 속
하는 사람들이다.

붓다 당시의 6사외도:

1. 불란 가섭(不蘭 迦葉, Pūraṇa-Kassapa): 인과응보 부정, 도덕 부정
2. 말가리 구사리(末伽梨 瞿舍利, Makkhali-Gosāla): 사명외도, 숙명론
   12 기본요소(영혼, 지, 수, 화, 풍, 공, 고, 락, 득, 실, 생, 사) 주장
3. 산야이 비라리비(散若夷 毘羅梨沸, Sañjaya-Velaṭṭhi, 비라지자=산자야): 회의론, 불가지론
   사후는 알 수 없음
4. 아이타 시사흔파라(阿夷陀 翅舍欣婆羅, Ajita-Kesakambala): 순세파, 유물론, 감각론, 쾌락론
5. 파부타 가전나(婆浮陀 伽旃那, Pakudha-Kaccāyana, 가전연): 상주론, 요소주의
   7 기본요소(지, 수, 화, 풍, 공, 고, 락, 명命) 주장, 죽으면 요소로 흩어짐
6. 이건타 야제자(尼犍陀 若提子, Nigaṇṭha-Nātaputta): 자이나교, 이원론

> 붓다: (대왕에게) 당신의 몸이 여기 있으므로 지금 다시 당신에게 묻습니다. 당
> 신의 이 육신은 금강처럼 상주하여 썩지 않습니까, 아니면 변하여 무너집니까?
> 대왕: 세존이여, 저의 지금 이 몸은 마침내 변하여 멸할 것입니다.
> 붓다: 당신은 아직 멸하지 않았는데, 어떻게 멸하리라는 것을 압니까?
> 대왕: 세존이여, 저의 이 무상하고 변괴하는 몸이 비록 아직 멸하지는 않았지
> 만, 저는 눈앞에서 (몸이) 생각마다 변하면서 새롭게 달라지는 것을 보는데, 이
> 는 마치 불이 재가 되어 점점 사라지기를 멈추지 않는 것과 같습니다. 그러므로
> 이 몸이 응당 멸진하리라는 것을 결정코 압니다.
>
> (佛告大王) 汝身現存, 今復問汝. 汝此肉身爲同金剛常住不朽, 爲復變壞?
> 世尊, 我今此身終從變滅.
> (佛言) 大王, 汝未曾滅, 云何知滅?
> 世尊, 我此無常變壞之身雖未曾滅, 我觀現前念念遷謝新新不住, 如火成灰漸漸
> 銷殞, 殞亡不息. 決知此身當從滅盡.

우리는 누구나 자신이 언젠간 죽으리라는 것을 안다. 그러나 내가 아직 죽어보지도
않았는데 결국 내가 죽으리라는 것을 어떻게 아는가? 현실에서 일어나고 있는 변화를

보면, 그 종국이 마침내 죽음이라는 것을 아는 것이다. 모든 것은 변화하는 무상한 것이다. 계속 바뀌면서 사라져가는 것을 보므로 결국은 모두 사라져 없어지리라는 것을 알게 된다. 그렇게 우리는 영원히 사는 것이 아니라 언젠가는 죽는다. 태어난 것, 생명이 있는 것은 언젠가는 반드시 죽는다. 그만큼 우리의 삶은 무상한 것이다. 그래서 불교에서는 '제행무상(諸行無常)'을 말한다.

붓다: 그렇습니다, 대왕이여. 당신은 지금 나이가 들어 이미 노쇠하였습니다. 얼굴모습은 동자일 때에 비해 어떻습니까?

대왕: 세존이여, 저는 옛날 아이였을 때 피부가 윤택하였고 세월이 가서 성장하면서 혈기가 충만하였으나 지금은 나이가 들어 노쇠한 늙은이가 되어 버렸습니다. 모양새는 초췌하고 정신은 혼미하며 머리털은 하얗고 얼굴은 주름져서 장차 오래가지 못할 것입니다. 어찌 충실하고 풍성했던 시절과 비교하겠습니까?

붓다: 당신의 얼굴이 응당 갑자기 변한 것은 아니겠지요?

대왕: 변화가 은밀하게 진행되어 제가 진실로 알아차리지는 못하지만, 추위와 더위가 바뀌어감에 따라 점차 이 지경에 이르렀습니다. 왜 그렇겠습니까? 제가 20살일 때 비록 나이는 적지만 얼굴 모습은 이미 처음 10살일 때보다 늙었고, 30살일 때는 또 20일 때보다 늙었습니다. 지금 60에다 또 2년이 지나서 50세일 때를 뒤돌아보면 완연히 더 강건하였습니다. 세존이여, 제가 은밀히 이행함을 보고 비록 이 조락의 기간이 흘러 바뀜을 10년 기한으로 했으나, 만약 다시 미세하게 생각해보면 그 변화가 어찌 단지 1기(10년), 2기(20년)뿐이겠습니까? 실로 해마다 변화합니다. 어찌 오직 해마다만 변화하겠습니까? 또한 달마다 변화합니다. 어찌 꼭 달마다만 변화하겠습니까? 또한 날마다의 변화를 겸합니다. 깊이 생각하고 잘 관찰하면, 찰나 찰나마다 생각 생각마다 멈춤이 없습니다. 그러므로 저의 몸이 결국은 변화하여 멸하리라는 것을 압니다.

(佛言) 如是, 大王. 汝今生齡已從衰老. 顏貌何如童子之時?

世尊, 我昔孩孺膚腠潤澤, 年至長成血氣充滿. 而今頹齡迫於衰耄. 形色枯悴, 精神昏昧, 髮白面皺, 逮將不久. 如何見比充盛之時?

(佛言) 大王, 汝之形容應不頓朽?

(王言) 世尊, 變化密移我誠不覺, 寒暑遷流漸至於此. 何以故? 我年二十雖號年
少, 顏貌已老初十年時. 三十之年又衰二十. 于今六十又過于二觀五十時宛然強
壯. 世尊, 我見密移雖此殂落其間流易且限十年. 若復令我微細思惟, 其變寧唯一
紀二紀? 實爲年變豈唯年變? 亦兼月化. 何直月化? 兼又日遷. 沈思諦觀剎那剎那
念念之間不得停住. 故知我身終從變滅.

인생이 항상되지 않고 결국은 죽게 된다는 것, 그렇게 지금도 계속 변화한다는 것을
가장 쉽게 확인할 수 있는 길은 신체의 외적인 변화를 보는 것이다. 어린아이일 때의
모습은 점점 바뀌어 초췌하고 주름지고 백발이 된다. 그러면서 결국 정신도 함께 혼미
해져 간다. 파사익왕은 시간을 긴 기간에서 짧게 쪼개가면서 결국 매 순간 계속적으로
변화가 일어난다는 것을 말하고 있다. '찰나찰나'와 '념념지간'은 다 짧은 시간을 말하
는데, 대개 1념(念)에 90찰나가 포함된다고 한다. 여기에서는 크게 10년으로 나눈다고
하지만, 보통 1기(紀)는 12년이다. 우리는 영원히 사는 것이 아니라 언젠가는 죽는다.
태어난 것, 생명이 있는 것은 반드시 언젠가는 죽고 만다. 그만큼 우리의 삶은 무상한
것이다. 그런데 불교에서 '제행무상'을 말할 때, 무상(無常)의 의미는 이보다 더 근본
적이다. 존재하는 것이 영원히 존속하지 않고 언젠가는 그 존속에 끝이 있다는 것, 생
한 것은 언젠가는 반드시 멸한다는 것만을 의미하는 것이 아니라, 그 존속의 기간 중
에도 실은 끊임없이 생멸이 반복되고 있다는 것, 매 찰나마다 생하자마자 그다음 찰나
에 곧 멸한다는 것을 의미하는 것이다. 즉 생하고 나서 일정 기간 존속하다가 멸하는
것이 아니라, 생하고 나서 바로 그다음 순간 멸한다는 것, 따라서 한 찰나도 지속하지
않는다는 것을 뜻한다. 이를 '찰나생멸'이라고 한다. 여기에서도 우리 몸이 찰나생멸한
다는 것이 강조되고 있다. 그렇다면 우리 몸이 찰나생멸한다는 것을 우리는 어떻게 아
는가? 파사익왕은 어려서의 몸과 예순 살의 몸이 완전히 변하였다는 것을 안다. 지금
의 손톱이 일 년 전 손톱이 아니듯이, 60년이면 얼굴 피부에서부터 내장이나 근육 세
포, 뼈와 골수까지 모두 다 바뀌어 하나도 동일한 것으로 남아 있는 것이 없다. 그렇지
만 우리는 언제 그런 변화가 일어나는지를 알아차리지 못하는데, 이는 변화가 단절적
으로 어느 한 순간에 갑자기 일어나는 것이 아니기 때문이며, 이는 곧 변화가 매 순간
지속적으로 일어나고 있다는 것을 말해준다. 결국 매 찰나마다 변화가 일어난다는 말

이다. 매 찰나마다 전 찰나의 것이 멸하고, 그다음 찰나의 것이 생겨나는 식으로 찰나 생멸이 진행된다. 여기까지는 우리의 몸은 언젠간 멸하여 죽는다는 것, 그런데 그러한 생멸의 변화는 매 순간마다 끊임없이 일어나고 있다는 것을 설명한 것이다. 몸은 이렇게 찰나생멸하다가 결국은 멸진하여 죽어 없어지지만, 그렇게 찰나생멸한다는 것을 알아차리는 마음 내지 견은 어떤가? 이하에서 붓다는 그것이 불생불멸이라는 것을 밝히고자 한다.

붓다: 대왕이여, 당신은 변화가 옮겨가 멈추지 않음을 보고서 당신이 멸하리라는 것을 압니다. 멸할 때에 당신의 몸 안에 불멸이 있다는 것도 압니까?

대왕: (합장하고서 붓다에게) 저는 실제로 알지 못합니다.

붓다: 내가 이제 당신에게 불생불멸의 본성을 보여주겠습니다. ① 대왕이여, 당신은 몇 살일 때 갠지스강을 보았습니까?

대왕: 제가 3살 때 자비로운 어머니께서 저를 데리고 기바천에 참배가면서 그 강을 지났는데, 그때 그것이 갠지스강임을 알았습니다.

붓다: 당신이 말한 것처럼 20살은 10세보다 늙고, 60이 되기까지 해마다 달마다 날마다 시간마다 생각마다 변천했습니다. 당신이 3살에 그 강을 보았는데, 13세에 이르러서는 그 강은 어땠습니까?

대왕: 3세 때와 전혀 차이가 없었습니다. 지금 62세에 이르러서도 또한 차이가 없습니다.

붓다: ② 당신은 지금 머리가 희어지고 얼굴이 주름졌다고 스스로 상심하는데, 그 얼굴은 필히 어린아이일 때보다 더 주름이 생겼지만, 당신이 지금 그 갠지스강을 보는 것과 예전 아이일 때 갠지스강을 보는 그 견(見)에 아이와 노인(의 차이)이 있습니까?

대왕: 세존이여, 없습니다.

붓다: 대왕이여, 당신의 얼굴은 비록 주름이 있지만, 그 견정(見精)의 성(性)에는 일찍이 주름이 없습니다. 주름지는 것은 변하지만, 주름지지 않는 것은 변하지 않습니다. 변하는 것은 멸하지만, 변하지 않는 것은 원래 생멸이 없습니다. 어째서 그(견정) 가운데 당신의 생사를 받아들여, 저 말가리 등이 '이 몸이 죽으

면 모두 멸한다'고 하는 말에 이끌립니까?

　대왕: (이 말을 듣고는 몸의 사후에 이 생을 버리고 저 생으로 나아감을 믿음으로 알게 되어 여러 대중들과 함께 미증유의 것을 얻음에 뛸 듯이 환희한다.)

　(佛言) 大王, 汝見變化遷改不停, 悟知汝滅. 亦於滅時知汝身中有不滅耶?

　(波斯匿王, 合掌白佛) 我實不知.

　(佛言) 我今示汝不生滅性. 大王, ① 汝年幾時見恒河水?

　(王言) 我生三歲慈母携我謁耆婆天經過此流, 爾時卽知是恒河水.

　(佛言) 大王, 如汝所說二十之時衰於十歲. 乃至六十日月歲時念念遷變. 則汝三歲見此河時, 至年十三, 其水云何?

　(王言) 如三歲時宛然無異. 乃至于今年六十二亦無有異.

　(佛言) ② 汝今自傷髮白面皺, 其面必定皺於童年, 則汝今時觀此恒河與昔童時, 觀河之見有童耄不?

　(王言) 不也, 世尊.

　(佛言) 大王, 汝面雖皺而此見精性未曾皺. 皺者爲變, 不皺非變. 變者受滅, 彼不變者元無生滅. 云何於中受汝生死而猶引彼末伽梨等都言此身死後全滅.

　(王聞是言, 信知身後捨生趣生, 與諸大衆踊躍歡喜得未曾有)

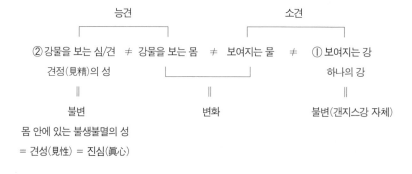

몸 안에 있는 불생불멸의 성
= 견성(見性) = 진심(眞心)

　몸은 변화하다가 죽음과 더불어 멸해 버리지만, 그 몸 안에 불멸의 것, 불생불멸의 성, 진실한 마음이 있다는 것을 말하고 있다. 그렇게 하여 죽으면 모든 것이 끝나며 열반은 바로 그런 멸진의 상태일 뿐이라고 주장하는 단멸론을 타파한다. 파사익왕이 3살 때 어머니의 손을 잡고 참배하러 찾아갔던 기바천은 무병장수를 약속하는 천신이라고 한다. 그때 갠지스강물을 바라보던 견(見)과 지금 갠지스강물을 바라보는 견(見)은 과연 동일한가, 다른가? 이에 대해 붓다는 시간이 지나도 그 강물을 바라보는 견은 동일하고, 따라서 인간에게 불생불멸의 본성이 있다고 논한다. 본 대화에서는 견이 동일하다는 것을 두 가지 방식으로 논증한다. ① 붓다가 견의 동일함을 증명하는 첫 번째 방식은 견의 대상의 동일함을 통해서이다. 즉 시간이 지나갔음에도 견의 대상(소견)인 갠지스강이 하나의 동일한 강이라고 말할 수 있는 것은 결국 그것을 바라보는 능견이 하나의 동일성을 유지하고 있기에 가능하다. 의식의 동일성을 전제하지 않고 그 의식 대상의 동일성을 말할 수 없기 때문이다. ② 견의 동일성을 주장하는 또 다른 방식은 견 자체를 견을 갖는 자의 신체와 구분함으로써이다. 견 자체는 신체적 모습에서 드러나는 방식의 변화, 예를 들어 주름짐과 같은 그런 변화가 보이지 않으며, 따라서 그만큼 바뀌지 않는다는 것이다. 변화의 모습이 신체에서는 발견되지만, 견 자체는 변하지 않는 것이며, 따라서 생멸이 없다는 것이다. 이상의 논의에 대해 이런 반론도 가능하다. ① 시간이 흘러감에 따라 사실은 보여지는 대상도 바뀌고, 따라서 ② 그 대상을 바라보는 견 또한 바뀌는 것은 아닐까? 대상이 바뀌는 만큼 견의 내용도 바뀌고, 그러면 견도 바뀌는 것이 아닐까? 그러나 위에서 붓다는 ① 대상의 드러난 모습은 바뀌어도 대상 자체가 바뀌는 것은 아니라고 말한다. 갠지스강의 흘러가는 강물은 바뀌지만 우리가 갠지스강을 하나의 강으로 의식하는 만큼 갠지스강 자체는 하나의 동일한 강이라는 것이다. 그러니 그 하나의 강을 보는 견 자체는 바뀌지 않는다는 것이다. 나아가 ② 바라보는 신체는 바뀌어도 그 신체를 갖고 보는 견 자체는 바뀌지 않는다고 말한다. 이는 앞에서 〈견의 부동〉을 논할 때와 같은 논리이다. 주관 안에서 움직이는 것은 대상을 따라 움직이는 신체 내지 근이지 근을 통과하여 보는 견 자체는 움직이지 않는다. 객이 변화하고 생멸하면, 그 객을 따라 움직이는 반연심은 따라서 변화하지만, 그 너머의 견 자체는 변화하지 않는 것이다.

　③ 그런데 어려서의 견과 현재의 견이 동일하다는 것은 사실 위와 같은 방식으로 이성적 추론을 통해서 판단한 것이 아니라, 그냥 누구나 직관적으로 직접 아는 것이라고 할 수 있다. 여기서 파사익왕이 '견이 동일하다'고 말한 것도 이런저런 근거에서 동일하다고 판단한다는 것이 아니라, 그냥 단적으로 동일하다고 느낀다 또는 안다는 것을 말한다. 이것은 마치 3살적 나와 60살의 나를 단적으로 동일한 나로 아는 것과 마찬가지이다. 내가 나를 동일한 나로 아는 것에 대해서는 더 이상 어떠한 논리적 근거 내지 사실적 근거도 제시될 수가 없다. 자아의 동일성에 대해서는 궁극적으로 자신을 동일

하다고 느끼는 의식의 동일성 너머 어떤 다른 증거도 있을 수 없기 때문이다. 자기동일성의 의식은 그 자체로 자명한 자증(自證)적인 것, 1인칭적인 것이지 다른 근거에 의거한 타증(他證)적인 것, 3인칭적인 것이 아니다. 이러한 자기동일성의 의식에 입각해보면, 몸은 시간에 따라 바뀌며 종국에는 결국 멸하여 없어지지만, 그렇게 변화하고 멸한다는 것을 알아차리는 견 내지 견하는 마음 자체는 시간에 따라 변하거나 멸하는 것이 아니다. 일체의 변화를 바라보는 나 자신은 변하지 않고 자기동일적인 것으로 남아 있어야 일체가 변화한다는 것을 알아차리는 것이 가능하기 때문이다. 그런데 여기서 파사익왕이 기뻐하는 것은 단지 단견을 넘어섰기 때문이지 원묘명심을 깨달았기 때문이 아니다. 즉 죽으면 그것으로 끝이 아니라 다시 다른 생으로 나아가게 된다는 '사생취생(捨生趣生)'의 윤회의 이치를 분명히 믿게 되었기에 기뻐하는 것이다.

4. 유실되지 않음: 부실(不失)

1) 유실 아닌 전도

아난: (자리에서 일어나 붓다에게 예를 갖춰 합장하고 무릎 꿇고 붓다에게) 세존이여, 만약 이 견문이 반드시 불생불멸이라면, 어째서 세존께서는 우리들에게 '참된 성품을 유실하고 전도(顚倒)되어 산다'고 말씀하십니까? 자비를 일으켜 저의 번뇌를 씻어주시기 원합니다.

붓다: (금색의 팔을 내려서 손가락으로 아래를 가리키며 아난에게) 당신이 지금 나의 모타라 수인을 보는데, (손이) 바로입니까 아니면 거꾸로입니까?

아난: 세간 중생들은 그것을 거꾸로라고 여기겠지만 저는 뭐가 바로고 뭐가 거꾸로인지 모르겠습니다.

붓다: 만약 세간 사람들이 이것을 거꾸로라고 여기면 세간인들은 무엇을 바로라고 여깁니까?

아난: 여래께서 팔을 세워 도라면 같은 손이 위로 허공을 가리키면 그것을 바로라고 부릅니다.

붓다: (팔을 세우고서 아난에게) 이처럼 전도는 머리와 꼬리가 서로 뒤바뀐 것

일 뿐인데, 세간인들은 일배첨시(一倍瞻視, 거듭 잘못 봄)합니다. 그런즉 당신의 몸과 여래의 청정법신을 비교하여 밝히면서 여래의 몸을 '정변지(正徧知)'라고 부르고 당신들의 몸을 '성전도'라고 부른다는 것을 알 수 있습니다.

(阿難卽從座起禮佛合掌長跪白佛) 世尊, 若此見聞必不生滅, 云何世尊名我等輩遺失眞性顚倒行事? 願興慈悲洗我塵垢.

(卽時如來垂金色臂, 輪手下指示阿難言) 汝今見我母陀羅手, 爲正爲倒?

(阿難言) 世間衆生以此爲倒, 而我不知誰正誰倒.

(佛告阿難) 若世間人以此爲倒, 卽世間人將何爲正?

(阿難言) 如來竪臂兜羅綿手上指於空, 則名爲正.

(佛卽竪臂告阿難言) 若此顚倒首尾相換, 諸世間人一倍瞻視. 則知汝身與諸如來淸淨法身, 比類發明如來之身名正徧知, 汝等之身號性顚倒.

손끝을 위로: 정(正) – 여래의 청정법신 – 정변지(바르게 두루 앎) ⎤
손끝을 아래로: 도(倒) – 중생의 몸   – 성전도(성이 전도됨)   ⎦ 유실된 것이 없음!

　시간이 지나가면 인간의 몸은 변화하고 결국 멸하지만 그런 변화를 바라보는 인간의 견은 바뀌지 않고 멸하지 않는다. 이처럼 인간 안에 불생불멸의 견정(見精)이 있다는 것을 붓다가 밝히자 아난이 다시 질문한다. 인간 안에 그러한 불생불멸의 견이 있는데, 붓다는 왜 앞에서(1권 말 〈2. 움직이지 않음: 부동〉에서) 우리가 참된 성품인 진성을 유실하였고 그래서 우리의 성이 전도되었다고 말하였는가? 이하에서 붓다는 우리의 성이 전도되었기는 하지만 그렇다고 참된 성품이 없어진 것은 아니라는 것을 밝힌다. 전도로 인해 유실된 것처럼 보이지만, 실제로 없어진 것은 없다는 것이다. 이를 밝히기 위해 붓다는 우선 전도가 무엇을 의미하는지를 비유를 들어 설명한다. 부처상이나 보살상에서 수인은 손가락 끝을 위로 하고 있다. 그러므로 우리는 손가락을 위로 세운 것을 '바로'라고 하고, 손가락을 아래로 내린 것을 '거꾸로' 전도된 것이라고 말한다. 그러나 그 둘 사이에는 방향만 바뀌었을 뿐 있다가 없어진 것이 없다. 다만 전도되었을 뿐이다. 마찬가지로 여래의 청정법신과 중생 간에도 없어진 것은 없다. 우리의 불생불멸의 성은 붓다의 청정법신과 하나도 다를 바가 없는데, 우리의 의

식이 미혹해서 스스로 불생불멸의 성이 없다고 잘못 생각한다는 것이다. '일배첨시'는 한번 미혹해서 사태를 잘못 보는 것(일첨시), 그리고 그 위에서 다시 또 거듭(倍) 미혹해서 또 잘못 보는 것(배첨시)을 말한다. 본말을 전도시키는 것이 일첨시이고, 그렇게 전도시킴으로써 다시 본이 없다고 주장하는 것이 배첨시라고 할 수 있다. 여래 법신이 가지는 바른 견해가 여래의 정변지(正偏知)이고, 전도된 중생이 가지는 잘못된 견해가 성전도(性顚倒)이다. 정지(正知)는 마음이 일체를 포괄함을 바르게 아는 앎이고, 변지(偏知)는 일체가 마음임을 두루 아는 앎이다. 마음이 본(本)이 되고 일체가 말(末)이 되는 바른 지혜라고 할 수 있다. 그런데 중생은 일체 외경이 그 자체로 존재한다고 생각하면서 그것을 본으로 삼고 마음을 외경으로부터 촉발된 의식인 말로 삼는다. 그렇게 본말을 전도시키는 것이 성전도이며, 이것이 곧 일첨시이다. 그리고는 그렇게 본이 되는 여래의 정변지의 심, 일체를 포괄하는 정명심이 중생에게는 없다고 여기는 것이 배첨시이다. 그러나 손가락을 위로 하든 아래로 하든 전도만 되었을 뿐 손가락에서 유실됨이 없듯이, 중생이 정변지를 전도시키든 전도시키지 않든 중생의 본래 마음이 없어지는 것은 아니다. 스스로 전도시킨 것을 알지 못하고 없다고 생각하는 것이 문제인 것이다. 이하에서 그러한 전도의 양상을 좀 더 구체적으로 설명한다.

> 붓다: 그러므로 당신은 잘 관찰하십시오. 당신의 몸과 붓다의 몸을 전도된 것이라고 칭하는데, 어느 지점을 이름하여 전도라고 부르는 것입니까?
> 아난: (여러 대중과 함께 붓다를 똑바로 쳐다보며 눈도 깜박이지 않을 뿐 심신이 전도된 곳을 알지 못한다.) …
>
> 隨汝諦觀, 汝身佛身稱顚倒者, 名字何處號爲顚倒?
> (于時阿難與諸大衆瞪瞻瞻佛目精不瞬, 不知身心顚倒所在).

중생이 전도되어 있다면, 전도되지 않은 붓다와 비교해서 어느 지점이 전도된 것인지를 말할 수 있어야 한다. 붓다는 아난에게 그 지점을 정확하게 제시해보라고 말한다. 손을 위로 하는가 아래로 하는가가 바른 모습과 전도된 모습의 차이라는 것을 정확히 알아야지만, 둘의 차이가 단지 전도일 뿐 없어진 것이 없음을 알게 된다. 그렇듯 정변지가 전도되었을 뿐임을 바르게 알려면, 여래의 몸과 중생의 몸, 그 둘 간에 어느 지점에서 전도가 일어나는지를 정확하게 말할 수 있어야 한다. 그래서 붓다는 그 전도의 지점을 제시하라고 하는 것이다. 그러나 아난을 포함하여 대중들은 일반 중생이 어느 지점에서 붓다와 차이를 보이는지, 어느 지점에서 전도가 일어나고 있는지를 정확히 알지 못한다. 이하에서 붓다는 전도가 일어나는 지점을 제시하는데, 그 지점은 생각보다 깊다.

2) 전도의 지점

> 붓다: (자비를 일으켜 아난과 여러 대중을 불쌍히 여기며 해조음으로 널리 회중에게) 선남자들이여, 나는 항상 '색과 심과 여러 연과 심소사와 소연법이 오직 마음에 의해 나타난 것이다'라고 말해왔습니다. 당신의 몸과 당신의 마음이 모두 묘하고 밝은 참된 정수의 묘심 중에 나타난 것인데, 어째서 당신들은 본래 묘하며 '원만하며 묘하고 밝은 마음'(원묘명심)의 '보배로운 밝고 묘한 성품'(보명묘성)을 유실하고서 깨달음 가운데 미혹해 있다고 오인합니까?
>
> (佛興慈悲哀愍阿難及諸大衆, 發海潮音遍告同會) 諸善男子, 我常說言'色心諸緣及心所使諸所緣法, 唯心所現.' 汝身汝心皆是妙明眞精妙心中所現物, 云何汝等遺失本妙圓妙明心寶明妙性, 認悟中迷?

마음 ―(변현)→ 색(11색) + 심(8식) + 제연(4연) + 심소사(51심소법) + 소연법(선악사정)
  ‖
묘심(妙心):
  묘(妙): 유무를 넘어섬
  명(明): 밝은 긱성 ↔ 회매(昧)
  진정(眞精): 실제 정수(실체)

해조음(海潮音)은 바다 파도소리처럼 분명하고 두루 널리 퍼지는 음성을 말한다. '색과 심 등이 마음에 의해 나타난다'는 것은 곧 일체 제법이 모두 마음에 의해 만들어진다는 일체유심조 내지 유식무경(唯識無境)의 도리를 말한다.[2]『정맥소』에 따르면 색

---

2 이러한 유식의 도리에 대해『능엄경』은 아직 설명하지 않았다. 위에서 이어 간략히 언급하지만, 유

은 11색(5근+5경+법처소섭색), 심은 8식(전5식+제6의식+제7말나식+제8아뢰야식), 제연은 4연(심법과 색법의 연이 되는 인연+증상연, 심법의 연이 되는 소연연+등무간연), 심소사는 51심소법, 소연법은 선악(善惡)·사정(邪正)과 세간출세간의 일체사업과 인과법문 등이다.[3] 이러한 일체 제법이 모두 마음을 떠나 있지 않다는 것을 강조한 말이다. 일체 제법이 모두 '오직 마음에 의해 나타난다'(유심소현)를 말할 때 그 마음은 여래의 마음만을 말하는 것이 아니라, 일체 제법을 지각하여 아는 일체 중생의 마음을 말한다. 누구나 표층의 분별의식인 제6의식뿐 아니라 제법의 근거가 되는 심층 여래심을 갖고 있기 때문이다. 일체 존재를 현현하게 하며 그렇게 현현한 일체를 그 안에 갖고 있는 것이 바로 중생의 마음이다. 세상을 경험하는 사람은 누구나 이런 마음을 갖고 있다. 이 마음을 신묘한 마음인 묘심(妙心)이라고 부른다. 묘심은 신묘하게 밝은 묘명의 마음, 참된 정수인 진정(眞精)의 마음이다. 이처럼 마음은 본래 일체 만물을 그 안에 포함하여 드러나게 하는 기반이다. 본래 원만하며 묘하고 밝은 마음인 '원묘명심'이며 그 마음의 본성이 보배로운 밝고 묘한 성품인 '보명묘성'이다. 한마디로 밝은 자각성의 마음이다. 중생은 누구나 스스로 깨달음, 각성, 본각(本覺)을 갖고 있다. 그런데도 자기 마음의 묘한 밝음을 그런 것으로 알아차리지 못하고 마치 그런 밝음이 없는 것처럼 여기면서, 스스로 미혹한 것처럼 오인한다. 바로 이것이 중생이 전도되는 지점이다. 이하에서 붓다는 그러한 오인의 과정을 좀 더 상세히 설명함으로써 중생이 전도된 지점을 밝힌다.

> 붓다: ① 회매(晦昧)가 공이 되고, ② 공의 회암(晦暗) 중에 어둠이 맺혀 색(色)이 됩니다. ③ 색이 허망한 생각과 섞이니, 상(想)의 모습(相)이 몸이 됩니다. ④ 연을 모아서 안으로 요동하고 밖으로 분주히 내달리는 어둡고 어지러운 모습을 심성(心性)으로 여깁니다.
>
> ① 晦昧爲空, ② 空晦暗中結暗爲色. ③ 色雜妄想, 想相爲身. ④ 聚緣內搖, 趣外奔逸, 昏擾擾相以爲心性.

식의 도리에 대한 상세한 설명은 『능엄경』 4권 초입 견도분 마지막 부분에서 부루나의 질문에 대한 붓다의 긴 답변으로 제시된다.
3   진감, 『정맥소』, 1권, 676쪽 참조.

① 〈회매위공〉: 원묘명심   ↔   회매   →   공(空)

　　　　　　　　〈밝음〉   어둠 〈무명업상〉

② 〈결암위색〉: 보려는 마음 → 어둠이 맺힘 → 보여지는 색(色) 등장

　　　　　　　　〈전상〉　　　　　　　　　〈현상〉　　　 - 기세간 성립

③ 〈색잡망상〉: 기세간의 색에 망상이 섞임

　　　〈상상위신〉: 그 망상(想)의 모습(相) → 〈신(身)〉　　　 - 유근신 성립

④ 〈취연내요〉: 안으로 흔들림 ┐ 〈혼요상을 심성으로 여김〉

　　〈취외분일〉: 밖으로 내달림 ┘　　　→ 〈반연심(心)〉　　　 - 자아식(말나식) 성립

① '회매위공'은 본래 청정한 묘명의 마음이 자신을 그 밝음으로 자각하지 못하는 불각(不覺)으로 어두운 무명(無明)이 되어, 그 가운데 허공이 등장하는 것을 말한다. 본래 밝은 마음이 불각으로 어둡게 되는 것은 스스로 자기 마음의 밝음을 알아보지 못하고, 그 마음을 대상화해서 다시 밝히려고 하기 때문이다. 자신의 마음이 전체이고 그 밝음이 두루하기에, 그 마음의 바깥을 모르고 그 밝음의 대(對)가 없기에, 자기 마음의 본래 각명(覺明)을 알아차리지 못하고, 마음을 다시 밝히려는 움직임이 일어나 결국 마음의 각명과 영지(靈知)가 가려져 어두워지는 것이다. 무명은 밝지 않기에 어두운 회(晦)이고, 자각되지 않기에 어리석을 매(昧)이다. 밝게 깨어 있는 각명(覺明)의 전체 마음이 어둡게 잠든 무명의 회매(晦昧)로 가려지면, 그 전체 마음은 그렇게 어둡고 자각되지 않는 빈 허공으로 나타난다. 그래서 '회매가 공이 된다'고 한다. 회매가 완고한 허공인 완공(頑空)을 이루는 것이다. 무명(회매)이 변해서 공이 되니, 무명이 능변이고, 공이 소변이다. ② 무명 불각의 움직임으로 마음의 원명이 물러나고 어둠의 허공이 등장하면, 그 움직임을 따라 전체는 보는 자와 보여지는 것으로 이분된다. 무명 불각 중에 보고자 하는 망상의 마음(능견심/전상)과 그로 인해 보여지는 색(色, 경계상/현상)이 형성되는 것이다. 그래서 공과 어둠(회암)이 함께하는 중에 '어둠이 맺혀서 색이 된다'(결암위색)고 한다. 어둠이 맺혀서 드러난 색이 곧 4대와 그로부터의 산하대지, 즉 우리가 의거해서 사는 기세간이다. 색은 어둠 속에서 뭉쳐진 것이기에 우리는 이 색을 마음 바깥의 색이라고 여긴다. 여기까지가 원묘명심으로부터 무명을 거쳐 일체 색법을 이루는 4대와 그로부터의 기세간이 형성되는 과정이다. ③ 다음은 색법으로부터 우리의 몸이 어떻게 형성되는지를 설명한다. 보고자 하는 망상(妄想/想)에 따라 보여지는 색(色/相)이 나타나면, 그렇게 나타난 색이 다시 그것을 일으킨 망상과 섞여

망상의 모습인 상상(想相)이 되는데, 그것이 바로 중생의 정보인 신(身)이다. 이것을 '망상의 모습이 몸이 된다'(상상위신)고 말한다. ④ 그리고는 결국 그 안에서 일어나는 견문각지의 마음을 각자 자신의 마음이라고 여기는 것이다. 즉 대상세계를 반연하면서 일어나는 느낌과 생각을 따라 내적으로 요동하고, 바깥의 대상을 좇아 분주히 움직이는 그 반연심을 자신의 마음으로 여긴다. 그래서 '안으로 요동하고 밖으로 내달리는 혼요요상을 자기 마음으로 안다'고 말한다.

밝게 깨어 있는 진심이 어두운 불각의 무명에 가려져 그로부터 허공과 색법 그리고 신과 심이 생성되는 이상의 과정을 〈영화의 비유〉를 갖고 생각해보자. 시각 차원에 국한하여 보면 우리가 경험하는 3차원의 현실세계는 눈의 망막에 그려진 2차원 영상을 우리 스스로 3차원으로 구성하여 놓은 결과물이다. 마치 우리가 극장에서 스크린 위의 2차원 영상을 3차원 공간으로 펼쳐서 보는 것과 같다. 이 점에서 우리는 우리가 경험하는 현실세계를 영사기의 빛에 의해 드러나는 스크린 위의 영상세계에 비유해볼 수 있다. ① 스크린 위 세계는 영사기의 빛이 스크린의 벽에 부딪쳐서 반사되어 만들어진 영상세계이다. 빛이 무한히 나아간다면 상(相)은 맺히지 않는다. 빛의 나아감을 가로막는 벽인 스크린이 있어야 빛이 반사되어 상이 생긴다. 반사된 빛은 색으로 드러난다. 빛들의 합은 밝음, 명이지만, 반사된 빛인 색들의 합은 검은색인 어둠이다. 빛이 벽에 막혀 반사됨으로써 밝음은 어둠으로 바뀐다. 무한으로 뻗어가는 빛이 스크린 벽에 막혀 반사됨으로써 명이 암이 되며, 그 어둠이 곧 그 안에 색으로 이루어진 일체 현상 사물들이 자리 잡게 되는 공간인 허공이다. 영사기의 빛(명)이 스크린 벽에 가로막혀 어둠이 생기는 것은 중생이 자신 안의 원묘명심의 묘명(본각)을 자각하지 못해 불각이 되는 것에 해당한다. 본각의 밝음을 자각하지 못하는 불각의 마음, 무명의 마음이 곧 어둠, 회매이다. 그 마음으로부터 그 안에 세계가 펼쳐질 빈 공간인 허공이 생겨난다(회매위공). 빛을 그림자로 바꾸는 스크린 벽은 본각을 불각으로 만드는 무명업상에 해당한다. 업상에 가려 빛을 빛으로 자각하지 못하고 어둠(무명)에 머무는 것이다. 마음을 영사기 빛으로 자각하지 못하고 스크린 위 영상세계 속으로 빠져드는 것이다. ② 그 어둠의 허공 안에 색의 기세간이 형성된다. 스크린 위 허공 속에서 반사된 빛, 즉 빛의 그림자인 어둠이 뭉쳐서 색이 형성되니, 그것이 세간이다(결암위색). 허공 속 사물은 모두 빛의 그림자인 어둠이 맺혀서 상으로 나타난 것이다. 우리의 마음은 더 이상 영사기의 빛, 본각에 머무르지 않고 스크린 위의 세계, 영상세계로 나아가 거기 머무른다. ③ 그리고 그 영상세계 속에 등장하는 나의 모습에 나라는 생각인 망상이 더해져서 나의 몸, 유근신이 형성된다. 색으로 뭉친 나의 영상을 나라는 생각을 갖고 보기에 그 색과 망상이 합해서 나의 몸을 이루는 것이다. ④ 영상을 반연하는 그런 습이 축적되어 내적으로 흔들리고 외적으로 내달리는 그런 마음활동이 일어나는데, 우리는 일상적으로 그것을 자기 마음이라고 여긴다. 이와 같이 원묘명심의 빛으로부터 ① 허공, ② 기세간(세계), ③ 유근신(나의 몸), ④ 반연심(나의 마음)이 생성되는 과정을 영화에 비유하여 생각해볼 수 있다. 본래의 마음은 영사기에서 스크린까지 뻗어나가는 빛의 마음이고, 그것을 알지 못하는 것이 무명이다. 자신을 스크린 위 세계를 만드는 원묘명심으로 알지 못하고, 스크린 위에 그려진 상, 무명으로 그려진 상으로만 알고 거기 집착하는 것이 문제인 것이다. 스크린 위에 그려진 세계를 내 마음 바깥의 객관 실재인 줄 알고(법집), 그 세계 속에서 분주히 돌아다니는 나를 진짜 나인 줄 알기(아집) 때문에, 자신의 본래 마음이 영사기의 빛이라는 것, 원묘명심의 밝음이라는 것을 망각하고 만다.

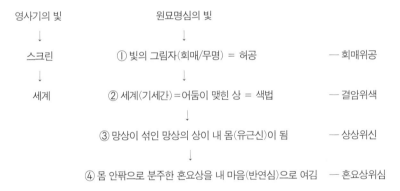

붓다: 이렇게 한번 미혹하여 (반연심을) 마음으로 여기고(일첩시), 결정코 미혹해서 (십이) 색신의 안에 있다고 여기므로(배첩시), 색신 바깥의 산하와 허공과 대지가 모두 묘명의 진심 중의 사물이라는 것을 알지 못합니다.

一迷爲心, 決定惑爲色身之內, 不知色身外洎山河虛空大地, 咸是妙明眞心中物.

어둠/무명 → ① 공 → ② 색(色) → ③ 신(身) → ④ 반연심(b)
    ↕
원묘명심(a)

일배첨시:
   1. 일첨시: 자신의 마음을 a가 아닌 b로 여김 = 전도 (아집)
   2. 배첨시: 자신의 마음이 색신 안에 있다고 생각
          → a를 놓쳐서 산하대지가 마음 밖이라고 여김 (법집)

원묘명심을 알지 못하는 무명으로 인해 색과 신, 즉 일체 세간 사물과 중생의 몸이 생겨나는데, 그렇게 생겨난 각 중생의 몸이 세계를 연하여서 안으로 요동하고 밖으로 어지러워진다. 그 어지러운 상을 자신의 마음이라고 여기는 것이 첫 번째 미혹이다. 말하자면 본래 마음은 일체를 그려내는 원묘명심인데, 중생은 자기 자신을 그 묘한 밝음의 원묘명심으로 자각하지 못하고 오히려 그 마음에 의해 그려진 세간 중 일부분인 중생신에 매인 마음, 전진의 그림자인 반연심으로만 여긴다. 이것이 본래의 자기를 잊고서 자기 아닌 것, 허망한 상을 자기라고 잘못 아는 첫 번째 미혹, 일첨시이다. 그리고는 그 반연심이 개별적 중생신인 색신에 매여 있기에, 자기 마음은 결국 색신 안에 있는 것이라고 여기게 되니, 이것이 두 번째 미혹, 배첨시이다. 그렇게 해서 원묘명심을 오히려 색신에 의해 제한된 사적 마음이라고 여기게 되니, 결국 산하대지와 색신이 모두 다 원묘명심의 마음으로부터 생겨난 것인 줄은 미처 생각하지도 못하게 되는 것이다. 왜 일반 중생이 산하대지 우주만물을 마음 밖의 실재라고 여기는 법집을 갖는지를 설명한 것이다.

> 붓다: 비유하자면 맑고 청정한 수백수천 개의 대해를 버리고서 단지 하나의 물거품을 전체 바닷물로 지목하면서 바다 전체로 인정하는 것과 같습니다. 그러므로 당신들은 미혹에 미혹을 거듭하는 사람이니, 내가 손을 드리웠던 것과 다를 바가 없습니다. 그래서 정말 가련한 자라고 여래는 말합니다.
>
> 譬如澄清百千大海棄之, 唯認一浮漚體目爲全潮窮盡瀛渤. 汝等卽是迷中倍人, 如我垂手等無差別. 如來說爲可憐愍者.

자기 마음인 〈원묘명심〉을 잊고 〈반연심〉을 지목하여 자기 마음으로 여김
큰 바다를 잊고   물거품을 지목하여   바다로 여김

일체 제법을 형성해내는 전체로서의 자기 마음을 알지 못하고 자기 자신을 오히려 그 마음에 의해 만들어진 작은 일부분으로 간주하고 있으니, 이는 마치 전체 바다를 버리고 그중 일부분인 물 한 방울에만 집착하는 것과 같다. 원묘명심으로 상주 불변하는 자기 자신의 참된 마음을 알지 못하고 자신을 오히려 허망한 전진에 따라 허망하게 기멸하는 반연심으로만 여기고 있으니, 붓다는 이를 안타까워하는 것이다. 자신 안의 보배를 깨닫지 못하고 스스로를 허망한 존재로만 여기는 것도 가련하고, 자신이 원하는 보배가 바로 자기 자신 안에 이미 갖추어져 있음을 알지 못하고 바깥에서 찾아 헤매는 것도 불쌍한 일이기 때문이다. 손의 드리움으로 말했던 것은 '바로'와 '거꾸로', 지혜와 무명, 진심과 망심, 깨달음과 미혹이 실체적인 둘이 아니라, 본래 하나라는 것이다. 본래 명과 깨달음, 마음의 밝음만 있는데, 그 밝음 안에 드러나는 어느 하나에 집착함으로써 결국 전체 밝음을 망각하는 것이 미혹이다. 그렇게 무명은 명 안에, 미혹은 깨달음 안에 있다.

5. 환원되지 않음: 불환(不還)

1) 상주하는 본원심지

아난: (붓다의 자비로 구원히는 깊은 가르침을 듣고 눈물을 흘리면서 합장하고 붓다에게) 제가 비록 붓다의 이와 같은 묘음을 듣고서 묘명심이 원래 원만 상주하는 마음의 바탕임을 깨달았습니다만, 제가 붓다의 현재 설법의 음성을 듣고 깨닫는 것도 현재의 반연심에 의한 것이고, 진실로 첨앙하는 것도 오직 이 마음(반연심)을 갖고서이니, 이를 아직 감히 본원의 심지라고 인정할 수가 없습니다. 원하건대 붓다께서 불쌍히 여겨 원음(圓音)으로 알려주셔서 저의 의심의 뿌리를 뽑아내어 무상도(無上道)에 들게 해주십시오.

(阿難承佛悲救深誨, 垂泣叉手而白佛言) 我雖承佛如是妙音, 悟妙明心元所圓滿常住心地, 而我悟佛現說法音現以緣心, 允所瞻仰徒獲此心, 未敢認爲本元心地. 願佛哀愍宣示圓音, 拔我疑根歸無上道.

묘명심에 대한 설법을 듣고 깨닫는(悟) 마음 = 반연심 ↔ 묘명심 = 본원의 심지

상주불변의 원묘명심이 대상에 따라 생멸변화하는 반연심과 구분된다는 것은 이해해도, 그런 말을 듣고 이해하는 그 마음도 결국 견문각지로 작용하는 마음이니 반연심에 지나지 않는 것이 아닌가? 그런 반연심이 아닌 원묘명심을 어떻게 마음 본원의 자리로 깨달을 수 있는 것인가? 아난은 반연심이 아닌 원묘명심을 자신의 본원의 마음으로 자각할 수 있기를 바라면서 붓다에게 그 깨달음의 길을 보여주길 간청한다. 붓다의 원음은 대개 다음과 같은 불가사의를 포함한다고 간주된다.

붓다의 원음(圓音)의 불가사의:
  1. 여러 곳 여러 부류의 중생이 모두 붓다의 본음을 동일하게 들음
  2. 근기의 대소, 심천에 따라 모든 이들이 각자 이해한 만큼의 이익을 얻음
  3. 인연 있는 중생이면 멀거나 가깝거나 목전에서 듣는 것과 똑같이 들음

붓다: (아난에게) 당신들이 반연심으로 법을 들으면 그 법 또한 소연일 뿐이어서 법성을 얻을 수가 없습니다. 마치 사람이 손가락으로 달을 가리켜 다른 사람에게 보이면 그 사람은 손가락을 통해 응당 달을 보아야 하는 것과 같습니다. 만약 손가락을 보고 달 자체라고 여긴다면, 그 사람이 어찌 달만 잃어버린 것이겠습니까? 그 손가락도 또한 잃어버린 것입니다. 왜 그렇겠습니까? 표시된 손가락을 밝은 달이라고 여기기 때문입니다. 어찌 손가락만을 잃어버린 것이겠습니까? 밝음과 어둠도 또한 알지 못한 것입니다. 왜 그렇겠습니까? 손가락 자체를 달의 밝은 성품으로 여기니 명과 암의 두 가지 성품을 알지 못하기 때문입니다. 당신들이 (법성을 얻지 못함도) 또한 이와 같습니다.

(佛告阿難) 汝等尙以緣心聽法, 此法亦緣非得法性. 如人以手指月示人, 彼人因指當應看月. 若復觀指以爲月體, 此人豈唯亡失月輪? 亦亡其指. 何以故? 以所摽

指爲明月故. 豈唯亡指? 亦復不識明之與暗. 何以故? 卽以指體爲月明性, 明暗二
性無所了故. 汝亦如是.

인간의 행위는 지향하는 바가 있으며, 그 지향점에 이르기 위해 사용되는 수단이 있
다. 인간의 행위에서는 그 지향점과 수단이 구분되어야 한다. 예를 들어 누군가 다른
사람에게 달을 보게 하기 위해 손가락으로 달을 지시하면, 지시된 달을 보는 것이 지
향점이고, 지시하는 손가락을 보는 것은 그 목적을 달성하기 위한 중간단계의 수단일
뿐이다. 수단을 통해 지향점으로 나아가지 못하고, 끝내 수단에만 머물러 있다면, 그
행위는 좌절된 행위이다. 마찬가지로 분별적 반연심 너머의 원묘명심을 설하는 붓다
의 설법도 중생을 깨우치기 위한 일종의 행위이며, 이 또한 지향점과 수단을 가진다.
지향점은 설법을 들은 중생이 자신의 본심인 원묘명심을 깨닫는 것이고, 그것을 이루
기 위한 수단이 그 설법을 귀로 듣고 의식으로 분별하여 아는 것이다. 중생이 끝내 6근
으로 작동하는 견문각지의 반연심에만 머물러 있고, 그 너머의 원묘명심을 깨닫지 못
한다면, 이것은 곧 보라는 달은 보지 않고 끝까지 손가락만 바라보면서 집착하는 것과
같다. 그렇지만 사실 우리는 달을 지시하는 손가락을 보면 곧장 그렇게 지시된 달로
나아간다. 그런데 우리는 왜 원묘명심을 지시하는 설법을 들으면 곧장 그렇게 지시된
원묘명심으로 나아가지 못하는 것일까? 왜 원묘명심으로 곧장 나아가지 못하고 설법
을 듣는 반연심에 갇혀 있는 것일까? 이것은 수단인 반연심과 목적인 원묘명심이 서로
다른 차원의 존재이기 때문이다. 반연심은 언어적 분별을 따르는 주객분별의 마음인
데, 원묘명심은 언어적 분별을 넘어선 무분별의 마음이다. 언어로써 언어를 넘어서고,
분별로써 분별을 넘어서는 것, 원묘명심을 가리는 회매의 공을 통과하여 원명에 이르
는 것이 쉽지 않은 것이다. 이하에서는 생멸하는 반연심 너머 불생불멸의 진심이 상주
한다는 것을 논한다.

붓다: 만약 나의 설법의 음성을 분별하는 것을 당신의 마음으로 여긴다면, 그 마음은 응당 음성을 분별함을 떠나서도 스스로 분별성을 가져야 할 것입니다. 비유하면 객은 여관에 투숙하여 잠시 머물고 다시 떠나니 결국 상주하는 것이 아니지만, 여관 주인은 도무지 갈 곳이 없어 여관 주인이라고 불리는 것처럼 마음도 또한 이와 같습니다. 만약 진실로 당신의 마음이라면 갈 곳이 없을 것이니, 어찌 음성을 떠난다고 분별성이 없게 되겠습니까? 그런 것이 어찌 단지 소리를 분별하는 마음뿐이겠습니까? 나의 얼굴을 분별하는 것도 색상을 떠나면 분별성이 없게 될 것입니다.

若以分別我說法音爲汝心者, 此心自應離分別音有分別性. 譬如有客寄宿旅亭 暫止便去終不常住, 而掌亭人都無所去名爲亭主. 此亦如是. 若眞汝心則無所去, 云何離聲無分別性? 斯則豈唯聲分別心? 分別我容離諸色相無分別性.

반연심   ─(연)→   반연 대상/법음   - 객(客)의 마음
(반연이 멸하면, 분별성도 멸함)

                    ↕

청정심   - 주(主)의 마음
(대상 없어도 자각성, 분별성 남음)

반연심은 경계를 떠나면 없어지지만, 진심은 소리에 의해 생겼다 없어졌다 하는 것이 아니고 주인처럼 늘 거기 머무는 마음이다. 반연심은 소리가 있으면 분별하고 소리가 없어지면 분별성도 사라지니, 연에 따라 분별하고 안 하고 하는 마음, 오고 가는 객의 마음일 뿐이지 주인의 마음이 아닌 것이다. 소리를 떠나면 분별성이 없게 되는 그런 마음은 객으로서의 반연심이지 주로서의 진심이 아니다. 반면 반연심과 구분되는 진심은 대상이 있든 없든 항상 마음 자체의 자기자각성을 가진다. 이 자각성을 여기서는 분별성이라고 하였다. 붓다의 법문 소리를 분별하는 마음뿐 아니라 가르침을 기다리면서 붓다의 얼굴을 바라보는 마음도 모두 색상을 반연하는 반연심으로서 그 대상이 되는 색상을 떠나면 분별성이 없게 된다. 그러니까 그런 마음(반연심)은 돌아가 끝나는 때가 있으므로 모두 진심이 아니다.

붓다: 이와 같이 분별이 하나도 없어 색도 아니고 공도 아닌 데에 이르러 구사리 등은 혼미를 명제(冥諦)로 삼습니다. 제법의 반연을 떠난즉 분별성이 없게 된다면, 당신의 심성이 각각 돌아갈 곳이 있는 것이 되니, (그것이) 어떻게 주인이 되겠습니까?

如是乃至分別都無非色非空, 拘舍離等昧爲冥諦. 離諸法緣無分別性, 則汝心性各有所還, 云何爲主?

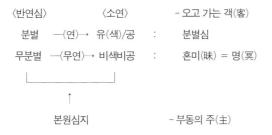

〈반연심〉   〈소연〉   - 오고 가는 객(客)

분별 —(연)→ 유(색)/공   :   분별심

무분별 —(무연)→ 비색비공   :   혼미(昧) = 명(冥)

본원심지   - 부동의 주(主)

구사리가 말하는 명제(冥諦)는 단멸론과 상통하는 것으로 붓다는 이것을 비판한다. 마음을 반연심으로만 인정할 경우 대상이 없어지면 마음의 활동도 따라서 끝나서 무 내지 공으로 돌아가 버리니 결국 단멸을 주장하게 되기 때문이다. 소연이 비색·비공이 되어 분별이 멈추는 때는 4정 중에서 공무변처의 공을 넘어선 나머지 3정이다.

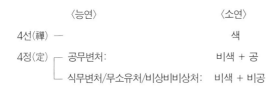

〈능연〉   〈소연〉

4선(禪) —   색

4정(定) ┌ 공무변처: 비색 + 공

        └ 식무변처/무소유처/비상비비상처: 비색 + 비공

그러므로 의식 차원의 4선4정 수행에만 머물러 있으면, 아무리 수행을 해도 진심을 깨닫기 어렵다. 제6의식의 반연심으로 수행할 경우 반연할 대상이 색도 아니고 공도 아닌 단계로 나아가면 반연하여 분별할 것이 없어 분별심도 사라지게 되고 결국 혼미하게 될 뿐이다. 구사리 등은 이처럼 색도 아니고 공도 아닌 혼미한 상태를 만물의 근원으로 여기면서 이를 '명제(冥諦)'(prakṛti, 자성)라고 부른다. 어두울 명(冥)에 진실의 제(諦)를 붙여, 그것을 궁극으로 간주한 것이다. 이는 무분별의 혼미함으로 빠져드는 반연심 너머 실제 근원인 본원심지를 모르기 때문이다. 반면 붓다는 우리의 참 마

음은 그처럼 대상에 따라 기멸하는 반연심이 아니라, 그 기멸의 바탕에 상주하는 불생
불멸의 묘명원심이라는 것을 강조한다. 이 묘명원심은 연하는 대상이 없어도, 즉 연을
여의어도 마음 자체의 자각성을 갖고 있다. 그러므로 그 마음이 상주하는 주인이 되는
것이다. 구사리는 말가리라고도 하며, 6사외도 중의 하나이다. 6파철학 중에서 명제
(冥諦)를 주장한 학파는 상키야학파(수론)이다.[4] 수론은 사비가라학파라고도 하며, 사
비가라는 황발(黃髮)을 뜻한다. 이들이 사용하는 주문이 앞서 마등가녀가 아난을 유혹
하면서 읊었던 범천주이다.

---

4   수론은 명제(冥諦)인 프라크리티(prakṛti, 체, 원질, 자성, 자연, 물질) 이외에 푸르샤(puruṣa, 신아,
정신)를 주장하는 정신·물질 이원론을 표방한다. 수론에 따르면 푸르샤가 프라크리티를 바라보면, 프
라크리티로부터 그것의 3덕(속성, 사트바+라자스+타마스)의 조합을 따라 그다음의 23가지가 생성되
고 전개된다. 즉 각(覺, buddhi: 통각, 지성, 사유기능)과 아만(我慢, ahaṃkāra: 자아의식, 아견)이 일
어나고 그로부터 5미(微, 색성향미촉), 5대(大, 지수화풍공)가 일어나고 이어 5지근(知根, 안이비설신)
과 5작업근(作業根, 구·수·족·대변·소변) 그리고 의근(意根, manas)이 일어난다. 수론의 25제(諦)는
다음과 같다.

25제(諦):
 푸르샤: 정신, 영혼, atman (제9식)
 프라크리티: 자연, 물질: 3질의 배합으로 이하 23이 전변되어 현현함
 각(覺, buddhi): 통각, 지성   - 심(제8식)
 아만(我慢, ahaṃkāra): 자아식, 아견 - 의(제7식) ⎤ 심(citta)
 의(意, manas): 의식(소위 마음) - 식(제6식) ⎦
 5미(微): 색성향미촉
 5대(大): 지수화풍공
 5지근(知根): 안이비설신
 5작업근(作業根): 구수족대소

이 중에서 색성향미촉 5가지 미세한 것들의 조합으로부터 지수화풍공 5대가 생겨나는 과정, 그리고
아만으로부터 5근과 5작업근과 의가 생겨나는 것에 대한 수론의 설명은 다음과 같이 정리될 수 있다.

 무차별   —(전변)→   차별
5미(색성향미촉)   → 5대(지수화풍공)
 성   → 공
 성 + 촉   → 풍
 성 + 촉 + 색   → 화
 성 + 촉 + 색 + 미   → 수
 성 + 촉 + 색 + 미 + 향 → 지
 아만(자아식) → 5지근(안이비설신) + 5작업근(구수족대소) + 의(의식)
 아만이 각(지성)을 푸르샤(순수정신)와 동일시함이 문제
 ↔ 둘이 서로 다름을 아는 지혜(=식별지). 둘을 분리함이 해탈

말가리 구사리 ─(1세기쯤 후)→ 상키야학파(수론) = 사비가라학파 = 황발: 범천주 사용
6사외도, 단멸론   6파철학

6파철학은 인도에서 6사외도 및 불교가 번창하자 당시의 정통 브라만교사상을 보다 심화시켜서 확립된, 다음과 같은 여섯 학파의 철학을 말한다. 이들 사상 안에 불교의 영향이 적지 않을 것이라고 짐작할 수 있다.

6파철학: 〈학파명〉   〈성립시기〉   〈개조〉   〈경전〉

  1) 상키야(Sāmkhya, 數論):   BC 4-3세기, 카필라(Kapila),   수론(數論, Sāmkhya-kārikā)

  2) 유가(Yoga, 瑜珈):   BC 2세기,   파탄잘리(patañjala),   유가경(瑜珈經, Yoga-sūtra)

  3) 미맘사(Mīmāmsā, 聲論):   BC 2세기,   자이미니(Jaimini),   미만살경(彌曼薩經, Mīmāmsā-sūtra)

  4) 바이세시카(Vaiśeṣika, 勝論): BC 2~1세기, 카나다(Kanāda),   승론경(勝論經, Vaiśeṣika-sūtra)

  5) 베단타(Vedānta, 吠壇):   BC1세기, 바다라야나(Bādarāyana), 베단경(吠壇經, Vedānta-sūtra)

  6) 니야야(nyaya, 正理):   1~2세기,   가우타마(Gautama),   정리경(正理經, nyāya-sūtra)

2) 명 · 암 · 통 · 색 등으로 환원되지 않음

아난: 저의 심성이 각각 돌아갈 곳이 있다면, 여래가 말씀하시는 묘하고 밝은 근본마음은 어째서 돌아갈 곳이 없습니까? 불쌍히 여겨 저를 위해 가르침을 주십시오.

붓다: (아난에게) 당신이 나를 보는 견정(見精)의 밝은 근원은 그 견이 비록 묘정명심(妙精明心)은 아니라고 해도 제2월과 같은 것이지 달그림자 같은 것은 아닙니다.

(阿難言) 若我心性各有所還, 則如來說妙明元心, 云何無還? 唯垂哀愍爲我宣說.

(佛告阿難) 且汝見我見精明元, 此見雖非妙精明心, 如第二月非是月影.

묘명원심   ↔   견정(명원)   ↔   월영(연진분별)
여래장   일상심/제8아뢰야식   반연심/6식
제1월(진심)   제2월(진심+망심)   제3월(망심)

환원되는 마음과 환원되지 않는 묘정명심이 어떻게 다른 것인지를 설명한다. 우리

가 일상심으로 무엇인가를 바라볼 때도 그 바라보는 견(見)은 그 자체가 곧 묘정명심
으로 자각된 견은 아닐지라도 묘정명심으로 인해서 있게 된 것이고 또 묘정명심을 핵
으로 삼고 있으므로 묘정명심과 완전히 다른 것은 아니다. 그래서 단지 그림자인 제3월
이 아니라 제1월을 그대로 품고 있는 제2월이라고 하는 것이다. 『정맥소』에서는 진심
(제1월) 너머 제2월과 달그림자(제3월)의 구분에 대해 이렇게 설명한다. "'제2월과 같
고 달그림자는 아니다'라고 하는 것은 달의 세 가지 상과 관련한 비유이다. 제1월은 천
상의 깨끗한 달이고, 제2월은 손으로 눈을 누르고 달을 볼 때 두 번째 월륜이 생기는
데, 그렇게 눌러서 생긴 것을 제2월이라고 한다. 제3월은 물에 비친 영상이다. 제1월은
순수한 진심의 비유이고, 제2월은 견정명원의 비유이며, 제3월은 연진분별(대상을 반
연하는 분별)의 비유이다. 지금 '견정이 제2월 같다'고 하는 것은 그것이 그대로 진심
은 아니지만 실제로 진심과 다른 체가 아니고 다만 무명을 동반했을 뿐이므로 무명을
제거하면 곧 진심이 드러난다는 것이다. 제2월과 제1월은 허와 실의 차이나 현격한 막
힘이 있는 것이 아니며, 오랫동안 눈을 눌렀기 때문이지 손만 놓으면 깨끗한 달이다.
'견정이 달그림자가 아니다'라고 하는 것은 견정이 대상을 반연하는 마음과는 다름을
밝힌 것이다. 전진의 그림자는 물속의 달과 같아서, 진짜 달과는 위아래로 현격하고
허와 실의 차이가 있다. 이렇게 말한 뜻은 수행자에게 결단코 제3월을 버리고 제2월을
알게 하려는 것이니, 제1월이 멀지 않은 곳에 있기 때문이다."[5] 여기에서 제2월이라고
말하는 '견정'은 우리의 일상의 마음인 제8아뢰야식을 뜻한다고 볼 수 있다. 아뢰야식
은 진망화합식이므로 반연하는 망(妄)의 측면도 포함하지만, 진심인 묘정명심 또한 그
안에서 작동하고 있다. 이하에서는 우리의 일상심에 해당하는 견정명원이 진심인 묘
정명심과 마찬가지로 돌아갈 곳이 없는 마음이라는 것을 밝힌다. 즉 대상을 반연하다
가 대상이 사라지면 함께 사라지는 반연심(6식, 제3월)과 달리 우리의 일상적인 견 안
에 무로 환원되거나 무로 사라지지 않는 견의 핵심인 견정(見精, 제2월)이 존재한다는
것이다.

---

5   진감, 『정맥소』, 1권, 707-708쪽.

붓다: 당신은 마땅히 잘 들으십시오. 이제 당신에게 (견정의) '돌아갈 곳 없음'을 보여주겠습니다. 아난이여, 이 강당은 동쪽으로 트여 있습니다. ① 해가 하늘에 뜨면 밝아지고, ② 밤중에 달이 어둡고 구름과 안개가 짙으면 다시 어두워집니다. ③ 창문의 틈으로는 통함을 보고, ④ 담장의 사이로는 다시 막힘을 봅니다. ⑤ 분별하는 곳에서는 다시 대상(연)을 보고, ⑥ 완전히 빈 곳에는 공성이 두루합니다. ⑦ 흙비의 모습은 어두운 먼지로 인한 것이고, ⑧ 맑게 개어 비의 기운이 걷히면 다시 청정함을 봅니다.

汝應諦聽. 今當示汝無所還地. 阿難, 此大講堂洞開東方. ① 日輪昇天則有明耀. ② 中夜黑月雲霧晦暝則復昏暗. ③ 戶牖之隙則復見通. ④ 牆宇之間則復觀擁. ⑤ 分別之處則復見緣, ⑥ 頑虛之中遍是空性. ⑦ 鬱埻之象則紆昏塵, ⑧ 澄霽斂氛又觀清淨.

〈인(因)〉   〈생겨나는 것〉
① 해 → 밝음
② 달 → 어둠
③ 창문 → 통함
④ 담장 → 막힘
⑤ 분별 → 연함
⑥ 공 → 완허
⑦ 먼지 → 흙비
⑧ 갬 → 청정

여기에서는 견정명원이 어느 곳으로도 돌아갈 수 없음을 밝히기 위해 보는 견정과 그것에 의해 보여지는 현상, 밝음이나 어둠, 통함이나 막힘 등을 구분한다. '보는 정수의 밝은 근원'인 견정명원은 일체 현상을 보는 자이지 보여지는 현상이 아니다. 보여지는 일체 현상은 무엇인가로부터 생겨난 것이고 따라서 그 무엇으로 다시 되돌릴 수 있지만, 그 현상을 보는 견정명원은 무엇으로부터 생겨난 것이 아니기에 그 무엇으로도 다시 되돌아갈 수 없다. 이것을 밝히기 위해 우리에게 보여지는 현상들이 각각 무엇으로 인해 생겨난 것인지 그 인연을 8가지로 나누어 설명하였다. 인연이 무엇인지가 밝혀지면, 이하에서 논하듯이 각각 그 인연처로 되돌릴 수가 있다.

붓다: 아난이여, 당신은 이 모든 변화의 모습을 봅니다. 내가 이제 각각을 본래의 인연처로 돌려보내겠습니다. 무엇이 본래 원인입니까? 아난이여, 이 모든 변화에서 ① 밝음은 해로 돌아갑니다. 왜 그렇겠습니까? 해가 없으면 밝지 않으므로 밝음의 원인은 해에 속합니다. 그러므로 해로 돌아갑니다. ② 어둠은 어두운 달로 돌아갑니다. ③ 통함은 창문으로 돌아가고, ④ 막힘은 담장으로 돌아갑니다. ⑤ 연함은 분별로 돌아가고, ⑥ 완전한 빔은 공으로 돌아갑니다. ⑦ 흙비는 먼지로 돌아가고, ⑧ 청명은 갬으로 돌아갑니다. 그런즉 세간의 일체 것들이 이런 종류에서 벗어나지 않습니다.

阿難, 汝咸看此諸變化相. 吾今各還本所因處. 云何本因? 阿難, 此諸變化, ① 明還日輪. 何以故? 無日不明, 明因屬日. 是故還日. ② 暗還黑月. ③ 通還戶牖, ④ 擁還牆宇. ⑤ 緣還分別, ⑥ 頑虛還空. ⑦ 鬱㪍還塵, ⑧ 清明還霽. 則諸世間一切所有不出斯類.

〈소환지〉		〈보내지는 상(相)〉	
① 해	←	밝음	명환일륜
② 달	←	어둠	암환흑월
③ 창문	←	통함	통환호유
④ 담장	←	막힘	옹환장우
⑤ 분별	←	연함	연환분별
⑥ 공	←	완허	완허환공
⑦ 먼지	←	흙비	울발환진
⑧ 갬	←	청명	청명환제

세상에 나타나는 모든 것들은 모두 인연이 있어서 발생하는 것이므로 그 인연으로 환원시킬 수 있다. 밝음은 해로 인해 밝아지는 것이므로 해로 환원되고, 어둠은 달로, 통함은 문으로, 막힘은 벽으로 등등 환원된다. 이하에서는 이처럼 보여지는 현상들과 달리 그 현상을 바라보는 견정은 어느 곳으로도 환원될 수 없음을 밝힌다.

붓다: 당신이 여덟 가지를 보는 견정의 밝은 성품은 어디로 돌려보내고자 합니까? 왜 그렇겠습니까? 만약 (견정을) 밝음으로 돌려보낸다면, 밝지 않을 때는 어둠을 보지 못할 것입니다. 비록 밝음과 어둠 등은 갖가지 차별이 있지만, 견에는 차별이 없습니다. 돌려보낼 수 있는 것은 자연히 당신이 아니지만, 당신이 돌려보내지 못하는 것은 당신이 아니고 무엇이겠습니까? 그런즉 당신의 마음이 본래 미묘하고 밝고 청정한데, 당신이 스스로 미혹해서 근본을 잃고 윤회를 받아 생사 중에 항상 떠돌고 있기에 그래서 여래가 (당신을) 가련하다고 했음을 알아야 합니다.

汝見八種見精明性當欲誰還? 何以故? 若還於明, 則不明時無復見暗. 雖明暗等種種差別, 見無差別. 諸可還者自然非汝, 不汝還者非汝而誰? 則知汝心本妙明淨, 汝自迷悶喪本受輪, 於生死中常被漂溺, 是故如來名可憐愍.

① 해 ← 밝음: 밝음은 해로 환원
② 달 ← 어둠: 어둠은 달로 환원 ┐ 견정은 둘 중 하나로 환원되지 않음. 둘 다 보니까

견정의 밝음인 명성은 어디로 환원 가능한가? 예를 들어 견이 해의 밝음으로 인해 가능해진다면, 견은 명으로 환원된다고 할 것이고, 견이 창문의 통함으로 인해 가능하다면, 견은 통함으로 환원될 것이다. 과연 견은 무엇으로 환원될 수 있는가? 이는 곧 견은 무엇으로 인해 가능한 것인가를 묻는 것이다. 견이 밝음으로 환원될 수 있게끔 밝음으로 인해 가능한 것이라면, 밝음과 반대되는 어둠이 있으면 견은 어둠을 보지 못할 것이다. 그러나 견은 밝음과 어둠을 차별하지 않고 둘 다를 본다. 그러므로 어느 하나로 환원된다고 말할 수 없다. 견이 통함으로 환원된다면, 막힘을 못 볼 것이다. 그러나 견은 통함과 막힘 둘 다를 본다. 그러므로 어느 하나로 환원된다고 말할 수 없다. 이처럼 견이 객관 세계 그 어느 하나로 환원될 수 없다는 것은 결국 견은 특정한 어떤 것으로 인해서 견으로 된 것이 아니라는 것을 의미한다. 견은 다른 것을 통해 설명될 수 있는 것, 다른 것으로 환원될 수 있는 것이 아니라 그 자체로 성립하는 것이다. 내 안에 있되 다른 것으로 환원 가능한 것은 결국 내가 아니고 환원되어지는 그것이지만, 다른 것으로 환원될 수 없는 것은 끝까지 내게 남는 것이므로 결국 나 자신이라고 할 수 있다. 견은 다른 것으로 환원될 수 없기에 결국 나 자신인 것이다. 대상이나 대상을

반연하는 반연심은 인연을 따라 생겨난 것으로서 그 인연을 따라 다시 그리로 환원되지만, 그런 대상과 반연심을 알아차리는 견의 정수인 견정 자체, 마음 자체는 다른 것을 연해 일어나거나 다시 다른 것으로 돌려보낼 수 있는 것이 아니다. 그처럼 다른 것으로 환원되지 않는 것이 묘정명심이다. 그것이 우리 자신의 마음인데, 그것을 알아차리지 못하고 마음을 대상에 매이게 하므로 결국 대상의 힘에 이끌리어 윤회를 벗어나지 못하는 것이다.

6. 사물이 아님: 부잡(不雜)

> 아난: 제가 비록 이 견의 성품이 돌아갈 곳이 없음은 알겠습니다만, 이것이 저의 참된 성품이라는 것은 어떻게 알 수 있겠습니까?
> 붓다: (아난에게) 내가 당신에게 묻겠습니다. 지금 당신은 아직 무루청정을 얻지 못했지만 붓다의 신통력에 힘입어 초선천을 보는 데 장애가 없습니다. 아나율은 염부제 보기를 손바닥 위의 암마라 열매를 보듯 하고, 모든 보살들은 수백수천 개의 세계를 보며, 시방 여래는 미진같이 많은 청정국토를 보지 못하는 곳이 없습니다. (그러니) 중생이 보는 것은 작은 부분에 불과합니다.
>
> (阿難言) 我雖識此見性無還, 云何得知是我眞性?
>
> (佛告阿難) 吾今問汝. 今汝未得無漏清淨, 承佛神力見於初禪得無障礙, 而阿那律見閻浮提, 如觀掌中菴摩羅果, 諸菩薩等見百千界, 十方如來窮盡微塵清淨國土無所不矚. 衆生洞視不過分寸.

아난: 수다원. 붓다의 신통력에 의거해서 초선천을 봄
아나율: 아라한. 천안을 얻어 염부제(욕계의 인간계)를 봄
보살: 3천대천세계를 봄
여래: 모든 청정국토를 봄

아난은 위에서 붓다가 말한바 '견은 돌려보낼 곳이 없으므로 너 자신이다'와 '너의 마음이 본묘명정이다'라는 것에 대해 의문을 제기한다. 다른 것으로 환원되지 않는다고 해서 그러니까 그것이 곧 나의 마음이고, 그것도 나의 참된 견성이라고 어떻게 단

언할 수 있는가 하는 것이다. 대부분의 일상적인 견은 대상을 반연하면서 대상과 더불어 생겨나고 또 대상을 따라 멸하기에 그 견이 나 아닌 다른 것(대상)으로 환원된다고 말할 수 있지만, 그렇다고 해서 환원되지 않는 것은 곧 나 자신이라고 단정하기는 쉽지 않다. 견이 여러 가지가 화합해서 일어나는 현상이어서 어느 하나로 보낼 수 없는 것일 수도 있기 때문이다. 이에 붓다는 환원되지 않는 견성이 바로 나 자신이라는 것을 밝히기 위해, 물(物)과 견(見)이 뒤섞여 있는 현상에서 무엇이 능견이고 무엇이 소견인지, 무엇이 견이고 무엇이 물인지를 분석해낸다. 견이 사물이 아니라는 것을 밝힘으로써 사물 아닌 견은 곧 보는 자 자신의 견성이고 진성이라는 것을 드러내려는 것이다. 그러면서 일단 우리가 보는 것이 우리 자신의 근의 한계에 의해 매우 제한되어 있다는 것, 수행이 깊을수록 보는 세계가 더 많아진다는 것을 말한다. 즉 아난은 성문4과 중 제1단계인 수다원과에 들었지만 아직 수행이 부족하기에 붓다의 신통력에 힘입어서만 초선천을 본다. 아나율은 수행 중 졸다가 붓다에게 야단맞고는 필사적으로 눈을 뜨고 정진하다 시력을 잃었지만, 아라한과를 증득하여 천안(天眼)을 얻어 염부제를 본다고 한다. 염부제는 수미산 남쪽의 주 이름으로 인간이 사는 곳 전체를 뜻한다. 아난이나 아나율보다 더 나아간 보살은 수백수천의 세계를 보고, 붓다는 모든 청정국토를 본다. 이처럼 수행이 깊어질수록 더 넓은 세계를 본다. 반면 대부분의 중생인 범부는 그중의 오직 한 세계만을 볼 수 있다. 결국 우리가 보는 세계는 3천대천세계 중의 아주 작은 일부인 것이다.

붓다: 아난이여, 또 내가 당신과 함께 4천왕이 거주하는 궁전을 보고 그 사이 물과 육지와 허공에 있는 것들을 두루 보고 다녔습니다. 비록 어둡고 밝은 갖가지 형상이 있지만 전진으로 분별되면서 장애가 아닌 것이 없으니, 당신은 여기에서 마땅히 나와 남을 분별해보십시오. 이제 내가 당신에게 견(見) 중에서 어느 것이 아체(我體)이고 어느 것이 물상(物象)인지를 가려보겠습니다. 아난이여, 당신의 견원을 다하여 해와 달을 바라봐도 그것은 사물이지 당신이 아니고, 7금산에 이르러 두루 잘 살펴보면 비록 갖가지 빛이 있어도 그것 또한 사물이지 당신이 아닙니다. 점점 더 (가까이) 구름이 오르고 새가 날고 바람이 불고 먼지가

일어나는 것과 수목과 산천과 풀과 사람과 축생을 관찰해도 모두 사물이지 당신이 아닙니다. 아난이여, 이 가깝고 먼 모든 사물의 성품에 비록 다양한 차이가 있어도 (모두) 동일하게 당신의 견정의 청정에 의해 보여진 것입니다. 그런즉 모든 사물의 종류에는 스스로 차별이 있어도 견의 성품에는 차이가 없습니다. 이 정밀하고 신묘한 밝음(정묘명)이 진실로 당신의 견의 성품입니다.

阿難, 且吾與汝觀四天王所住宮殿, 中間遍覽水陸空行. 雖有昏明種種形像, 無非前塵分別留礙, 汝應於此分別自他. 今吾將汝擇於見中誰是我體, 誰爲物象. 阿難, 極汝見源從日月宮是物非汝, 至七金山周遍諦觀雖種種光亦物非汝. 漸漸更觀雲騰鳥飛風動塵起, 樹木山川草茶人畜咸物非汝. 阿難, 是諸近遠諸有物性雖復差殊, 同汝見精淸淨所矚. 則諸物類自有差別, 見性無殊, 此精妙明誠汝見性.

보는 자: 자 = 아체   ↔   보여진 것: 타 = 물상(物相)

전진을 분별   전진: 머물고 장애됨 ┌ 수미산 중턱: 사천왕 - 일월과 나란히 거주
= 견성(見性)   └ 수미산 중턱 ~ 땅: 공행 + 육행 + 수행
                     해·달/칠금산의 빛/구름·산천·초목·사람·축생(먼 대상 ~ 가까운 대상)

여기서부터는 붓다가 아난과 함께 천계(욕계천)에 올라 바라본 것들을 언급한다. 4천왕은 수미산 산허리 동서남북 4곳에 사는 천왕이다. 그들이 거주하는 궁전에서부터 바다와 육지와 허공을 다니는 존재들을 두루 다 본다는 것이다. 그런데 보여지는 것들은 모두 눈앞의 대상인 전진으로 분별되며 나를 장애하는 것들이다. 내가 대상에 막혀서 그곳을 통과하지 못하므로 애(礙)라고 한다. 이중 분별하는 자가 나라면, 분별되는 것은 남이다. 붓다는 아난에게 전진 중에서 나와 남을 구분해보라고 말한다. 아난이 본 것들인 소견으로부터 그것들을 보는 능견을 구분해보려는 것이다. 그러면서 붓다 자신이 자와 타, 아체와 물상을 구분해가면서, 아난이 견의 근원에 이르러 견정을 발견하도록 이끌어간다. 멀리 해와 달에서부터 칠금산을 거쳐 점점 더 가까이 구름과 새 등을 바라본다. 무엇을 보든지 '그것은 사물이지 당신이 아니다'라고 세 번 말한다. 범부든 붓다든 우리가 바라보는 세계는 모두 다 바라보이는 대상일 뿐 보는 자 자신은 아니라는 것이다. 불교의 세계관에 따르면 3천대천세계를 이루는 기본단위인 1세계는 1수미세계인데, 이는 금륜 위의 9산8해로 되어 있다. 9산은 중앙에 있는 4보

와 7보로 된 수미산(須彌山), 가장 바깥에 있는 철로 된 철위산(鐵圍山) 그리고 그 둘 사이에 있는 금으로 된 7개의 금산(金山)이다. 이 9개의 산 사이사이에 각각의 바다가 있어 8해가 된다. 가장 바깥의 바다인 외해(外海)가 짠물로 된 함해(鹹海)인데, 그 함해에 동서남북으로 각각 4대주(大洲)가 있고, 그 중 한 대륙인 남섬부주(남염부제)가 바로 인간이 기거하는 인간세계이다. 여기서 아난이 보는 것은 일월부터 7금산의 빛과 인간세계 위의 구름, 새, 산천, 초목과 사람이니, 이것은 일반 범부가 고개를 들어 보는 것과 크게 다르지 않다. 보여지는 대상인 사물들은 이런저런 모양으로 다 차별상을 띠지만, 그렇게 다른 것들을 바라보는 견정 자체는 일체의 차별상을 떠나 있다. 사물은 서로 다 다르지만, 그 다른 것들을 보고 서로 다르다고 아는 견 자체는 일체의 다름을 넘어서 있는 것이다. 이 일체 차별을 넘어선 청정한 봄이 바로 나 자신이다. 이와 같이 보는 견은 보여지는 사물과는 구분된다. 만약 그렇지 않고 보는 견과 보여지는 사물이 서로 구분되지 않는다면, 무슨 문제가 발생하는가? 이하에서는 만약 그렇지 않다면 무슨 문제가 발생하는지를 '4가지 만약'을 들어 제시한다.

붓다: ① 만약 견이 사물이라면, 당신도 나의 견을 볼 수 있어야 합니다. ② 만약 '같게 보는 것'(동견)이 나의 견을 보는 것이라면, 내가 보지 않을 때는 어째서 내가 보지 않는 것을 보지 않습니까? ③ 만약 (나의) 보지 않음을 (당신이) 보는 것이라면, 자연히 (나의) 보지 않는 모습은 아닐 것입니다. ④ 만약 내가 보지 않는 것을 (당신이) 보지 않는다면, 자연히 (당신의 견이) 사물이 아니니, 그것이 어찌 당신이 아니겠습니까?

①若見是物, 則汝亦可見吾之見. ②若同見者名爲見吾, 吾不見時, 何不見吾不見之處? ③若見不見, 自然非彼不見之相. ④若不見吾不見之地, 自然非物, 云何非汝?

견이 물(物)일 수 없음을 설명하는 4가지 가정: 4약장(若章)
  ① 견이 물(物)이라면, 나의 견을 네가 보는가? - 보는 자와 보여진 물상을 혼동한 것
  ② 동견(同見)이 나의 견을 네가 보는 것이라면, 나의 불견도 네가 보는가?
  ③ 나의 불견을 네가 본다면, 네가 보니(견이니) 나의 불견을 본 게 아님
  ④ 나의 불견을 네가 보지 못한다면, 나의 불견은 물이 아니니, 견도 물이 아님

위에서 견성은 물상과 다르다는 것을 밝혔다. 여기에서는 만일 그렇지 않고 견을 사물로 간주할 경우, 무슨 문제가 발생하는지를 논함으로써 결국 견은 물이 아니라는 것을 밝히려고 한다. 견을 사물로 간주하는 것은 곧 견을 물질로 환원해서 설명하는 것이니, 예를 들어 견을 '두뇌신경세포의 운동'으로 설명하는 것이 그런 일례일 것이다. ① 만약 견이 사물이라면, 누구나 사물을 보듯이 견도 볼 수 있어야 한다. 즉 나의 견도 하나의 사물처럼 네가 볼 수 있어야 한다. 그렇다면 내가 사과를 볼 때의 견을 너는 어떻게 보는가? 나의 견이 나의 두뇌신경세포의 운동이므로, 네가 나의 두뇌신경세포 운동을 보면 그것이 곧 나의 견을 보는 것인가? 그러나 이 경우 나는 사과를 보는데, 너는 나의 두뇌세포를 보니, 너는 내가 무엇을 보는지를 전혀 모르며, 따라서 네가 나의 견을 본다고 말할 수 없게 된다. 결국 견을 사물로 간주하면 너도 나의 견을 볼 수 있어야 하는데, 그것은 성립하기 어렵다. ② 그러나 만약 네가 나의 견을 보는 것이 나의 두뇌신경세포를 보는 것이 아니라, 내가 사과를 보듯 너도 그 사과를 보는 것, 즉 같은 것을 보는 동견(同見)이라고 한다면, 나의 견이 물이면서 '네가 나의 견을 보는 것'도 가능하지 않을까? 같은 것을 보면, 너는 내가 무엇을 보는지 알게 되니, 네가 나의 견을 본다고 할 수 있지 않은가? 그러나 이것도 문제가 있다. 만일 동견이 '네가 나의 견을 보는 것'이라면, '나의 불견'은 네가 과연 보는가, 보지 않는가? 견이 사물이면, 불견도 마찬가지로 사물일 것이니, 네가 사물을 보듯 나의 불견도 볼 수 있어야 할 것이다. ③ 그런데 만약 나의 불견을 네가 본다면, 나는 불견인데 너는 보고 있으니 불견이 아니고, 그러면 너의 상태(견)가 나와 같은 상태(불견)인 동견이 아니니, 네가 나(나의 불견)를 본 것이 아니다. 즉 네가 본 것이 나의 불견이 아닌 것이다. ④ 만약 반대로 나의 불견을 네가 보지 못한다면, 이는 결국 나의 불견이 물이 아니라는 말이고, 이는 곧 견도 물이 아니라는 말이 된다. 마찬가지로 너의 불견과 견도 물이 아니다. 결국 견은 물이 아니고 물로 환원될 수 없다. 이처럼 물로 환원될 수 없는 것이므로 견은 바로 너 자신인 것이다.

붓다: 또 (만약 견이 사물이라면) 당신이 지금 사물을 볼 때, 당신이 이미 사물을 보듯 사물 또한 당신을 보아야 합니다. 그러면 체와 성이 분잡하여, 당신과 나

그리고 모든 세간이 제대로 성립하지 못할 것입니다. 아난이여, 당신이 볼 때면 이것(견)은 당신이지 내가 아닙니다. 견의 성품이 두루하니 (견성이) 당신이 아니고 무엇이겠습니까? 어째서 당신의 참된 성품에 대해 의심하여 성이 당신에게 참이 아니라고 여기면서 나에게서 진실을 구합니까?

又則汝今見物之時, 汝旣見物, 物亦見汝. 體性粉雜, 則汝與我幷諸世間不成安立. 阿難, 若汝見時, 是汝非我. 見性周遍, 非汝而誰? 云何自疑汝之眞性, 性汝不眞, 取我求實?

견이 물이라면, 물도 보아야 함
　네가 물을 보듯이 물도 너를 봐야 하며, 능견과 소견의 구분이 없어져 분잡해짐

　견을 물이라고 하여 견과 물의 차이를 없애 버리면, 견이 물을 볼 때 물도 견을 보아야 한다는 말이 된다. 그러나 이런 식으로 보는 자와 보여지는 것, 능과 소의 구분을 없애 버리면, 결국 일체의 분별이 다 사라져 분잡해지게 된다. 그러니 견은 물이 아니다. 그럼에도 요즘 사람들은 견을 사물로 본다. 즉 견을 정보를 처리하는 과정인 두뇌 신경의 활동 내지 그 기능으로 본다. 그래서 정보를 처리하는 사물인 컴퓨터나 로봇을 견을 가진 인간의 마음과 다를 바 없다고 여기면서, 마음이 생각하는 것을 로봇이 생각하는 것과 다르지 않다고 말한다. 그렇게 그들은 견을 가진 마음과 견이 없는 물질을 서로 구분하지 않으며, 그 상황을 인간과 사물의 체성이 분잡해지는 것, 따라서 그럴 수 없는 것이라고 여기지 않는다. 이것은 견을 견 자체로 알지 못한 것이라고 할 수 있다. 『능엄경』은 견 내지 마음을 정보처리 과정과 동일시하지 않는다. 정보를 아는 마음, 견하는 마음이 그 마음에 의해 알려지는 정보, 알려진 대상으로 환원될 수는 없기 때문이다. 이 점에서 심과 물을 동일시하는 것은 보는 자와 보여진 것을 구분하지 못하는 분잡한 사유라고 비판하는 것이다. 견은 결국 보는 자 자신이다. 그리고 견은 두루하므로 그만큼 보는 자 자신이 두루하다는 말이다. 그것이 일체 차별상이나 제한성을 넘어선 인간 각자의 참된 성품이다. 『능엄경』은 한계 없이 두루하는 그 본성의 깨달음을 강조하고 있다. 이하에서는 인간의 원묘명심의 견이 한계 없이 두루하다는 것을 밝힌다.

7. 장애가 없음: 무애(無礙)

아난: (붓다에게) 세존이여, 이와 같이 보는 성품이 반드시 나이고 다른 것이 아닌데도 제가 붓다와 함께 사천왕 승장보전을 보면서 일월궁에 있을 때는 이 견이 사바국까지 두루 원만하게 퍼져 있지만, 정사로 되돌아오면 오직 가람만 보이고 청심호당에서는 오직 처마와 지붕만 보입니다. 세존이여, 이 견은 이와 같이 그 체가 본래 한 세계에 두루 퍼져 있지만, 지금 방 안에서는 오직 방 하나만 채웁니다. ① (이것은) 이 견이 큰 것을 축소하여 작게 된 것입니까? 아니면 ② 담장이 끼어들어서 단절시킨 것입니까? 제가 지금 그 이유가 어디 있는지 알지 못하니 큰 자비를 베풀어 저를 위해 설명해주십시오.

(阿難白佛言), 世尊, 若此見性必我非餘, 我與如來觀四天王勝藏寶殿居日月宮, 此見周圓遍娑婆國, 退歸精舍只見伽藍, 清心戶堂但瞻簷廡, 世尊, 此見如是其體本來周遍一界, 今在室中唯滿一室. ① 爲復此見縮大爲小? ② 爲當牆宇夾令斷絶? 我今不知斯義所在, 願垂弘慈爲我敷演.

아난이 묻는 것:
 견이 ① 대에서 소로 줄어드는가?
   ② 담장이 잘라서 끊어지는가?

위에서 견은 한계가 없이 두루한다고 말하였다. 그렇다면 어째서 우리의 견이 항상 한계 없이 두루하지 않고 이런저런 상황에 따라 막히고 제한되는 것인가? 이하에서는 ①과 ②에 직접 답하기 전에, 일단 견 자체는 두루하는 것이며, 크고 작음 등의 제한은 실제 견의 제한이 아니라 견에 포함되는 대상의 크고 작음에 불과하다는 것을 설명한다.

붓다: (아난에게) 일체 세간의 크고 작음과 안과 밖의 일은 각 대상에 속한 것이므로, 견에 늘어남이나 줄어듦이 있다고 말하는 것은 합당하지 않습니다. 비유하자면 모난 그릇 안에서 모난 허공을 보는 것과 같습니다. 내가 다시 당신에게 묻겠는데, 이 모난 그릇 안에 보여지는 모난 허공은 '정해진 모남'입니까 아니

면 '정해지지 않는 모남'입니까? a. 만약 정해진(고정된) 모남이라면, 따로 둥근 그릇에 두어도 허공은 (모나서) 응당 둥글지 않아야 할 것입니다. b. 만약 정해지지 않는 것이라면, 모난 그릇 안에서도 (정해지지 않아) 응당 모난 허공은 없어야 할 것입니다. 당신이 이(대소·내외) 이유가 어디 있는지 모르겠다고 말하는데, 이유가 이와 같으니 어떻게 어디 있는지를 말하겠습니까? 아난이여, 만약 다시 모남과 둥긂이 없는 곳에 들어가고자 한다면, 단지 그릇의 모남을 제거하면 됩니다. 허공 자체에는 모남이 없으니, 허공의 모난 모습을 제거한다고 말하지 말아야 합니다.

(佛告阿難) 一切世間大小內外諸所事業各屬前塵, 不應說言見有舒縮. 譬如方器中見方空. 吾復問汝, 此方器中所見方空, 爲復定方, 爲不定方? a.若定方者,別安圓器空應不圓. b.若不定者,在方器中應無方空. 汝言不知斯義所在, 義性如是, 云何爲在? 阿難, 若復欲令入無方圓, 但除器方. 空體無方, 不應說言更除虛空方相所在.

견은 두루함. 대소·내외는 견 아닌 사물에 있음　　　　견은 두루 ↔ 대상이 제한
　비유) 공은 두루함. 제한은 허공 아닌 그릇에 있음　비유) 허공은 두루 ↔ 그릇이 제한

허공에 제한(모남)이 있다면, a나 b인데, 둘 다 안 됨. ∴ 허공에는 제한(모남)이 없음
　a. 정해진(고정된) 모남(정방)이면, 둥근 그릇에서도 모난 허공이어야 함
　b. 정해질 수 없는(부정방) 모남이면, 모난 그릇에 따라 허공이 모나게 되지 말아야 함

견은 눈으로 보여지는 것에 따라 크고 작은 크기나 둥글거나 모난 모양으로 변화하는 것이 아니라는 것을 논한다. 크기나 모양은 보여지는 대상에 속하는 것이지, 견 자체가 그러한 크기나 모양을 가지는 것이 아니라는 것이다. 이 점을 논하기 위해 제한 없는 견을 마찬가지로 제한 없는 허공에 비유한다. '견이 한계가 없는데 왜 방에 들어오면 견이 제한되는가?'라고 묻는 것은 마치 '허공이 한계가 없는데 왜 그릇 안에 들어오면 그릇 모양으로 허공이 제한되는가?'라고 묻는 것과 마찬가지이기 때문이다. 만약 그릇에 따라 허공의 모양이 제한되게 된다면, 즉 모양이 변화하는 것이라면, 모난 그릇 속의 허공은 모난 허공이 될 것이다. 그렇다면 a. 그 모남은 정해진 것인가? 그럼 그 허공은 둥근 그릇에 담겨도 그대로 모나게 남아 있어야 한다. 아니면 b. 그 모남은

정해지지 않는 모남인가? 그럼 모난 그릇 속에서도 모나게 정해지지 말아야 한다. 여기에서의 '부정방'은 모양이 정해져 있지 않아 그릇에 따라 이리저리 모양이 바뀔 수 있다는 의미로 읽으면 문맥이 어색해진다. 그럴 경우에 허공이 모난 그릇에서 모나게 드러날 수 있기 때문이다. 그러므로 여기에서 부정방은 정해질 수 없는 모남으로, 즉 허공이 그릇에 따라 이리저리 모양이 정해질 수 있는 것이 아니라는 의미로 읽어야 한다. 그러면 모난 그릇이라고 해서 그 그릇에 따라 허공 모양이 모나게 정해질 수 있는 것이 아니라는 말이 된다. 그러나 실제로 모난 그릇에서는 허공이 모나게 드러나니, 정해지지 않는 것이 아니다. 이렇게 a도 아니고 b도 아니니, 허공은 특정 모양으로 정해진 것도 아니고, 그렇다고 정해지지 않는 것도 아니다. 말하자면 허공에는 특정한 모양이 있지 않다는 것이다. 즉 허공이 그릇의 모양에 따라 달리 드러나기는 해도 허공 자체가 특정한 모양을 가지는 것은 아니라는 말이다. 한마디로 허공에는 모양이 있지 않다. 모양은 허공 안에서 그릇이 갖는 것이며 따라서 본래의 제한 없는 허공을 보고자 하면 그릇을 치우면 된다. 허공은 그 허공 안에 놓인 그릇에 따라 그 그릇 안의 허공이 다른 모습으로 나타나지만, 실제로 허공 자체가 그런 모습으로 제한되는 것은 아닌 것이다. 마찬가지로 우리의 견에 의해 보여지는 사물의 범위가 달라진다고 해서 우리의 견 자체의 크기가 제한되는 것은 아니다. 견은 어디에나 두루하는 것이지 그 대상의 크기를 따라 대소가 바뀌지 않는다는 것이다. 말하자면 견은 눈앞에 드러나는 것만을 보는 것이 아니라 그보다 더 넓게 펼쳐져 있음을 뜻한다. 사물에 의해 다른 사물이 가려지면, 가려지지 않은 것은 밝게 보고 가려져 있는 것은 어둡게 보는 것일 뿐이다.

붓다: ① 만약 당신이 질문한 대로 방 안에 들어올 때 견을 축소하여 작게 한 것이라면, 해를 바라볼 때는 당신이 어떻게 견을 늘려서 해에 이르게 한단 말입니까? ② 만약 담장을 쌓아 좁아져서 견이 끊어진 것이라면, 작은 구멍을 뚫으면 어째서 이어진 흔적이 없습니까? 이 뜻은 맞지 않습니다.

① 若如汝問入室之時縮見令小, 仰觀日時汝豈挽見齊於日面? ② 若築牆宇能夾見斷, 穿爲小竇寧無竇迹? 是義不然.

① 견이 축소된 것이 아님: 나중에 어떻게 늘리겠는가?
② 견이 끊어진 것이 아님: 나중에 이어진 흔적이 없음

　여기에서는 견의 크기가 ① 줄었다 늘었다(축縮-만挽) 한다거나, ② 끊어졌다 이어졌다(단斷-속續) 하는 것이 아님을 말한다. ① 내가 좁은 방에 들어올 때 견이 따라서 축소하여 작아진다면, 방 밖을 나가서 해를 볼 때는 그 축소된 견을 다시 확장해서 해를 본다는 말이 될 것이다. 축소되어 이미 작아진 견을 어떻게 다시 늘린단 말인가? 늘릴 수 없듯이 축소된 것도 아니라는 말이다. ② 나의 견이 담으로 막혀 끊어진 것이었다면, 담에 창을 내어 멀리까지 볼 때는 끊어진 것이 다시 이어지는 것일 텐데, 왜 이어진 흔적이 보이지 않는가? 이처럼 보여지는 대상 사물의 범위가 크게 또는 작게 한정되기는 하지만, 견은 그것에 따라 축소되거나 확장되는 것이 아니라는 것이다. 이는 곧 내가 방 안에 들어와도 견은 계속 방 바깥까지 나아가 있음을 말한다. 방 안은 장애가 없어 밝게 보지만, 방 밖은 보긴 보되 장애에 막혀 어둡게 보일 뿐이다. 막힘은 보여지는 대상에 드러나는 것이지, 대상을 보는 견에 있는 것이 아니다.

　붓다: 일체 중생이 무시이래로 미혹해서 자신을 사물로 여기며 본심을 잃고 사물에 이끌립니다. 그래서 그 가운데서 큰 것도 보고 작은 것도 봅니다. 만약 능히 사물을 이끌 수 있다면 여래와 뚝같아져서 심신이 원만하고 밝아 도량에서 움직이지 않고도 하나의 털끝에서 시방국토를 두루 받아들일 수 있습니다.
　一切衆生從無始來迷己爲物, 失於本心爲物所轉. 故於是中觀大觀小. 若能轉物則同如來, 身心圓明不動道場, 於一毛端遍能含受十方國土.

〈중생〉	↔	〈부처〉
미혹하여 자신을 사물로 여김		심신이 밝아짐: 명(明)
본심을 잃음		본심을 찾음: 원(圓)
사물에 이끌림		움직임이 없어짐: 부동
장애를 이룸		장애가 없어짐: 털끝에 시방국토를 포함

인간이 자신을 보여지는 방 안의 사물처럼 그렇게 제한된 사물로 여기어서, 자신의

본래 마음이 사물을 포함하는 심이란 것을 알지 못하기 때문에, 결국 제한된 사물의 관점에서 방 안만 보게 되고, 사물에 의해 이끌리며 사물이 마음을 장애한다고 여기게 된다. 『정맥소』에서는 "물질이 본래 이 마음인데 그것을 알지 못해 자신을 물질로 여기므로 마음을 장애하게 된다. 이는 얼음이 본래 물인데 맺혀서 얼음이 되어 물을 장애하는 것과 같다"[6]고 말한다. 본래의 마음과 견 자체는 언제나 제한되지 않고 두루하다. 만일 사물에 의해 이끌리지 않고 스스로 사물을 이끌 수 있다면, 다시 말해 자신을 제한된 사물로 여기지 않고 무한하게 두루하는 견으로 자각하면, 본래의 견을 회복하여 그 바라봄이 사물에 의해 제한받지 않고 두루하게 된다는 것이다. 털끝에 시방국토를 품는다는 것은 정보(正報)인 유근신 중 가장 작은 것이 의보(依報)인 기세간 중 가장 큰 것을 포함한다는 사사무애(事事無碍)의 경지를 표현한 말이다. 감산에 따르면 진심이 미혹해서 아뢰야식이 되고, 그 아뢰야식의 견분으로 인해 상분인 유근신과 기세간이 있는데, 그 견분의 현량까지 타파하면 근과 경이 모두 사라져 두루하는 원명이 드러나며, 그렇게 근과 경의 제한이 사라지므로 터럭 하나에 시방국토가 포함된다는 것이다.[7]

8. 사물과 분리되지 않음: 불리(不離)

지금까지 진심(眞心)이 무엇인지를 밝히기 위해 진심의 활동인 견(見)의 특징을 부동, 불멸, 부실, 불환, 부잡, 무애로 논하였다. 보는 견은 보여지는 대상인 사물과 다른 방식의 존재이며, 따라서 사물과 하나가 아니라고 밝힌 것이다. 그렇다면 견은 완전히 사물과 무관한 것, 사물을 떠난 것일까? 이하에서는 그렇지 않음을 논한다. 즉 보여지는 사물이 보는 견과 별개의 것이 아니기에, 견 또한 사물과 별개의 것이 아니다. 견은 사물을 떠난 것, 사물과 분리된 것이 아니다. 그런데 여기에서는 견이 사물을 떠난 것이 아니라는 것, 즉 견의 비비물을 논증하기 위해 우선 견이 물이 아니라는 것, 즉 견의 비물을 다시 한번 더 확인한다. 즉 이하에서는 일단 1) 견은 물이 아니라는 비즉물(非卽物)을 논하고 다시 그 위에서 2) 견은 물이 아닌 것도 아니라는 비리물(非離物)

6   진감, 『정맥소』, 2권, 38쪽.
7   감산, 『수능엄경통의』, 1권, 228–229쪽 참조.

을 논한다. 다시 말해 견은 1) 물과의 상대적 관점, 능소대립의 관점에서 보면 물이 아니지만 2) 물을 포함하는 절대의 관점, 능소포괄의 관점에서 보면 물이 아닌 것도 아니다. 이는 곧 현상적 상대적 관점에서 보면 물과 얼음이 서로 달라 얼음이 물이 아니지만, 궁극적 절대적 관점에서 보면 물이 얼음이 된 것이라 결국 얼음이 물이 아닌 것이 아닌 것과 같다.

　1) 견은 물이 아님　　　 = 비물(非物)　　 = 비즉물(非卽物) - 능소 대립의 관점
　2) 견은 물 아님이 아님 = 비비물(非非物) = 비리물(非離物) - 능소 포괄의 관점

1) 견(見)은 물(物)이 아님: 비즉물(非卽物)

　아난: (붓다에게) 세존이여, 만약 이 견정(見精)이 필히 나의 묘한 성품이라면, 지금 이 묘한 성품이 내 앞에 있을 것입니다. 견(見)이 반드시 나의 진(眞)이라면, 나의 지금의 몸과 마음은 대체 어떤 물건입니까? a. 지금 몸과 마음은 분별에 실(實)이 있지만, 저 견은 분별이 없어 나의 몸과 다릅니다. b. 만약 (견이) 진실로 나의 마음이어서 나로 하여금 보게 하는 것이라면, 견성이 실제 나이고 몸은 내가 아닐 것입니다. 그렇다면 여래가 앞서 비판한 말, '사물이 능히 나를 본다'고 한 말과 무엇이 다르겠습니까? 부디 큰 자비를 내려 (제가) 아직 깨닫지 못한 바를 밝혀주십시오.
　(阿難白佛言) 世尊, 若此見精必我妙性, 今此妙性現在我前. 見必我眞, 我今身心復是何物? a. 而今身心分別有實, 彼見無別分辨我身. b. 若實我心令我今見, 見性實我而身非我, 何殊如來先所難言物能見我? 惟垂大悲開發未悟.

　견정 = 견 = 나의 진(眞)　　↔　　　나의 심신
　　a. 분별 없음　　　　　　　　　　분별 있음
　　b. 능견 = 나　　　　　　　　소견 = 나 아님 = 물(物)

　견의 핵심이 견정(見精)이다. 그 견정이 나의 묘성이고 나의 참됨이라면, 그리고 내가 그것을 내 앞의 대상으로 보는 것이라면, 그것이 진짜 나이고 나의 마음이며, 그것을 보는 나의 심신은 내가 아니고 일개 사물이 된다. 그럼 일개 사물에 해당하는 이 나

의 심신은 과연 어떤 존재란 말인가? 또한 나의 몸은 견과 구분되는 일종의 물(物)이면서 분별하여 보는 것이니, 그렇다면 앞서 붓다가 비판한 '물이 본다'는 것과 같아지는 것이 아닌가? 견이 진짜 나이고 몸이 내가 아니라면, 내 몸은 결국 나 아닌 물(物)이 되어, 내 몸이 분별하면서 보는 작용을 하는 것은 결국 물이 보는 것과 마찬가지가 되는 것 아닌가? 이것이 아난의 질문이다.

붓다: 지금 당신이 말하는 '견이 당신 앞에 있다'는 이 뜻은 옳지 않습니다. 만약 (견이) 실제로 당신 앞에 있어서 당신이 실제로 보는 것이라면, 이 견정은 이미 장소가 있어 지시될 수 없는 것이 아닐 것입니다. 지금 당신과 함께 기타림에 앉아 숲과 도랑과 전당을 두루 보고 있는데, 위로는 해와 달까지 이르고 앞으로는 항하를 대하고 있습니다. 이제 당신이 나의 사자좌 앞에서 손을 들어 지시해보십시오. 이 갖가지 모습에서 그늘진 것은 숲이고 밝은 것은 해이며 막힌 것은 벽이고 통하는 것은 공간입니다. 이와 같이 풀과 나무와 실오라기와 털에 이르기까지 크고 작음이 비록 달라도 일단 형태가 있는 것은 지시하지 못할 것이 없습니다. 만약 필히 견이 현재 당신 앞에 있다면, 당신은 마땅히 손으로 확실하게 지시해보십시오. 어떤 것이 견입니까?

(佛告阿難) 今汝所言見在汝前是義非實. 若實汝前汝實見者, 則此見精旣有方所非無指示. 且今與汝坐祇陀林遍觀林渠及與殿堂, 上至日月前對恒河. 汝今於我師子座前, 擧手指陳. 是種種相, 陰者是林, 明者是日, 礙者是壁, 通者是空. 如是乃至草樹纖毫大小雖殊, 但可有形無不指著. 若必有見現在汝前, 汝應以手確實指陳. 何者是見?

견이 내 앞에 있다면, 사물처럼 지시해보라!
　　내 앞의 사물은 모두 지시할 수 있음 – 견을 지시할 수 없다면, 견은 물이 아니다!

'견이 내 앞에 있다'고 말하는 것은 견을 사물과 마찬가지로 특정한 위치에 제한하는 것이다. 붓다는 견이 그렇게 심신의 나 바깥의 특정 장소에 있다면, 그럼 견이 어디에 있는지 지적해보라고 말한다. 견이 내 앞에 있다면, 눈앞의 다른 사물들처럼 어디에 있는지 지시할 수 있어야 하기 때문이다. 지시할 수 없다면, '견은 내 앞에 있다'고 말할 수 없다. 과연 내 앞의 견을 지시할 수 있는가? 과연 어떤 것이 견인가?

> 붓다: 아난이여, 알아야 합니다. a. 만약 공(空)이 견이라면, 이미 견이 있는데 무엇이 공이겠습니까? b. 만약 사물이 견이라면, 이미 견인데 무엇이 사물이겠습니까? 당신은 만상(萬象)을 미세하게 쪼개고 벗겨내서 정밀하고 밝으며 맑고 미묘한 견의 본원을 분석해서 저 사물들처럼 의혹 없이 분명하게 내게 제시해 보십시오.
>
> 아난: 저는 지금 이 다층 강당에서 멀리 항하를 보고 위로는 해와 달을 보는데, 손을 들어 가리키는 것과 눈을 움직여 관찰하는 것 중 지시되는 것은 모두 사물이지 어떤 것도 '보는 자'가 아닙니다. 세존이여, 붓다가 말씀하신 대로 저 같은 유루의 초학 성문뿐 아니라 보살이라고 해도 많은 물상에서 정견(精見)을 쪼개어 드러낼 수 없습니다. (견은) 일체 사물을 떠나야 별도의 자성이 있습니다.
>
> 붓다: 그렇습니다, 그렇습니다. (다시 아난에게) 당신이 말한 대로 정견은 (물상 중에) 없고 일체 사물을 떠나야 별도의 자성이 있습니다. 그런즉 당신에 의해 지시된 그 사물 중에는 '이것이 견이다' 라고 할 것이 없습니다.
>
> 阿難, 當知. a. 若空是見, 旣已成見, 何者是空? b. 若物是見, 旣已是見, 何者爲物? 汝可微細披剝萬象, 析出精明淨妙見元, 指陳示我同彼諸物分明無惑.
>
> (阿難言) 我今於此重閣講堂遠泊恒河上觀日月. 擧手所指縱目所觀, 指皆是物, 無是見者. 世尊, 如佛所說況我有漏初學聲聞乃至菩薩亦不能於萬物象前剖出精見. 離一切物別有自性.
>
> (佛言) 如是如是. (佛復告阿難) 如汝所言無有精見, 離一切物別有自性. 則汝所指是物之中無是見者.

견은 즉물(卽物)이 아님: 공(空) 또는 물(物)로 지시되지 않음

  a. 견은 공이라고 지시 안 됨. ∵ 견성이 함께하는 공은 공이 아니므로
  b. 견은 물이라고 지시 안 됨. ∵ 견성이 함께하는 물은 물이 아니므로

견을 눈앞에 있는 것으로 지시하자면, 공 또는 물을 지시하게 된다. 그러나 a. 만일 견이 허공이라고 주장한다면, 허공이 보는 작용이 있는 견이라는 말이니 어떻게 허공

이라고 할 수 있겠는가? b. 만일 견이 사물이라고 주장한다면, 사물이 견으로서 본다는 말이니 어떻게 보여지는 사물이라고 할 수 있겠는가? 그러므로 견은 나의 눈앞의 허공도 될 수 없고 사물도 될 수 없다. 만상을 아무리 들여다보고 쪼개고 살펴봐도, 그 안에서 정명 정묘의 견을 발견할 수는 없는 것이다. 이와 같은 붓다의 분석에 아난은 눈앞의 사물을 따라가 보면서, 결국 그 안에서 견을 찾을 수는 없다고 인정한다. 사물은 그 자체로서든 쪼개어 분석해서든 그 안에서 견을 발견할 수 없다. 견은 보는 자이지 보여지는 것인 사물이 아니기 때문이다. 그러므로 견은 사물 안에서가 아니라 사물을 떠나야 비로소 찾아질 수 있는 것이라고 말한다.

2) 견(見)은 물(物) 아님이 아님: 비리물(非離物)

붓다: 지금 다시 당신에게 말합니다. 당신이 여래와 기타림에 앉아 숲과 정원과 해와 달까지 갖가지 모양이 다른 것들을 봅니다. 견정이 당신에 의해 지시된 것들에 반드시 없다면, 당신은 이 모든 사물 중에서 어느 것이 견이 아닌지를 다시 밝혀보십시오.

아난: 나는 실제로 이 기타림을 두루 보는데 이 중에서 어느 것이 견이 아닌지 모르겠습니다. 어째서 그렇겠습니까? a-1. 만약 나무가 견이 아니라면, 어떻게 나무를 보겠습니까? a-2. 만약 나무가 곧 견이라면, 다시 어째서 나무이겠습니까? 이와 같이 나아가 b-1. 공이 견이 아니라면, 어떻게 공을 보겠습니까? b-2. 만약 공이 곧 견이라면, 다시 어떻게 공이겠습니까? 제가 다시 생각해보니 이 많은 모습 중에서 미세하게 밝혀보면 견이 아닌 것이 없습니다.

붓다: 그렇습니다. 그렇습니다.

今復告汝, 汝與如來坐祇陀林, 更觀林苑乃至日月種種象殊, 必無見精受汝所指, 汝又發明此諸物中何者非見.

(阿難言) 我實遍見此祇陀林, 不知是中何者非見. 何以故? a-1. 若樹非見, 云何見樹? a-2. 若樹卽見, 復云何樹? 如是乃至 b-1. 若空非見, 云何見空? b-2. 若空卽見, 復云何空? 我又思惟是萬象中微細發明無非見者.

(佛言) 如是如是.

a. 나무가 ┌ 1. 견이 아니면, 어떻게 나무를 보는가?　∴ 비비시(물은 견이 아닌 게 아니다)
　　　　 └ 2. 견이면, 왜 나무인가?　　　　　　　∴ 비시(물은 견이 아니다)
b. 공이 ┌ 1. 견이 아니면, 어떻게 공을 보는가?　　∴ 비비시(공은 견이 아닌 게 아니다)
　　　 └ 2. 견이면, 왜 공인가?　　　　　　　　∴ 비시(공은 견이 아니다)

　　앞에서 '견은 물이다(시물)'가 아님(비시)을 논하였다면, 여기에서는 그렇다고 해서 '견이 물이 아니다(비물)'도 아님(비비시)을 논한다. 견은 물이 아니면서(비시) 동시에 물이 아닌 것도 아니(비비시)라는 것이다. '견이 물이 아니다'(비시)라는 것은 견이 물 안에서 찾아질 수 없고 물과 동일시될 수 없다는 의미라면, '견이 물이 아닌 것이 아니다'(비비시)라는 것은 물이 견에 의해 보여지는 것으로서 견을 떠난 것, 견과 완전 별개의 것이 아니라는 뜻이다. 여기에서는 a. 물이 견인가에 대해 1. 비비시와 2. 비시를 논하고, b. 공이 견인가에 대해 1. 비비시와 2. 비시를 논한다. a. 물(物)은 견이 아닌 것도 아니고 그렇다고 견인 것도 아니다. 1. 물은 이미 내게 보여지는 것이므로 이미 나의 견 안에 포섭된다. 그렇게 이미 보여졌으니, 물에 대해서는 보는 나의 견을 떠나 논할 수 없다. 그러므로 물은 견이 아닌 것이 아니다. 즉 견은 물이 아닌 것이 아니다(비비물). 2. 그러나 그렇게 물이 이미 견이라고 하면, 그럼 어떻게 그냥 보는 견이 아니고 보여지는 물로 나타난단 말인가? 물이 보는 것이 아니라 보여지는 것인 한, 물은 견이 아니다. 즉 견은 물이 아니다(비물). 그러므로 물은 1. '비견'이라고 할 수도 없고 2. '시견'이라고 할 수도 없다. 그렇게 견은 1. '비물'도 아니고(비비물) 2. '물'도 아니다(비물). b. 공(空)도 물과 마찬가지로 '견이다'라고 말하기도 어렵고 그렇다고 '견이 아니다'라고 말하기 어렵다. 1. 만약 공이 견이 아니라면, 어떻게 공을 보아서 견 안에 포섭시킬 수 있단 말인가? 2. 그러나 만약 공이 견이라면, 그게 어떻게 견에 머물러 있지 않고 보여져서 공이라고 말하게 된단 말인가? 이와 같이 공은 '견이다'라고 해도 문제고, '견이 아니다'라고 해도 문제가 된다. 즉 견은 1. '비공'도 아니고(비비공) 2. '공'도 아니다(비공). 이는 곧 1. 견이 두루하는 견으로서 물이나 공을 모두 포함하는 차원, 견이 물이 아닌 것이 아닌 비비시의 차원과 2. 견이 그럼에도 불구하고 보는 자(견)로서 보여진 것으로서의 물이나 공과 구분되는 차원, 견이 물이 아닌 비시의 차원, 그 두 차원을 구분해야 함을 의미한다. 이 두 차원의 구분은 다음과 같이 도표화될 수 있다.

보는 견 - 보여지는 물   ― 2. 견은 비물   ─ 비시(견은 물이 아니다)
|_____|
주객포괄의 견   ― 1. 견은 비비물   ─ 비비시(견은 물이 아닌 게 아니다)

3) 양비(兩非)의 논리

대중: (대중 중에서 무학이 아닌 사람들은 붓다의 이 말을 듣고 망연하여 그 뜻의 시종을 알지 못해 한동안 당황하며 가진 것을 잃어버린 듯하다.) …

붓다: (그 영혼의 생각이 두려움으로 바뀜을 아시고 마음에 연민이 일어나 아난과 여러 대중을 위로하려고) 선남자들이여, 위없는 법왕은 진실을 말하고 여여하게 말하며 속이지 않고 허망하지 않습니다. 말가리의 불사(不死)에 관한 4종의 어지러운 논의가 아닙니다. 당신들은 잘 생각하고 쓸데없이 슬퍼하지 마십시오.

(於是大衆非無學者聞佛此言, 茫然不知是義終始, 一時惶悚失其所守.)

(如來知其魂慮變慴, 心生憐愍安慰阿難及諸大衆), 諸善男子, 無上法王是眞實語, 如所如說不誑不妄. 非末伽梨四種不死矯亂論議. 汝諦思惟, 無忝哀慕.

붓다의 말   ↔   구업(口業)
진실어, 여여어, 불광, 불망   1. 망어(妄語), 2. 기어(綺語), 3. 양설(兩舌), 4. 악구(惡口)

물이든 물의 상대인 공이든 그것이 '견이다'(是見)라고 해도 문제고 그것이 '견이 아니다'(非見)라고 해도 문제라면, 그럼 견(見)은 물이나 공에 대해 어떤 관계에 있단 말인가? 일상에서 우리가 갖고 있던 견과 물에 대한 이해가 흔들리므로 모두 다 어리둥절하고 상식을 잃어버려 망연하게 된다. 붓다가 한 말의 시종 중 시(출발점)는 '1) 견은 물이 아니다'(비시)이고, 종(종착지)은 다시 이것을 부정하는 '2) 견은 물이 아닌 것이 아니다'(비비시)이다. 이렇게 부정에 부정을 거듭하니, 공부가 완성된 무학이 아니고는 알아듣지 못한다. 붓다는 이것을 알아차리고서 붓다의 말을 외도의 논리적 교란과 동일시하지 말라고 말한다.

외도의 4대 교란:

　① 변화를 관찰하나 이치에 미혹된 교란(觀化迷理矯亂)

　② 마음을 관찰하나 무에 집착하는 교란(觀心執無矯亂): 단멸론

　③ 마음을 관찰하나 유에 집착하는 교란(觀心執有矯亂): 상주론

　④ 경계를 관찰하여 유무에 어지러운 교란(觀境亂心矯亂)

외도의 교란은 사물 변화를 보되 리(理)를 밝히지 못하거나, 무에 집착하거나, 유에 집착하거나, 경계에 이끌리는 혼란이다. 그들의 '교란논의'는 10권 행음마에 나온다. 그 논의는 시와 비시의 양변을 모두 다 긍정하는 '역시(亦是) 역비시(亦非是)'라고 할 수 있다.

외도의 주장: 역a 역~a　　　　↔　　　　붓다의 주장: 비a 비~a(견은 비물 비비물)

　① 변하기도 하고 항상되기도 하다.(역변역항)

　② 더럽기도 하고 깨끗하기도 하다.(역구역정)

　③ 생하기도 하고 멸하기도 한다.(역생역멸)

　④ 증가하기도 하고 감소하기도 한다.(역증역감)

외도는 '역생역멸'을 주장하는 데 반해 붓다는 '비생비멸'을 주장한다. 외도는 시와 비시를 둘 다 긍정함으로써 둘 다 옳아서 결정할 수 없는 것이라면, 붓다는 그 둘 다를 함께 버림으로써 양쪽이 모두 옳지 않다는 결정을 내리는 차이를 보인다. 따라서 붓다가 자신의 논리를 외도의 교란적 논의와 동일시하지 말라고 하는 것이다. 그렇다면 외도의 '역생역멸'의 주장과 붓다의 '비생비멸'의 주장의 차이는 무엇인가? 서로 모순되는 두 주장을 모두 긍정하고자 하면 그 사이에서 어떤 판단도 내리지 못하게 되지만, 둘 다 맞지 않다고 부정하면 그 둘과 구분되는 다른 차원으로 나아갈 여지가 있게 된다. 그러므로 붓다는 둘 다 긍정하는 것이 아니라, 둘 다 부정하는 양비(兩非)의 논리를 편다. 양비의 논리로써 우리는 과연 어떻게 현상 너머로 나아갈 수 있는가? 현상에는 a와 b 등의 사물이 있으며 그것들은 a와 ~a로 구분된다. a는 ~b이고, b는 ~a이다. 그렇게 시(是), 비시(非是)로 규정된다. 현상 사물들은 이거나 아니거나 둘 중 하나이다. 그런 a에 대해 ~b가 아니라 ~~b를 말할 수 있으려면, a와 b가 서로 대립되는 현상 차원이 아닌 곳으로 나아가야 한다. a는 현상적으로는 자기 아닌 b와 대립되지만, 근본적으로는 자기 아닌 것을 포함한 존재이다. 그러므로 현상적으로는 ~b이지

만, 심층적으로는 ~~b인 것이다. 예를 들어 사과a는 배b가 아니다. 즉 ~b이다. 그러나 사과는 배와 완전히 다른 것이 아니고, 배와 공통의 부분이 있다. 즉 배와 마찬가지로 과일이다. 사과도 과일이고 배도 과일이라는 과일의 관점에서 보면, 사과는 ~~배이다. 이처럼 a는 표층에서는 ~b이지만, 심층에서는 ~~b이다. 심층은 사과와 배(사과 아님), 시와 비시를 넘어선 차원이다. 그렇게 시를 넘어서므로 비시이고, 비시를 넘어서므로 비비시이다. 이와 같이 양비를 통해서 표층의 현상을 넘어 심층으로 나아가게 된다.

현상: a와 b가 서로 구분됨 : a는 ~b, b는 ~a   : 시(是)·비시(非是)의 차원   – 시와 비의 대립

↕

심층: a와 b가 서로 융합됨 : a는 ~~b, b는 ~~a : 비시(非是)·비비시(非非是)의 차원 – 시비 너머

문수: (사부대중을 불쌍히 여겨 대중 가운데 있다가 자리에서 일어나서 붓다의 발에 정례하고 합장하여 공경하며 붓다에게) 세존이여, 이 모든 대중들은 여래께서 밝힌바 정견(精見)이 색 또는 공 '이다'와 '아니다'의 두 가지 뜻을 알지 못합니다. 세존이여, 만약 이 앞의 반연인 색이나 공 등의 대상이 만약 견이라면 응당 지시되는 것이 있어야 하고, 만약 견이 아니라면 응당 볼 수 있는 것이 없어야 할 것입니다. 그런데 지금 이 뜻이 속하는 바를 알지 못하기 때문에 놀람과 두려움이 있습니다만, 전생의 선근이 가볍고 적기 때문이 아닙니다. 오로지 바라옵건대 여래께서 큰 자비로써 이 모든 물상과 이 견정이 원래 무슨 물건이기에 그 사이에 이다(시)도 아니다(비시)도 없는 것인지를 밝혀주십시오.

(是時文殊師利法王子愍諸四衆, 在大衆中卽從座起, 頂禮佛足合掌恭敬而白佛言) 世尊, 此諸大衆不悟如來發明二種精見色空是非是義. 世尊, 若此前緣色空等象, 若是見者, 應有所指. 若非見者, 應無所矚. 而今不知是義所歸, 故有驚怖, 非是疇昔善根輕尠. 唯願如來大悲發明, 此諸物象與此見精元是何物於其中間無有是非是

⟨외도: 둘 다 긍정⟩   ⟨붓다: 둘 다 부정⟩

견은 ┌ 물 임(시)   = (견이) 지시되어야 함 ↔ 지시 안 됨 = 물 아님(비시) ┐ 견
    └ 물 아님(비시) = (물이) 안 보여야 함 ↔ 물이 보임 = 물 아닌 게 아님(비비시) ┘

　견이 사물인 것도 아니고 사물이 아닌 것도 아니라는 것, 시도 아니고 비도 아니라
는 것은 한마디로 견은 시비 분별을 넘어선 것임을 말해준다. 이것을 이해하기 어려우
니, 이를 다시 잘 설명해달라고 문수보살이 나서서 말한다. 문수는 지혜 제1의 보살이
니 이미 알고 있음에도 불구하고 보살정신을 발휘해서 다른 사람들을 위해 대신 물었
다고 할 수 있다. 앞서 언급한 것처럼 비시와 비비시가 함께 이야기될 수 있는 것은 '견
이 물임(시)과 물이 아님'(시와 비시)의 현상차원과 '견이 물이 아닌 게 아님'(비비시)
의 심층차원이 서로 다른 차원이기 때문이다. 이와 같이 차원을 구분할 줄 알아야 붓
다의 말이 이해될 수 있기에 문수는 붓다에게 좀 더 친절한 설명을 요구한다.

<pre>
      〈견〉   〈물 또는 공〉

사물 아님(지시 안 됨)   사물임(지시됨)   - ② 견은 사물 아님: 비시
         └──────────┘
        견(능소 포함)   - ① 견은 사물 아님이 아님: 비비시
</pre>

　붓다: (문수와 여러 대중에게) 시방 여래와 대보살이 스스로 머무는 삼마지에
서는 견(見)과 보여진 대상(見緣)과 생각된 상(相)이 마치 허공의 꽃처럼 본래
있는 것이 없습니다. 이 견과 대상이 원래 보리의 묘정명체이니, 어떻게 그 사이
에 '이다'와 '아니다'가 있겠습니까?
　(佛告文殊及諸大衆) 十方如來及大菩薩, 於其自住三摩地中, 見與見緣幷所想
相, 如虛空花本無所有. 此見及緣元是菩提妙淨明體, 云何於中有是非是?

<pre>
능견 + 견연(見緣) + 생각된 상(所想相)   - 허공화: 망(妄) - 종이 위의 그림
6식   색: 5식 대상   사유(제6식)대상
  └──────────────┘
        ↑
   보리묘정명체   - 원래는 진(眞) - 빈 바탕의 종이
</pre>

　드러나는 것이 본래 없는 가상이면, 그것은 본래의 바탕과 다를 바 없는 것이다. 보
는 자(주관/견)와 보여진 대상(객관/견연)과 보여진 모습(표상/소상상)이 모두 다 허
상이면, 그들이 모두 그렇게 분별되기 이전의 바탕인 깨달음, 보리, 견정(見精) 자체인

것이다. 즉 견정의 바탕 위에 차별적으로 드러나는 물상은 단지 가상일 뿐이며, 따라서 그 자체가 그대로 보리 묘정명체이다. 그러므로 그러한 물상을 견정과 구분해서, 그것이 견정이냐 아니냐, 시냐 비시냐를 논할 수 없다. 견정이 보리 묘정명체이기에 그 견(견정)은 견연인 물상이 아니기도 하고(비시) 다시 물상이 아닌 것이 아니기도 하다(비비시). 그렇게 시도 아니고 비시도 아니다.

> 붓다: 문수여, 내가 지금 당신에게 묻습니다. 당신이 문수인데, '(이것이) 문수이다'라고 할 문수가 다시 있습니까 아니면 문수가 없습니까?
> 문수: 그렇습니다, 세존이여, 제가 진짜 문수일 뿐 '문수이다'라고 할 것이 없습니다. 어째서 그렇겠습니까? 만약 그런 것이 있다면, 곧 두 문수가 있게 됩니다. 그렇다고 내게 지금 문수가 없는 것은 아닙니다. 그 안에 (문수)이다, 아니다의 두 상이 실제로 없는 것입니다.
> 文殊, 吾今問汝, 如汝文殊, 更有文殊是文殊者, 爲無文殊?
> 如是, 世尊, 我眞文殊, 無是文殊. 何以故? 若有是者則二文殊. 然我今日非無文殊, 於中實無是非二相.

'시', '비시'가 성립하는 조건: '이것이 문수이다'
  ① '이것은 빨갛다'에서는 '이것'과 '빨간색'이 둘이 됨   ― 이것(문수)과 문수, 둘이 됨
  ② 이것 이외에 빨간색인 저것 또는 그것이 있어야 함

우리가 어떤 것을 보고 '이것은 빨갛다(시)' 또는 '이것은 빨갛지 않다(비시)'라고 말하는 것이 의미가 있는 것은 ① '이것'과 '빨간색' 둘이 서로 달라서 그 둘을 서로 구분할 수 있기 때문이다. 그리고 ② 이것 이외에 저것이나 그것도 '빨갛다', '빨갛지 않다'를 말할 수 있기 때문이다. 그러므로 빨간 색 자체를 놓고 '이것(빨간색)은 빨간색이다'라고 말하는 것은 의미 없는 말이 된다. 이것과 빨간색이 구분되지 않기 때문이다. 결국 'a이다(시a)', 'a가 아니다(비시a)'가 의미 있게 사용되는 것은 그런 술어가 적용될 수 있는 주어x와 술어a가 구분되는 경우이다. 그렇듯 '문수이다'가 의미 있게 사용된다면, 그렇게 문수로 판단되는 x와 문수 자체가 구분되어 결국 문수가 둘이 된다. 문

수가 문수 자신으로서 하나라면, 문수를 놓고 '이것이 문수다'라고 말하는 것은 의미가 없고, 결국 문수에 관한 한 '문수이다', '문수가 아니다'라는 말은 무의미한 것이 된다. 이는 문수가 없다는 말이 아니라, 문수가 문수 자신으로 하나이기에 문수를 놓고 이 사람이 문수다 아니다의 '시', '비시'를 논할 수 없다는 뜻이다. 이것은 곧 우리에게 더 이상 시와 비시를 논할 수 없는 자증적인 앎이 있다는 말이기도 하다. 문수는 자신을 그냥 문수로 알 뿐이지 '내가 문수인가, 아닌가?'를 묻고 그 답을 찾으려고 하면, 물음이 잘못되었기에 답도 찾을 수 없다. 왜냐하면 그 물음은 내가 문수인지 아닌지를 판가름할 문수의 기준을 나 밖에서 구하는 것인데, 나 이외에 문수가 따로 없으므로 내 밖에 달리 기준도 없고 따라서 답도 찾을 수도 없기 때문이다. 문수가 하나이듯이 견은 일체를 포함한 전체의 하나이다. 일체 제법은 그 견으로부터 생겨난 허망분별상일 뿐이지 견과 구분되는 어떤 실재성을 갖고 있는 것이 아니다. 그러므로 제법을 견과 비교하여서 그것이 '견이다', '견이 아니다'라고 논할 수 없는 것이다.

붓다: 이 견의 묘명과 허공과 대상도 또한 이와 같습니다. (모두) 본래 묘명의 무상보리이며 맑고 원만한 진심인데, 허망하게 색과 허공 및 보고 들음이 되어 제2월과 같으니, 어느 것이 '달이다'라고 하고 또 어느 것을 '달이 아니다'라고 하겠습니까? 문수여, 오직 하나의 달이 참될 뿐이며 그 가운데 '달이다', '달이 아니다'라고 할 것은 저절로 없습니다. 그러므로 당신이 이제 견과 대상을 보면서 갖가지로 밝히려는 것을 망상이라고 하니, 그(망상) 속에서는 시와 비시를 벗어날 수 없습니다. 이 정묘하고 참된 묘각의 밝은 성품만이 능히 당신을 '가리킴'과 '가리킴이 아님'으로부터 벗어날 수 있게 합니다.

(佛言) 此見妙明與諸空塵亦復如是. 本是妙明無上菩提淨圓眞心妄爲色空及與聞見, 如第二月, 誰爲是月, 又誰非月? 文殊, 但一月眞, 中間自無是月非月. 是以汝今觀見與塵種種發明名爲妄想, 不能於中出是非是. 由是精眞妙覺明性故能令汝出指非指.

```
   문견      +    사물 + 허공
  식(견분)         경(상분)          – 제2월/망: 종이 위의 그림: 시·비의 분별 차원
 지시 안 됨        지시됨

    └──────────────────┘
         ↑
 견의 묘명, 묘명무상보리, 정원진심     – 제1월/진: 빈 종이
```

본래의 달을 바라보되 눈을 눌러 또 다른 달의 영상인 제2월이 나타날 때, 그 제2월은 본래의 달처럼 있는 것이 아니라 번뇌 망상으로 인해 생겨난 허망상일 뿐이다. 본래의 달을 제외하고 제2월이 따로 있는 것이 아니다. 그러므로 둘을 같은 차원에 놓고 서로 견주어 '이다', '아니다'라고 시비판단하는 것은 맞지 않다. 즉 제2월에 대해 그것이 '본래의 달이다', '달이 아니다'라고 분별하는 것은 의미가 없다. 제2월에 관한 시, 비시의 분별은 다 허망분별이고 망상에 지나지 않는다. 이것은 마치 종이 도화지에 집과 나무가 그려져 있을 때, 그려진 집이 나무인가 아닌가는 의미 있게 물을 수 있지만, 그려진 집이 종이인가 아닌가는 그런 방식으로 대답될 수 있는 것이 아닌 것과 같다. 집이 나무인가 아닌가, 시인가 비인가는 둘 중 하나로 분명하게 밝혀질 수 있다. 그러나 집이 종이인가 아닌가, 종이가 집인가 아닌가는 그렇게 간단하게 답해질 수 있는 것이 아니다. 둘이 서로 다른 차원의 것이기 때문이다. 즉 종이와 집은 실재와 비실재, 실재와 망상의 관계이다. 그래서 제1월과 제2월의 관계와 같다고 한다. 종이는 제1월처럼 있는 것이지만, 집은 제2월처럼 실제로 있는 것이 아니다. 그래서 집에 관한 한 '종이이다'(시)도 아니고, '종이가 아니다'(비시)도 아니다. 마찬가지로 종이는 '집이다'(시)도 아니고 '집이 아니다'(비시)도 아니다. 즉 견은 '사물이다'(시)도 아니고, '사물이 아니다'(시비)도 아니다. 그래서 비시 비비시가 된다.

9. 자연도 인연도 아님: 두루하는 견

여기에서는 견이 자연도 아니고 인연도 아니라는 것을 논한다. 자연과 인연은 둘 다 현상적으로 드러난 것들을 규정하는 망정의 분별이기에 두루하는 견 자체가 자연이나 인연인 것은 아니기 때문이다. 1) 견이 자연이라면, 견 '자체'가 무엇인지, 스스로 '자

(自)'가 무엇인지, 밝음인지, 어둠인지, 공인지 등이 규정될 수 있어야 하는데, 견은 밝음이나 어둠 등의 현상으로 규정될 수 없기에 자연이 아니다. 또 2) 견이 인연이라면, 무엇으로 인(因)해서 또는 무엇을 연(緣)해서 견이 되는지, 밝음으로 인한 것인지, 어둠으로 인한 것인지 등이 밝혀질 수 있어야 하는데, 견은 밝음이나 어둠 등 그런 현상적인 것들로 인해 생겨나는 것이 아니기에 인연도 아니다. 『정맥소』에서는 자연은 불변(不變)의 자체를 설정하고 인연은 타법을 따르는 수연(隨緣)만을 강조하는 데 반해, 견은 수연과 불변의 두 측면을 함께 가지므로 수연으로써 자연을 부정하고 불변으로써 인연을 부정한다고 설명한다.[8]

자연: 불변(不變)의 자체를 설정 ↔ 견은 자체가 없음   ∴ 자연 아님
인연: 수연(隨緣)의 측면만 강조 ↔ 견은 수연을 넘어섬   ∴ 인연 아님

1) 자연도 아님

아난: (붓다에게) 세존이여, 진실로 법왕이 말씀하신 것과 같이 각연(覺緣=불성)이 시방세계에 두루 맑게 상주하며 성이 생멸하지 않는다면, 앞서 선범지의 사비가라가 말하는 명제(冥諦) 또는 재를 묻히는 외도가 말하는 진아(眞我)가 시방에 두루 가득하다고 하는 것과 어떤 차이가 있습니까? 세존에서도 일찍이 능가산에서 대혜보살 등을 위해 이 뜻을 널리 말씀하시기를 '저 외도들은 항상 스스로 그러하다(자연)고 말하는데, 내가 말하는 인연은 그 경계가 아니다'라고 하셨습니다. 제가 지금 관찰하니 이 각성(불성)은 스스로 그러해서(자연) 생하지도 멸하지도 않습니다. 일체 허망전도를 여의어서 인연도 아니고 저 (외도의) 자연도 아닌 것 같은데, 어떻게 밝혀져야 여러 사견에 빠지지 않고 진심의 묘각명성을 얻을 수 있겠습니까?

(阿難白佛言) 世尊, 誠如法王所說覺緣遍十方界, 湛然常住性非生滅, 與先梵志裟毘迦羅所談冥諦, 及投灰等諸外道種說有眞我遍滿十方, 有何差別? 世尊亦曾於楞伽山爲大慧等敷演斯義, 彼外道等常說自然, 我說因緣非彼境界. 我今觀此覺

---

8   진감, 『정맥소』, 2권, 102쪽 참조.

性自然非生非滅. 遠離一切虛妄顚倒, 似非因緣與彼自然, 云何開示不入群邪獲眞
實心妙覺明性?

불교의 불성: 두루 담연 상주 비생멸   ↔ ┌ 선범지, 사비가라의 명제(冥諦): 프라크리티(물질)
       (부잡·무애)(부동 불환)(불멸)   └ 외도의 진아(眞我): 푸르샤(정신)

붓다는 일체 제법의 자성을 부정하고 일체를 인연소생으로 설명하지만 견 내지 심에 대해서만은 시방세계에 두루 상주하고 불생불멸이라고 설명한다. 그렇다면 이것은 불교 밖에서 말하는 불생불멸의 명제(冥諦) 또는 상주불변의 진아와 어떻게 다른가? 여기에서 '선범지'는 옛 범천의 후예로서 브라만을 뜻하고, '사비가라'는 상키야학파인 수론을 의미한다. 수론에 대해서는 위의 〈5. 불환〉 부분에서 논했다. 그들이 말하는 명제는 25제의 첫 번째인 프라크리티, 즉 물질을 말한다. 재를 묻히는 투회는 외도가 행하는 고행의 한 방식이며, 그들이 말하는 진아는 25제의 마지막인 푸르샤, 즉 정신을 뜻한다. 붓다가 무아를 설했음에도 『능엄경』에서 다시 강조하는 불생불멸의 묘정명심 및 그 각성 내지 불성이 상키야학파가 말하는 명제 또는 진아와 어떻게 다른가를 밝혀 보라는 것이다. 외도는 내부의 자아(아)와 외부의 사물(법)을 그 자체 스스로 존재하는 자연으로 간주한 데 반해, 붓다는 무아로써 외도의 자연설을 비판하고 인연설을 세웠다. 일체는 그 자체로 본래 그러한 자연으로서 존재하지 않고 이런저런 인연을 따라 존재한다는 연기설을 주장한 것이다. 그런데 지금 일체 현상을 보는 견성은 인연으로 인해 발생하는 것이 아니라 두루 상주하며 불생불멸이라고 밝히니, 그것은 외도들이 말하는 자연과 과연 어떻게 다른 것이냐고 묻는 것이다. 능가산은 그곳에서 붓다가 대혜보살을 상대로 『능가경(楞伽經)』을 설했다고 말해지는 산인데, 신통으로 도달하는 산이라고 한다.

붓다: (아난에게) 내가 지금 이와 같이 방편을 보여 당신에게 진실되게 말하는데도 당신은 오히려 깨닫지 못하고 자연이라고 미혹하고 있습니다. 아난이여, 만약 반드시 자연이라면, 스스로 분명하게 자연의 체(體)가 있을 것입니다.

당신은 일단 이 묘명(妙明)의 견에서 무엇이 자체가 되는지 관찰해보십시오. 이 견이 밝음을 자체로 삼습니까, 어둠을 자체로 삼습니까? 허공을 자체로 삼습니까, 막힘을 자체로 삼습니까? 아난이여, 만약 밝음을 자체로 삼으면 응당 어둠을 보지 못할 것이며, 만약 다시 허공을 자체로 삼으면 응당 막힘을 보지 못할 것입니다. 이와 같이 나아가 어둠 등의 상을 자체로 삼으면 밝을 때에는 견성이 단멸할 것이니 어찌 밝음을 보겠습니까?

(佛告阿難) 我今如是開示方便眞實告汝, 汝猶未悟惑爲自然. 阿難, 若必自然, 自須甄明有自然體. 汝且觀此妙明見中以何爲自? 此見爲復以明爲自, 以暗爲自? 以空爲自, 以色爲自? 阿難, 若明爲自, 應不見暗. 若復以空爲自體者, 應不見色. 如是乃至諸暗等相以爲自者, 則於明時見性斷滅, 云何見明?

붓다의 각성 = 견   ↔   명제 또는 외도의 진아(眞我)

묘각명성: 체가 없음   자연: 체가 있음

견 자체가 명·암·공·색이 아님 ∵ 그 경우 어둠·밝음·막힘·빔을 못 봄

아난이 붓다가 말하는 상주불변의 견성을 외도의 자연과 구분해달라고 청하자, 붓다는 그 둘을 아직 정확히 구분하지 못하는 아난을 미혹한 것이라고 비판한다. 붓다에 따르면 외도의 자연은 특정한 체가 있어서 다른 것과 구분되는 그런 것을 말한다. 외도는 일체 존재를 그처럼 자기 자성, 자기 본질이 있는 것이란 의미에서 자연이라고 주장하지만, 불교는 그러한 개별적 자기 자성을 인정하지 않는다. 붓다가 말하는 견성은 그렇게 특정한 체를 가지는 자연이 아닌 것이다. 이 점을 밝히기 위해 붓다는 아난에게 반문한다. 만약 묘명(妙明)의 견성(見性)이 그 자체로 자성(自性)을 갖는 자연(自然)이라면, 그때 그 자체는 과연 무엇인가? 그것은 밝음인가, 어둠인가? 견이 그 자체 밝음이라면 어둠을 볼 수 없을 것이며, 반대로 그 자체 어둠이라면 밝음을 볼 수 없을 것이다. 그런데 견은 밝음도 보고 어둠도 보니, 견은 그 자체가 밝음도 아니고 어둠도 아니다. 말하자면 견은 그 자체가 특정한 어떤 것이라고 말할 수 있는 자연이 아니라는 말이다. 견은 개별적 자기 자성을 가지는 것이 아니다. 이와 같은 설명을 통해 알 수 있는 것은 불교의 연기론이 부정하는 외도의 실체, 자성 내지 자아는 현상세계에 차별적 양상으로 등장하는 개별적 성품을 의미한다는 것이다. 어떤 것은 a를 자기 자

성으로 삼고, 다른 어떤 것은 ~a인 b를 자기 자성으로 삼으며, 그 둘은 서로 대립하는 것으로서 각각 별개의 실체로 존재한다고 간주되는 것이다. 이에 반해 불교의 연기론이 주장하는 것은 이 세상에 존재하는 것들은 각각의 독립적 자기 자성을 갖지 않는다는 것이다. 어떤 것은 ~a로 통해 a로 존재하고, ~b였다가 b로 변화하는 것이기 때문이다. 다만 이러한 현상세계 일체 만물을 가능하게 하는 진심의 묘각의 밝음, 그 명성(明性)만은 인연으로 생겨나는 것이 아니라 불생불멸의 것이다. 그렇다고 해서 그것을 자연이라고 말할 수 없는 것은 그것이 그것 아닌 것과 대립적 쌍을 이루는 상대적인 것이 아니기 때문이다. 즉 개별적 자기 자성이 아니며, 오히려 모든 것을 포괄하면서 두루하는 포괄성과 보편성을 갖고 있기 때문이다. 그러므로 붓다는 묘각명성은 개별적 자기 자성인 '자연'이 아니라고 말한다.

2) 인연도 아님

아난: 이 묘한 견성이 필히 자연이 아니라면 저는 이제 그것이 인연성이라고 여겨지지만, 마음이 아직 분명하지 않아 여래께 묻습니다. 이 뜻이 어떠해야 인연성과 합치하겠습니까?

붓다: 당신이 인연이라고 말하니, 내가 다시 당신에게 묻습니다. 당신은 지금 견으로 인해 견성이 현전합니다. (1) 이 견은 밝음으로 인(因)하여 견이 있습니까, 어둠으로 인하여 견이 있습니까? 허공으로 인하여 견이 있습니까, 막힘으로 인하여 견이 있습니까? 아난이여, 만약 밝음으로 인하여 있다면 마땅히 어둠을 보지 못할 것이고, 만약 어둠으로 인하여 있다면 마땅히 밝음을 보지 못할 것입니다. 이와 같이 허공으로 인하거나 막힘으로 인해도 명암의 경우와 마찬가지가 됩니다. (2) 다시 아난이여, 이 견은 또 밝음을 연(緣)하여 견이 있습니까, 어둠을 연하여 견이 있습니까? 허공을 연하여 견이 있습니까, 막힘을 연하여 견이 있습니까? 아난이여, 만약 허공을 연하여 있다면 마땅히 막힘을 보지 못할 것이고, 만약 막힘을 연하여 있다면 마땅히 허공을 보지 못할 것입니다. 이와 같이 밝음을 연하거나 어둠을 연해도 허공이나 막힘의 경우와 마찬가지가 됩니다.

(阿難言) 必此妙見性非自然, 我今發明是因緣性, 心猶未明諮詢如來. 是義云何合因緣性?

　(佛言) 汝言因緣, 吾復問汝. 汝今因見見性現前. (1) 此見爲復因明有見, 因暗有見? 因空有見, 因塞有見? 阿難, 若因明有, 應不見暗. 如因暗有, 應不見明. 如是乃至因空因塞同於明暗. (2) 復次阿難, 此見又復緣明有見, 緣暗有見? 緣空有見, 緣塞有見? 阿難, 若緣空有, 應不見塞. 若緣塞有, 應不見空. 如是乃至緣明緣暗同於空塞.

견은 (1) 명·암·공·색을 인(因)하여 있는 것 아님. ∵ 그 경우 어둠·밝음·막힘·빔을 못 봄
　　 (2) 명·암·공·색을 연(緣)하여 있는 것 아님. ∵ 그 경우 어둠·밝음·막힘·빔을 못 봄

견성이 자연이 아니라면, 그럼 인연인 것인가? 그렇지만 붓다가 인연이 아니라고 말해왔으니, 어떤 의미에서 인연이 아닌지를 아난은 다시 묻는다. 그리고 붓다는 견이 인연이 아니라는 것을 인(因)도 아니고, 연(緣)도 아니라는 것으로 답한다. 인은 현상의 존재를 일으키는 직접적 원인을 말하고, 연은 인이 과를 낳는 데 도움이 되는 주변 여건을 말한다. 견성이 인연이 아니라는 것은 견성이 명이나 암, 통이나 색을 인으로 해서 또는 연으로 해서 비로소 존재하게 되는 그런 인연소생의 것이 아니라는 것, 견성은 그런 조건을 떠나 그 자체로 활동하는 것임을 의미한다. 묘하게 밝은 묘명의 견은 밝음도 보고 어둠도 보고, 빈 것도 보고 막힌 것도 본다. 이 일체의 것들은 모두 견의 바탕 위에서 보여지는 것들이다. 그러니까 견이 그런 것들을 인연으로 해서 비로소 생겨나는 것은 아니라는 말이다. 따라서 견은 인연이 아니다.

　붓다: 이와 같이 정각의 묘명은 인도 아니고 연도 아니며 또 자연도 아니고 자연이 아닌 것도 아니라는 것, 비도 불비도 없고 시와 비시도 없다는 것, 일체 상을 떠나되 일체법에 즉한다는 것을 알아야 합니다. 지금 당신은 어째서 거기에 마음을 두어 세간 희론(戲論)의 이름과 모습으로 분별하고자 합니까? 마치 손바닥으로 허공을 잡고 만지려는 것과 같으니, 그저 스스로의 피로만 더할 뿐 허공이 어찌 당신의 집착에 따라 잡히겠습니까?

　當知, 如是精覺妙明非因非緣亦非自然非不自然, 無非不非無是非是, 離一切相

即一切法. 汝今云何於中措心, 以諸世間戲論名相而得分別? 如以手掌撮摩虛空
只益自勞, 虛空云何隨汝執捉?

현상 사물: 자연(자성) 아닌 인연

　↑

견/정각묘명: 자연도 아니고 인연도 아님   – 리일체상, 즉일체법(離一切相, 即一切法)

견이 자연도 아니고 인연도 아니라는 것은 견이 일체의 시비분별과 일체의 상을 떠나 있다는 것이다. 그러므로 '리일체상(離一切相)'이라고 말한다. 그렇게 견은 그 안에서 보여지는 일체의 상을 떠나 있다. 그러나 일체는 그 견 안에 다시 보여지므로 견은 그렇게 보여지는 일체 사물인 일체법과 분리되어 있는 것이 아니다. 그러므로 견은 곧 일체법에 즉한다는 '즉일체법(即一切法)'을 말한다. 견을 세간의 시비분별 또는 이름이나 모습으로 규정하는 것은 불가능하다. 일체의 분별이 바로 그 견 위에서 일어나는 일이기에, 분별의 바탕이 되는 두루 상주하는 견을 다시 분별의 대상으로 삼을 수 없기 때문이다. 이는 곧 허공 속에 노니는 손바닥이 허공을 잡겠다고 하는 것과 마찬가지로 헛수고일 뿐이다.

10. 견(망견)을 떠남: 제1의의 견(진견)

아난: (붓다에게) 세존이여, 묘각성이 반드시 인도 아니고 연도 아니라면 세존께서는 어째서 항상 비구들에 '견성은 4종의 연(緣)을 가지니, 이른바 허공으로 인하고 밝음으로 인하고 마음으로 인하고 눈으로 인한다'고 말씀하십니까? 이 뜻이 무엇입니까?

붓다: (아난에게) 내가 세간의 여러 인연상(因緣相)을 말한 것이지 제일의(第一義)를 말한 것이 아닙니다.

(阿難白佛言) 世尊, 必妙覺性非因非緣, 世尊云何常與比丘宣說見性具四種緣, 所謂因空因明因心因眼? 是義云何?

(佛言阿難) 我說世間諸因緣相, 非第一義.

반연심의 견: 안식(망견)의 견 - 1. 조건 연(緣)에 의한 견
　　↑　　　　　　　　　　　 2. 대상이 있고 조건(연)이 있으면 견. 조건이 없으면 불견
제1의의 견: 진심(견성)의 견 - 1. 조건 없는 견
　　　　　　　　　　　　　　 2. 대상과 무관하게 항상하는 견

초기불교 안식의 4연: ① 공(空), ② 명(明), ③ 심(心), ④ 안(眼)
대승불교 안식의 9연: ① 공, ② 명, ④ 안근, 경, 작의, 분별의, 염정의,　근본의,　종자
　　　　　　　　　　　　　　　　　　　　　 (의식) (말나식) (아뢰야식)
　　　　　　　　　　　　　　　　└──────────┘
　　　　　　　　　　　　　　　　　 ③ 심

　견이 자연도 아니고 인연도 아니라는 주장에 대해 아난은 다시 반론을 제기한다. 붓다는 일체는 인연에 의거하여 생기한다는 연기설을 주장하지 않았는가? 또 견에 대해서도 4조건을 들어 논하였으니, 견을 인연소생으로 설명하지 않았는가? 여기서 4조건인 4연은 일반적으로 우리가 볼 수 있기 위해서 필요로 하는 4가지를 말한다. ① 앞이 비어 있고 ② 빛이 있어 밝아야 하며 ③ 의식인 마음이 있고 ④ 보는 눈이 있어야 한다. 이것이 공, 명, 심, 안이다. 이 인연에 의거하여 봄이 성립하는 것이니, 견은 인연소생이 아닌가? 이에 대해 붓다는 인연소생으로 설명되는 견은 세간적 의미의 견이고, 여기서 자연도 인연도 아니라고 논한 견은 그런 세간적 의미의 견이 아니라, 일체의 견의 바탕이 되는 제1의미의 견인 진견(眞見)을 뜻하는 것이라고 하여 견을 구분한다. 이하에서는 이 구분에 대해 설명한다.

　붓다: 아난이여, 내가 다시 당신에게 묻겠습니다. 세간인이 '내가 능히 본다'라고 말할 때, 무엇을 견이라고 하고 무엇을 불견이라고 합니까?
　아난: 세간인은 해나 달이나 등광으로 인해 갖가지 상(相)을 보는 것을 '견'이라고 합니다. 만약 이 3종의 광명이 없으면, 볼 수 없습니다.
　붓다: 아난이여, ① 만약 밝음이 없을 때 '보지 않는다'고 한다면, 응당 어둠을 보지 못해야 할 것입니다. 만약 필히 어둠을 본다면, 단지 밝음이 없을 뿐인데 어째서 견이 없다고 합니까? 아난이여, ② 만약 어두운 곳에 있을 때 밝음을

보지 않기에 불견이라고 한다면, 이제 밝은 곳에 있을 때 어둠의 상을 보지 못하는 것 또한 불견이라고 해야 할 것입니다. 이와 같다면 (명과 암) 두 상을 모두 보지 않는다고 해야 합니다. 비록 (명과 암) 두 상이 서로를 빼앗을지라도 당신의 견성이 그 가운데 잠시도 없지 않습니다. 이와 같은즉 두 경우 모두 견이라고 불림을 알 수 있는데, 어째서 불견이라고 합니까?

阿難, 吾復問汝. 諸世間人說 '我能見', 云何名見, 云何不見?

(阿難言) 世人因於日月燈光見種種相名之爲見. 若復無此三種光明則不能見.

阿難, ① 若無明時名不見者, 應不見暗. 若必見暗, 此但無明云何無見? 阿難, ② 若在暗時不見明故名爲不見, 今在明時不見暗相還名不見. 如是二相俱名不見. 若復二相自相凌奪, 非汝見性於中暫無. 如是則知二俱名見, 云何不見?

세간의 견: 견의 조건 = 밝음(해, 달, 등광)

　　　　　밝음에선 견　　　　어둠에선 불견　　- 조건지어진 견

↕

실제:　　　견명　　　　　　　견암
　　　　　└──────────────┘

제1의의 견: (조건 없는)　견　　　　　　　　- 무조건의 견

① 명일 때 견, 불명(암)일 때 불견이면, 암을 못 봐야 함

　　그러나 실제로는 암을 봄(견암). 즉 불명일 때도 견

② 불명일 때 명이 없어서 불견이면, 불암일 때 암이 없으니 불견이어야 함

　　그러면 두 상(명일 때+불명일 때)이 모두 불견

　여기에서는 세간적 의미의 견을 넘어서는 제1의의 견을 밝힌다. 세간적 의미에 따르면 해나 달이나 등의 빛이 견을 이루는 필수조건 같지만, 엄밀히 생각해보면 그렇지 않다는 것을 두 단계로 논한다. ① 세간적 의미의 견은 공(空), 명(明), 심(心), 안(眼)을 조건으로 한다. 예를 들어 밝음이어야지 견이 성립하고, 어둠이면 견이 없는 것이 된다. 그러나 실제로 우리는 밝음만 보는 것이 아니라 어둠도 본다. 즉 우리는 밝음을 조건으로 사물을 보기도 하지만, 밝음이 없는 어둠을 보기도 한다. 어둠을 본다는 것은 밝음이 없어도 견이 작동한다는 것이다. 밝음이 없다고 견이 없는 것(불견)은 아닌 것이다. ② 밝음 대신 어둠이 있어 밝음을 못 보고 어둠만 보는 것을 불견이라고 한다

면, 어둠 대신 밝음이 있어 어둠을 못 보고 밝음만 보는 것도 불견이라고 해야 한다. 그럼 둘 다가 불견이 된다. 그렇지만 실제로 우리는 밝음과 어둠을 둘 다 못 보는 것이 아니라 둘 다 본다. 이는 곧 밝음이나 어둠과 무관하게 견이 있다는 것을 말해준다. 즉 밝음이나 어둠이 견의 조건이 되는 것은 아니라는 말이다. 이처럼 밝음이나 어둠과 무관하게 있는 견, 그들을 조건으로 삼지 않고 성립하는 견이 바로 제1의의 견이다. 우리의 견은 단지 세간적 의미의 견으로 그치는 것이 아니고 그 안에도 제1의의 견이 함께 작동하고 있는 것이다. 이와 같이 밝음을 조건으로 사물을 보는 견이 세간적 의미의 견이라면, 밝음이든 어둠이든 그와 무관하게 성립하는 견은 제1의의 견이다. 이 견은 세간적 의미의 견을 성립시키면서 그것을 넘어선 견이다. 이것을 견의 진정한 체 또는 '견의 성품'이란 의미에서 '견성(見性)'이라고 한다. 견성은 밝음이나 어둠에 의거해서 비로소 작동하는 것이 아니라 그것들과 무관하게 이미 언제나 활동하고 있다. 밝음에서든 어둠에서든 견성은 항상 활동하고 있으므로 그 어느 때도 불견이 아닌 것이다.

붓다: 그러므로 아난이여, 당신은 이제 밝음을 볼 때의 견이 밝음(으로 인한 견)이 아니고, 어둠을 볼 때의 견이 어둠(으로 인한 견)이 아니며, 허공을 볼 때의 견이 허공(으로 인한 견)이 아니고, 막힘을 볼 때의 견이 막힘(으로 인한 견)이 아님을 알아야 합니다. 네 가지 뜻을 이루었으니, 당신은 견을 볼 때의 견(견견의 견)은 이 견(인연의 견)이 아님을 알아야 합니다. 견(제1의의 견)은 오히려 견(세간의 견)을 여의어서, 견으로 미칠 수가 없습니다. 어찌 다시 '인연이다' '자연이다' 또는 '화합상이다'라고 말하겠습니까? 당신들 성문은 좁고 용렬하고 무식해서 청정한 실상에 통달하지 못합니다. 내가 이제 당신들을 가르칠 테니 잘 생각해서 묘한 깨달음의 길에 지치거나 태만해지지 말도록 하십시오.
是故阿難, 汝今當知見明之時見非是明, 見暗之時見非是暗, 見空之時見非是空, 見色之時見非是色. 四義成就, 汝復應知見見之時見非是見. 見猶離見, 見不能及. 云何復說因緣自然及和合相? 汝等聲聞狹劣無識, 不能通達淸淨實相. 吾今誨汝, 當善思惟無得疲怠妙菩提路.

세간의 견: 능견 ― 소견   능견 ― 소견
(제한된 견)   견(망견)   명   불견(망견)   암
    ↕   └────┘   └────┘
제1의의 견: 견명의 견(진견)   견암의 견(진견)   =   견견의 견(진견)

견(견견의 견/진견) = 견(세간의 견/망견)을 여의고, 망견으로 미칠 수 없음
                인연도 아니고 자연도 아님

　견이 명이나 암, 공이나 색이 아니라는 것은 견은 견을 통해 보여지는 밝음이나 어둠 또는 보는 조건이 되는 통함이나 막힘과 같은 차원의 것으로 그런 것들과 동일시할 수 없다는 말이다. 견을 명암통색과 동일시하거나 또는 그런 것들로 인해 존재하는 것으로 생각할 수 없다는 말이다. 세간적 의미의 견은 밝을 때는 보지만 어두울 때는 보지 못한다고 여겨지는 견이다. 즉 밝음은 보지만 어둠은 보지 못하는 견이다. 그러나 제1의의 견. 진정한 의미의 견, 견의 진체인 견성(見性)은 밝든 어둡든 보는 견이다. 명도 보고 암도 보는 견, 또 공도 보고 색도 보는 견은 그 견에 의해 보여지는 명이나 암 또는 공이나 색과 같은 차원의 존재가 아니고 따라서 명암통색과 동일시될 수 없는 견이다. 제1의의 견은 명암통색을 떠나서 성립하는 것이다. 이렇듯 제1의의 견은 일상적인 세간적 견 너머에서 바로 그 세간적 견을 보는 견이다. 이 제1의의 견을 세간적 견 너머의 견, 세간적 견을 보는 견이라는 의미에서 '견을 보는 견', '견견(見見)의 견'이라고 한다. '견견지시견비시견'은 견견의 견인 제1의의 견(진견)은 세간적 견인 인연의 견(망견)이 아니라는 말이다. 이것이 곧 '견견비견(見見非見)'이다. 제1의의 견은 보여진 세간적 견과 구분되며 세간적 견을 떠난 것이다. 그렇게 세간적 견을 여읜 것이므로 세간적 견으로 미칠 수가 없다. 세간의 것은 인연이라거나 자연이라거나 화합의 모습으로 분별할 수 있지만, 세간을 넘어서는 제1의의 견은 그런 방식으로 분별할 수 있는 것이 아니다. 여기서 '화합상(和合相)'이라는 것은 견이 명암통색 등의 인연과 화합하여서 일어나는 상을 말한다. 화합하면 견이 있고 화합하지 않으면 견이 없다고 하면, 견을 화합상 내지 불화합상으로 이해하는 것이 된다. 붓다는 진견은 자연도 인연도 아니고, 화합상도 불화합상도 아니라고 강조한다.

III

제법의 본성: 여래장성

1. 윤회 너머로의 길

> 아난: 세존이여, 붓다 세존께서 우리들을 위해 인연과 자연, 화합상과 불화합상을 말씀해주셨지만, 마음이 아직 열리지 않았습니다. 지금 다시 '견을 보는 견은 견이 아니다'라는 말을 듣고 미혹한 번민이 더 증가되었습니다. 엎드려 원하오니 널리 자비로써 큰 지혜의 눈을 베풀어 저희들의 깨달음의 마음을 밝고 깨끗하게 열어주십시오. (이 말을 마치고 슬피 울면서 정례하고 성스러운 가르침을 받들어 얻고자 한다.)
>
> (阿難白佛言) 世尊, 如佛世尊爲我等輩宣說因緣及與自然, 諸和合相與不和合, 心猶未開而今更聞見見非見重增迷悶. 伏願弘慈施大慧目, 開示我等覺心明淨. (作是語已, 悲漏頂禮承受聖旨.)

망견(견문각지의 견) = 견

↑

진견(본각/시각) = 견견: 인연/자연/화합상/불화합상이 아님 – 견견비견(見見非見)

위에서 붓다가 세간적 견과 제1의의 견을 구분하면서 내린 결론은 '제1의의 견(견견

의 견, 진견, 견성)은 세간적 견(망견)을 여의었다'는 것이다. 그렇게 '견(견성)은 자연
도 인연도 화합상도 아니다'라는 것이다. 그러나 아난은 다시 견이 인연도 자연도 아니
라는 것, 화합상도 불화합상도 아니라는 것을 이해하기 어렵다고 말한다. '견견(진견)
이 견(망견)이 아니다'라는 것이 정확히 무슨 의미인지 확실하지 않다는 것이다. '견견
비견'은 바로 위에서 붓다가 말한 '견견지시견비시견(見見之時見非是見)'을 줄여서 말
한 것이다. 견견의 견인 진견은 세간적 의미의 견이 아니라는 말이다. 아난이 더욱 증
가되었다고 말하는 미민(迷悶)은 미혹함으로 인해 일어나는 번민을 말한다. 마음의 실
상을 제대로 통찰하지 못함에서 오는 괴로움이다. 견도의 깨달음을 구하는 것이다. 이
하에서 붓다는 '견견비견'의 의미, 진견의 의미를 좀 더 명확히 설명한다.

붓다: (이때 아난 및 여러 대중에 대한 연민으로 대다라니와 모든 삼마제의
묘한 수행의 길을 펴 보이시려고 하면서 아난에게) 당신은 비록 기억을 잘하고
오직 다문을 늘려가지만 사마타의 미세하고 은밀한 관조를 마음이 아직 알지
못합니다. 당신은 이제 잘 들으십시오. 내가 이제 당신을 위해 분별해 보이고 또
장래의 여러 유루자들도 보리과를 얻도록 하겠습니다.
　(爾時世尊憐愍阿難及諸大衆, 將欲敷演大陀羅尼諸三摩提妙修行路. 告阿難
言) 汝雖强記但益多聞, 於奢摩他微密觀照心猶未了. 汝今諦聽, 吾今爲汝分別開
示, 亦令將來諸有漏者獲菩提果

사마타(止, 견도분)   →   삼마제(定, 25원통, 수도분)
　미밀(微密) 관조   　　　다라니(총지總持, 주문)
마음의 실상을 통찰　　　 통찰에 입각한 수행

　삼마제와 대다라니의 묘한 수행을 펴 보이는 것은 수도분에 들어가서다. 여기에서
는 수도에 들어가기 전, 견도인 사마타의 미세하고 은밀한 '미밀관조'를 분명하게 통찰
해야 함을 강조한 말이다. 일반 중생과 아난의 미혹으로 인한 번민을 덜어주기 위함이
다. 『정맥소』에서는 미(微)와 밀(密)을 다음과 같이 구분하여 설명한다. "마음을 일으
켜 경계를 대하는 사유의 거친 관과 다른 것이 '미'이고, 몸을 제어하고 고요히 앉아 출

정과 입정의 상이 있는 것과 다른 것이 '밀'이다. 또한 망을 떠나 상을 끊는 것이 '미'이고, 상에 즉하여 상이 없는 것이 '밀'이다. 그러므로 여기에서부터 7대가 두루함까지는 망을 떠나 상을 끊는 미묘관조이고, 그 뒤에 부루나에게 두 가지로 답한 것은 상에 즉해 상이 없는 비밀관조이다."[1]

> 미(미묘): 현상(망)을 떠남. 현상과의 불일(不一). 화합상을 떠남: 리망절상 ↔ 심기대경 사유추관
> 여기~7대/공여래장 부분
> 밀(비밀): 현상(망)을 포함. 현상과의 불이(不異). 불화합상을 떠남: 즉상무상 ↔ 제신정좌 출입정상
> 부루나문답/불공여래장 부분

'미(微)'는 현상 안에 있되 현상의 거친 상(相)을 넘어선 것, 상을 여읜 것이다. 진견인 견성은 거친 세간적 견을 떠난 것, 미묘한 것이다. 미(微)의 관조를 통해서만 견성을 알아차릴 수 있다. 반면 '밀(密)'은 현상의 거친 상을 넘어서되 상과 분리되지 않고 그 거친 상들 안에서 활동하면서 거친 상들로 자신을 전개하는 것이다. 진견은 망견과 분리되지 않고 망견 안에서 활동한다. 그러므로 망견 자체가 허망한 망이고 그 실체가 바로 진견인 것이다. 진견은 세간적인 것들, 현상적인 상을 포괄하여 상에 즉해 있으면서 상이 없는 것이다. 밀(密)의 관조를 통해 견성이 상에 즉해 있음을 안다.

> 거친 상(相): 망견과 망소견
> 미(微)관조: 리상(離相)↓   ↑즉상(卽相): 밀(密)관조
> 견성: 진견

1) 윤회를 이끄는 두 가지 망견: 별업망견과 동분망견

붓다: 아난이여, 일체 중생이 세간을 윤회하는 것은 두 가지 전도된 분별적 견해의 허망함 때문이니, 당처에서 발생하여 당업으로 윤회합니다. 무엇이 두 가지 견해일까요? (1) 첫째는 중생의 별업망견이고, (2) 둘째는 중생의 동분망견입니다.

---

1   진감, 『정맥소』, 2권, 129쪽.

阿難, 一切衆生, 輪廻世間, 由二顚倒, 分別見妄, 當處發生, 當業輪轉. 云何二見?
(1) 一者, 衆生別業妄見, (2) 二者, 衆生同分妄見.

윤회를 일으키는 분별망견:
    (1) 별업망견: 개별적으로 별도의 업에 따라 나타나는 망견
    (2) 동분망견: 한 종류의 생명체(중동분)가 공통적으로 가지는 망견

일체 중생이 윤회하게 되는 근본 이유는 분별망견이다. 윤회는 중생이 있는 바로 그 곳에서의 망견으로 인해 일어나고, 바로 그곳에서 짓는 그 업으로 인해 일어난다. 한 곳에서 업과 보의 현상이 있을 뿐, 그 외 다른 것이 없다는 뜻이다. 『정맥소』는 "당처(當處)는 부동(不動)의 뜻을 나타낸다. 꿈속에서 끝없이 많은 경계를 보며 끝없이 분주히 내달려도 침상을 떠나지 않고 촌보도 옮기지 않는 것과 같다. 당업(當業)은 무물(無物)의 뜻을 나타낸다. 자기 업으로 환이 이루어져서 허망하게 취하고 받는 것이지 다른 물건은 전혀 없음을 말한다"[2]고 설명한다. 윤회의 근본이 되는 분별망견은 두 가지이다. (1) 별업망견(別業妄見)은 각자가 상이하게 짓는 업(별업)을 따라 갖는 망견이며, 또 이 망견을 따라 별업을 지어 윤회하게 된다. (2) 동분망견(同分妄見)은 여럿이 공통으로 함께 짓는 업(공업)을 따라 갖는 망견이며, 또 이 망견을 따라 다시 공업을 지어 윤회하게 된다. 동분망견의 동분은 중동분(衆同分)이다. 중동분은 범어 nikāya-sabhāga의 의역인데, 니카야는 같은 부류의 중(衆)을 뜻하고, 사바가는 공통적인 것, 유사한 것을 뜻한다. 합하여 '같은 무리의 유사성'을 의미한다. 같은 종류의 근을 가지는 중생 무리가 공통으로 가지는 망견이 동분망견이다.

(1) 별업망견

붓다: 무엇을 별업망견(別業妄見)이라고 합니까? 아난이여, 만약 세간인이 눈에 적생(백태)이 생기면, 밤에 등불에서 별도로 5색으로 중첩된 둥근 그림자를

---

2   진감, 『정맥소』, 2권, 132쪽.

볼 것입니다.

云何名爲別業妄見? 阿難, 如世間人目有赤眚, 夜見燈光別有圓影五色重疊.

눈 ―(견)→ 등을 감싼 등그림자(영)　　　중생 ―(견)→ 진심을 가리는 5온
망연: 적생　　　　　　　　　　　　　　　 별업망견

　별업망견을 설명하기 위해 어떤 사람이 눈에 병이 생겨 등을 볼 때 5색의 등그림자를 보게 되는 것을 예로 들고 있다. 적생(赤眚)은 백내장처럼 눈에 하얀 막인 백태(白苔)가 끼는 눈병 또는 그 눈병으로 인해 생긴 하얀 막인 백태를 말한다. 적생의 병이 나지 않은 사람은 등(진심)을 보지만, 병이 난 사람은 등 대신 등을 싸고 있는 그림자(허망상인 5온)를 본다. 여기서 눈병은 곧 별업망견을, 등은 진심 내지 진리를, 등에 나타나는 5색의 그림자는 망견을 가진 자가 보고 집착하는 5온을 비유한 것이다. 등을 본다면 망견이 아니지만, 등 대신 그 그림자 영(影)을 보기에 진이 아닌 망(妄)이라고 한다. 이하에서는 그렇게 보여진 5색의 등그림자가 일어나게 된 까닭, 연(緣)을 밝히기 위해 그 그림자가 과연 어디에 속하는 것인지, 그림자의 정체를 묻는다.

　붓다: 어떻게 생각합니까? 밤의 등명에 나타나는 둥근 빛은 등의 색입니까 아니면 견의 색입니까? 아난이여, ① 만약 등의 색이라면, 적생이 없는 사람은 왜 같이 보지 않고 이 둥근 그림자는 오직 적생이 있는 사람만 봅니까? ② 만약 견의 색이라면, 견이 이미 색을 이루는데, 저 적생인이 둥근 그림자를 보는 것을 무엇이라고 불러야 합니까?

　於意云何? 此夜燈明所現圓光, 爲是燈色, 爲當見色? 阿難, ① 此若燈色, 則非眚人何不同見, 而此圓影唯眚之觀? ②若是見色, 見已成色, 則彼眚人見圓影者名爲何等?

주장: 원영은 ① 등(경)의 것도 아니고 ② 견(근)의 것도 아님

원영이 ① 등(경)의 색이면(시등), 눈병 난 자가 아니어도 누구나 봐야 함
　　　5온이 객관적 실재면, 망견 없는 부처도 봐야 함

② 견(근)의 색이면(시견), 견이 이미 색이 되어, 색을 본다고 말할 수 없게 됨

　색(원영/막)은 견의 대상이지 견 자체의 색이 아님

　적생이 낀 소수의 사람만 보게 되는 등의 둥근 그림자(원영)의 색을 놓고 그 색이 과연 어디에 속하는 것인가를 묻는다. ① 그것은 등에 속하는 등의 색인가? 아니면 ② 견에 속하는 견의 색인가? ① 그 그림자가 등의 색이라면 눈병 난 사람뿐 아니라 모두가 그렇게 봐야 하며, 그럼 망견이라고 할 것도 없을 것이다. 즉 등의 색이라면 일체의 망을 벗은 부처라고 해도 보아야 할 것이다. 그러나 그림자가 등 자체의 색이 아니니까 적생이 낀 자만 그림자를 본다. 그러므로 그림자를 등의 색이라고 할 수 없다. ② 그림자가 견의 색이라면 견이 이미 그러한 색을 이루고 있는 것이 되어, 그것을 보여진 것으로서의 색이라고 말할 수 없게 된다. 그렇다면 눈병 난 사람이 그 그림자를 본다고도 말할 수 없게 된다. 적생인이 본 그림자가 견의 색이 아니라는 것은 정확히 무엇을 의미하는가? 그림자를 보는 적생인은 눈에 병이 난 것이니, 그 눈(안근)에 이미 적생이 있고 따라서 그림자는 견의 색이라고 할 수 있지 않은가? 그러나 눈병이 생겨도 그 눈이 적생인 뿌연 막을 보는 것이므로, 적생은 그 눈(견)에 대상으로 주어지지 그 견 자체가 막인 것은 아니다. 눈이 막을 보기에, 눈이 곧 막은 아닌 것이다. 적생이 눈(견) 자체의 막이 아니니까 막을 견의 대상으로 볼 수 있다. 만약 막이 견 자체의 막이면, 막이 막을 볼 수 없으니 견이 막을 볼 수도 없고 막을 제거할 수도 없을 것이다. 막을 본다는 것, 그림자를 본다는 것은 곧 그 보는 견 자체가 그 막 너머, 그림자 너머에 있다는 것을 말해준다. 빨간색을 보는 눈은 빨간색이 아니듯이, 그림자를 보는 눈은 그림자가 아니고, 이 세계를 보는 눈은 이 세계 너머에 있다. 적생을 보는 견 자체는 적생이 아닌 것이다. 그렇다면 견 자체가 막(적생/그림자) 너머라는 것은 무슨 의미인가? 눈 자체는 병이 들거나 안 들거나와 상관없이, 막이 끼거나 안 끼거나와 상관없이 이미 견(제1의의 견)으로서 활동한다는 것이다. 병이 안 들면 그림자를 안 보고, 병이 들면 그림자(막)를 보는 차이가 있을 뿐이다. 병이 나서 막을 보는 망견 안에도 여전히 병나기 이전의 견의 활동(진견)이 함께하고 있는 것이다. 그렇게 막을 보는 견에도 망견과 진견이 함께한다. 결국 병든 눈의 경우 눈은 a. 막 너머에서 그 막을 대상으로 보는 본래의 눈과 b. 병이 들어서 막이 낀 눈, 둘로 구분된다. 막이 낀 눈이 된다고 해서 막 너머에서 그 막을 보는 본래의 눈이 없어지는 것은 아니다.

〈a. 눈 자체〉—〈진견〉→ ┌ 병듦: 〈b. 막 낀 눈〉 —〈망견〉→ 그림자/막 – 중생의 견 =〈불각〉
　　=〈본각〉　　　　 └ 병 안 듦: b. 막 안 낀 눈 —〈진견〉→ 그림자 없음 – 부처의 견 =〈시각〉

이것은 꿈속에서 〈b. 꿈속의 나〉가 꿈의 세계를 본다고 여기지만 실제로 꿈의 세계를 보는 자는 꿈속 나 너머에서 〈a. 꿈을 꾸는 나〉인 것과 같다. 꿈속 나의 활동 자체가 실제 꿈꾸는 나로 인해 있는 것이다. 우리는 일상적으로 자신을 망심으로 알고 있지만, 그 안에서 실제로 활동하고 있는 것은 진심이다. 망심 너머에서 진심이 이미 활동하고 있는데, 중생 안에 이미 부처가 깨어 있는데, 그것을 모르고 망심을 나라고 알고 그 너머의 진심을 모르는 것이 문제인 것이다. 중생이 이미 부처인데, 그것을 모르고 부처를 밖에서 찾는 것이 문제인 것이다.

a. 꿈꾸는 나 —〈꿈〉→ ┌ 꿈을 꿈: b. 꿈속 나 —〈망견〉→ 꿈의 세계 – 중생의 견
　　　　　　　　　 └ 꿈을 깸: b. 나　　 —〈진견〉→ 꿈 없음 　 – 부처의 견

> 붓다: 다시 또 아난이여, ③ 만약 둥근 그림자가 등을 떠나 따로 있는 것이라면, 곁의 병풍이나 휘장이나 책상이나 돗자리를 볼 때도 마땅히 둥근 그림자가 나타나야 할 것입니다. ④ 견을 떠나 따로 있는 것이라면, 마땅히 눈이 보는 것이 아닐 텐데 어째서 적생인은 눈으로 둥근 그림자를 봅니까?
> 復次阿難, ③ 若此圓影離燈別有, 則合傍觀屏帳几筵有圓影出. ④ 離見別有應非眼矚, 云何皆人目見圓影?

주장: 원영은 ③ 등(경)을 떠난 것도 아니고 ④ 견(근)을 떠난 것도 아님

원영이 ③ 등을 떠났으면(리등), 등 이외의 것에서도 봐야 함
　　　5온이 3계 떠나 열반에도 따로 있어야 함
　　　④ 견을 떠났으면(리견), 적생인이 왜 눈으로 보는가?

둥근 그림자가 ① 등의 색도 아니고 ② 견의 색도 아니라면, 그럼 ③ 등을 떠나 등과 무관하게 그 바깥에 있거나, ④ 견을 떠나 견과 무관하게 따로 있는 것인가? 여기에서는 그것이 등이나 견을 떠나 그 자체로 있는 것도 아니라는 것을 밝힌다. 5온이 그 자

체로 어디엔가 따로 있는 것이 아니라는 것이다. ③ 원영이 등을 떠나서 따로 있다면, 등뿐 아니라 그 곁의 다른 것을 볼 때도 거기에 원영이 나타나야 하는데, 실제로는 그렇지 않으니 등을 떠난 것은 아닌 것이다. 망견이 없는 부처와 망견이 있는 2승의 차이에 대해 『정맥소』는 이렇게 설명한다. "붓다는 3계에서 그대로 유근신과 기세간을 보지 않으니, 저 눈병 없는 사람이 등에서 등륜을 보지 않는 것과 같다. 2승은 눈병 난 사람이 등을 떠나 병풍 등을 향해야 비로소 보지 않는 것과 같으니, 참으로 보지 않는 것이 아니다. 만약 다시 원 상태가 되면 전처럼 등륜을 보게 된다."[3] ④ 원영이 견을 떠나 있다면, 견에 원영이 나타나지 않아야 하는데, 실제로는 그렇지 않으니 견을 떠나 그 자체로 존재하는 것도 아니라는 것이다. "만약 유근신과 기세간이 보는 성품을 떠나 따로 그 자체가 있다고 계교한다면, 무엇에 의지해서 유근신과 기세간이 있다는 것을 알겠는가? 지금 어떻게 무명 중생이 반드시 보는 성품을 써서 보겠는가?"[4] 중생이 무명으로 인해 일체 세간을 보는 것이니, 중생의 견을 떠난 것도 아닌 것이다.

이상으로 원영이 ① 등도 아니고 ② 견도 아니며, ③ 등을 떠난 것도 아니고 ④ 견을 떠난 것도 아니라는 것을 밝혔다. 등그림자를 실제로 존재하는 것으로 간주하면서 그것의 실체성을 분별하는 것이 무의미하다는 것을 강조하는 말이다. 이는 마치 꿈의 세계를 놓고, 그 세계가 본래 무엇인지를 묻는 것이 무의미한 것 같다. 꿈의 세계가 세계 자체라면, 모두가 그 꿈을 꾸어야 하는데 그렇지 않고, 꿈의 세계가 나 자체라고 하면 그것은 꿈이 아니고 또 그 꿈에서 깨어남이 불가능해진다. 꿈은 꿈을 꾸는 견과 무관하지 않다. 그렇다고 꿈이 곧 꿈꾸는 자라는 말은 아니다. 꿈의 본체를 꿈에서, 꿈속의 망견에서 찾을 수는 없다. 꿈의 본체는 꿈속에 없고, 그것은 오히려 꿈 너머에 있다. 꿈속 내가 꿈을 꾸는 것이 아니라, 꿈 너머 내가 꿈을 꾸고 그 꿈의 세계를 본다(진견). 그런데 꿈속에서는 꿈속의 내가 꿈의 세계를 본다(망견)고 여긴다. 지금까지 논한 것은 꿈이라는 것이 ① 꿈속 세계로 인한 것인가 ② 꿈속 나로 인한 것인가, 아니면 ③④ 그것들과 무관한 것인가 등 꿈속에서의 분별과 마찬가지로 허망분별일 뿐이

---

3   진감, 『정맥소』, 2권, 141쪽. 선화상인이나 감산은 눈병 난 자가 눈병으로 인해 보는 등그림자에 해당하는 것, 즉 중생이 별업망견으로 인해 보게 되는 것을 5온이라고 설명하고 있지만, 『정맥소』에서는 그것을 유근신과 기세간으로 설명하고 있다. 5온의 내가 유근신으로서 기세간 안에 나타나므로 그렇게 설명할 수도 있다고 본다.

4   진감, 『정맥소』, 2권, 141쪽.

며, 그중 어느 것도 아니라는 것이다.

```
꿈속 나      꿈속 세계
〈망견〉       〈망소견〉
  └─────┬─────┘
     꿈꿈(진견)
```

> 붓다: 그러므로 색은 실제로 등에 있지만, 견의 병으로 그림자가 있게 된 것임을 알아야 합니다. 그림자와 견은 모두 적생이지만, 적생을 보는 것은 병이 아닙니다.
>
> 是故當知色實在燈, 見病爲影. 影見俱眚, 見眚非病.

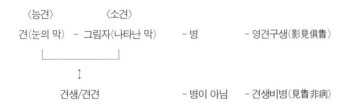

```
〈능견〉           〈소견〉
견(눈의 막) ─ 그림자(나타난 막)    ─ 병        ─ 영견구생(影見俱眚)
   └──────┬──────┘
          ↕
     견생/견견              ─ 병이 아님  ─ 견생비병(見眚非病)
```

'영견구생(影見俱眚)'은 보여진 그림자(영)나 보는 눈(견)이나 모두 병이라는 말이다. 색은 등에 있지만, 등그림자는 등에 있는 것이 아니라 눈병으로 인해 없는데도 있는 것처럼 보이는 것이다. 눈에 병이 생기니까 등그림자를 본다. 그렇게 눈과 그림자가 모두 병이다. 그 다음 '견생비병(見眚非病)'은 적생(막)을 보는 견은 병이 아니라는 것을 말한다. 즉 그림자를 보는 눈에는 병만 있는 것이 아니라 병을 떠난 견 자체, 견의 본체가 활동하고 있다는 말이다. 이는 곧 견 자체는 적생(막)에 가려지는 것, 병드는 것이 아니라는 뜻이다. 병이 난 눈이어도 눈병으로 인한 막 내지 그림자를 그 눈으로 볼 수 있다는 것은 눈 자체가 그 막 너머에 있다는 것을 말해준다. 즉 눈에 막이 생겨 그림자를 보게 되어도, 그렇게 보는 견 자체는 문제가 없다는 말이다. 그림자를 보는 견과 보여진 그림자는 모두 눈병의 막이지만, 막을 보는 견 자체는 막이 아니다. 그러므로 '견생비병'이라고 한다. 이는 곧 망견이 명을 없애지 않는다는 것, 번뇌가 진심을 없애지 않는다는 것을 뜻한다. 오히려 망견을 알고 번뇌를 아는 것 자체가 이미 그 아는 자는 망견 너머의 명(明), 번뇌 너머의 청정(淸淨)의 존재라는 것을 말해준다. 우리가 렌즈를 낄 경우 우리가 보는 세계의 색깔은 눈 자체의 색깔이 아니라 우리의 눈을 덮은 렌즈의 색깔에서 온다. 렌즈의 색을 본다는 것은 곧 눈 자체는 렌즈 너머라는 것, 렌즈는 밖에서 덮은 것이고 다시 떼어낼 수 있다는 것을 말해준다. 번뇌는 밖에서 온 객진번뇌이고 마음 자체는 번뇌 너머에 있다. 우리의 견성은 근과 경, 유근신과 기세간 너머에 있다. 바로 이 지점에 설 때 근경의 매임에 갇힌 윤회를 넘어서는 것이 가능해진다.

```
꿈속 나        꿈속 세계
〈망견〉        〈망소견〉
근/색렌즈      경/색세계
   └──────────┘
       꿈을 꿈(진견)
```

붓다: 결국 '그것(그림자)이 ① 등이다, ② 견이다, 그중에 ③ 등이 아닌 것이 있다, ④ 견이 아닌 것이 있다'라고 말하지 말아야 합니다. 마치 제2월은 (달) 자체도 아니고 그림자도 아닌 것과 같습니다. 왜 그렇겠습니까? 제2월을 보는 것은 눈을 눌러 만들어진 것입니다. 그러므로 모든 지혜로운 자는 '이 근을 눌러 만들어진 것(제2월)이 ① 형(形)이다, ② 비형(견)이다, ④ 견을 떠났다, ③ 비견(형)을 떠났다'라고 말하지 않아야 합니다. 이것(그림자) 또한 이와 같이 눈의 적생으로 인해 생긴 것입니다. 이제 무엇을 ① '등이다', ② '견이다'라고 말하고, 하물며 어찌 ③ '등이 아니다', ④ '견이 아니다'라고 분별하겠습니까?

終不應言, ① 是燈, ② 是見 ③ 於是中有, 非燈, ④ 非見. 如第二月非體非影. 何以故? 第二之觀捏所成故. 諸有智者不應說言, '此捏根元 ① 是形 ② 非形 ④ 離見 ③ 非見.' 此亦如是目睛所成. 今欲名誰 ① 是燈 ② 是見, 何況分別 ③ 非燈 ④ 非見?

등그림자: ① 즉등, ② 즉견, ③ 리등, ④ 리견 다 아님. 견의 병으로 인한 것

달 자체　　↔　　제2월　　↔　　달그림자

진심　　　　　　전5식　　　　　제6의식

（원성실성）　　（의타기성）　　（변계소집성）

〈능견〉　　　〈소견〉

눈병　　→　등그림자（원영）

눈 누름　→　　제2월

제2월 ≠ 체（달 자체）≠ 달그림자（月影/水中月）　　　　등영

①시형（是形）: 형（달）임　　　　　　　　　-①등임

②비형（非形）: 비형（견）임　　　　　　　-②견임

③리비견（離非見）: 비견（형） 떠남　　　-③등 아님

④리견（離見）: 견 떠남　　　　　　　　　-④견 아님

제2월은 달을 보며 눈을 눌러 만들어진 것이거나 또는 병든 눈이 보는 것이다. 이 제2월이 달 자체도 아니고 달그림자（제3월）도 아니라는 것은 하늘의 달도 아니고 물에 비춰진 그림자도 아니라는 말이다. 등의 둥근 그림자를 원영（圓影）이라고 했지만, 이것은 눈을 눌러 만들어진 것이기에 제2월이지 강에 비춰진 달그림자인 월영（月影）이 아니라는 것이다. 눈병으로 인해 나타나는 등그림자에 대해 ① 등이다, ② 견이다, ③ 등이 아니다, ④ 견이 아니다 라는 분별 네 가지가 모두 성립하지 않는다. 이것은 눈을 누름으로써 만들어진 제2월에 대해 그것이 ① 달이다, ② 견이다, ③ 달이 아니다, ④ 견이 아니다 라는 분별이 맞지 않는 것과 같다. 별업망견에서의 등그림자는 이하에서 논할 동분망견에서는 현상세계가 된다. 그러므로 위의 주장은 다시 현상세계에 대해 그것이 ① 객관 자체다, ② 주관 자체다, ③ 객관을 떠났다, ④ 주관을 떠났다 라는 네 규정이 모두 성립하지 않는다는 것을 함축한다.

(2) 동분망견

붓다: 무엇을 동분망견（同分妄見）이라고 합니까? 아난이여, 염부제에서 큰 바닷물을 제하면 중간에 평평한 육지가 3천 대륙（주）이 있습니다. 한가운데의 큰

주를 동서로 묶어 헤아리면 큰 나라가 무릇 2천3백 개가 있고 그 외에 작은 주들이 바다 가운데에 있는데, 그중 혹 2-3백 국가가 있기도 하고 혹 하나나 둘에서 30, 40, 50의 국가가 있기도 합니다. 아난이여, 만약 다시 이 중에 하나의 작은 주가 있고 단지 두 개의 국가만 있는데, 오직 한 국가의 사람들이 동일하게 악연을 입어 그 작은 주에 사는 중생들이 일체 상서롭지 못한 경계를 본다고 해봅시다. 혹 두 개의 해를 보고 혹 두 개의 달을 보며 그중에 해·달무리, 일·월식, 걸이, 혜성, 유성, 해무지개 등 갖가지 안 좋은 상들을 본다고 해봅시다. 다만 이 나라 사람만 보고, 저 나라 중생은 본래 보지도 못하고 또한 듣지도 못한다고 합시다.

云何名爲同分妄見? 阿難, 此閻浮提除大海水, 中間平陸有三千洲. 正中大洲東西括量, 大國凡有二千三百, 其餘小洲在諸海中. 其間或有三兩百國, 或一或二至于三十四十五十. 阿難, 若復此中有一小洲只有兩國, 唯一國人同感惡緣, 則彼小洲當土衆生覩諸一切不祥境界, 或見二日或見兩月, 其中乃至暈適珮玦彗孛飛流負耳虹蜺種種惡相. 但此國見彼國衆生, 本所不見亦復不聞.

동분의 불상(不祥) 경계들:

　　훈(暈): 고리처럼 둘러쳐진 것. 해무리, 달무리

　　적(適): 먹어서 가리는 것, 일식, 월식

　　패(珮)+결(玦): 걸이. 차거나 이지러짐. 해와 달 가까이의 재액의 기운

　　혜(彗)+패(孛): 혜성. 별빛의 쏠림과 사방으로 나감. 별의 재액의 모습

　염부제는 불교의 세계관에 등장하는 대륙의 이름이다. 수미산 주변 동서남북 네 곳 중 남쪽에 있는 대륙인 주(洲)로서 남섬부주(南瞻部洲)라고도 한다. 이곳에만 인간이 살며, 부처도 이곳에만 나타난다고 한다. 대략 3,000개의 크고 작은 주들로 이루어져 있다. 그곳 중에 서로 교류가 없는 두 국가에서 살고 있는 사람들이 서로 다른 현상을 보는 경우를 예로 든 것은 동일한 업을 지은 같은 부류의 중생은 그 공업으로 인해 같은 망견을 갖고 같은 세계를 보게 되지만, 그것과 완전히 다른 종류의 업을 지은 다른 부류의 중생은 그것과는 완전히 다른 망견으로 다른 세계를 보게 된다는 것을 말하고자 함이다. 그러므로 인간이 보는 세계와 인간 아닌 다른 중생, 예를 들어 축생이나 천인 또는 지옥중생이 보는 세계는 인간의 기세간과는 완전히 다른 세계가 된다. 이와 같이 공업으로 인해 같은 망견을 갖고 같은 세계를 보는 중생을 중동분(衆同分)이라고

하고, 그들이 갖는 공통의 망견을 동분망견(同分妄見)이라고 한다. 특정한 개인이 갖
는 개별적 망견이 별업망견이고, 중동분의 중생 부류가 함께 갖는 공통의 망견이 동분
망견이다. 인간 개인이 각각 각자의 몸과 마음인 5온을 갖고 그 5온을 자아로 여기는
것이 별업망견이라면, 모든 인간이 함께 공통의 기세간을 공유하면서 그것을 객관적
세계로 여기는 것은 동분망견이라고 할 수 있다.[5]

2) 망견 안의 본각묘명

> 붓다: 아난이여, 내가 이제 당신을 위해 이 두 가지 일로써 나아가고(진) 물러
> 서며(퇴) 종합하여(합) 밝혀보겠습니다.
> 阿難, 吾今爲汝以此二事進退合明.

진(進): 종(宗) - 주장
퇴(退): 유(喩) - 비유
합(合): 합(合) - 종합

'진(進)'은 어떤 사실의 규정 내지 주장으로 인명논리에서의 법(法) 내지 종(宗)에
해당한다. '퇴(退)'는 그 사실 내지 주장을 뒷받침하기 위해 제시되는 예로서 인명논리
의 유(喩)에 해당하고, '합(合)'은 결론의 합을 말한다. 종·인·유는 인명논리에서 논증
형식인 5지작법과 3지작법에서 사용되는 개념이다.[6] 여기에서 두 가지 일은 눈병으로

---

5   『정맥소』는 업(業)의 차이로 인해 각자 상이한 몸을 갖되 그것을 모르는 것이 별업망견이고, 혹(惑)
의 같음으로 인해 공통의 세계를 보면서 그것을 모르는 것이 동분망견이라고 설명한다. 진감, 『정맥소』,
2권, 134쪽 참조.
    별업망견: 자아(아)가 있다는 망견(혹) → 별업(別業) → 정보(正報): 각자의 5온
    동분망견: 세계(법)가 있다는 망견(혹) → 동업(同業) → 의보(依報): 공통의 세계
6   인명논리의 5지작법은 미륵, 무착, 세친 등 유식논사들이 주장한 고인명(古因明)을 말하고, 3지작
법은 진나(陳那, Dignāga, 480-540)가 개선한 작법이다. 진나는 『집량론(集量論)』, 『인명정리문론(因
明正理門論)』 등을 쓴 유식논리학자이다. 5지작법과 3지작법은 각각 다음과 같은 예로 구분할 수 있다.
5지작법:
    종(宗): 소리는 무상하다
    인(因): 만들어진 것이어서
    유(喩): 병과 같이

그림자를 보는 것과 풍토병으로 다른 세계를 보는 것, 다시 말해 별업망견과 동분망견을 말하고, 그 둘을 갖고 진과 퇴로 종합하여 밝힌다는 것은 그 둘을 서로 연관지으면서 설명하여 밝히겠다는 뜻이다.

(1) 별업망견에서 동분망견으로

등그림자를 봄   →   기세간과 유근신을 봄
  (별업망견)   (동분망견)

> 붓다: <별업망견> 아난이여, 저 중생이 별업망견으로 등광에 나타나는 둥근 그림자를 보면, (그것은) 비록 대상처럼 나타나도 결국 저 보는 자의 눈의 적생으로 인해 생긴 것이며, 적생은 곧 견의 피로이지 색으로 만들어진 것이 아닙니다. 그러나 적생을 보는 것에는 결국 견의 허물이 없습니다.
>
> 阿難, 如彼衆生別業妄見矚燈光中所現圓影雖現似境終彼見者目眚所成. 眚卽見勞非色所造. 然見眚者終無見咎.

합(合): 병처럼 소리는 만들어진 것이다
결(結): 소리는 무상하다
3지작법:
 종(宗): 소리는 무상하다
 인(因): 만들어진 것이어서
 유(喩): 동유(同喩) ┌ 유체(喩體): 만들어진 것은 모두 무상하다
          └ 유: 병과 같이
      이유(異喩) ┌ 유체(喩體): 상주하는 것은 모두 만들어진 것이 아니다
          └ 유: 허공과 같이
인도에서 인명학은 다음과 같은 5명(明) 중의 하나이다. 명은 밝힌다는 의미로 학문을 뜻한다.
5명(明):
 1. 성명(聲明): 음운학(音韻學), 성운학(聲韻學: 성-초성, 운-중성과 종성), 중국4성 정리
 2. 인명(因明): 인식론과 논리학. 6파철학 중 하나인 니야야학파(정리론, 정리학파)
 3. 내명(內明): 철학. 우주와 인생의 내면을 연구
 4. 의방명(醫方明): 의학. 병의 원인, 예방, 치료를 연구
 5. 공교명(工巧明): 예술과 기술 및 역산(曆算) 연구

주: 견 ─(견)→ 객: 견연

(눈병자)　↑　(등그림자) : 눈병 = 눈의 피로　－ 목생소성(目眚所成)

견생 = 견견　　　 : 병 아님　　　　　－ 견생자종무견구(見眚者終無見咎)

등그림자는 등 자체, 6진의 색으로 만들어지는 것도 아니고(비등/비경), 눈의 근 자체로 만들어진 것도 아니다(비견/비근). 그림자는 눈에 막이 생기는 눈병이 나면, 그 눈병에 비추어지는 그림자일 뿐이다. 그래서 망견과 그 견의 소연이 모두 눈의 병인 적생으로 인해 생긴 '목생소생'이라고 말한다. 그리고 눈병인 적생 또한 등이나 눈 자체로부터 생겨나는 것이 아니라, 눈의 피로로 인해 생긴 것이다. 눈의 피로로 인해 적생이 생겨 등그림자를 보게 되는 것이다. '적생(막)'을 보는 자에게 견의 허물이 없다(견생자종무견구)'는 것은 앞에서 '적생(막)'을 보는 것은 병이 아니다(견생비병)'라고 한 것과 같은 말이다. 적생을 보는 견의 본체는 병이 아니라는 것이다. 즉 그림자를 보는 병난 눈의 망견 안에도 병나지 않은 견인 진견이 함께 활동하고 있다는 것, 그림자를 보는 견 자체는 그림자 너머에 있기에, 견 자체는 병이 아니라는 것을 강조한 말이다. 그렇게 자신 안에 진견이 있음을 알면, 자신이 보는 것이 망견이라는 것을 알게 된다. 망견 안에 진견이 있으며, 그 망견 안의 진견을 깨닫는 것이 곧 망견을 넘어서는 길이다.

붓다: <동분망견> 예를 들어 당신이 지금 눈으로 산하국토와 여러 중생을 보면, (그것은) 모두 무시이래의 견의 병에 의해 생긴 것입니다. 견과 견의 대상이 눈앞의 대상처럼 나타나도 원래 나의 각명(覺明)의 견에 의해 보여진 적생입니다. 각으로 봄(각견)은 곧 적생이지만, 본래 각명의 마음으로 대상을 깨닫는 것은 적생이 아닙니다.

例汝今日以目觀見山河國土及諸衆生, 皆是無始見病所成. 見與見緣似現前境, 元我覺明見所緣眚. 覺見卽眚, 本覺明心覺緣非眚.

주: 견   ―(망견)→   객: 견연

인간　　　　↑　　　산하국토+중생 : 병　　　－ 견병소성(見病所成) － 각견즉생(覺見卽眚)

각명(覺明)　　　　　　 : 병 아님　 － 본각명심 각연비생(覺緣非眚)

　눈병(별업망견)이 난 자가 등그림자를 보듯이, 중동분으로서의 우리 인간이 산하국
토와 중생을 보는 것은 우리 모두의 공통의 눈병, 즉 '무시이래의 견병'인 동분망견에
의한 것이다. 산하국토는 의보(依報)이고, 중생은 정보(正報)이며, 이것을 바라보는
인간은 중동분이다. 무시이래의 견병은 곧 무시이래의 근본 무명이다. 근본 무명으로
인해 업식이 일어나 견분(見分)과 상분(相分)으로 이원화하며, 중동분의 망견이 견분
이고, 그 망견으로 인해 보여지는 의보와 정보가 상분이다. 견과 견연이 그 자체로 존
재하는 대상처럼 나타나지만, 실은 견병인 무명에 의해 나타나는 결과인 것이다. 즉
인간이 국토와 중생을 보는 것은 눈병이 난 자가 등그림자를 보는 것과 마찬가지로 실
재하는 것을 보는 것이 아니라 중생들의 공통의 업(공업)으로 인해 생겨나는 허망상을
보는 것이다. 능견(견)과 소견(견연)이 모두 실재하는 것이 아니라 공업의 산물인 환
화인 것이다. 눈병으로 인해 생겨나는 그림자와 다를 바 없다. 결국 우리의 망견과 그
망견의 대상으로 나타나는 기세간과 유근신이 모두 현전하는 실재의 대상이 아니라
실은 눈병으로 인해 생겨난 것과 다르지 않다는 것이다. 그런데 별업망견에서 눈병으
로 인해 적생을 보는 망견 안에도 견견의 진견이 활동하고 있는 것처럼 동분망견에서
무명으로 인해 허망한 견연을 보는 망견 안에도 인간 본래의 명, 본각(本覺)의 명인 각
명(覺明)은 함께 활동하고 있다. 대상이 '원래 나의 각명의 견에 의해 보여진' 대상이
라고 말하는 것이 그것이다. 환화의 대상을 보는 것은 적생의 병이지만, 본래 각명의
마음으로 대상을 보는 것은 병이 아니다.

　　붓다: 능각(견)과 소각(견연)은 적생이지만, 각(본각)은 적생 가운데 있지 않습
니다. 이것이 실로 견견(見見)이니, 어찌 다시 각문지견(견문각지)이라고 부르겠
습니까? 그러므로 당신이 지금 나와 당신과 세간과 10류 중생을 보는 것은 모두
견의 적생이지, 적생을 보는 것(견생)이 아닙니다. 저 견(망견)의 참된 정(精)

은 그 성이 적생이 아니므로 견(망견)이라고 부르지 않습니다.

　覺所覺眚, 覺非眚中. 此實見見, 云何復名覺聞知見? 是故汝今見我及汝幷諸世間十類衆生, 皆卽見眚, 非見眚者. 彼見眞精性非眚者故不名見.

능각: 견　─(견)→　소각: 견연　　　: 병(적생)　　　－ 각문지견(견문각지)

（나+너+세간+중생）

각 자체: 본각 = 견견(見見) = 견생　　: 병 아님(비생)　─각비생중(覺非眚中) = 각명
견의 진정(眞精) = 망견의 견정(見精)　　　　　　　 = 견생(見眚) = 견견
　　　　　 = 진견의 견성(見性)

　견의 본체는 본래 망을 떠난 진이다. 이것이 능소를 포괄하는 심의 밝음인 본각명심이다. 이 마음의 본각의 밝음이 본각명이다. 그런데 이 각명을 그런 것으로 알지 못하는 불각 무명(눈병)으로 인해 병든 눈(능각)으로 병든 세계(소각)를 보게 되는 것이다. 내가 나와 너, 세간과 중생을 바라보는 것이 모두 중동분의 동분망견으로 인해 일어난 눈병의 현상인 적생인 것이다. 그렇지만 그러한 무명과 적생의 견 안에도 본래적 각성인 본각 내지 각명이 함께하고 있다. 공업으로 인해 생겨나는 환화를 보는 그 견의 작용 안에도 이미 무명과 업을 넘어선 본각(本覺) 명심(明心)이 활동하고 있는 것이다. 이것이 적생을 넘어 적생을 보는 견생(見眚)이고, 망견을 넘어 그 견을 보는 견견(見見)이다. 이와 같이 무명에 물든 눈병 대상을 반연하는 견문각지의 망견 안에도 그 망견의 병을 넘어선 참된 견인 견견의 견이 함께하고 있는 것이다. 능소로 분별된 각(견문각지의 견)은 병이지만, 그 둘의 분별을 넘어선 각(견견)은 병이 아니다. 눈병을 알지 못하고 볼 때는 병중에 있는 것이지만, 눈병의 막을 보는 것 자체가 이미 병을 넘어서 있는 것이다. 망견 안에서 작동하는 진견, 즉 적생을 보는 '견생'이 바로 망견의 참된 정수인 진정(眞精)이고, 이것이 곧 견정(見精)이다. 망견의 진체인 이 참된 견정이 바로 견생이고 견견(見見)이니, 이를 견(망견)이라고도 부르지 않는다는 것이다.

(2) 한 집단의 동분망견에서 모든 인간의 동분망견으로

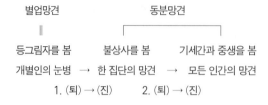

별업망견   동분망견
   ‖
등그림자를 봄   불상사를 봄   기세간과 중생을 봄
개별인의 눈병   →   한 집단의 망견   →   모든 인간의 망견
      1. (퇴) → (진)   2. (퇴) → (진)

> 붓다: <일국인의 망견> 아난이여, 저 중생의 동분망견을 저 별업망견의 한 사람에 비교하면, 눈병 난 한 사람이 저 한 나라와 같습니다. 그가 본 둥근 그림자는 적생으로 인해 허망하게 생긴 것이고, 이 중동분에 나타나는 상서롭지 못한 것은 동일한 견업의 풍토병으로 인해 생긴 것이니, 모두 무시이래의 견의 허망함으로 인해 생긴 것입니다.
>
> 阿難, 如彼衆生同分妄見, 例彼妄見別業一人, 一病目人同彼一國. 彼見圓影眚妄所生, 此衆同分所現不祥同見業中瘴惡所起, 俱是無始見妄所生.

<망인(妄因)>   <망과(妄果)>
능례: 개인: 별업/눈병   —(견)→ 둥근 그림자 ┐
                                            ├ 무시견망소생(無始見妄所生)
소례: 일국인: 동견업/장악 —(견)→ 불상의 것들 ┘

한 사람이 눈병으로 등그림자를 보는 것이 별업망견이라면, 한 지역 사람 모두가 풍토병(장악)으로 상서롭지 못한 현상들을 함께 보는 것은 동분망견이다. 그렇듯 견과 견연을 규정하는 망견은 한 개인에 국한된 것이 아니라, 공통의 업을 함께 지은 중생이면 그 공통의 보를 함께 나누게 되는 것이며, 따라서 일정 범위의 중생이 공유하는 망견이기도 하다. 어느 경우이든 망견으로 인해 보는 것은 견의 허망함으로 인해 그렇게 보여지는 것이지 실체성이 있는 것이 아니다.

> 붓다: <모든 중생의 망견> 염부제의 3천주와 4대해와 사바세계와 시방 모든 유

루국토와 모든 중생에 비유하면, 모두 각명무루의 묘심이 견문각지의 허망한 병의 연(緣)과 화합하여 허망하게 생겨나고 화합하여 허망하게 죽는 것입니다.

例閻浮提三千洲中兼四大海娑婆世界幷洎十方諸有漏國及諸衆生, 同是覺明無漏妙心, 見聞覺知虛妄病緣和合妄生和合妄死.

```
              〈견〉           〈견연〉
능례:   개인:   ─〈견〉→ 둥근 그림자
소례1:  일국인   ─〈견〉→ 불상의 것들
소례2: 모든 사람  ─〈견〉→ 모든 국토 + 모든 사람       - 견문각지 허망병연 화합망생 화합망사
          견문각지: 〈병연〉망(妄)
                 ↑
       각명묘심의 본각: 〈소의〉진(眞)            - 각명무루묘심(同是覺明無漏妙心)
```

일국의 사람 전체가 공통의 풍토병으로 인해 상서롭지 못한 경계를 바라보듯이, 모든 인간이 모두 공통의 인연을 따라 세간국토와 모든 인간을 본다. 우리가 정보와 의보를 보게 되는 것은 모두 우리 자신의 견문각지의 병의 인연 때문이다. 견문각지의 병은 우리 자신의 근(根)이 갖는 제한성을 뜻한다. 근의 제한에 따라 경(境)이 보여지는 것이므로 우리가 보는 일체 경계, 중생세간과 국토세간이 모두 우리 자신의 견문각지의 병을 인연으로 해서 허망하게 나타난 것이다. 일개인이 자신의 눈병으로 인해 등 그림자를 보고, 일국인이 공통의 풍토병으로 인해 상서롭지 못한 것들을 보듯이, 모든 인간은 인류 공통의 견문각지의 병으로 인해 정보(중생 자신)와 의보(기세간)를 보며, 그렇게 보여지는 정보와 의보는 그런 인연과 화합하여서 생하고 또 멸하는 것이다. 그러면서도 앞에서 논해왔듯이 허망한 연은 견문각지의 병이지만, 그 병으로 인해 생겨나거나 그 병으로 인해 없어지지 않는 무루의 본각(本覺) 묘명(妙明)의 마음이 그 근거로 활동하고 있음을 다시 강조한다. 허망한 생멸현상 안에 그것을 가능하게 하는 그 자체 불생불멸하는 무루의 각명묘심이 함께 활동하는 것이다. 그래서 '무루의 각명묘심이 견문각지의 인연과 화합하여' 생멸하는 허망상이 나타난다고 말한다. 그러므로 이러한 인연과의 화합 및 불화합을 모두 떠나면, 다시 생멸의 차원을 넘어 상주하는 청정심의 본각을 발견하게 된다.

> 붓다: 만약 ① 화합연과 ② 불화합을 멀리 떠날 수 있으면 곧 ① 모든 생사의 원인을 다시 없애고 ② 보리와 불생불멸성을 원만하게 하여 청정한 본심의 본각(本覺)이 상주할 것입니다.
> 若能遠離諸和合緣及不和合, 則復滅除諸生死因, 圓滿菩提不生滅性, 淸淨本心本覺常住.

병연(화합+불화합)을 떠남:

　① 화합연(생사에 머묾)을 떠남: 생사인을 멸제

　② 불화합(생사를 떠남=적멸에 머묾)을 떠남 ┌ 〈보리〉를 원만히　　　　→ 본각 상주
　　　　　　　　　　　　　　　　　　　　　　└ 불생멸성〈열반〉을 원만히 → 본심 청정

　　견문각지의 병연과 화합하여서 중생은 태어나고 죽고, 세간 만물은 생하고 멸한다. 범부는 병연과 화합하여 업을 짓고 윤회의 보를 받으면서 화합을 떠나지 못한다. 반면 2승은 생사를 떠나 적멸에 도달함을 열반이라고 생각하고 불화합을 지향한다. 범부는 생사에 매이고, 2승은 적멸에 매인다고 할 수 있다. 그러나 대승은 병연과의 화합과 불화합, 생사와 적멸을 다른 차원으로 보지 않는다. 그래서 화합연과 불화합연을 모두 멀리 여읜다고 말한다. 『정맥소』는 화합과 불화합을 멀리 떠남을 이렇게 설명한다. "멀리 떠남은 고과가 모두 업으로부터 초래되어 허망하게 불러들이고 허망하게 나타내는 줄 알아서 모든 업을 짓지 않고 세간에 태어나는 인연을 끊는 것이니, 이것이 모든 '화합을 멀리 떠남'이다. 또 중생으로 태어나지도 않고 노사(老死)도 없는 것이 '불화합을 멀리 떠남'이다. 만약 2승을 겸해서 논하면, 3계 안을 실유로 보지 않는 것이 '화합을 떠남'이고, 3계 밖을 참된 멸로 보지 않는 것이 '불화합을 떠남'이다. 이렇게 되면 업도와 과도 두 길이 먼저 그칠 것이다."[7]

　① 병연과의 화합을 떠남: 생사에의 집착을 떠남/ 계내를 실유로 보지 않음　– 생사의 부정
　② 병연과의 불화합을 떠남: 적멸에의 집착을 떠남/ 계외를 진멸로 보지 않음 – 생사의 부정의 부정

7　진감, 『정맥소』, 2권, 182-83쪽.

　　우리를 생사윤회로 이끄는 병연의 뿌리는 근본무명이다. 이 무명과 화합함으로써 각명의 무루에 머무르지 못하고 생사를 반복하며 윤회한다. 이 생사윤회를 벗어나는 길은 무명과의 화합을 떠나는 것이다. 무명과의 화합을 떠나 무명에 물들지 않은 무루의 각명묘심을 발견하는 것이다. 이것이 '화합을 떠남'이다. 그런데 우리가 경험하는 세계는 우리의 마음을 떠난 마음 밖의 세계가 아니라 바로 우리 마음의 각명묘심이 만든 세계이고 그 마음이 보는 세계이다. 이 점에서 원묘명심의 회복은 곧 그 마음이 만든 일체 현상을 수용하게 한다. 원묘명심의 발견은 세계의 부정이 아니라 세계의 수용으로 이끈다. 세계와의 화합을 떠나되 이승처럼 세계를 등지고 적멸을 추구하지 않고 세계로 돌아온다. 이것이 '불화합을 떠남'이다. 다시 말해 생사윤회의 현상적인 것들에서부터 본각으로 나아가기 위해서는 그것이 현상적인 것들의 인연화합의 산물이 아니라는 것, 화합이 아니라는 것을 아는 것이 필요하다. 이것이 곧 '화합상을 떠남'이다. 그런데 그 본각으로부터 다시 현상을 포괄하기 위해서는 원묘명심의 본각이 일체 현상을 가능하게 하는 현상의 근거라는 것, 현상과 비화합이 아니라는 것을 아는 것이 필요하다. 이것이 곧 '비화합상을 떠남'이다. 화합상을 떠남으로써 생사인을 없애고, 비화합상을 떠남으로써 지혜를 얻고 참된 불생멸성을 얻는다. 이처럼 본각묘명은 무명이 있거나 없거나, 번뇌가 있거나 없거나와 상관없이 언제나 거기 그렇게 있는 것이다. 본래 있는 본각을 깨닫는 것이 진정한 깨달음이다. 본각은 화합상뿐 아니라 불화합상도 떠난 자리에서 드러난다.

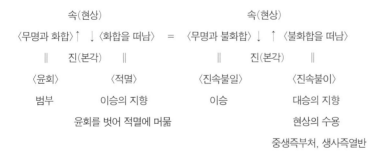

속(현상)		속(현상)	
〈무명과 화합〉↑ ↓〈화합을 떠남〉	=	〈무명과 불화합〉↓ ↑〈불화합을 떠남〉	
‖ 진(본각) ‖		‖ 진(본각) ‖	
〈윤회〉 〈적멸〉		〈진속불일〉 〈진속불이〉	
범부 이승의 지향		이승 대승의 지향	
윤회를 벗어 적멸에 머묾		현상의 수용	
		중생즉부처, 생사즉열반	

줄기·잎·꽃/그림/색/다(多)/개별자

〈화합을 떠남〉 ↓ ↑ 〈불화합을 떠남〉

생명/도화지/빛/일(一)/신(神)

〈불일/불상잡〉　　〈불이/불상리〉[8]

소승은 화합상을 떠나고 불화합상에 머무른다면, 대승은 화합상을 떠나고 불화합상도 떠나 무루의 각명묘심에 머무른다. 이것은 대승이 우리가 사는 이 기세간이 무루 본각이 만든 가상이라는 것, 유루의 기세간과 무루의 열반도 모두 마음을 떠난 것이 아니라는 것, 한마디로 법공 내지 유식(唯識)을 알기 때문이다. 그러므로 화합을 떠나 생사인을 멸하고, 불화합을 떠나 보리와 참된 의미의 불생불멸성을 원만하게 한다고 말한다. 이렇게 보면 화합상을 떠남과 불화합상을 떠남은 각각 번뇌장인 아집의 극복과 소지장인 법집의 극복에 해당한다. 이런 의미에서 화합상은 6추상에, 불화합상은 3세상에 연결될 수 있다.[9]

진심의 본각 ┌ 화합연을 떠남   – 생사인을 제거: 열반을 증득 – 아집(번뇌장/6추상)을 각(覺)
          └ 불화합연을 떠남 – 무명인을 제거: 보리를 증득 – 법집(소지장/3세상)을 각(覺)

『계환해』는 "화합상은 일월(日月)이나 등(燈)을 말미암은 연후에 견이 있게 되는 것을 말하고, 불화합상은 명암통색을 말미암지 않고 있는 것이다"[10]라고 말하며, 화합상과 불화합상을 기신론의 6추상과 3세상과 배대하여 이렇게 설명한다. "화합은 경계로 인해 일어나는 망념 추상(妄念 麤相)이고, 불화합은 연을 여의고 홀로 일어나는 법집 세상(法執 細相)이다."[11] 화합상은 경계상에 상응해서 일어나는 상응염(相應染)인 6추상(麤相)이고, 불화합상은 상응하는 바 없이 경계상을 형성해내는 불상응염인 3세상(細相)에 해당한다는 것이다.

---

8   서양철학의 개념으로 말하자면, 불일과 불상잡의 입장은 '외적 초월'을 고수하는 정통 스콜라철학의 '무로부터의 창조'와 비교될 수 있고, 불이와 불상리의 입장은 '내적 초월'을 주장하는 신비주의철학자들의 '신으로부터의 유출'과 비교될 수 있다.

9   3세상(細相)은 아뢰야식에 의해 형성되는 무명업상(無明業相)과 전상(轉相)과 현상(現相)이다. 업상과 전상을 거쳐 나타나는 현상인 경계상, 즉 아뢰야식의 상분이 바로 우리 각각의 중생의 몸(유근신/정보)과 그 중생들이 모두 함께 그 안에 살게 되는 세계(기세간/의보)이다. 본각명심이 무명업상으로 인해 망견(견분)과 망견연(상분)으로 분화하여 기세간과 각각의 유근신을 형성한다. 이러한 경계상에 의거해서 6추상이 형성된다. 즉 각각의 유근신의 의(意)인 제7말나식이 스스로를 자아 내지 상속하는 자아로 여기는 지상과 상속상이 형성되고 다시 의가 경계상을 연하여 일어나는 견문각지의 제6의식의 활동에 따라 집취상과 계명자상이 형성되며, 결국 그러한 상에 따라 업을 짓고 보를 받는 기업상과 업계고상이 형성된다. 이처럼 6추상은 세상(細相)인 경계상에 기반하여 형성된다.

10   일귀 역, 『수능엄경』, 148쪽, 주292.

11   일귀 역, 『수능엄경』, 160쪽, 주320.

세간의 견 ┌ 화합연 = 상응염(6추상)
        └ 불화합연 = 불상응염(3세상)

　병연을 따라 형성되는 것에 머무르지 않고 그것으로부터 멀리 떠나는 것이 곧 본각을 회복하는 길이다. 6추상을 여의는 것은 아공을 증득하여 아집을 극복하는 것이며, 이로써 일체 번뇌장을 떠나 생사윤회를 벗어나게 된다. 3세상을 여의는 것은 법공을 증득하여 법집을 극복하는 것이며, 이로써 일체 소지장을 떠나 보리지혜를 얻게 된다. 그러므로 화합연과 불화합연을 여의면 생사인을 멸제하고 보리를 증득하여 청정한 본심의 본각에 이른다고 말한다.

제1의의 견: 본각 ┌ 화합연(6추상)을 여읨 = 번뇌장 극복/열반 증득
            └ 불화합연(3세상)을 여읨 = 소지장 극복/보리 증득

　화합의 연을 따라 윤회하여 6취에 태어나므로 화합연을 떠난다는 것은 윤회하여 태어나지 않는다는 뜻이며, 불화합연을 떠난다는 것은 그렇다고 해서 일체 윤회가 멎은 적멸에 머무르지도 않는다는 뜻이다. 무루의 묘명심은 화합이나 비화합, 윤회나 적멸 너머에 있는 것이다. 무루의 본심 내지 본각을 회복하는 길은 화합과 불화합을 함께 떠나는 것이다. 이하에서는 무루 묘명심의 본각이 화합도 아니고 비화합도 아니라는 것을 밝혀 그 둘을 벗어나게 한다.

3) 견성은 화합도 비화합도 아님

　붓다: 아난이여, 당신은 비록 앞서 본각묘명의 성이 인연도 아니고 자연도 아닌 성이라는 것은 깨달았지만, 이와 같은 각의 근원이 화합으로 생긴 것도 불화합으로 생긴 것도 아님을 아직 분명히 알지 못합니다.
　阿難, 汝雖先悟本覺妙明性非因緣非自然性, 而猶未明如是覺元非和合生及不和合.

망견(견문각지의 견): 인연
　　　　↑
진견(본각): 인연도 자연도 아님, 화합이나 불화합으로 생긴 것도 아님

앞에서 두 가지 망견을 설명하기 시작하는 부분에서 아난은 붓다에게 "세존께서 우리들을 위해 인연과 자연, 화합상과 불화합상을 말씀해주셨지만, 마음이 아직 열리지 않았습니다"라고 말하였다. 그 후 지금까지 진견이 자연도 아니고 인연도 아니라는 것을 설명하였지만, 그러한 진견의 본각묘심이 화합으로 생긴 것도 아니고 불화합으로 생긴 것도 아니라는 것은 아직 분명하게 논하지 않았기에, 이하에서는 그 점을 밝히려고 한다. '각의 근원(각원)'은 수행을 통해 얻어지는 시각(始覺)을 포함한 일체 각의 근원을 말하며, 망견인 견문각지의 바탕이 되는 진견인 본각을 의미한다. 여기에서 본각이 화합으로 생긴 것이 아니라는 것은 본각이 현상적인 것들의 인연화합으로 생겨난 것이 아니라는 말이고, 불화합으로 생긴 것이 아니라는 것은 본각이 그렇다고 일체 현상과 무관한 것도 아니라는 말이다. 본각이 세상의 일체 현상적인 것들과 달리 화합도 아니고 불화합도 아닌 것은 본각이 일체 현상과는 다른 차원의 것이기에 화합이냐 아니냐를 논할 수 없다는 것을 의미한다. 현상의 바탕 내지 근원은 그 위에 등장하는 일체 현상적인 것들과 하나도 아니고 하나가 아닌 것도 아닌 불일불이의 관계에 있기 때문이다.

(1) 섞임(和)도 합함(合)도 아님

> 붓다: 아난이여, 내가 이제 다시 앞의 대상을 갖고 당신에게 묻겠습니다. 당신은 지금 일체 세간에서 망상으로 화합하는 인연성을 갖고서 지혜를 증득하는 마음도 화합하여 일어난다고 스스로 의혹합니다.
> 阿難, 吾今復以前塵問汝. 汝今猶以一切世間妄想和合諸因緣性, 而自疑惑證菩提心和合起者.

추상 + 세상: 망상화합의 인연성

↑

보리 증득의 마음 = 본각: 화합하여 일어나는 것이 아님!

앞에서 각의 근원인 '각원'이라고 부른 것을 여기에서는 보리를 증득하는 마음인 '증보리심'으로 칭하였다. 보리의 증득을 일으키고 성취하는 마음이 바로 본각의 마음이기에, 증보리심은 곧 본각을 의미한다. 세간 일체를 설명하는 인연설을 절대화하여 세간의 질서를 넘어선 본각까지도 인연법으로 설명하려는 것에 대한 비판이다. 본각은 그냥 그 자체로 이미 완전하고 원만하게 두루 존재하는 것이지, 어떤 것을 인연으로 해서 또는 어떤 것과 화합해서 비로소 생기는 것이 아니라는 것이다. 여기에서는 화합을 화와 합으로 나누어서 논한다. 화(和)는 서로 다른 것들이 어울려 섞이는 것이고, 합(合)은 서로 합하여 하나가 되는 것이다. 본각이 현상적인 것들과 서로 섞이거나 합해서 일어나는 것이 아닌 것은 본각이 현상적인 것들과 같은 차원의 것이 아니기 때문이다. 화합, 즉 섞임(화)이나 합함(합)은 같은 차원에 존재하는 것들이 서로 떨어져(離) 있다가 다시 서로 즉(卽)하여서 섞이거나 합하게 되는 것이다. 그런데 견의 핵심인 견정(見精), 진견 내지 본각은 현상세계에 드러나는 것들, 서로 상대가 있는 것들, 명과 암 또는 통과 색 등과 같은 차원에 존재하는 것이 아니며, 따라서 그런 상대적인 것들과 함께 섞이거나 합할 수 있는 것이 아니다. 이하에서는 견이 다른 무엇과 섞이거나 합하는 것이 아니라는 것을 차례로 밝힌다.

⟨가⟩ 섞이면(和), 견과 명이 섞여서 a. 견 아니면 못 보고, b. 견이면 견이 견을 보는 게 됨
⟨나⟩ 합하면(合), 견과 명이 합하여 하나가 되면, 그 견은 암을 못 보게 됨

가. 섞임(和)도 아님

붓다: 당신의 지금 묘하고 청정한 견정은 밝음과 섞입니까, 어둠과 섞입니까? 통함과 섞입니까, 막힘과 섞입니까? 만약 (견정이) 밝음과 섞인다면, 당신이 밝음을 볼 때는 응당 밝음이 눈앞에 나타나는데, 어디에 견이 섞여 있습니까? 견의 모습을 가려낼 수 있다면, 섞인 것은 어떤 형상입니까? ① 만약 (섞인 것이) 견이 아니라면, 어떻게 견이 밝음을 봅니까? ② 만약 (섞인 것이) 견이라면, 어떻게 견이 견을 봅니까?

則汝今者妙淨見精, 爲與明和爲與暗和? 爲與通和爲與色和? 若明和者, 且汝觀明當明現前, 何處雜見? 見相可辯, 雜何形像? ① 若非見者, 云何見明? ② 若卽見者, 云何見見?

견이 명과 섞인다면, 그 섞인 것은 어떤 형상인가?
　①섞인 것이 견이 아니면(비견), 그게 어떻게 명을 보는가?
　②섞인 것이 견이면(즉견), 견이 어떻게 견을 보는가?

묘정견정은 망견의 본체 내지 진체이다. 일상의 망견의 바탕에서 함께 작용하는 진견, 즉 본각묘명이다. 그런 진견 내지 본각이 무엇과 섞인 것이겠는가를 묻는다. 견이 무엇인가와 섞인다면, 진견을 이루기 위해 함께 섞이는 것은 과연 무엇인가? 명이나 암, 통이나 색인가? 우리가 무엇인가를 볼 때는 일단 밝아야 한다. 그러므로 견이 밝음과 섞여야 보는 것이 아닐까 생각하게 된다. 그렇다면 우리가 밝은 것들을 볼 때, 밝음은 우리 눈앞에 현전하는데, 〈견과 명〉이 섞인 그 결과물은 어떤 모습인가? ①만약 섞인 결과가 비견이라면, 밝음과 섞인 것이 견이 아니게 되니, 그럼 어떻게 밝음을 볼 수 있겠는가? 다시 말해 섞인 것 안에 명만 있고 견이 없다면, 즉 명과 견이 떨어져 있다면(리離), 섞인 결과의 시선이 견이 아니니, 그 시선은 명도 보지 못할 것이다. ②반대로 섞인 결과가 곧 견이라면, 섞여서 밝은 것을 볼 때 결국 견이 견을 본다는 말이 된다. 다시 말해 명과 함께해서 그것이 견이 된다면, 즉 명과 견이 즉(卽)이라면, 명을 볼 때 견이 견을 본다는 말이 된다. 그런데 견이 견을 본다고 할 수는 없다는 것이다. 이와 같이 견이 명과 섞여서 보는 것이라고 하면, 그렇게 섞인 것(견+명)은 견이 아니어도 문제고, 견이어도 문제다. 견이 아니면, (명을) 보지 못하니 문제이고, 견이면, 견이 견을 보는 것이 되니 문제이다. 그러므로 견은 명과 섞여서 성립하는 것이 아니라는 것이다. 견의 진체인 진견 내지 본각은 밝음과 함께 섞여서 나타나는 현상 차원의 것이 아니라는 말이다.

붓다: 필히 견이 두루 차 있다면, 어느 곳에서 밝음과 섞일 수 있겠습니까? 만약 밝음이 두루 차 있다면, 견과 어울리는 것은 합당하지 않습니다. 견은 필히 밝음과 다른 것이므로, (견이 명과) 섞인 것이라면 곧 그 성품이 밝음이라는 이름을 잃을 것입니다. 섞여서 밝음의 성품을 잃는다면, 밝음과 섞이는 것이 의미가 없습니다. 이외에 어둠과 통함과 여러 막힘 또한 이와 같습니다.

> 必見圓滿, 何處和明? 若明圓滿, 不合見和. 見必異明, 雜則失彼性明名字. 雜失明性, 和明非義. 彼暗與通及諸群塞亦復如是.

견 + 명 = 견정: 견정을 명이라고 말할 수 없게 됨
물 + 토 = 진흙: 물과 토가 각각의 이름을 잃고 다른 이름이 됨

두 가지가 섞이려면 하나가 있지 않은 곳에 다른 하나가 있다가 둘이 서로 섞이는 것이어야 한다. 그런데 만일 견이 두루 차 있다면, 일체가 이미 견으로 되어 있는데, 밝음이 어디에 있다가 들어와서 견과 섞일 수 있겠는가? 또는 밝음이 두루 차 있다면, 이미 모든 곳에 밝음이 있으니 견이 어디에 있다가 들어와서 밝음과 섞일 수 있겠는가? 견과 명을 구분하고서 둘이 섞인다고 하면, 어느 하나도 그대로 유지되지 않는다. 이름을 잃는 것에 대해 『정맥소』는 "물이 흙(土)과 섞이면 진흙(니泥)이라고 따로 이름 붙이는 것과 같다"[12]고 말한다. 즉 견정이 명과 섞여서 비로소 견정이 되는 것이라면, 그렇게 섞인 것(견정)을 그대로 명이라고도 할 수 없다는 것이다. 즉 진견에 '묘명견'이라고 이름 붙일 수도 없게 된다. 그러나 그런 식으로 견정이 명이 아니라면, 견정이 명과 섞인 것이라고 말하는 것도 의미가 없게 된다. 이상은 진견이 우리가 일상적으로 분별하는 명과 암 중의 명을 인연으로 해서, 즉 명과 섞여서 일어나는 것이 아니라는 것을 말한다. 본각인 진견은 그 자체로 존재하는 것이지, 어떤 것을 인연으로 해서, 인연과 화합해서 비로소 견으로 성립하는 것이 아니다. 이처럼 본각의 견이 다른 것들과 섞여서 만들어진 것이 아니라는 것은 밝음에 대해서뿐 아니라 어둠이나 통함이나 막힘에 대해서도 마찬가지이다.

나. 합함(合)도 아님

붓다: 다시 아난이여, 또 당신의 지금의 묘하고 청정한 견정은 밝음과 합합니까, 어둠과 합합니까? 통함과 합합니까, 막힘과 합합니까? 만약 (견정이) 밝음

과 합한다면, ① 어두울 때에는 밝은 모습이 이미 소멸하여 이 견이 어떤 어둠과도 합하지 못할 텐데, 어떻게 어둠을 봅니까? ② 만약 어둠을 볼 때 어둠과 합하여 보는 것이 아니라면, a. 밝음과 합하는 것이 곧 밝음을 보는 것도 아닐 것입니다. b. 이미 밝음을 보지 않는다면, 어떻게 밝음과 합한다고 하고, 밝음이 어둠이 아님을 알겠습니까? 저 어둠과 통함 내지 모든 막힘 또한 이와 같습니다.

아난: (붓다에게) 세존이여, 제가 생각해보니 이 묘각의 근원은 모든 대상과 마음과 념려(念慮)와 섞이지도 합하지도 않습니다.

復次阿難, 又汝今者妙淨見精, 爲餘明合爲與暗合? 爲與通合爲與塞合? 若明合者, ① 至於暗時明相已滅, 此見卽不與諸暗合, 云何見暗? ② 若見暗時不與暗合, a. 與明合者應非見明. b. 旣不見明, 云何明合, 了明非暗? 彼暗與通及諸群塞亦復如是.

(阿難白佛言) 世尊, 如我思惟此妙覺元與諸緣塵及心念慮非和合耶.

견이 밝음(명)과 합한다면,
　① 어두우면 (밝음과 견이 함께) 없어져서, 어둠을 못 보게 됨
　② 어둠과 합하지 않고 어둠을 본다면, 즉 합하지 않고 본다면,
　　a. 밝음과 합하여 밝음을 보는 것도 아님
　　b. 밝음을 안 보면, 밝음과 합해 견이 된다고 할 수 없고, 명과 암을 구분도 못 함

화(和)가 서로 다른 둘이 섞여 있는 것이라면, 합(合)은 서로 다른 둘이 합하여서 하나가 되는 것이다. 본각인 진견은 다른 것들과 합해서 일어나는 것인가? 견은 밝음과 합하는 것인가? 견이 밝음을 볼 때 밝음과 합하여서, 즉 밝음과 하나가 되어서 밝음을 보는 것이라면, ① 어두워져서 밝음이 사라지면, 밝음과 합한 견도 함께 사라져 없고, 그러면 견이 어둠과 합할 수도 없어 어둠을 볼 수도 없게 된다. 그러나 우리는 실제로 어둠도 보므로 결국 견정이 밝음과 합해서 일어나는 것으로 간주할 수 없다. ② 이에 대해 어둠과 합하지 않고도 어둠을 볼 수 있다고 반박한다면, 다시 반론하기를 a. 만일 어둠을 보되 어둠과 합하지 않고 어둠을 보는 것이라면, 합하지 않고서도 견이 성립한다는 말이 된다. 그렇다면 밝음과 합한다고 밝음을 보는 것도 아니라는 말이 된다. 그렇다면 견이 밝음과 합한다는 것이 무슨 의미가 있는가? b. 나아가 그렇게 밝음을 보지 않는다면, 밝음과 어둠을 어떻게 구분하여 알 수 있는가? 결국 견정은 밝음과 합하

여 성립하는 것으로 논할 수 없다는 것이다. 그리고 이 점은 밝음뿐 아니라 어둠이나 통함이나 막힘에 대해서도 다 마찬가지가 된다. 이와 같이 묘각의 근원인 본각(本覺)은 우리에게 본래 있는 것이지 무엇인가 화합함으로써 생겨나는 것이 아니다. 화합요인이 되지 않는 것으로서 아난은 대상들과 마음의 작용들을 언급하고 있다. 심은 6식의 체를 말하고, 념(念)과 려(慮)는 6식의 용을 뜻한다. 견의 근원이 다른 인연인 어떤 것과도 섞이지도 합하지도 않음을 강조한 것이다.

(2) 섞이지 않음(비화)도 합하지 않음(비합)도 아님

> 붓다: 당신이 이제 다시 각이 섞이지도 합하지도 않는다고 말하니, 내가 다시 당신에게 묻겠습니다.
> (佛言) 汝今又言覺非和合, 吾復問汝.

본각인 견 자체는 다른 인연인 명·암·통·색 등과 화합하지 않는다. 그렇다면 견은 명·암·통·색과 구분되는 것으로서 그것들과 따로 떨어져 있고, 그래서 화합하지 않는 것일까? 이하에서 견은 인연과 화합하는 것도 아니지만, 그렇다고 화합하지 않는 것도 아니라고 논한다. 즉 다른 인연들과 섞이는 화(和)가 아닌 것도 아니고, 합하는 합(合)이 아닌 것도 아니라는 것이다.

(가) 섞이지 않으면(非和), 경계선이 있어야 함
(나) 합하지 않으면(非合), 서로 무관해야 함

가. 섞이지 않음(非和)도 아님

> 붓다: 이 묘한 견정이 화합이 아니라면, 밝음과 섞이지 않습니까, 어둠과 섞이지 않습니까? 통함과 섞이지 않습니까, 막힘과 섞이지 않습니까? 만약 (견정이) 밝음과 섞이지 않는다면, ① 견과 밝음 사이에 반드시 경계선이 있을 것입니다.

당신이 또 잘 관찰해보면, 어디까지가 밝음이고 어디까지가 견입니까? 견이 있고 밝음이 있는 어디에서부터 경계선이 있습니까? 아난이여, ② 만약 밝음이 있는 곳에 반드시 견이 없다면, 그런즉 서로 미치지 못할 것이고, 스스로 그 밝음의 모양이 있는 곳을 알지 못할 텐데, 경계선은 어떻게 성립합니까? 저 어둠과 통함과 모든 막힘도 또한 이와 같습니다.

此妙見精非和合者, 爲非明和爲非暗和? 爲非通和爲非色和? 若非明和, ① 則見與明必有邊畔. 汝且諦觀何處是明何處是見? 在見在明自何爲畔? 阿難, ② 若明際中, 必無見者, 則不相及, 自不知其明相所在, 畔云何成? 彼暗與通及諸群塞亦復如是.

견이 밝음과 섞이지 않는다면,
  ① 견과 명이 분리되어 있고, 둘 사이에 경계선이 있어야 함
  ② 견과 명이 서로 분리된다면, 견이 명을 보지 못함

앞에서 본각이 현상적인 것들, 명이나 암 등과 섞이거나 합하는 것이 아님을 논하였고, 여기에서는 그렇다고 해서 본각이 현상적인 것들, 명이나 암 등과 화합하지 않는 것도 아님을 논한다. 비화합도 아니라는 것에 대해서도 화와 합을 나누어 여기에서는 우선 화(和)가 아닌 것도 아님을 밝힌다. ① 둘이 서로 섞이지 않는다는 것은 둘을 구분 짓는 둘 간의 경계선인 변반(邊畔)이 나타난다는 것이다. 견과 밝음이 섞이지 않는다면, 그 둘이 서로 다른 것으로 구획 지어지면서 그 둘 사이에 경계선이 있어야 한다. 둘 사이에 경계선이 있다면, 견과 밝음이 마주한 경계선을 찾아내어 어디까지가 밝음이고 어디까지가 견인지를 분별할 수 있어야 할 것이다. 그렇지만 실제 그런 경계선은 없다. 그러니 견과 밝음이 서로 섞이지 않은 채 나란히 있는 것도 아니다. ② 견과 밝음이 섞여서 밝음이 있는 곳에 견도 함께 있는 것이 아니라면, 견과 밝음은 서로 떨어져 있어 맞닿지 않으니까 결국 견이 밝음에 미치지 못하며 따라서 밝음을 보지 못할 것이다. 그러나 실제로 우리는 밝음을 보니, 우리의 견이 밝음과 섞이지 않는 것도 아닌 것이다.

나. 합하지 않음(非合)도 아님

　붓다: 또한 묘한 견정이 화합이 아니라면, 밝음과 합하지 않습니까, 어둠과 합하지 않습니까? 통함과 합하지 않습니까, 막힘과 합하지 않습니까? 만약 (견정이) 밝음과 합하지 않는다면, 견과 밝음의 성과 상이 서로 어그러지는 것이 마치 귀와 밝음이 서로 접촉하지 못하는 것과 같아서 견이 밝은 모양이 있는 곳을 알지 못할 것입니다. 어떻게 합함과 합하지 않음의 이치를 밝힐 수 있겠습니까? 저 어둠과 통함과 모든 막힘도 또한 이와 같습니다.

　又妙見精非和合者, 爲非明合爲非暗合? 爲非通合爲非色合? 若非明合, 則見與明性相乖角如耳與明了不相觸, 見且不知明相所在. 云何甄明合非合理? 彼暗與通及諸群塞亦復如是.

견이 밝음과 합하지 않는다면, 귀와 밝음의 따로 있음과 뭐가 다른가?

현상사물: 명암통색 － 상 ┐
여래장성: 묘견정 　－ 성 ┘ 　성-상의 관계: 비합이 아니어야 성상이 어그러지지 않음

　묘견정이 명암통색과 섞이지 않는 것이 아니듯이, 합하지 않는 것도 아니라고 논한다. 합하지 않는다는 것은 서로 완전 무관한 것으로 남아 서로 접촉하지도 만나지도 않는다는 뜻이다. 견이 밝음과 합하지 않는 것이라면 그 둘이 서로 따로 있는 것인데, 그건 마치 귀와 밝음이 따로 있는 것과 다를 바가 없게 된다. 그렇다면 귀가 밝음을 모르듯 견도 밝음에 대해 알지도 못하게 되며, 그럴 경우 견이 밝음과 함께 있는지 아닌지도 알지 못하게 된다. 결국 둘이 합하지 않는다는 주장도 성립하지 않는다는 것이다. 이와 같이 묘각명심의 본각은 일체 현상적인 여건들과 인연화합하는 것도 아니고, 그렇다고 그런 여건들과 완전히 무관한 별개의 것으로 따로 떨어져 있는 것도 아니다. 현상적인 것들과 동일 차원의 것이 아니기에 그들과 하나도 아니고, 현상적인 것들과 무관한 것도 아니기에 그들을 떠나 있는 것도 아닌 것이다. 즉 본각은 현상적인 것들과 하나도 아니고 둘도 아니다. 불일(不一) 불이(不異)이고, 부즉(不卽) 불리(不離)이며, 불상잡(不相雜) 불상리(不相離)인 것이다. 지금까지 논한 묘각명심의 본각(本覺) 내지 견의 진체로서의 견성(見性)은 이하에서는 일체 생사의 유루 번뇌를 넘어 여래가

될 수 있는 가능성이라는 의미에서 '여래장(如來藏)'이라고 불린다. 여래장은 현상과 하나도 아니고 현상과 다른 것도 아니며, 따라서 현상과 불일불이의 관계에 있다.

2. 제법의 여래장성: 공여래장

이상으로 참된 견의 본성인 견성은 불생불멸 부잡무애의 것으로서 현상 사물과 다르면서도 그렇다고 사물을 완전히 떠나 따로 있는 것도 아니라는 것을 밝혔다. 견성은 인연도 아니고 자연도 아니라는 것을 밝힌 것이다. 이하에서는 일체법에 해당하는 5음, 6입, 12처, 18계 그리고 7대 각각도 모두 자연도 아니고 인연도 아님을 밝힘으로써 그것들 또한 그 본성이 실은 여래장성이며 묘각명체라는 것을 밝힌다. 지금까지는 대화의 방식으로 진행되었지만, 이하에서는 4과와 7대의 본성이 여래장이라는 것을 붓다가 혼자 설명하는 방식으로 논의가 전개된다.

> 4과(科): 5음, 6입, 12처, 18계
> 7대(大): 4대(지, 수, 화, 풍), 공대(空大), 견대(見大), 식대(識大)

『승만경』「법신장」및『보성론』에 따르면 여래장은 두 가지 측면을 갖는다. 하나는 여래장이 현상의 상 내지 일체 번뇌를 넘어서기에 그 안에 번뇌가 없다는 의미에서 '공여래장'이고, 다른 하나는 여래장이 일체법을 구족하기에 번뇌까지도 모두 여래장 안에 포함된다는 의미에서 '불공여래장'이다. 이하에서 논의하는 바 4과와 7대가 모두 그 상이 허망하기에 그 성은 실로 묘각명체라는 것은 여래장의 공성을 드러내는 공여래장의 설명이다. 그리고 이어서 부루나의 질문에 답하면서 여래장으로부터 산하대지와 유정이 생겨난다고 논하는 부분은 여래장의 불공성을 밝히는 불공여래장의 설명이라고 할 수 있다.

속제/번뇌:	번뇌	환망
	↓	↑
진제/여래장:	번뇌 없음	진체
	진속불일	진속불이
	〈공여래장〉	〈불공여래장〉

> 붓다: 아난이여, 당신은 일체 부유하는 먼지인 환화의 상(相)이 당처에서 출
> 생하여 그다음 처에서 멸진하는 환망(幻妄)을 칭하는 상이지만, 그 성(性)은 진
> 실로 묘한 각명의 본체라는 것을 아직 알지 못합니다.
> 阿難, 汝猶未明一切浮塵諸幻化相當處出生隨處滅盡幻妄稱相, 其性眞爲妙
> 覺明體.

　부진(浮塵)인 환화: 상(相): 찰나생멸, 환(幻), 망(妄)　- 당처출생, 수처멸진: 망(妄)
　　　　　　↕
　　　　성(性): 묘한 각명(覺明)의 체　- 묘각명체: 진(眞)

　모든 환화의 상이 당처에서 생하고 당처에서 멸한다는 것은 환화상이 어떤 근거(근
이나 경)로부터 생겨나서 어딘가의 본래 자리로 환원하는 것이 아니라, 근거 없이 허
망하게 생겨났다가 그 다음 순간 사라져 버린다는 것을 말한다. 우리가 경험하는 일체
의 상은 그렇게 찰나생멸하는 허망한 것이다. 상이 허망한 환화라는 것은 그 자체로
존재하는 것이 아니라는 말이다. 그런데 환(幻)은 환과 구분되는 다른 차원의 실상을
지시한다. 그것이 바로 허망상 너머의 성(性)인 묘각명체이다. 우리의 세간적 견의 대
상으로 등장하는 일체 존재는 모두 우리의 제1의의 견을 떠나 따로 존재하는 것이 아
니며, 따라서 그 성은 결국 묘각명체로서의 여래장인 것이다. 위의 주장은 다음과 같
이 정리된다.

　① 현상적인 것들은 모두 한 찰나에 생하고 그다음 찰나에 멸하는 찰나생멸의 것임
　② 따라서 그것들은 모두 다 환상의 허망한 모습인 상(相)임
　③ 바로 그렇기에 그 허망한 상들의 참된 성(性)은 모두 묘한 각명의 체임

　우리 눈앞에 드러나는 것들은 찰나생멸하는 허망한 것으로서 그 본체는 묘각명체인
여래장이다. 꿈의 상들이 그 자체로 존재하지 않는 허망한 것들이지만, 바로 그렇기에
꿈 너머의 마음 자체를 지시하고 있듯이, 일체 상은 허망하기에 여래장 자체인 것이
다. 『계환해』는 이렇게 말한다. "본래 생멸도 없고 화합도 없는 환망(幻妄)을 상(相)이
라고 한 것이니, 이 환은 자성이 없고 다만 진을 의지하여 세운 것이다. 마치 허공에
꽃이 생기는 것과 같아 전체가 그대로 공이요, 마치 물에 거품이 생기는 것과 같아 전

체가 그대로 물인 것과 같다. 그러므로 그 성이 참으로 묘각명체가 되니, 가깝게는 몸으로부터 멀리는 만물에 이르기까지 그렇지 않은 것이 없다."[13] 『정맥소』는 이렇게 설명한다. "묘각명체는 거울과 같고, 부진인 환화는 거울 속 그림자와 같다. 그림자는 지극히 헛된 것이라 거울 속에만 존재하므로 그림자 전체가 거울임을 알 수 있다. 그러므로 모든 상이 지극한 허위(虛僞)이지만 그 체는 모두 지극한 실(實)이다. 그것은 묘각명체 자체이기 때문이다."[14] 도화지 위 그림이 허망상일 뿐이기에 실제로는 그림이 곧 도화지라는 말이다. 상이 허망상이기에 그 자체가 곧 묘진여성인 것이다.

부진 환화: 허공 속 환화: 물거품: 거울 속 그림자: 도화지 위 그림: 꿈속 세계 – 허망상
 ↕
묘각명체: 허공: 물: 거울 자체: 도화지 자체: 꿈꾸는 마음 – 묘각성

  붓다: 이와 같이 5음, 6입, 12처, 18계가 인연이 화합하면 허망하게 생하고 인연이 떠나면 허망하게 멸하지만, 그 생멸과 거래가 본래 여래장으로서 상주묘명하고 부동으로 두루 원만한 묘진여성임을 (당신은) 알지 못합니다. 성의 진실됨과 항상됨 안에서는 거래와 미오와 생사를 구해도 얻을 수 없습니다.

  如是乃至五陰六入從十二處至十八界, 因緣和合虛妄有生, 因緣別離虛妄名滅, 殊不能知生滅去來本如來藏, 常住妙明不動周圓妙眞如性, 性眞常中求於去來迷悟死生, 了無所得.

상: 허망상: 생멸 거래   – 일반 범부가 집착하는 것
      ↕   ↕
성: 묘진여성: 상주+묘명+부동+주원: 여래장
      ↕   ↕
     어둠에 치우침/공에 치우침 – 이승이 집착하는 것

이하에서는 5음, 6입, 12처, 18계가 모두 생멸하는 허망상이지만, 그 본성은 상주하

---

13 일귀 역, 『수능엄경』, 168쪽, 주338.
14 진감, 『정맥소』, 2권, 207쪽.

는 여래장임을 밝힌다. 대개는 5음 12처 18계의 3과를 말하지만, 여기에서는 6입을 더하여 4과를 논한다. 우리가 실재하는 것이라고 여기는 5음, 6입, 12처, 18계는 그 각각 차별적인 모습으로 드러나지만, 그 차별상은 실은 모두 다 허망하게 생겨났다 사라지는 허상이며 실재하는 것이 아니다. 인연화합하는 연기의 산물이며, 의타기의 산물인 것이다. 그만큼 고정적 실체가 아니고 식 바깥의 객관적 실재도 아니다. 그런데 4과와 7대는 모두 인연 따라 생멸하는 허망한 것이지만, 바로 그렇기 때문에 그것들은 모두 그러한 차별적 모습의 바탕이 되는 여래장이고 묘진여성이다. 개별적 차별상의 실체 없음 내지 공성이 바로 그 바탕인 본성의 실상, 여래장성을 드러내는 것이다. 허공에 핀 꽃이 환화일 뿐이면 그 자체가 곧 허공인 것이고, 눈앞의 사물이 거울 속 그림자일 뿐이면 그 자체가 곧 거울이다. 도화지 위 그림이 허망상일 뿐이면 그 자체가 곧 바탕인 도화지이다. 그러므로 허망한 생멸의 모습을 보여도 실제는 생멸을 넘어선 그 바탕의 묘진여성일 뿐이다. 허망상에 드러나는 거래와 생사는 실제로 있는 것이 아니며, 여여한 여래장의 입장에서 보면 환을 일으키는 미(迷)나 환을 거두는 오(悟)도 허망한 분별일 뿐이다. 환 자체가 없는 것이기 때문이다. 그래서 진실의 차원에서 보면 거래, 미오, 생사가 불가득이라고 말한다. 이하에서는 5음, 6입, 12처, 18계가 각각 모두 다 여래장이라는 것을 밝히기 위해, 그것들이 모두 인연도 아니고 자연도 아니라는 것, 따라서 허망한 것임을 논한다.

1) 5음

> **붓다:** 아난이여, 어째서 5음이 본래 여래장 묘진여성입니까?
> 阿難, 云何五陰本如來藏妙眞如性?

'음(陰)'은 구역이고, 현장(602-664) 신역에서는 '온(蘊)'이라고 번역한다. 반라밀제는 현장 이후 705년에 『능엄경』을 번역하였지만 '5음'의 단어를 사용하였다. 5음의 음(陰)은 '덮다'의 뜻이 있고, 5온의 온(蘊)은 '쌓다'의 뜻이 있다. 색·수·상·행·식 5음 내지 5온은 덮거나 쌓여 있는 것으로서 단일하지 않고 모여 있는 것이라는 의미를 갖는다. 이하에서는 5음 각각이 그 자체로 존재하는 자연도 아니고 그렇다고 다른 무엇인가로부터 생겨난 인연도 아니며, 따라서 실제는 묘진여성이라는 것을 5음 각각에 대해 다음과 같은 순서로 논한다.

〈1〉 5음은 자연인가?   – 아니다. 5음은 자체 존재, 실체가 아님

〈2〉 5음은 인연인가?

    ① 공으로부터인가?   – 아니다. 무로부터의 창조 아님. 공은 그런 차이를 포함하지 않음

    ② 근으로부터인가?   – 아니다. 보여지는 환화이지 보는 마음이 아님

    ③ 경으로부터인가?   – 아니다

〈3〉 결론: 5음은 자연도 아니고 인연도 아닌 묘진여성임

이하에서 상세히 논할 내용을 미리 정리하면 다음과 같다.

5음(五陰, pañca skhandha):   〈허망상〉   ↔ 〈묘진여성〉

  (1) 색(色, rūpa): 5근+5경+법처색: 눈을 눌러 만들어진 환화 ↔ 청정한 눈

  (2) 수(受, vedanā): 락수+고수+사수: 손을 비벼 일어난 느낌 ↔ 편안한 무느낌

  (3) 상(想, samjñā): 명언(名言)적 표상: 매실 상상으로 침 생김 ↔ 무념무상(無念無想)

  (4) 행(行, samskāra): 조업(造業) 활동: 물(水)의 흐름   ↔ 적정(寂靜)

  (5) 식(識, vijñāna): 분별적 앎: 빈 병 속의 허공   ↔ 허공(虛空)

(1) 색음

> 붓다: <1. 자연이 아님> 아난이여, 비유하면 어떤 사람이 청정한 눈으로 맑고 밝은 허공을 보면 오직 맑게 비어 있을 뿐 멀리까지 아무것도 없지만, 그 사람이 까닭 없이 눈동자를 움직이지 않고 주시하여 피로가 일어나면 허공에 따로 광화가 나타나기도 하고 다시 일체 광란의 상이 없어지기도 하는 것처럼, 색음도 또한 이와 같음을 알아야 합니다.
> <1> 阿難, 譬如有人以淸淨目觀晴明空, 唯一晴虛逈無所有, 其人無故不動目睛瞪以發勞, 則於虛空別見狂華, 復有一切狂亂非相, 色陰當知亦復如是.

〈1〉 색음은 자연이 아님: 자연이면 그 자체로 있어야 하지만 실제는 피로로 인해 생긴 상임

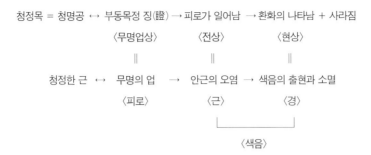

〈1〉 색음은 자연이 아니라는 것을 설명한다. 즉 색음은 본래 그 자체로 있는 자연이 아니라 단지 눈의 피로로 인해 생겨난 상(相)일 뿐이다. 피로하지 않은 맑은 눈으로 허공을 보면 텅 비어 있는데, 눈동자를 피로하게 해서 허공을 보면 환화가 나타난다. 이와 마찬가지로 근이 무명의 업 내지 염오에 의해 물들지 않고 청정하게 남아 있으면 허공을 가리는 상이 나타나지 않는 데 반해, 근이 무명의 업으로 인해 청정함을 잃고 염오성을 띠게 되면 그 업력으로 인해 염오의 상들이 그려지게 된다. 우리가 눈으로 바라보는 색음, 즉 각자의 몸을 포함한 일체의 물리적 사물은 결국 우리 자신의 근의 염오성 내지 업력으로 인해 허망하게 생겨난 것으로 허공중의 환화와 같다는 것이다. 근의 피로로 인해 눈앞에 환화가 그려지기 전 허공을 보는 청정한 눈은 곧 보는 자로서의 근과 보여지는 대상으로서의 경이 성립하기 이전, 근과 경의 출현 이전, 주객의 분별 이전의 원초 상태, 환화의 생성 이전의 상태를 뜻하며, 그러한 무시이래의 원초 상태가 각자의 몸인 5음 안에서 발견될 수 있다는 것을 의미한다. 이러한 원초 상태는 창조설에서는 신의 우주창조 이전, 진화설에서는 우주의 진화발생 이전 또는 빅뱅 이전을 말한다. 결국 '이 우주라는 환화가 어떻게 해서 생겨나게 되었는가?', '도대체 왜 무(無)가 아니고 무언가 존재하는가?'라는 형이상학적 물음에 대한 답이라고 볼 수 있다. 여기에서는 피로로 인해 형성된 근에 상응해서 환화가 나타나는 것(생성)뿐 아니라 그 피로가 덜어짐에 따라 환화가 사라지는 것(소멸)까지도 모두 허공에 나타나는 환화의 생멸 현상에 불과하다고 말한다. 『정맥소』에서는 "4공(空)과 순야다신(舜若多神) 내지 2승의 열반을 색의 멸인 허망이라고 아는 것은 (광화의) 상이 없어짐을 보는 것과 같다"[15]고 하여, 2승이 색의 부정으로 말하는 열반은 인연의 화합과 소멸로 인해

15　진감, 『정맥소』, 2권, 217쪽.

나타나는 현상 이상이 아니라고 논한다. 반면 묘진여성은 인연에 따른 생성과 소멸 둘 다를 넘어서는 것이다.

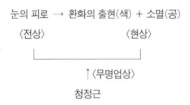

붓다: <2. 인연도 아님> 아난이여, 모든 광화(狂華)가 ① 허공에서 나온 것도 아니고 ② 눈에서 나온 것도 아닙니다. 이와 같이 아난이여, ① (광화가) 만약 허공에서 나왔다면, a. 이미 허공에서 나왔으니 다시 허공으로 들어가야 할 텐데, 그렇게 출입이 있다면 그건 허공이 아닐 것입니다. b. 만약 허공이 허공이 아니라면, 일어나고 사라지는 그 꽃의 상을 스스로 수용할 수 없을 것이니, 마치 아난 자체가 아난을 수용할 수 없는 것과 같습니다. ② 만일 광화가 눈에서 나왔다면, a. 이미 눈에서 나왔으니 다시 눈으로 들어가야 할 것입니다. b. 또 환화의 성이 눈에서 나왔다면, (환화가) 마땅히 견이 있어야 할 것입니다. 만약 견이 있다면, 나가서 이미 공을 꽃피우니(공을 보니) 돌아올 때는 마땅히 눈을 보아야 할 것입니다. c. 만약 견이 없다면, 나가서 이미 공을 가리니 돌아올 때는 마땅히 눈을 가려야 할 것입니다. d. 또 환화를 볼 때 눈에 응당 가림이 없는데, 어째서 맑은 허공일 때 청명안이라고 부릅니까?

<2> 阿難, 是諸狂花, ① 非從空來, ② 非從目出. ① 如是, 阿難, 若空來者, a. 旣從空來還從空入, 若有出入卽非虛空. b. 空若非空, 自不容其花相起滅, 如阿難體不容阿難 ② 若目出者, a. 旣從目出, 還從目入. b. 卽此花性從目出故, 當合有見. 若有見者, 去旣花空, 旋合見眼 c. 若無見者, 出旣翳空, 旋當翳眼. d. 又見花時, 目應無翳, 云何晴空, 號清明眼?

<2> 색음은 인연이 아님:

① 광화가 허공에서 나온다면, (허공이 아니게 됨)

　a. 허공에서 나와 허공으로 들어가야 함 – 허공에 출입이 있으면, 두루하는 허공이 아니게 됨

　b. 허공이 허공이 아니면, 다른 것(광화)을 수용할 수 없음

　　　－ 허공만 수용할 수 있지, 아난 자체도 아난을 수용 못 함

　② 환화가 눈에서 나온다면, (눈과 같아야 함)

　　　a. 환화가 눈으로 돌아가야 함

　　　b. 환화가 견이 있어야 함. 돌아오면서 눈을 봐야 함 － 환화가 봐야 함

　　　c. 환화가 견이 없다면, 나가서 공을 가리듯 돌아오면서는 눈을 가려야 함

　　　d. (환화가 눈에서 나간 후) 환화를 볼 때 눈에 가림이 없는데,

　　　　왜 (환화가 나가기 전) 허공일 때 (환화가 가린 눈을) 청명안이라고 하는가?

　〈2〉 색음은 인연이 아니라는 것을 설명한다. 즉 색음에 해당하는 환화는 업력, 즉 눈의 피로에 따라 허망하게 생겨난 것이지, 경(境)인 허공이나 근(根)인 눈이 원인이 되어 생겨난 것이 아니라는 것이다. 그렇지 않고 만약 색음이 인연이라면, 색음은 ① 허공을 인연으로, 허공으로부터 생겨난 것이거나 아니면 ② 근을 인연으로 눈으로부터 생겨난 것일 것이다. 그러나 다음과 같은 이유에서 둘 다 성립하지 않는다. ① 만약 환화가 허공으로부터 나온다면, 허공이 허공과 다른 환화를 만들어내기에 허공이 더 이상 허공이 아니게 되므로, 그럴 수 없다. 즉 a. 광화인 현상세계가 허공에서 나오고 허공으로 들어가는 것이라면, 허공에 출입이 있다는 말이고 이는 곧 출입할 수 있게끔 내외가 있다는 말이다. 그러나 허공은 그 밖을 말할 수 없게끔 전체에 두루하는 비어 있음이므로 내외가 있을 수 없다. 그런데도 그 안으로 들어가고 그 밖으로 나오게끔 출입 가능하다는 것은 허공이 이미 무엇인가로서 존재하는 것이지, 그 자체 텅 비어 있는 허공이 아니라는 말이 된다. b. 허공이 순수하게 두루하는 허공이 아니고 제한된 어떤 것이라면, 그럴 경우에는 더욱더 광화가 그 안으로부터 나오고 들어갈 수 없게 된다. 허공만이 다른 것을 수용할 수 있지 허공 이외의 것은 다른 것을 수용할 수 없기 때문이다. 그처럼 허공이 진짜 허공이 아니고 어떤 무엇이라면, 그것은 다른 것인 환화를 수용할 수가 없다. 이미 어떤 무엇으로 존재하면서 한 장소를 차지하고 있으면, 그 장소를 다른 것이 차지할 수는 없기 때문이다. 허공만 다른 것을 수용할 수 있다는 것을 강조하면서, 이점에서 아난 자체도 아난을 수용할 수 없다고 말한다. 이미 아난이면서 다시 아난을 수용할 수는 없다는 것이다. 『정맥소』에 따르면 환화가 공에서 나온 것이 아니라는 주장은 곧 일체 색법이 허공에서 나온다는 주장, 즉 유(有)가 무(無)로부터 나온다는 주장에 대한 비판이며, 이는 곧 범부와 소승과 외도뿐 아니라 유교와 도교에 대한 비판이기도 하다. "만약 법 가운데 색이 마음 바깥으로부터 생긴다는 계

교에 따르면, 색법이 모두 허공에서 나온다는 말이 된다. 서역의 범부와 소승은 몸과 세계가 이루어지고 무너지는 것을 모두 미진이 모이고 흩어지는 것이라고 추론한다. 그래서 쉬지 않고 미진을 쪼개고 쪼개서 기필코 허공에 이르고자 하며, 따라서 모든 색이 허공으로부터 나왔다고 집착한다. 이곳에 유교와 도교의 경서가 한둘이 아니되, 취지는 모두 허(虛)에서 기(氣)가 나오고 기로써 형상을 이룬다고 한다. 만상이 일기 (一氣)에서 근본하고 일기는 태허(太虛)에서 비롯된다고 하는 것이다. 서역 외도와 비교해보면 무로부터 유가 나온다는 취지와 매우 같다. … 무릇 세간의 지혜는 태허가 어디에서 유래하는지 통달하지 못하니, 유근신과 기세간에 대해 근본을 어찌 궁구하겠는가. 단지 만유가 모두 무에서 생긴다고 보아 마침내 무가 유의 근원이라고 말하니, 그것이 근원이 아님을 어찌 알겠는가."[16] 환화의 근원을 '환화(유)를 있게 하는 허공(무)'으로 설명함은 옳지 않다는 것이다. 환화의 근원은 환화를 보는 자의 눈의 병, 근의 피로이다. 그래서 환이다. 이 보는 자의 병에서 비롯되는 환의 성격을 간과하고 보여지는 허공(무)에서 직접 생겨나는 것으로 설명함은 옳지 않다는 것이다. ② 환화가 눈에서 나온다는 것도 문제가 있다. a. 환화가 만약 눈에서 나왔다면 눈으로 돌아가야 할 텐데, 환화가 눈으로 다시 돌아서 들어가는 것은 아니니까 눈에서 나왔다고 할 수 없다. 또한 b. 눈에서 나왔다면 눈에서 나온 것으로서 환화는 바라보는 성질인 견(見)을 가져야 한다. 그러면 견을 가져서 볼 수 있으니, 나오면서 공을 보고 돌아가면서 눈을 봐야 한다. 그런데 눈을 보지 못하니, 눈에서 나온 것이 아니다. 그렇듯 환화가 눈에서 나왔으면 환화는 마땅히 눈이 가지는 성질인 견을 갖고 나와야 한다. 즉 눈이 사물을 보듯 환화도 사물을 보아야 한다. 그러니 환화가 눈으로 돌아가면서 눈을 봐야 한다는 것이다. 그런데 실제로 환화가 보지를 못하니, 결국 눈에서 나온 것이 아니라는 것이다. c. 만약 환화가 눈에서 나오되 견이 없다면, 나가서는 공을 가리는 환화가 되듯이 그 환화가 눈으로 다시 돌아오면 눈을 가려야 할 것이다. 그러면 환화가 눈앞에 없을 때는 환화가 눈에 돌아간 것이니, 그때는 아무것도 보지 못해야 하는데, 실제 허공을 보지 않는가. d. 환화가 눈에서 나온 것이라면, 환화가 밖에 있을 때는 눈에서 나가서 눈을 가리지 않아 오히려 눈이 청정하게 비어 있고, 환화가 눈으로 들어가면 눈이 가릴 텐데, 왜 환화가 없는 허공을 보는 눈을 청명안이라고 하는가. 일상적

---

16   진감, 『정맥소』, 2권, 220쪽.

으로는 환화가 밖에 있어 환화를 보는 것이 미혹이고, 환화가 없어 환화를 보지 않고 청정안인 때가 깨달음이다. 그런데 위의 논리에 따르면 미혹이 오히려 환화가 밖에 나가서 안에 장애가 없는 때가 되고, 깨달음이 오히려 환화가 안으로 돌아가 장애가 있는 때가 되니, 말이 맞지 않는다는 것이다. 이와 같이 환화는 눈에서 나온 것이 아니라, 눈의 병, 눈의 누름, 피로에서 비롯된 것이다. 즉 근에 염오의 업이 쌓여 그 보로서 근이 보는 것이지 청정한 근 자체로 인한 것은 아니다. 그러므로 환화는 근거 없는 환으로서 허망한 것이다.

> 붓다: <3. 결론> 그러므로 색음은 허망하여 본래 인연도 아니고 자연도 아닌 성(性)이라는 것을 알아야 합니다.
> <3> 是故當知色陰虛妄, 本非因緣非自然性.

〈3〉 색음 ┌ 인연도 자연도 아님: 생하지 않음(허虛), 업 따른 거짓임(망妄) = 생멸상은 허망상
　　　　　└ 묘진여성임

〈3〉 환화는 5음 중의 색음의 비유였기에 이제 색음으로 말한다. 색음은 환화와 같이 자연도 아니고 인연도 아니라는 것이다. 자연도 아니고 인연도 아닌 성품은 앞에서 논한 바에 따르면 본각묘명의 견성, 여래장 묘진여성이다. 5음의 상은 허망하지만, 그 성은 여래장 묘진여성인 것이다. 색음의 성이 인연도 자연도 아닌 묘진여성이라는 것은 견성만 묘진여성이 아니라 그 견성의 병듦으로 인해 허공중에 나타나는 환화인 색음 또한 결국은 묘진여성 이외의 다른 것이 아니라는 것이다. 드러난 환화는 환이고 망이지만, 그것을 보는 견 자체가 묘진여성이므로 그 묘진여성의 견에 보여지는 환 또한 묘진여성과 다를 바가 없다. 견생(見眚)이 병이 아니라는 것과 같은 말이다. 꿈은 꿈인 줄 모르고 집착하면 병이지만, 꿈 자체는 꿈꾸는 자의 활동으로 긍정된다. 도화지 위의 그림을 볼 때에도 그림이 환이기에 우리는 결국 도화지를 보고 있는 셈이다. 허공 속의 환화를 볼 때에도 환화가 환이기에 우리는 결국 허공을 보고 있는 것이다. 병으로 인한 상을 보지만, 상이 곧 환이기에 우리가 보는 것은 결국 묘진여성인 것이다. 인연의 의타기성(依他起性)이 그 의타기를 모르는 채 집착하는 변계소집성(遍計所執性)

을 제거하면 그 자체 원성실성(圓成實性)으로 긍정되는 것과 같다. 상이 허상이기에 상을 보는 것이 곧 상을 보는 것이 아니라 성을 보는 것이다. 그래서 『금강경』은 '상에서 상을 보지 않으면 곧 여래를 보는 것'이라고 말한다.

(2) 수음

> 붓다: <1. 자연이 아님> 아난이여, 비유하면 어떤 사람이 수족이 편안하고 백해(百骸)가 조화로우면 홀연히 생을 잊은 듯 성에 어김이나 따름이 없지만, 그 사람이 까닭 없이 두 손바닥을 허공에서 비비면 두 손에 껄끄러움과 미끄러움, 차가움과 더움 등의 상이 허망하게 생기는 것처럼, 수음도 또한 이와 같음을 알아야 합니다.
>
> <1> 阿難, 譬如有人手足宴安百骸調適, 忽如忘生, 性無違順, 其人無故以二手掌於空相摩, 於二手中妄生澁滑冷熱諸相, 受陰當知亦復如是.

〈1〉 수음은 자연이 아님: 자연이면 그 자체로 있어야 하지만 실제는 근과 경의 촉으로 생긴 상임

```
고·락·사수가 없음    ↔    손을 비빔    →    삽활, 냉열이 발생
            〈환촉〉                 〈수음〉
        = 근과 경의 〈촉〉 →           〈수〉
```

〈1〉 수음이 그냥 그 자체로 있는 자연이 아니라는 것을 말한다. 수족이 편안하고 백해가 조화로워 생을 잊는다는 것은 특정한 느낌인 수(受)가 없음을 의미한다. 심신이 편안한 상태에서는 성을 어김에서 오는 고수(苦受)나 성을 따름에서 오는 락수(樂受)가 일어나지 않는다. 반면 고락의 느낌은 수고로운 촉의 활동으로 일어나는 허망한 느낌이다. 그렇게 수음은 대상과의 부딪침인 촉에 의해 발생하는데, 촉은 그 자체로 있는 것이 아니라 여러 가지 것들의 부딪침으로 일어난다. 예를 들어 손바닥이 허공 속에서 서로 부딪치는 것처럼 특정한 인연을 따라 발생하는 것이다. 부딪침의 촉이 허망하게 일어나는 것이므로 그런 근과 경의 촉으로 발생하는 수음도 또한 자연이 아닌 허망한 느낌인 것이다. 그렇다면 수 또는 수를 일으키는 촉은 인연생인가? 이하에서는 그것도 아니라고 밝힌다.

붓다: <2. 인연도 아님> 아난이여, 환촉(幻觸)은 ① 공에서 나온 것도 아니고
② 손바닥에서 나온 것도 아닙니다. 이와 같이 아난이여, ① 만약 (환촉이) 허공
에서 나왔다면, 이미 손바닥과 접촉하는데 어째서 몸과는 접촉하지 않습니까?
응당 허공이 선택하여 접촉하지는 않을 것입니다. ② 만약 손바닥에서 나왔다
면, a. 마땅히 손바닥이 합함을 기다리지 않을 것입니다. b. 또 손바닥에서 나와
서 손바닥이 합할 때 손바닥이 아는 것이라면, 손바닥을 뗄 때는 촉이 손바닥으
로 들어가서 팔과 손목과 뼈도 들어올 때의 종적을 지각해야 할 것입니다. c. 느
끼는 마음이 있어서 나가고 들어감을 안다면, 스스로 일물(一物)이 있어 몸속을
왕래하는 것일 텐데, 왜 손바닥이 합하여 알게 되기를 기다려 촉이라고 합니까?
<3. 결론> 그러므로 수음은 허망하여 본래 인연도 아니고 자연도 아닌 성(性)
이라는 것을 알아야 합니다.

　<2> 阿難, 是諸幻觸, ① 不從空來, ② 不從掌出. ① 如是, 阿難, 若空來者, 旣能觸
掌, 何不觸身? 不應虛空選擇來觸. ② 若從掌出, a. 應非待合. b. 又掌出故合則掌知,
離卽觸入臂腕骨髓應亦覺知入時蹤跡. c. 必有覺心知出知入, 自有一物身中往來,
何待合知要名爲觸? <3> 是故當知受陰虛妄, 本非因緣非自然性.

〈2〉 수음은 인연이 아님:
　　① 환촉이 허공에서 나온다면,
　　　（전부 허공인데) 왜 손바닥에만 접촉이 있고 몸엔 접촉이 없는가?
　　② 환촉이 손바닥에서 나온다면,
　　　　a. 손바닥의 합을 기다리지 않을 것. 한 손바닥에서도 나와야 함
　　　　b. 손바닥이 합할 때 아는 것이라면, 손바닥 뗄 때 그 촉이 손바닥으로 들어가서,
　　　　　손목, 팔, 뼈도 그 들어옴을 알아야 함
　　　　c. 각심이 있어서 촉의 출입을 안다면, 몸속에서 이미 알아지지, 왜 손바닥의 합을 기다리는가?
〈3〉 수음은 자연도 인연도 아닌 여래장성임

〈2〉 수를 일으키는 접촉이 특정한 어떤 것을 근거로 해서 발생한 인연이 아니라는
것을 밝힌다. 즉 촉이 단적으로 허공을 근거로 해서 또는 손바닥을 근거로 해서 나온
것이 아니라는 것이다. ① 손바닥을 비빌 때, 허공에서 촉과 수가 나온다면, 허공은 두
루 동일하여 분별 선택하지 않으므로, 손바닥뿐 아니라 온몸에서 접촉이 일어나고 따

라서 온몸에서 느낌이 생겨야 할 것이다. 그런데 그렇지 않고 손바닥에서만 접촉이 있고 느낌이 있으니, 촉과 수가 허공에서부터 나오는 것이 아니다. ② 만약 촉과 수가 손바닥에서 나온다면, a. 두 손으로 비비지 않아도 한 손바닥으로부터도 나와야 할 것이다. b. 손바닥이 닿는 순간 손바닥에서 촉이 나온다면, 손바닥이 서로 떨어지면 촉이 도로 손바닥으로 들어가야 하며, 따라서 손바닥뿐 아니라 손목, 팔, 뼈 등도 이어서 촉이 들어옴을 알아야 할 것이다. c. 손바닥으로 나가고 들어가는 것을 알아차리는 하나의 물건이 몸 안에 이미 있다면, 그 일물이 몸을 돌아다니면서 전신에서 촉을 느껴야 하는데, 왜 굳이 손바닥의 부딪침이 있어야 촉을 느끼는가? 그러므로 촉과 수는 손바닥 자체에서, 근 자체에서 생기는 것이 아니라 손바닥의 부딪침, 즉 근의 피로, 근의 병에서 생긴다. 따라서 근 자체를 원인으로 해서 생겨난 인연소생이라고 할 수 없다. 〈3〉 이처럼 수음이 자연이 아니라는 것은 느낌이 그 자체로 있는 것이 아니고, 인연이 아니라는 것은 그렇게 일어나는 느낌이 실(實)이 아니라 허(虛)라는 것을 말한다. 느낌이 일어나고 사라지고 하는 것은 허망상일 뿐이고 실제 있는 것은 그런 느낌들의 바탕이 되는 여래장인 것이다. 즉 수음의 성은 여래장성이다.

(3) 상음

> 붓다: <1. 자연이 아님> 아난이여, 비유하면 어떤 사람이 '신 매실'을 말하면 입안에서 침이 나오고, 벼랑에 서 있다고 생각하면 발바닥이 저리게 되는 것처럼, 상음도 또한 이와 같음을 알아야 합니다.
> <1> 阿難, 譬如有人談說醋梅, 口中水出, 思踏懸崖, 足心酸澁, 想陰當知亦復如是.

〈1〉 상음은 자연이 아님: 자연이면 그 자체로 있어야 하지만 실은 상상과 기억으로 생긴 상임

무념무상 ↔ 상상(想像) = 생각(초매/절벽) → 침이 나옴/발이 저림
　　환상　　　　　〈상음〉

〈1〉 상음이 자연이 아니라는 것을 말한다. 환촉에 의해 일어난 수인 허망한 느낌에 기반해서 상(想), 즉 생각이 떠오르는데, 생각 또한 근거 없이 일어나는 상상과 구분되지 않는 허망한 것이다. 마치 매실이 있지도 않는 곳에서 매실이 눈앞에 있는 것처럼

상상만 해도 침이 나오고 절벽이 있지도 않는 곳에서 절벽이 발 앞에 있다고 상상만 해도 발이 저리는 것처럼, 이처럼 있지도 않은 것을 떠올리는 상상이 생각인 상음이 된다. 생각을 실재 내지 자연이라고 여기는 것은 그 생각이 현실을 반영하고 현실에 작용력을 갖기 때문인데, 우리 마음이 떠올리는 상상도 그와 마찬가지의 작용력을 가진다는 것을 보임으로써 생각이 상상과 다르지 않다는 것을 말하는 것이다. 상음은 상상과 마찬가지로 실상이 있는 것이 아니고 그냥 마음속에서 이루어진 상, 마음(心)이 떠올린 상(相)이며, 따라서 그 자체로 존재하는 자연이 아니다.

> 붓다: <2. 인연도 아님> 아난이여, 이와 같이 신맛의 말은 ① 매실로부터 생긴 것도 아니고 ② 입으로부터 들어온 것도 아닙니다. ① 이와 같이 아난이여, 만약 (신맛의 말이) 매실로부터 생겼다면, 매실 스스로 말할 텐데 왜 사람이 말하기를 기다리겠습니까? ② 만약 입으로부터 들어왔다면, a. (말을) 입이 들어야 하는데 왜 귀가 듣습니까? b. 만약 귀가 혼자 듣는다면, 침이 왜 귀에서 나오지 않습니까? 벼랑에 서 있다고 생각하는 것도 마찬가지입니다. <3. 결론> 그러므로 상음은 허망하여 본래 인연도 아니고 자연도 아닌 성(性)이라는 것을 알아야 합니다.
>
> <2> 阿難, 如是醋說, ① 不從梅生, ② 非從口入. ① 如是, 阿難, 若梅生者, 梅合自談, 何待人說? ② 若從口入, a. 自合口聞, 何須待耳? b. 若獨耳聞, 此水何不耳中而出? 想踏懸崖與說相類. <3> 是故當知想陰虛妄, 本非因緣非自然性.

〈2〉 상음은 인연이 아님:

　① 신맛의 말이 매실에서 생긴 것이라면,

　　왜 매실이 아니고 입이 말하는가?

　② 신맛의 말이 입으로 들어온 것이라면,

　　a. 그럼 입이 들어야지 왜 귀로 듣는가?

　　b. 귀가 혼자 듣는다면, 침이 왜 귀에서 나오지 않는가?

〈3〉 상음은 자연도 인연도 아닌 여래장성임

〈2〉 신맛의 말과 생각이 자연이 아니라고 해서 그렇다고 다른 무엇, 매실이나 입으로부터 생긴 인연도 아니라는 것을 논한다. ① 신맛의 말과 생각이 매실로부터 생긴 것이 아닌 것은 매실 자체가 말하는 것이 아니기 때문이다. 매실 자체가 생각하거나 말하는 것은 아닌 것이다. ② 신맛의 말이 매실로부터가 아니라고 해서 입으로부터 생긴 것도 아니다. 만약 입을 인연으로 해서 입에서부터 생긴 것이라면 입으로 들어가야 한다. 그러나 신맛의 말은 입에서부터 생겨서 입으로 들어가 그로 인해 입에서 침이 생기게 하는 것도 아니다. a. 말을 듣는 것은 귀이지 입이 아니기 때문이다. b. 또 만약 귀가 혼자 듣는 것이라면, 귀가 그 단어를 듣는데, 침은 왜 입에서 나오는가? 실제로는 귀가 듣는 말로 인해서 입에서 침이 난다. 그 사이 생각인 상음은 어디에서 나온 것인가? 결국 그것의 인연이 되는 특정한 자리를 찾을 수 없다. 이처럼 상음 내지 생각은 어떤 것을 인연으로 해서 생겼다든가 또는 어디에서부터 생겼다라고 밝힐 수 있는 것이 아니다. 상음은 그 자체 인연을 밝힐 수 없는 허망한 상일 뿐이다. 〈3〉 그렇게 상음은 그 자체로 있는 자연도 아니고 무언가로 인해 실제로 생겨난 인연도 아니며, 그 자체가 그냥 허망상일 뿐이고 따라서 묘진여성이다.

(4) 행음

> 붓다: <1. 자연이 아님> 아난이여, 비유하면 폭류가 파도쳐서 서로 이어지면 앞과 뒤가 서로 넘어가지 않는 것처럼, 행음도 또한 이와 같음을 알아야 합니다.
> <1> 阿難, 譬如暴流波浪相續, 前際後際不相踰越. 行陰當知亦復如是.

〈1〉 행음은 자연이 아님: 자연이면 그 자체로 있어야 하지만 실제는 운동 상속으로 생긴 허망상임

적정   ↔   허망한 파랑   →   폭류의 상속/흐름
        찰나생멸   〈행음〉

〈1〉 념념으로 상속하되 앞 찰나의 념이 뒤 찰나의 념을 어기지 않으려면, 전 찰나의 념이 다음 찰나에 멸하면서 다음 찰나의 념에 자리를 비워줘야 한다. 그렇게 념념이 찰나생멸해야 념념의 흐름이 전후로 일관성 있게 이어지는 상속하는 념이 될 수 있다. 이처럼 념이 생멸로 이어져 업을 짓는 것이 행음이다. 한 찰나에 특정 생각인 의도가 떠오르고 그 다음 찰나에 그 의도에 따른 행위가 이어지는데, 그런 의도적 행위를 행

(行) 내지 업(業)이라고 한다. 행을 이루는 생각이 념념상속하므로 이를 폭류에 비유하였다. 념념이 상속하되 전념이 멸하고 후념이 생하여 전후가 서로를 어기지 않음을 강조한 말이다. 이처럼 행음은 폭류처럼 찰나생멸하면서 흘러가는 운동으로 인해 일어나는 허망상이지 그 자체로 존재하는 자연이 아니다.

붓다: <2. 인연도 아님> 아난이여, 이와 같이 흐름의 성품은 ① 허공으로 인해 생긴 것도 아니고 ② 물(水)로 인해 있게 된 것도 아니고 또 ③ 물의 성품도 아니고 ④ 허공과 물을 떠난 것도 아닙니다. 이와 같이 아난이여, ① 만약 (흐름이) 허공에서 생겼다면, 시방의 끝없는 허공이 끝없는 흐름을 이루어 세계가 자연히 모두 물에 잠기게 되었을 것입니다. ② 만약 물로 인해 있다면, 그 폭류성은 응당 물이 아니기에 능유(물)와 소유(폭류)의 상이 지금 (각각) 현재해야 할 것입니다. ③ 만약 (흐름이) 물의 성품이라면, (흐르지 않고) 청정할 때에는 응당 물 자체가 아닐 것입니다. ④ 만약 (흐름이) 허공과 물을 떠났다면, 허공은 밖이 없고, 물의 바깥에는 흐름이 없으니 (그럴 수 없습니다.) <3. 결론> 그러므로 행음은 허망하여 본래 인연도 아니고 자연도 아닌 성(性)이라는 것을 알아야 합니다.

<2> 阿難, 如是流性 ① 不因空生, ② 不因水有, ③ 亦非水性, ④ 非離空水. ① 如是, 阿難, 若因空生, 則諸十方無盡虛空成無盡流, 世界自然俱受淪溺. ② 若因水有, 則此暴流性應非水, 有所有相今應現在. ③ 若卽水性, 則澄淸時應非水體. ④ 若離空水, 空非有外, 水外無流 <3> 是故當知行陰虛妄, 本非因緣非自然性.

〈2〉 행음은 인연이 아님:

　　① 흐름이 허공에서 생겼다면, 일체가 흐름(물)이 될 것
　　② 흐름이 물에서 생겼다면, 물(유)과 흐름(소유)이 각각 별개로 존재해야 할 것　┐ 즉(卽)도 아님
　　③ 흐름이 물의 성품이라면, 흐르지 않는 물은 물이 아니게 될 것　　　　　　　┘
　　④ 흐름은 허공과 물 떠날 수 없음. 허공은 밖이 없고, 물 바깥에 흐름 없으므로 ── 리(離)도 아님
〈3〉 행음은 자연도 인연도 아닌 여래장성임

〈2〉 ① 흐름 내지 폭류성이 허공에서 나와서 념념상속하는 것이라면, 시방의 모든 허공으로부터 이미 상속의 흐름이 다 이루어져 일체가 그 흐름 안에 잠겨 있을 것이

다. ② 흐름이 물로 인해서 있게 된 것이라면, 원인이 되는 물과 그 결과인 흐름이 서로 다른 것으로 따로 있어야 할 것이다. 즉 원인인 유(有)와 그 원인에 의해 있게 된 소유(所有), 물과 흐름이 서로 다른 두 모습으로 나타나야 할 것이다. 그런데 그렇지 않으니까 흐름이 물로 인해 있는 것이라고 말할 수 없다. ③ 물 자체의 본성이 흐름인 것도 아니다. 그럴 경우 흐르지 않는 청정한 물은 물이 아니라고 해야 하기 때문이다. ④ 그렇다고 허공과 물을 다 떠나 흐름이 있을 수도 없다. 허공이 밖이 없으므로 흐름이 허공 바깥에 있을 수 없고, 또 흐름이 물 바깥에 있지도 않기 때문이다. 이처럼 행음은 물의 흐름처럼 넘넘으로 이어지는 흐름이다. 한 찰나에 업을 짓고 그 다음에 또 업을 지어 그 흐름이 끝없이 이어지는 것이 행음이다. 흐름은 특정한 어떤 것을 인연으로 해서 필연적으로 생겨나는 것이 아니라, 그냥 허망하게 발생하는 것이다. 업은 스스로의 업지음이지 인연의 필연적 귀결이 아닌 것이다. 흐름이 허공이나 물로 인하여 있는 것이 아니라는 것, 즉 허공이나 물에 대해 즉(卽)도 아니고 리(離)도 아니라는 것은 곧 흐름이 실체성이 없으며 특정한 인연으로 설명될 수 없다는 것을 뜻한다. 〈3〉 이처럼 폭류성 내지 상속성을 이루면서 생각의 흐름으로 업을 짓게 만드는 행음은 그 자체로 있는 자연도 아니고 그렇다고 무엇인가로부터 실제로 생겨나는 것도 아니다. 그것은 허망하게 일어나는 허망상일 뿐 본래는 흐름 너머의 여래장이다. 이상 5온 중의 수온은 느낌 내지 감각으로서 전5식, 상온은 개념적 생각으로서 제6의식, 행온은 흐름의 상속식으로서 제7말나식에 해당한다고 볼 수 있다.

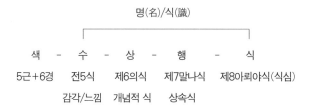

(5) 식음

붓다: <1. 자연이 아님> 아난이여, 비유하면 어떤 사람이 빈가병의 두 구멍을 막아 그 안을 허공으로 채워 천리 멀리 다른 나라에 가서 사용하는 것처럼, 식음

도 또한 이와 같음을 알아야 합니다.

<1> 阿難, 譬如有人取頻伽瓶塞其兩孔滿中擎空, 千里遠行用餉他國, 識陰當知亦復如是.

〈1〉 식음은 자연이 아님: 자연이면 그 자체로 있어야 하지만 실제는 허망하게 생긴 상임

허공　　↔　빈병을 채운 허공
일심　　　　〈식음〉

〈1〉 식음을 빈가병 안의 허공으로 비유한 것은 식이 그렇게 특정한 모양으로 경계 지어져서 이리저리 오고 갈 수 있는 것이 아니라는 것을 말하기 위해서이다. '빈가'는 맑은 소리를 내는 새이고, '빈가병'은 그런 빈가새 모양으로 생긴 병을 말한다. 허공은 빈병 안이든 밖이든 언제나 두루 있는 것이지 특정 장소를 차지하거나 장소를 바꿔가면서 이동할 수 있는 사물이 아니다. 인간의 심이나 본각 내지 장식(아뢰야식)도 허공처럼 그렇게 두루 있는 것이지 특정한 장소를 차지하는 것이 아니다. 우리가 식의 원만 두루함을 알지 못하고 그것을 마치 특정 장소를 차지하는 사물 내지 자연물처럼 생각하여, 몸 안에 있는가, 몸 밖에 있는가를 묻기도 하고, 이곳에서 저곳으로 옮길 수 있는 것처럼 생각하지만, 식은 그런 자연물이 아니다. 몸 안에 들어온 특정한 허공이 바깥의 전체 허공과 구분되는 것으로 따로 있는 것이 아닌 것처럼, 식은 구획 지어질 수 없는 방식으로 두루하는 것이다. 전체가 식이고 각(覺)인 것이다. 전체 허공 이외에 병에 담긴 허공이 따로 없듯이, 식음은 실재하지 않는 허상일 뿐이다. 병 속의 허공이 따로 없는데, 그런데도 그런 내가 있는 것처럼 생각하는 것이 망집이다.

붓다: <2. 인연도 아님> 아난이여, 이와 같이 허공은 ① 저쪽에서 온 것도 아니고, ② 이쪽에서 들어간 것도 아닙니다. 이와 같이 아난이여, ① 만약 저쪽에서 왔다면, 본래 병 안에 공을 담아 왔으니, 본래 병이 있던 곳에 허공이 줄어야 할 것입니다. ② 만약 이쪽에서 들어갔다면, 구멍을 열고 병을 기울이면 허공이 나오는 것을 보아야 할 것입니다. <3. 결론> 그러므로 식음은 허망하여 본래 인연

도 아니고 자연도 아닌 성(性)이라는 것을 알아야 합니다.
　<2> 阿難,如是虛空,① 非彼方來,② 非此方入,如是,阿難,① 若彼方來,則本瓶
中旣貯空去,於本瓶地應少虛空.② 若此方入,開孔倒瓶應見空出.<3> 是故當知
識陰虛妄,本非因緣非自然性.

〈2〉 식음은 인연이 아님:
　　① 허공이 저쪽에서 온 것이면, 저쪽에서 (허공이) 줄어야 하나 그렇지 않음
　　② 허공이 이쪽에서 들어간 것이면, 이쪽에서 도로 나와야 하나 그렇지 않음
〈3〉 식음은 자연도 인연도 아닌 여래장성임

　〈2〉 허공을 저쪽에서 병에 담아서 이쪽으로 가져와서 풀어놓는 경우이다. 저쪽은 전
생의 허공, 이쪽은 현생의 허공을 뜻하는 것으로 볼 수 있다. 여기 이생에서 허공을 풀
어놓을 때, 그 허공은 저쪽에서 오거나 아님 이쪽에서 들어간 것이어야 하지만, 둘 다
성립하지 않는다. ① 그 허공이 저쪽에서 온 것이라면, 저쪽에서 허공을 병에 담을 때
저쪽의 허공이 병 크기만큼 줄어야 할 것이다. 그러나 그렇지는 않다. ② 허공이 이쪽
에서 들어간 것이면, 그 병마개를 열어 다시 허공을 나가게 하면, 허공이 나가는 것을
볼 수 있어야 할 것이다. 그런데 그렇지 않다. 실제로 허공은 병에 담아 옮겨 오고, 다
시 병에서 꺼내놓고 할 수 있는 것이 아니다. 허공은 줄어들고 늘어나고 하는 것이 아
닌 것이다. 이처럼 본래 식의 성품은 허공처럼 두루하지, 특정하게 제한된 신체 안으
로 담아 넣기도 하고 다시 꺼내놓기도 하는 그런 것이 아니다. 식음은 특정 장소로부
터 생겨나거나 특정한 근거로부터 발생하는 것이 아닌 것이다. 우리가 몸 안에 구획
지어져 있는 것으로 간주하는 식음이란 것은 허망한 구획 지음으로 드러나는 허망상
일 뿐이며, 그 실제 성품은 허공과 마찬가지로 두루하는 묘진여성의 여래장심이다.
『정맥소』는 우리의 식이 몸의 한계 및 생사의 한계를 넘어 허공과 같이 언제 어디서나
부동으로 두루하고 있음을 강조한다. "① 몸을 버리는 것은 저곳에서 온 것 같지만 이
전 몸의 식이 일찍이 줄어든 적이 없고, ② 몸을 받는 것은 이곳에서 들어간 것 같지만
다음의 몸의 식이 일찍이 온 적이 없다. … 붓다는 식을 허공에 비유하여 몸이 죽어도
가는 것이 아니어서 죽기 전에도 본래 여기에만 국한되지 않으며, 몸이 태어나도 온
것이 아니어서 태어나기 전에도 본래 여기에 항상 두루해 있음을 알게 하셨다."[17] 생과

사, 오고 감은 몸일 뿐이고, 식 자체는 그러한 제한을 넘어 언제나 두루하다는 것이다. 〈3〉 이와 같이 식음은 다른 것과 구분되는 실체로서 존재하는 자연도 아니고, 다른 것을 따라 생겨났다 소멸하는 인연도 아니다. 식음의 실체는 일체의 허망한 변화상 너머의 여래장인 것이다.

능엄경 제3권

2) 6입

> 붓다: 또한 아난이여, 어째서 6입이 본래 여래장 묘진여성입니까?
> 復次, 阿難, 云何六入本如來藏妙眞如性?

6입(入)은 6근(根)의 능력 내지 성품을 말한다. '입(入)'은 근이 그에 상응하는 경(境)을 받아들여, 즉 섭입(涉入)하여 식을 이루므로, 그렇게 대상을 받아들이는 능력 내지 통로이기에 '입'이라고 한 것이다. 구역에서는 6입(入)이라고 하고, 신역에서는 6입처(入處) 내지 6내처(內處)라고 한다. 6입은 결국 식이 일어날 수 있는 문을 뜻한다. 6입처는 인식기관으로서 몸 또는 두뇌신경의 인식체계 내지 정보처리시스템을 말한다고 볼 수 있다. 이하에서는 6입이 여래장 묘진여성이라는 것을 다음과 같은 순서로 논한다.

〈1〉 6입은 자연인가?   - 아니다. 6입은 근경식 순환 안에서 경을 흡입하여 만들어지므로
〈2〉 6입은 인연인가?
　① 경(境)으로부터인가?   - 아니다. 대상 없어도 인식하는 성품은 있으므로
　② 근(根)으로부터인가?   - 아니다. 근에는 대상적 성격이 없으므로
　③ 허공(虛空)으로부터인가? - 아니다. 그럴 경우 인식자와 무관해지므로
〈3〉 6입은 자연도 인연도 아니고 여래장 묘진여성임

17　진감, 『정맥소』, 2권, 244쪽.

이하에서 상세히 논할 내용을 미리 정리하여 보면 다음과 같다.

6입: 근의 피로   →   경(진) →   식   ─(진을 흡입)→   근성=입처

  (1) 안입: 눈을 부릅뜸으로써 명암이 생겨서 견이 일어나 진을 흡입하여 견성(안입)이 형성됨

  (2) 이입: 귀를 막음   동정   문   청문성(이입)

  (3) 비입: 코로 들이쉼   통색   문   후문성(비입)

  (4) 설입: 혀를 핥음   첨고담   각   지미성(설입)

  (5) 신입: 손을 감촉함   위순   각   지각성(신입)

  (6) 의입: 의의 기억   생멸   지   각지성(의입)

(1) 안입

> 붓다: <1. 자연이 아님> 아난이여, 저 눈동자가 주시하여 피로를 일으킨 것처럼 a. 눈과 피로는 모두 보리의 주시가 일으킨 피로의 모습입니다. b. 밝음과 어둠의 두 가지 허망한 진(塵)으로 인해 견(見)이 일어나 c. 그 안에 거하면서 그 진상(塵象)을 흡입하니, 이것을 견성(견입=안입)이라고 합니다. 이 견(견성)은 밝음과 어둠의 두 진을 떠나면 필경 체가 없습니다.
>
> <1> 阿難, 卽彼目睛瞪發勞者, a. 兼目與勞同是菩提瞪發勞相. b. 因于明暗二種妄塵發見, c. 居中吸此塵象名爲見性. 此見離彼明暗二塵畢竟無體.

〈1〉 안입은 자연이 아님

    a.b. 눈의 피로(勞) ──(견)──→ 진: 밝음과 어둠

    c. <u>견성=안입</u>   ←(흡입됨)─   망진   ─ 견문각지성

                 ↑

           보리(지혜)   ─ 묘진여성

a. 주시로써 피로가 발함. 눈과 피로: 보리의 주시로써 피로가 발한 모습

  근의 피로로 망진(명암)이 발생: 근의 피로 → 망진(명암): 〈근 → 경〉 (이것은 색음에서 논함)

b. 망진(명암)으로 인해 견이 발생: 진 → 견: 〈경 → 식〉

c. 진을 흡입함으로써 견성이 됨: 견이 진상을 흡입 → 안입: 〈식 → 근〉

〈1〉 여기에서는 보는 능력 내지 보는 성품인 안입이 어떻게 해서 형성되는지를 설명함으로써, 그것이 그 자체로 존재하는 자연이 아니라는 것을 밝힌다. a. 앞서 색음을 논하면서 설명했던 것처럼, 피로해진 근에는 그 피로로 인해 허망한 진(경)이 나타난다(근 → 경). b. 근의 피로로 인해 경이 나타나면, 그 피로한 안(근)이 그 허망한 색(경)을 보는 것이 견(식)이다(경 → 식). c. 견이 경을 보는 것은 곧 견이 경인 진상에 머무르면서 그 진상을 흡입한다는 뜻이며, 그렇게 경을 흡입함으로써 보는 성품인 근이 형성되니, 그것이 바로 안입이다(식 → 근). 이와 같이 근의 피로로 경이 생겨나는데, 식이 그 경을 흡입함으로써 다시 근이 형성된다. 이는 곧 근과 경과 식이 서로를 형성하는 순환관계에 있음을 보여준다. 말하자면 t_1에 보여진 대상의 상이 그다음 순간 t_2에 보는 자 내지 보는 근이 되어 t_2의 대상을 새롭게 형성하면서 새롭게 보게 하는 것이다. 마치 t_1에 먹힌 음식이 t_2에는 먹는 내 몸이 되어 그다음 음식을 먹는 것처럼, 또는 t_1에 책에서 읽은 생각(대상)이 t_2에는 나의 생각(근)이 되어 그다음의 생각을 일으키는 것처럼, 견이 망진으로 향해 거기 머무르면서 그 망진을 흡입하면, 그 결과로 견의 성품인 근이 새롭게 형성되는 것이다. 흡입된 망진이 식 안에 쌓이는 것이 곧 종자(種子)의 훈습, 정보의 축적이다. 망진으로부터 남겨진 종자이기에 망종자이고 번뇌종자이며, 그렇게 근에 종자가 쌓이는 것이 곧 근이 피로해지는 것이다. 근의 피로로 인해 경이 새롭게 나타나는 것이 곧 종자가 경을 형성하는 것이다. 그런 식으로 근은 경을 흡입함으로써 강화되며, 그렇게 근과 경과 식은 서로 순환관계에 있다. 그런 순환관계 안에서 진은 눈의 피로로 인해 생긴 환화일 뿐이며, 따라서 그 진에 머무르면서 근을 흡인하여 형성된 견성 또한 실재하는 것이 아니다. 그러므로 그것들은 모두 그 자체로 존재하는 실재인 자연이 아니다. 여기에서 허망상으로 간주하는 근과 견, 즉 경을 따라 일어나는 근과 견은 앞서 논의했던 두루하고 상주하는 진심 내지 여래장의 견과는 다르다. 여기에서의 견은 제1의의 견이 아닌 세간적 의미의 견, 견문각지의 견이다. 안입은 견성(견), 이입은 청문성(문), 비입은 후문성(문), 설입은 지미성(각), 신입은 지각성(각), 의입은 각지성(지)이라고 부르며, 이들을 합해서 '견문각지성'이라고 한다.

붓다: <2. 인연도 아님> 이와 같이 아난이여, 이 견(견성=안입)은 ① 밝음과 어둠에서 오는 것도 아니고 ② 근에서 나온 것도 아니며 ③ 허공에서 생긴 것도 아니라는 것을 알아야 합니다. 왜 그렇겠습니까? ① 만약 밝음에서 왔다면 어두워지면 따라 멸해서 어둠을 보지 못해야 할 것이며, 만약 어둠에서 왔다면 밝아지면 따라 멸해서 밝음을 보지 못해야 할 것입니다. ② 만약 근에서 생겼다면 (근에는) 반드시 밝음과 어둠이 없으니 이와 같은 견정(見精)은 본래 자성이 없을 것입니다. ③ 만약 허공에서 나왔다면 a. 앞에서는 진상을 보니 돌아갈 때 마땅히 근을 보아야 할 것입니다. b. 또 허공이 스스로 관하는데, 당신의 안입과 무슨 관계가 있겠습니까? <3. 결론> 그러므로 안입은 허망하여 본래 인연도 아니고 자연도 아닌 성(性)이라는 것을 알아야 합니다.

　　<2> 如是, 阿難, 當知是見, ① 非明暗來, ② 非於根出, ③ 不於空生. 何以故? ①若從明來, 暗卽隨滅應非見暗, 若從暗來, 明卽隨滅應無見明. ②若從根生, 必無明暗, 如是見精本無自性. ③ 若於空出, 前矚塵象歸當見根. 又空自觀何關汝入? <3> 是故當知眼入虛妄, 本非因緣非自然性.

〈2〉 안입은 인연이 아님:
　　① 안입이 대상(명암)에서 왔다면, 하나(밝음)에서 오면 다른 하나(어둠)를 못 봄
　　② 안입이 근에서 나왔다면, 근에는 진(명암)이 없어 봄에 자성이 없게 됨
　　③ 안입이 허공에서 생겼다면, a. 나와서 대상을 보면, 돌아갈 땐 근을 봐야 함
　　　　　　　　　　　　　　　b. 허공이 보는 것이니 나와 무관하게 됨
〈3〉 안입은 자연도 인연도 아닌 여래장성임

〈2〉 견의 본성인 견성 내지 안입이 그 자체로 있는 자연이 아니라면, 그것은 다른 것들로부터 생긴 인연이라고 할 수 있는가? 말하자면 안입은 ① 대상이나 ② 근이나 ③ 허공으로부터 나오는가? 그렇지 않다는 것을 논한다. ① 만약 견의 성품이 밝음에서 나온다면 어둠을 못 보고, 어둠에서 나온다면 밝음을 못 볼 것이다. 하지만 실제로는 밝음과 어둠을 모두 다 보니, 명 또는 암에서 나왔다고 말할 수 없다. 견성은 견의 대상으로부터 생겨나는 것이 아닌 것이다. ② 만약 견성이 안근에서 나왔다면, 근은 경(명암)과 구분되니, 견성이 명암과 상관없는 것이 되어 결국 명암을 보지 못한다는 말이 된다. 그러므로 견성은 안근으로부터 생겨났다고 할 수도 없다. ③ 견성이 허공

에서 온다면, a. 올 때 앞의 대상을 보면 갈 때는 근을 보아야 할 것이지만, 그렇지 않다. b. 또 허공에서 나와서 본다면, 나의 안근과는 무관할 텐데, 어떻게 내가 보게 되는가? 그러므로 견성이 허공에서 나오는 것도 아니다. 결국 견성은 경이나 근이나 허공으로부터 생긴 인연이 아닌 것이다.

〈3〉 이와 같이 견성이 그 자체로 있는 자연도 아니고 그렇다고 경이나 근이나 공 어느 하나로부터 생긴 인연도 아니라는 것은 곧 견성이 근과 경과 식의 순환 안에서 어느 하나로 인해 생기는 것이 아니라 오히려 그런 순환 자체를 가능하게 하는 터전, 전체 바탕이라는 것을 의미한다. 안입은 근의 피로와 경의 흡입으로부터 확장되어가는 허망상일 뿐이며, 그 본래의 성품은 근이 피로해지기 이전, 명암의 상이 생겨나기 이전의 여래장의 묘명견성인 것이다. 근과 경 그리고 그 사이의 견은 모두 여래장의 묘명견 위에 허망하게 생겨났다 사라지는 허망상일 뿐이다. 그래서 안입은 그 자체로 있는 자연도 아니고 인연도 아니고 본래 여래장이라고 말한다. 『정맥소』에서는 "실체가 없으므로 허(虛)이고, 온 곳이 없으므로 망(妄)이다. 그러나 실체가 없는 것은 그 자체가 진여이기 때문이다. 세 곳 어디로부터도 오지 않은 것은 그것이 여래장성으로부터 왔기 때문이다. 본래 인연도 아니고 자연도 아닌 묘성이 안입을 거짓으로 나타냈을 뿐이다"[18]라고 설명한다.

(2) 이입

> 붓다: <1. 자연이 아님> 아난이여, 비유하면 어떤 사람이 두 손으로 급히 귀를 막아 이근이 피로해지면 머리에서 소리가 나듯이, a. 귀와 피로는 모두 보리의 주시가 일으킨 피로의 모습입니다. b. 운동과 정지의 두 가지 허망한 진(塵)으로 인해 들음이 일어나 c. 그 안에 거하면서 그 진상을 흡입하니, 이것을 청문성(聽聞性)이라고 합니다. 이 문(문성)은 운동과 정지의 두 진을 떠나면 필경 체가 없습니다.
>
> <1> 阿難, 譬如有人以兩手指急塞其耳, 耳根勞 故頭中作聲, a. 兼耳與勞同是菩提瞪發勞相. b. 因于動靜二種妄塵發聞, c. 居中吸此塵象名聽聞性. 此聞離彼動靜二塵畢竟無體.

---

18   진감, 『정맥소』, 2권, 255쪽.

〈1〉 이입은 자연이 아님:

a.b. 귀의 피로(勞) ──〈문〉──→   진: 운동과 정지

c. 청문성=이입 ←〈흡입됨〉──   망진

↑

보리(지혜)

a. 근의 피로로 망진(동정)이 발생: 근의 피로 → 망진(동정)   근 → 경
b. 망진(동정)으로 인해 문이 발생: 진 → 문(식)   경 → 식
c. 진을 흡입 머무름으로써 청문성이 됨: 문이 진상을 흡입 → 이입   식 → 근

〈1〉 여기에서는 듣는 능력인 이입이 어떻게 해서 형성되는지를 설명함으로써, 그것이 그 자체로 존재하는 자연이 아니라는 것을 밝힌다. a. 귀가 피로해지면 운동과 정지로 인해 소리가 일어나고, b. 귀는 그 운동과 정지의 허망한 진을 듣는다. c. 그렇게 식이 운동과 정지에 머물면서 소리를 흡입함으로써 결국 듣는 성품인 이입이 형성된다. 이처럼 이입은 허망한 진상을 흡입하여 형성된 듣는 성품이며, 피로해진 근과 그 근이 낳은 허망한 진과 다시 그 진을 흡입하는 들음의 순환 안에서 계속 새롭게 형성되는 것이다.

붓다: <2. 인연도 아님> 이와 같이 아난이여, 이 들음(문성=이입)은 ① 운동과 정지에서 오는 것도 아니고 ② 이근에서 나오는 것도 아니고 ③ 허공에서 생기는 것도 아님을 알아야 합니다. 왜 그렇겠습니까? ① 만약 정지에서 왔다면, 음직일 때 따라 멸해서 음직임을 듣지 못해야 할 것이며, 음직임에서 왔다면 정지할 때 따라 멸해서 정지를 듣지 못해야 할 것입니다. ② 만약 근에서 생겼다면, (근에는) 반드시 운동과 정지가 없으니 이와 같은 들음의 체에는 본래 자성이 없을 것입니다. ③ 만약 허공에서 나왔다면, a. 듣는 것이 허공의 성품이 되어 허공이 아닐 것입니다. b. 또 공이 스스로 듣는데, 당신과 무슨 상관이 있겠습니까? <3. 결론> 그러므로 이입은 허망하여 본래 인연도 아니고 자연도 아닌 성(性)이라는 것을 알아야 합니다.

> <2> 如是, 阿難, 當知是聞, ① 非動靜來, ② 非於根出, ③ 不於空生. 何以故? ① 若
> 從靜來, 動卽隨滅應非聞動. 若從動來, 靜卽隨滅應無覺靜. ② 若從根生, 必無動靜,
> 如是聞體本無自性. ③ 若於空出, a. 有聞成性卽非虛空. b. 又空自聞, 何關汝入?
> <3> 是故當知耳入虛妄, 本非因緣非自然性.

〈2〉 이입은 인연이 아님:

　　① 이입이 진에서 왔다면, 하나(동)에서 오면 다른 하나(정)를 못 듣게 됨

　　② 이입이 근에서 나왔다면, 근에 진(동정)이 없으니 들음에 자성이 없게 됨

　　③ 이입이 공에서 생겼다면, a. 허공이 들으니 허공이 아니게 됨

　　　　　　　　　　　　　　b. 허공이 듣는다면 나와 무관하게 됨

〈3〉 이입은 자연도 인연도 아닌 여래장성임

〈2〉 듣는 능력인 이입이 인연이 아니라는 것에 대한 설명은 안입이 인연이 아니라는 것을 밝히는 것과 동일한 논리이다. 안입의 대상인 진(塵)이 밝음과 어둠(명암)이라면, 이입의 대상인 진은 운동과 정지, 즉 동정이라는 것이 다를 뿐이다. ① 듣는 능력이 운동 또는 정지에서 온다면, 둘 중 하나일 것이다. 만일 듣는 능력이 운동에서 온다면, 움직일 때 움직임의 소리는 듣겠지만 정지일 때 그 소리 없음을 듣지 못할 것이다. 그게 아니고 만일 듣는 능력이 정지에서 온다면, 정지일 때 소리 없음은 듣겠지만 움직일 때의 소리는 듣지 못하게 될 것이다. 그런데 우리는 실제 그 둘을 다 들으니, 듣는 성품은 그 대상, 즉 운동 또는 정지 어느 하나로부터 생겨나는 것은 아닌 것이다. ② 듣는 성품이 귀로부터 온다면, 귀에는 그 대상인 소리나 고요함이 없으니, 결국 듣는 성품도 동정과 무관한 것이 되어 동정을 듣지 못한다는 말이 된다. 그러므로 귀 자체로부터 생긴다고 할 수 없다. ③ 듣는 성품이 경도 근도 아닌 허공으로부터 생긴다면, a. 허공이 듣는 것이 되며 그러면 허공이 단지 비어 있는 허공이 아니게 된다. b. 또한 그렇게 허공이 듣는다 한들 그 들음이 나와는 무관한 것이 된다. 그러므로 허공으로부터 생긴다고 할 수도 없다. 이처럼 이입은 대상인 동정으로부터 생기는 것도 아니고, 귀로부터 생기는 것도 아니고, 허공으로부터 생기는 것도 아니다. 인연이 아닌 것이다. 〈3〉 이입은 그 자체가 허망하게 일어나는 허망상이다. 이입은 근의 피로로 인해 나타나는 동정의 소리를 흡입함으로써 비로소 생겨나는 허망한 상일 뿐이며, 그 본래

성품은 여래장성이다.

(3) 비입

> 붓다: <1. 자연이 아님> 아난이여, 비유하면 어떤 사람이 코로 (숨을) 급히 오래도록 들이켜 피로해지면 코에서 찬 감촉을 맡게 되고 그 감촉으로 인해 통함과 막힘, 허와 실, 나아가 모든 향기와 악취의 기운을 분별하게 되듯이, a. 코와 피로는 모두 보리의 주시가 일으킨 피로의 모습입니다. b. 통함과 막힘의 두 가지 허망한 진(塵)으로 인해 맡음이 일어나 c. 그 안에 거하면서 진상을 흡입하니, 이것을 후문성이라고 합니다. 이 맡음(문성)은 통함과 막힘의 두 진을 떠나면 필경 체가 없습니다.
> <1> 阿難, 譬如有人急畜其鼻畜久成勞, 則於鼻中聞有冷觸, 因觸分別通塞虛實如是乃至諸香臭氣, a. 兼鼻與勞同是菩提瞪發勞相. b. 因于通塞二種妄塵發聞, c. 居中吸此塵象名嗅聞性, 此聞離彼通塞二塵畢竟無體.

〈1〉 비입은 자연이 아님:

a. 근의 피로로 망진(통색)이 발생: 근의 피로 → 망진(통색)   근→경
b. 망진(통색)으로 인해 문이 발생: 진 → 문(식)   경→식
c. 진을 흡입 머무름으로써 후문성이 됨: 문이 진상을 흡입 → 비입   식→근

〈1〉 여기에서는 냄새 맡는 능력인 비입이 어떻게 해서 형성되는지를 설명하여, 그것이 그 자체로 존재하는 자연이 아니라는 것을 밝힌다. a. 코에 피로가 쌓이면 그로써 비식의 대상이 되는 통과 색 내지 냄새가 생겨나고, b. 그렇게 대상이 있으므로 그것을 맡는 비식이 일어난다. c. 그렇게 냄새를 맡아 흡입하면 그 냄새의 종자가 쌓여 비근을 강화하는 방식으로 비입이 형성된다. 이와 같이 근에서 경으로, 경으로부터 식으로,

다시 식에 의해 근이 형성되는 순환이 계속된다. 결국 냄새 맡는 성품인 비입은 그 자체로 있는 자연이 아닌 것이다.

붓다: <2. 인연도 아님> 이 맡음(문성=비입)은 ① 통함과 막힘에서 오는 것도 아니고 ② 근에서 나오는 것도 아니고 ③ 허공에서 생기는 것도 아님을 마땅히 알아야 합니다. 왜 그렇겠습니까? ① 만약 통함에서 왔다면 막히면 따라 멸할 텐데 어떻게 막힘을 알며, 막힘으로 인해 있다면 통하면 맡지 못할 텐데 어떻게 향기와 악취 등의 감촉을 알겠습니까? ② 만약 비근에서 생겼다면, (근에는) 필히 통색이 없으니 이와 같은 맡음의 체에는 본래 자성이 없을 것입니다. ③ 만약 허공에서 나왔다면 a. 돌아서 당신의 코를 맡을 수 있어야 할 것입니다. b. 허공이 스스로 맡는다면 당신의 비입과 무슨 상관이 있겠습니까? <3. 결론> 그러므로 비입은 허망하여 본래 인연도 아니고 자연도 아닌 성(性)이라는 것을 알아야 합니다.

　<2> 當知是聞, ① 非通塞來, ② 非於根出, ③ 不於空生. 何以故? ① 若從通來, 塞自隨滅, 云何知塞, 如因塞有, 通則無聞, 云何發明香臭等觸? ② 若從根生, 必無通塞, 如是聞體本無自性. ③ 若從空出, a. 是聞自當廻嗅汝鼻. b. 空自有聞, 何關汝入?
<3> 是故當知鼻入虛妄, 本非因緣非自然性.

〈2〉 비입은 인연이 아님:
　① 비입이 진에서 왔다면, 하나(통)에서 오면 다른 하나(색/무취)를 못 맡게 됨
　② 비입이 근에서 나왔다면, 비근에 진(통색)이 없어 맡음에 자성이 없게 됨
　③ 비입이 공에서 생겼다면, a. 나와서 냄새 맡으면 돌아갈 땐 코를 맡아야 됨
　　　　　　　　　　　　　b. 허공이 맡으면 나와 무관하게 됨
〈3〉 비입은 자연도 인연도 아닌 여래장성임

〈2〉 맡는 능력인 비입이 인연이 아니라는 것을 설명한다. 즉 비입은 ① 맡음의 대상이 되는 통과 색이나 ② 맡는 근인 코 자체 또는 ③ 허공으로부터 온 것이 아니다. ① 냄새 맡는 능력이 통하거나 막힘에서 온다고 할 수 없는 것은 만일 통함에서 온다면 막혀 냄새가 없을 때 그렇다는 것을 어떻게 알고, 만일 막힘에서 온다면 통하여 냄

새가 날 때 그것을 어떻게 알겠는가. 그러므로 냄새 맡음의 능력은 대상을 인연으로 해서 비로소 생기는 것이 아니다. ② 맡는 능력이 코에서 온다면, 코 자체는 냄새가 없으니 결국 맡는 능력이 냄새를 맡지 못한다는 말이 된다. 그러니 코로부터 비입이 생기는 것도 아니다. ③ 맡는 성품이 경이나 근이 아닌 허공으로부터 생긴다면, a. 허공이 맡는 것이 되며 그러면 허공이 단지 비어 있는 허공이 아니게 된다. b. 또한 그렇게 허공이 맡는다면 그 맡음이 나오는 무관한 것이 된다. 그러므로 허공으로부터 생긴다고 할 수 없다. 〈3〉 이와 같이 비입은 앞의 안입과 이입과 마찬가지로 자연도 아니고 인연도 아닌 허망상이며, 따라서 그 자체 여래장이다.

  (4) 설입

> 붓다: <1. 자연이 아님> 아난이여, 비유하면 어떤 사람이 혀로 입술을 핥되 오래 핥아 피로해지면 그가 병이 있을 경우 쓴 맛이 있고 병이 없을 경우 미세하게 단 감촉이 있으며 달고 씀으로 인해 나타나는 설근이 부동일 때에는 담박한 성품이 계속되듯이, a. 혀와 피로는 모두 보리의 주시가 일으킨 피로의 모습입니다. b. 달고 씀과 담박의 두 가지 허망한 진(塵)으로 인해 맛봄이 일어나 c. 그 안에 거하면서 진상을 흡입하니, 이것을 지미성(知味性)이라고 합니다. 이 지미성은 달고 씀 내지 담박의 두 진을 떠나면 필경 체가 없습니다.
>
> <1> 阿難, 譬如有人以舌舐吻熟舐令勞, 其人若病則有苦味, 無病之人微有甜觸, 由甜與苦顯此舌根不動之時淡性常在. a. 兼舌與勞同是菩提瞪發勞相. b. 因甜苦淡二種妄塵發知, c. 居中吸此塵象名知味性. 此知味性離彼甜苦及淡二塵畢竟無體.

〈1〉 설입은 자연이 아님:

  a.b. 혀의 피로(勞) ——(지)——▶ 진: 달고 씀과 담박함

  c. 지미성＝설입 ◀—(흡입됨)— 　　　망진

　　　　　　　　　　↑
　　　　　보리(지혜)

a. 근의 피로로 망진(첨고담)이 발생: 근의 피로 → 망진(첨고담)　　　근 → 경
b. 망진(첨고담)으로 인해 지가 발생: 진 → 지(식)　　　　　　　경 → 식
c. 진을 흡입 머무름으로써 지미성이 됨: 지가 진상을 흡입 → 설입　식 → 근

〈1〉 여기에서는 맛보는 능력인 설입이 어떻게 해서 형성되는지를 설명함으로써, 그것이 그 자체로 존재하는 자연이 아니라는 것을 밝힌다. a. 피로해진 혀로 인해서 달고 쓴 맛 내지 담박한 맛이 생겨나며, b. 그런 맛들로 인해 맛보는 설식이 있게 되고, c. 그런 맛봄을 통해 맛을 흡입하여 그 정보가 쌓이면 그로써 맛을 아는 성품인 지미성, 즉 설입이 형성된다. 다시 말해 피로해진 혀가 달고 쓴 것 내지 담박한 것을 맛보다 보면, 그 맛이 혀에 머무르고 그 피로가 혀에 쌓여 결국 맛을 알아보는 미근이 강화되는 방식으로 설입이 형성된다. 그렇게 설입은 근과 경과 식 간의 순환관계 안에서 형성되는 것이지, 그 자체로 있는 자연이 아니다.

붓다: <2. 인연도 아님> 이와 같이 아난이여, 씀과 담박함을 맛보아 앎(지성=설입)은 ① 달고 씀에서 온 것도 아니고 담박함으로 인해 있는 것도 아니며, ② 근에서 나온 것도 아니고, ③ 허공에서 생긴 것도 아님을 알아야 합니다. 왜 그렇겠습니까? ① 만약 달고 씀에서 왔다면 담박할 때는 맛봄의 성품이 사라질 텐데 어떻게 담박함을 알며, 만약 담박함에서 나왔다면 달고 쓸 때는 맛봄이 사라질 텐데 어떻게 달고 쓴 두 맛을 알겠습니까? ② 만약 혀에서 생긴다면, (혀에는) 필히 달고 씀과 담박한 진(塵)이 없으니 이 지미근이 본래 자성이 없을 것입니다. ③ 만약 허공에서 나왔다면 a. 허공이 스스로 맛을 아니 당신의 입이 아는 것이 아니고, b. 또 허공이 스스로 아는데 그것이 당신의 설입과 무슨 상관이 있겠습니까? <3. 결론> 그러므로 설입은 허망하여 본래 인연도 아니고 자연도 아닌 성(性)이라는 것을 알아야 합니다.
　<2> 如是, 阿難, 當知如是嘗苦淡知, ① 非甜苦來, 非因淡有, ② 又非根出, ③ 不於空生. 何以故? ① 若甜苦來, 淡卽知滅, 云何知淡, 若從淡出, 甜卽知亡, 復云何知甜苦二相? ② 若從舌生, 必無甜淡及與苦塵, 斯知味根本無自性 ③ 若於空出, a. 虛空自味, 非汝口知. b. 又空自知, 何關汝入? <3> 是故當知舌入虛妄, 本非因緣非自然性.

〈2〉 설입은 인연이 아님:

　　① 설입이 진에서 왔다면, 하나(첨고)에서 오면 다른 하나(담)의 맛을 모를 것임

　　② 설입이 근에서 나왔다면, 근에 진(첨고담)이 없어 맛봄이 무자성이 됨

　　③ 설입이 공에서 생겼다면, a. 허공이 맛을 아니 내가 아는 것 아님

　　　　　　　　　　　　　　　 b. 허공이 아는 것이면 나와 무관하게 됨

〈3〉 설입은 자연도 인연도 아닌 여래장성임

　〈2〉 맛보는 능력인 설입이 인연이 아니라는 것을 설명한다. 즉 설입이 그 맛봄의 대상이 되는 달고 씀과 담백함으로부터 오는 것도 아니고, 혀 자체로부터 오는 것도 아니고, 허공에서 오는 것도 아니라는 것이다. ① 만약 맛보는 능력이 그 대상인 달고 씀이나 담백함으로부터 온다면, 그중 달고 씀에서 온다면 담백한 맛을 알지 못하고, 담백함에서 온다면 달고 씀을 알지 못할 텐데, 그런데 우리는 실제로 달고 씀과 담백함을 모두 맛보니까, 설입은 대상으로부터 온 것이 아니라는 것이다. ② 맛보는 능력이 혀에서 온다면, 혀 자체는 맛이 없으니 결국 맛보는 능력이 맛을 보지 못한다는 말이 된다. 그러니 설입이 혀로부터 생기는 것도 아니다. ③ 맛보는 성품이 경이나 근이 아닌 허공으로부터 생긴다면, a. 허공이 맛보는 것이 되며 그러면 허공이 단지 비어 있는 허공이 아니게 된다. b. 또한 그렇게 허공이 맛본다고 한들 그 맛봄이 나와는 무관한 것이 된다. 그러므로 허공으로부터 생긴다고 할 수 없다. 〈3〉 이와 같이 설입은 자연도 아니고 인연도 아니며 허망하게 나타난 허망상으로서 그 자체는 본래 여래장성이다.

　(5) 신입

　　붓다: <1. 자연이 아님> 아난이여, 비유하면 어떤 사람이 찬 손으로 더운 손을 만질 때 찬 세력이 크면 더운 것이 차가워지고 더운 기운이 세면 찬 것이 더워지니, 이와 같이 합하는 감촉에 의해 분리의 앎이 드러나게끔 서로 간섭하는 세력이 성립하는 것은 피로한 감촉 때문이듯이, a. 몸과 피로는 모두 보리의 주시가 일으킨 피로의 모습입니다. b. 떨어짐과 합함의 두 가지 허망한 진(塵)으로 인해 촉감이 일어나 c. 그 안에 거하면서 그 진상을 흡입하니, 이것을 지각성(知覺性)이라고 합니다. 이 지각체는 떨어짐과 합함, 어김과 따름의 두 진상을 떠나면 필경 체가 없습니다.

<1> 阿難, 譬如有人以一冷手觸於熱手, 若冷勢多, 熱者從冷, 若熱功勝, 冷者成熱, 如是以此合覺之觸, 顯於離知涉勢若成, 因于勞觸, a. 兼身與勞同是菩提瞪發勞相. b. 因于離合二種妄塵發覺, c. 居中吸此塵象名知覺性. 此知覺體離彼離合違順二塵畢竟無體.

〈1〉 신입은 자연이 아님:

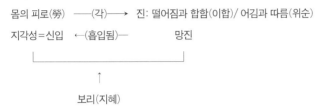

a. 근의 피로로 망진(이합)이 발생: 근의 피로 → 망진(이합/위순)   근 → 경
b. 망진(이합)으로 인해 각이 발생: 진 → 각(식)   경 → 식
c. 진을 흡입 머무름으로써 지각성이 됨: 각이 진상을 흡입 → 신입   식 → 근

〈1〉 여기에서는 촉감의 능력인 신입이 어떻게 해서 형성되는지를 설명함으로써, 그것이 그 자체로 존재하는 자연이 아니라는 것을 밝힌다. a. 촉이 감각되기 위해서는 근과 경의 떨어짐과 합함 그리고 어김과 따름으로 일어나는 마찰이 있어야 한다. 이러한 대상은 근에 상응해서, 즉 근의 피로로 인해 존재하는 것이다. 업으로 염오된 근의 피로로 인해 이합과 위순의 진이 발생하고, b. 그렇게 이합과 위순의 진이 갖추어지면 그 진을 대상으로 해서 촉각이 발생하며, c. 그 촉각이 진을 흡입하여 머무름으로써 이로부터 감촉하는 능력인 신입이 형성된다. 그러므로 이입은 그 자체로 존재하는 자연이 아니다.

붓다: <2. 인연도 아님> 이와 같이 아난이여, 이러한 촉감(각성=신입)은 ① 떨어짐과 합함에서 오는 것도 아니고 어김과 따름에 있는 것도 아니며, ② 근에서 나오는 것도 아니고 또 ③ 허공에서 생기는 것도 아니라는 것을 알아야 합니다. 왜 그렇겠습니까? ① 만약 합함에서 나온다면 떨어지면 응당 이미 멸할 텐

데 어떻게 떨어짐을 알겠습니까? 어김과 따름의 두 상도 마찬가지입니다. ② 만약 근으로부터 나온다면 (근에는) 떨어짐과 합함과 어김과 따름의 네 가지 상이 없으니 당신의 몸의 앎이 원래 자성이 없을 것입니다. ③ 만약 허공에서 나온다면 허공이 스스로 지각하는데, 당신의 신입과 무슨 상관이 있겠습니까? <3. 결론> 그러므로 신입은 허망하여 본래 인연도 아니고 자연도 아닌 성(性)이라는 것을 알아야 합니다.

　<2> 如是, 阿難, 當知是覺, ① 非離合來非違順有, ② 不於根出, ③ 又非空生. 何以故? ① 若合時來, 離當已滅, 云何覺離? 違順二相亦復如是 ② 若從根出, 必無離合違順四相, 則汝身知元無自性 ③ 必於空出, 空自知覺, 何關汝入? <3> 是故當知身入虛妄, 本非因緣非自然性.

〈2〉 신입은 인연이 아님:

　　① 신입이 진에서 왔다면, 하나(합)에서 오면 다른 하나(이)를 알지 못함

　　② 신입이 근에서 나왔다면, 근에 진(이합, 위순)이 없어 촉감이 무자성이 됨

　　③ 신입이 허공에서 생겼다면, (a. 허공이 지각하면 허공이 아님)

　　　　　　　　　　　b. 허공이 지각하면 나와 무관하게 됨

〈3〉 신입은 자연도 인연도 아닌 여래장성임

〈2〉 촉감의 능력인 신입이 인연이 아니라는 것을 설명한다. 즉 신입이 그 촉감의 대상이 되는 합함과 떨어짐, 어김과 따름으로부터 오는 것도 아니고, 몸 자체로부터 오는 것도 아니고, 허공에서 오는 것도 아니라는 것이다. ① 촉감의 능력이 합함이나 떨어짐에서 온다고 할 수 없다. 만일 합함에서 온다면 떨어질 경우 그것을 어떻게 촉감으로 알고, 만약 떨어짐에서 온다면 합할 경우 그것을 어떻게 촉감으로 알겠는가. 합함과 떨어짐을 모두 촉감으로 안다는 것은 촉감의 능력이 합함이나 떨어짐이라는 것을 인연으로 해서 생기는 것이 아님을 말해준다. 어김과 따름도 마찬가지이다. ② 촉감의 능력이 몸에서 온다면, 몸 자체는 촉감이 없으니 결국 촉감의 능력이 촉감을 갖지 못하게 된다. 그러므로 몸으로부터 신입이 생기는 것도 아니다. ③ 촉감의 능력이 허공으로부터 생긴다면, a. 허공이 촉감을 갖는 것이 되며 그러면 허공이 단지 비어 있는 허공이 아니게 된다. 그러나 이 a부분은 본문에는 빠져 있다. b. 허공이 촉감을 갖는다 한들 그 촉감이 나와는 무관한 것이 된다. 그러므로 허공으로부터 생긴다고 할

수 없다. 〈3〉 이와 같이 신입은 인연도 아니고 자연도 아닌 허망상으로서 실제는 드러나는 현상적 모습 너머의 여래장성이다.

(6) 의입

붓다: 〈1. 자연이 아님〉 아난이여, 비유하면 어떤 사람이 피로가 쌓이면 자고, 푹 자고 나면 다시 깨어나며, 진(塵)을 보면 기억하고, 기억을 잃으면 망각하는 것이 전도된 생주이멸이듯이, 흡입하고 익히며 되돌아가서 서로 어기지 않는 것을 '의(意)의 아는 근'이라고 칭하니, a. 의와 피로는 모두 보리의 주시가 일으킨 피로의 모습입니다. b. 생과 멸의 두 가지 허망한 진으로 인해 지(知)를 모아 c. 그 안에 거하면서 내진을 흡입하여 취하되, 견문에 거슬러 나아가거나 (견문이) 미치지 못하는 곳에까지 나아가니, 이것을 각지성(覺知性)이라고 합니다. 이 각지성은 오매와 생멸의 두 진을 떠나면 필경 체가 없습니다.
〈1〉 阿難, 譬如有人勞倦則眠睡熟便寤, 覽塵斯憶失憶爲妄, 是其顛倒生住異滅, 吸習中歸不相踰越稱意知根. a. 兼意與勞同是菩提瞪發勞相. b. 因于生滅二種妄塵集知, c. 居中吸撮內塵見聞逆流, 流不及地名覺知性, 此覺知性離彼寤寐生滅二塵畢竟無體.

〈1〉 의입은 자연이 아님:

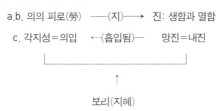

a. 근의 피로로 망진(생멸)이 발생: 근의 피로 → 망진(생멸)   근 → 경
b. 망진(생멸)으로 인해 지가 발생: 진 → 지(식)   경 → 식
c. 진을 흡입 머무름으로써 각지성이 됨: 지가 진상을 흡입 → 의입   식 → 근
  - 견문(5식+5구의식)의 류(流)에 거슬러 나아감(역류):
    류의 과거 낙사진(落謝塵)을 반연 = 과거를 기억(독두의식) = 생
  - 견문(류)의 불급지(不及地)에 나아감: 상상(독두의식) = 멸

〈1〉 일상에서 의식은 자고 깸이 있다. 대상을 보고 기억하기 시작함이 생(生)이고, 기억을 유지하고 있음이 주(住)이며, 기억을 잃기 시작함이 이(異)이고, 아주 망각하는 것이 멸(滅)이니, 이것을 '전도된 생주이멸'이라고 한다. 이와 같이 잠과 깸(오매), 기억함과 잊음(억망)이 의식의 주된 양상인데, 이를 통합하여 의식의 대상으로 생멸 두 가지를 제시하였다. 여기에서는 의식하는 능력인 의입이 어떻게 형성되는지를 설명함으로써, 의입이 그 자체로 존재하는 자연이 아니라는 것을 밝힌다. a. 의근으로 인해서 의식의 지(知)가 일어나려면, 우선 깸과 잠, 기억함과 잊음의 주변경계가 형성되어야 한다. 즉 잠들지 않고 깨어 있고, 잊지 않고 기억되는 대상이 있어야 한다. 이렇게 깨어 기억되는 대상이 의식의 경계 내지 망진이다. b. 이렇게 망진이 형성되면 의식이 그 망진을 연하여 지가 일어난다. c. 지가 생겨나서 경계의 진을 흡입함으로써, 즉 진으로부터 그 세력을 축적받음으로써 의근이 형성되어, 그 의근이 그다음의 의식적 지를 일으키게 된다. 이와 같은 근과 경과 식의 순환과정 안에서 의식의 능력인 의입이 형성되고 강화된다. 의식이 기억하는 것은 전5식의 감각작용을 역류해서 소급해 올라가는 것이며, 의식이 대상을 두루 파악하는 것은 전5식의 감각작용이 미치지 못하는 곳까지 나아가는 것이다. 그러므로 의식은 "견문에 역류하거나 견문이 미치지 못하는 곳에 흘러가 내진을 흡촬"한다고 말한다. 의식의 대상은 법진이다. 법진은 색성향미촉 5경과 달리 불가침투적 대상이 없는 색인 무대색(無對色)이지만, 전5식의 대상을 좇아 일어나므로 결국은 법처소섭색에 포함된다.[19] 이미 지나간 것을 역류하여 기억하는 활동과 5감이 미치지 못하는 것에까지 나아가 파악하는 활동 등 의식의 작용은 다음과 같이 정리된다.[20]

---

19   5감각의 대상인 5경(5진)과 제6의식의 대상인 법경(법진)을 더한 6진이 넓은 의미의 색이고, 여기에 다시 5근을 더하면 11개 색법이 된다.

색　　　　― 가견(可見)　　　　　┐
성향미촉 ┐ 불가견(不可見) ┬ 유대색(有對色)
법　　　┘　　　　　　　　└ 무대색(無對色)

법처소섭색은 다음과 같으며, 법진은 이중 변계소기색(遍計所起色)에 해당한다.
1. 극략색(極略色): 색을 분석하여 도달한 극미, 가색(假色)으로 가법
2. 극형색(極逈色): 극미에 나타나는 현색(顯色), 가색(假色)으로 가법
3. 수소인색(受所引色): 업이 남긴 무표색, 무표업, 가법
4. 변계소기색(遍計所起色): 제6의식의 대상인 영상색(影像色), 거북 털, 토끼 뿔, 공화 등 가법
5. 정자재소생색(定自在所生色): 제7지 이하에선 가법, 제8지 이상에선 실법

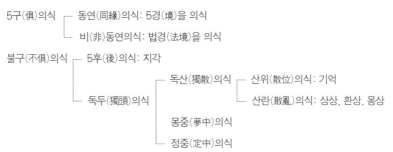

의식의 작용:

5구(俱)의식 ── 동연(同緣)의식: 5경(境)을 의식
　　　　　　 └ 비(非)동연의식: 법경(法境)을 의식
불구(不俱)의식 ── 5후(後)의식: 지각
　　　　　　　 └ 독두(獨頭)의식 ── 독산(獨散)의식 ── 산위(散位)의식: 기억
　　　　　　　　　　　　　　　　　　　　　　　　└ 산란(散亂)의식: 상상, 환상, 몽상
　　　　　　　　　　　　　 몽중(夢中)의식
　　　　　　　　　　　　└ 정중(定中)의식

붓다: <2. 인연도 아님> 이와 같이 아난이여, 이러한 각지의 근(지성=의입)은 ① 깨어 있음과 잠들어 있음에서 오는 것도 아니고 생과 멸로 인해 있는 것도 아니며 ② 근에서 나오는 것도 아니고 ③ 허공에서 생기는 것도 아님을 알아야 합니다. 왜 그렇겠습니까? ① 만약 깨어 있음에서 온다면, 잠잘 때는 따라서 멸할 텐데, 누가 잠들었음을 알겠습니까? 반드시 (기억이) 생함에서 (의입이) 있게 된다면, (기억이) 멸할 때는 함께 없게 될 텐데, 누가 멸을 알겠습니까? 만약 (기억의) 멸로부터 있게 된다면, (기억이) 생하면 곧 멸이 없게 되는데, 누가 생함을 알겠습니까? ② 만약 근에서 나온다면, 깨어 있음과 잠들어 있음의 두 모습이 몸을 따라 개합하기에, 이 두 체(오매)를 떠나서는 지각이 허공의 꽃과 같아 필경 자성이 없을 것입니다. ③ 만약 허공에서 생긴다면, 허공이 스스로 아는데, 당신의 의입과 무슨 상관이 있겠습니까? <3. 결론> 그러므로 의입은 허망하여 본래 인연도 아니고 자연도 아닌 성(性)이라는 것을 알아야 합니다.

　<2> 如是, 阿難, 當知如是覺知之根, ① 非寤寐來非生滅有, ② 不於根出, ③ 亦非空生. 何以故? ① 若從寤來, 寐卽隨滅, 將何爲寐? 必生時有, 滅卽同無, 令誰受滅? 若從滅有, 生卽滅無, 孰知生者? ② 若從根出, 寤寐二相隨身開合, 離斯二體此

20　의식의 활동을 시간의 흐름에 따라 다음과 같이 5심(心)으로 구분하기도 한다.
　1. 솔이심(率爾心): 대상에 직면하는 마음: 5구의식(감각)
　2. 심구심(尋求心): 대상이 무엇인지 알려고 하는 마음: 5후의식(지각)
　3. 결정심(決定心): 대상이 무엇이라고 결정하여 아는 마음
　4. 염정심(染淨心): 선(정)이나 악(염)을 일으키는 마음
　5. 등류심(等流心): 선악 염정이 이어지는 마음

覺知者同於空花畢竟無性.③ 若從空生,自是空知,何關汝入?<3> 是故當知意入
虛妄,本非因緣非自然性.

〈2〉 의입은 인연이 아님:
　① 의입이 진에서 왔다면, 하나(오/생)에서 오면 다른 하나(매/멸)를 알지 못함
　② 의입이 근에서 나왔다면, 근에 진(오매)이 없어 지각이 공화처럼 무자성이 됨
　③ 의입이 허공에서 생겼다면, (a. 허공이 아는 것이라면, 그건 허공이 아님)
　　　　　　　　　　　　　　　b. 허공이 아는 것이면 나와 무관하게 됨
〈3〉 의입은 자연도 인연도 아닌 여래장성임

〈2〉 의입은 인연도 아니다. ① 만약 의입이 의의 대상이 되는 깸과 잠, 생과 멸 중 어
느 하나로부터 와서 그 하나와 결부되어 있다면, 다른 하나를 알아차리지 못할 것이
다. 그런데 의입은 깸도 알고 잠도 알고 또 의식이 일어남도 알고 사라짐도 안다. 그러
므로 대상인 진으로부터 온다고 할 수 없다. ② 의입이 근으로부터 저절로 생겨서, 진
의 성격인 오매와 생멸이 없게 된다면, 결국 근 자체가 성립하지 않고 근이 오히려 공
화와 같고 무자성의 것이 된다. 그러니 인식능력은 경(진)을 흡입하여 만들어지는 것
이지 근 자체만으로부터 그냥 생겨나는 것이 아니다. ③ 허공에서부터 각지성이 생겨
날 수 없다. 허공이 아는 것이라면, 그건 더이상 허공이 아니고, 또 허공이 안다 해도
인식하는 자와는 무관하기 때문이다. 〈3〉 그러므로 의입은 그 자체로 있는 것도 아니
고, 어느 하나를 인연으로 해서 있는 것도 아니며, 그 자체가 묘진여성이다.

3) 12처

붓다: 다시 아난이여, 어째서 12처가 여래장 묘진여성입니까?
復次,阿難,云何十二處本如來藏妙眞如性?

처(處)는 근과 경이 서로 관계하는 장소라는 뜻이다. 6근과 6경이 있으므로 서로 관
계하는 처가 12가지가 되어 12처라고 한다. 이하에서는 6근과 6경인 12처가 모두 자

연도 아니고 인연도 아니고 여래장 묘진여성임을 밝힌다. 6근과 6경 둘에 대해 그것이 자연인가 인연인가를 묻는 것은 그중 무엇이 근본이 되어서 무엇을 만드는가를 묻는 것이다. 즉 〈1〉 보는 근이 보여지는 경을 만드는가, 〈2〉 보여지는 경이 보는 근을 만드는가이다. 〈1〉 보는 근이 보여지는 경을 만든다고 하면, 근이 그 자체로 있는 자연이고 경은 그로부터 만들어진 인연이 된다. 반대로 〈2〉 보여지는 경이 보는 근을 만든다고 하면, 경이 그 자체로 있는 자연이고 근은 그것으로부터 만들어지는 인연이 된다.

근(根) ―(생)→ 경(境) : 〈1〉 근이 경을 만듦: 근이 자연, 경은 인연
      ←(생)―   : 〈2〉 경이 근을 만듦: 경이 자연, 근은 인연

이하에서는 12처가 모두 자연도 아니고 인연도 아니라고 논한다. 근과 경에 대해 어느 하나를 자연으로 보고, 다른 하나를 인연이라고 볼 수 없는 것은 근과 경이 서로 순환관계에 있기 때문이다. 경은 근을 통해 경으로 성립하므로 근이 자연인 것 같지만, 그 근은 경을 흡입하여 형성된 것이므로 근이 자연인 것이 아니다(〈1〉아님). 또 근이 경을 흡입하여 성립하니까 경이 자연인 것 같지만, 그 경은 근에 상응하여서만 존재하므로 경이 자연인 것도 아니다(〈2〉아님). 결국 이런 순환이 일어날 수 있는 것은 근과 경 사이에 비어 있는 공간인 허공이 있으며, 그 허공이 여래장의 묘진여성으로 충만하기 때문이다. 이하에서는 이 허공을 들어 〈1〉과 〈2〉가 모두 문제가 있음을 밝힌다. 〈1〉 근이 경을 만드는 것이라면, 허공을 볼 때 근은 아무것도 안 만들었는데, 즉 근이 활동하지 않았는데, 어떻게 허공을 볼 수 있는가의 문제가 생긴다. 다시 말해 두뇌신경세포가 활동하면, 그에 상응하는 경(색상)이 그려져 보게 되는데, 허공을 본다는 것은 곧 두뇌신경세포가 활동하지 않았다는 말이 된다. 그런데 어떻게 허공을 의식할 수 있는가? 반대로 〈2〉 경이 근을 만든다면, 허공처럼 경이 없을 때 근에 의거한 식이 어떻게 일어날 수 있는가? 즉 허공을 어떻게 알 수 있는가? 이처럼 〈1〉도 〈2〉도 모두 문제가 있기에, 결국 근과 경이 둘 다 자연도 아니고 인연도 아니라고 결론 내린다. 근과 경, 12처는 모두 자연도 아니고 인연도 아니고 여래장 묘진여성이라는 것이다.

(1) 안처와 색처

> 붓다: 아난이여, 당신은 이 기타림과 여러 연못을 보는데, 어떻게 생각합니까? 이것
> 들은 <2> 색이 안견을 생기게 한 것입니까? <1> 안이 색상을 생기게 한 것입니까?
> 阿難, 汝且觀此祇陀樹林及諸泉池, 於意云何? 此等爲是, <2> 色生眼見?
> <1> 眼生色相?

〈1〉 안(眼) —(생)→ 색상(色相) : 안근이 색상을 생하는가? - 안근이 자연, 색상이 인연
〈2〉   ←(생)—   : 색상이 안근을 생하는가? - 색상이 자연, 안근이 인연

12처는 근과 경을 함께 묶어 전체를 6부류, 즉 12처로 나눈 것이다. 여기서는 근과
경 중 어떤 것이 근거가 되어 다른 것을 생기게 하는지, 어떤 것이 그 자체로 있는 자연
이고, 어떤 것이 그것에 의해 생겨난 인연인지를 묻는다. 〈1〉 만약 안근이 색상을 생하
는 것이면, 안근이 자연이고 색상이 인연이며, 반대로 〈2〉 색상이 안근을 생하는 것이
면 색상이 자연이고 안근이 인연이다. 그런데 이하에서는 그 둘 다가 성립되지 않는다
는 것을 밝혀 결국 안과 색, 안근과 색상이 둘 다 자연도 아니고 인연도 아님을 밝힌다.

> 붓다: <1. 안처(자연)→색처(인연), 아님> 아난이여, ① 만약 안근이 색상을
> 생기게 한다면, 허공을 볼 때는 색이 아니니 (안근의) 색의 성이 마땅히 소멸할
> 것입니다. 소멸한 즉 일체를 발현함(봄)이 모두 없을 것이니, 색의 상이 이미 없
> 다면 어떻게 허공의 질을 밝히겠습니까? ② 허공도 또한 마찬가지입니다.
> <1> 阿難, ① 若復眼根生色相者, 見空非色, 色性應銷. 銷則顯發一切都無, 色相
> 旣無, 誰明空質? ② 空亦如是.

〈1〉 안처 —(생)→ ① 색상: 안근이 허공을 볼 때, 색성이 없어 색상을 못 봄. 그럼 허공도 못 봄
              (=색성)   (허공은 색의 대가 되는 상이므로)
            ② 공상: 안근이 색상 볼 때, 공성이 없어 공상을 못 봄. 그럼 색상도 못 봄
              (=공성)   (색상은 허공의 대가 되는 상이므로)

〈1〉① 눈이 색의 모습을 생기게 하는 것이라면, 눈이 곧 색의 성이어서 색상을 본다는 말이다. 즉 눈에 색성이 있어서 색상을 본다는 말이다. 그런데 그 눈이 허공을 본다면, 허공은 색상이 아니므로 결국 눈에 색성이 소멸한다는 말이 된다. 즉 허공을 볼 때는 눈의 색성이 소멸하여서 색상을 보지 못한다. 그럼 허공을 본 눈은 다시 색상을 보지 못하게 될 것이다. 그런데 허공은 색과 대가 되는 허공, 즉 색이 그 안을 채우는 허공, 색이 아닌 것으로서 드러나는 허공이며 그 색상으로 인해 보게 되는 것이므로, 만약 색상을 보지 못하면 결국 허공도 보지 못하는 것이 된다. 그러니 허공을 봐도 허공을 보지 못한다는 말이 되니, 모순이다. 따라서 안근이 색상을 생기게 한다고 주장할 수 없다. ② 마찬가지로 눈이 공의 모습을 생기게 하는 것이라면, 그때는 눈이 곧 공성이어서 공상을 보게 하는 것이 된다. 만일 그 눈이 공상 대신 색상을 본다면, 공성이 없어서 공상을 못 보니 색상 또한 못 보게 된다. 그렇게 하면 공상만 보고 색상을 못 본다는 말이 되니, 말이 맞지 않다. 그러므로 안근이 공상을 생기게 한다고, 즉 안처가 자연이고 색처가 인연이라고 주장할 수 없다.

붓다: <2. 색처(자연)→안처(인연), 아님> 만약 다시 색진(色塵)이 안견(眼見)을 생기게 한다면, 허공을 볼 때는 색이 아니니 견이 곧 소멸할 것입니다. 이미 소멸한다면 아무것도 없으니, 어떻게 허공과 색을 밝히겠습니까? <3. 결론> 그러므로 견과 색과 허공은 모두 처소가 없고, 색과 견의 두 처는 허망하여 본래 인연도 아니고 자연도 아닌 성(性)이라는 것을 알아야 합니다.

<2> 俱若復色塵生眼見者, 觀空非色, 見卽銷亡. 亡則都無, 誰明空色? <3> 是故當知見與色空俱無處所, 卽色與見二處虛妄, 本非因緣非自然性.

〈2〉 안견 ←(생)— 색진: 공을 보면 색이 없어 견도 멸하고, 결국 공과 견을 구분 못 함
〈3〉 안처와 색처는 자연도 인연도 아닌 여래장성임

〈2〉 색경이 비로소 눈의 봄을 가능하게 하는 것이라면, 색이 있지 않은 허공을 볼 때는 허공이 색진이 아니므로 결국 봄이 없게 된다. 즉 견이 소멸하게 된다. 그러나 그렇게 견이 소멸한다면, 어떻게 허공을 볼 수 있고 또 어떻게 허공인지 색인지를 밝힐 수

있겠는가? 이와 같이 견이 대상으로부터 온다면, 대상이 없을 때 견은 소멸해 버린다. 그렇다면 다시 대상이 있다 해도 그것을 볼 수 없게 된다. 〈3〉 이와 같이 견으로 인해서 색이 있는 것도 아니고, 색으로 인해서 견이 있는 것도 아니다. 그러니 안근과 색경 둘 다 그 어느 것도 그 자체로 있는 자연도 아니고, 다른 것을 인연으로 해서 있는 인연도 아니며, 결국 견과 색이 둘 다 환망이고 그 자체 여래장의 진묘명성이다.

(2) 이처와 성처

> 붓다: 아난이여, 당신은 기타림 정원에서 음식이 준비되면 북을 치고 중생이 모이면 종을 쳐서 종소리와 북소리가 전후 상속하는 것을 듣는데, 어떻게 생각합니까? 이것들은 <1> 소리가 귓가로 온 것입니까? <2> 귀가 소리의 처로 간 것입니까?
>
> 阿難, 汝更聽此祇陀園中食辦擊鼓, 衆集撞鐘, 鐘鼓音聲前後相續, 於意云何? 此等爲是, <1> 聲來耳邊? <2> 耳往聲處?

〈1〉 이 ←(래)— 성 : 소리가 귀로 오는가?　　　 – 이근이 자연, 소리가 인연
〈2〉　　—(왕)→　 : 귀가 소리의 처로 가는가?　　– 소리가 자연, 이근이 인연

여기에서는 이근과 소리와의 관계를 묻는다. 〈1〉 만약 소리가 귀로 오는 것이면, 이근이 자기 처소가 있는 것이고, 반대로 〈2〉 귀가 소리로 간 것이면, 소리가 자기 처소가 있는 것이 된다. 처소가 있는 것이 자체적으로 있는 자연이고, 처소가 없으면 인연인데, 그 두 경우가 모두 성립하지 않기에 둘 다 자연도 아니고 인연도 아니라고 밝힌다.

> 붓다: <1. 이처(자연)→성처(인연), 아님> 아난이여, 만약 이 소리가 귓가로 온 것이라면, 내가 실라벌성에서 걸식하면 기타림에는 내가 없듯이, 소리가 아난의 귓가로 오면 목련과 가섭은 응당 함께 듣지 못해야 합니다. 그런데 어떻게 그중 1250 사문이 하나같이 종소리를 듣고 함께 식사하는 곳으로 옵니까?

<1> 阿難, 若復此聲來於耳邊, 如我乞食室羅筏城, 在祇陀林則無有我, 此聲必來阿難耳處, 目連迦葉應不俱聞. 何況其中一千二百五十沙門一聞鐘聲同來食處?

〈1〉이 ←(래)― 성: 소리가 내 귀(의 처소)로 오면, 다른 사람은 못 들어야
(하나의 소리가 어떻게 다른 곳에 있는 여러 명의 귀로 올 수 있는가?)

〈1〉소리가 듣는 사람의 귀로 오는 것이라면, 소리는 그것을 듣는 한 사람에게로 와서 그 한 사람만 소리를 듣고 다른 사람들은 그 소리를 듣지 못해야 한다. 즉 한 소리를 여럿이 함께 들을 수 없어야 한다. 그런데 그렇지 않고 각각 다른 곳에 있는 모든 사람이 그 소리를 모두 들을 수 있으니, 소리가 듣는 자의 귀로 간 것이 아니라는 것이다. 소리가 듣는 자의 귀에 와서 듣는 것이 아니라는 것은 소리가 나의 귀의 처소까지 와서 내가 듣는 것이 아니라는 말이다. 나는 소리를 내 귀의 자리에서 일어나는 소리로 듣지 않고 내 귀 바깥 저 멀리에서 일어나는 소리로 듣는다. 소리가 내 귀의 처소로 온 것이 아니라는 말이다. 들음이 일어나는 자리가 이근인 귀가 있는 그 처소가 아닌 것이다. 이것은 우리가 듣는 것이 소리 자체의 음파(音波)가 아니고 소리로 인해 일어나는 기파(氣波)라고 해도 마찬가지이다. 음파든 기파든 무엇인가가 내 귀가 있는 곳까지 와서 듣는 것이면, 소리를 귓속 소리로 들어야 하는데, 우리는 소리를 바깥에서 나는 소리로 듣기 때문이다.

붓다: <2. 성처(자연)→이처(인연), 아님> 만약 당신의 귀가 소리 나는 곳으로 가는 것이라면, 내가 기타림에 돌아와 머물면 실라벌성에 내가 없듯이, 당신이 북소리를 들을 때 그 귀가 이미 북치는 곳으로 가기 때문에 여기에서 종소리가 함께 생겨도 동시에 듣지 못해야 할 것입니다. 하물며 어떻게 그중 코끼리와 말, 소와 양 등 갖가지 소리를 듣겠습니까? 만약 오고 감이 없다면, 들음도 없을 것입니다. <3. 결론> 그러므로 들음과 소리는 모두 처소가 없고, 들음과 소리의 두 처는 허망하여 본래 인연도 아니고 자연도 아닌 성(性)이라는 것을 알아야 합니다.

<2> 若復汝耳往彼聲邊, 如我歸住祇陀林中, 在室羅城則無有我, 汝聞鼓聲其耳
已往, 擊鼓之處鐘聲齊出應不俱聞. 何況其中象馬牛羊種種音響? 若無來往亦復
無聞. <3> 是故當知聽與音聲俱無處所, 即聽與聲二處虛妄, 本非因緣非自然性.

〈2〉 이 —(왕)→ 성: 귀가 저곳 소리까지 나가면, 이곳 소리 못 들어야 함

　　　　　　　(하나의 귀가 어떻게 많은 소리로 다 가서 모두 들을 수 있는가?)

〈3〉 이처와 성처는 자연도 인연도 아닌 여래장성임

〈2〉 귀가 소리 쪽으로 가는 것이라면, 내가 일단 북소리를 들으면 이근이 이미 북소리 있는 그곳으로 갔기에 이곳에서 생겨나는 다른 소리들을 듣지 못해야 할 것이다. 그런데 실제로는 거기의 북소리뿐 아니라 이곳에서 생겨나는 온갖 소리를 다 들을 수 있으니, 귀가 그곳 북소리 있는 곳으로 간 것이 아닌 것이다. 결국 들음은 들리는 한 대상의 처소에 국한될 수 없이 일체처에 두루한다는 말이 된다. 〈3〉 들음과 소리가 모두 자기 처소가 있는 자연도 아니고 그렇다고 상대를 인연으로 해서 생겨난 인연도 아니다. 그만큼 허망한 존재이다. 들음과 소리가 처소가 없는 것은 그것이 각각 특정 처소에 국한되지 않고 두루하기 때문이다. 제한된 처소가 없으니 허망하며, 그렇게 두루하니 묘진여성이다.

(3) 비처와 향처

붓다: 아난이여, 당신은 이 향로 안의 전단향 냄새를 맡지만 이 향은 한 개만 태워도 실라벌성 40리 안에서 동시에 향기를 맡는데, 어떻게 생각합니까? 이 향기는 <2> 전단목에서 생깁니까? <1> 당신의 코에서 생깁니까? <2> 허공에서 생깁니까?

阿難, 汝又嗅此鑪中栴檀, 此香若復然於一銖, 室羅筏城四十里內同時聞氣, 於意云何? 此香爲復, <2> 生栴檀木? <1> 生於汝鼻? <2> 爲生於空?

〈1〉 비 —(聞)→　전단목: 향기가 코에서 나오는가?　　　　　　－ 비처가 자연, 향처가 인연

〈2〉　　←(문)—　공/전단목: 향기가 공이나 대상에서 나오는가?　　－ 향처가 자연, 비처가 인연

코와 그 대상이 되는 향기 중 어느 것이 자체 존재인가를 묻는다. 〈1〉 만약 향기가 코에서 생긴다면, 코가 자연이고 향기가 인연이 된다. 〈2〉 그렇지 않고 향기가 허공이나 대상 자체로부터 나온다면, 허공이나 대상이 자연이고 냄새 맡는 코가 인연이 된다. 그런데 이 둘이 다 성립하지 않음을 밝힌다. 근과 경, 어느 하나를 그 자체로 존재하는 자연, 자기 처소가 있는 것으로 놓고 그곳에서 봄이나 들음이나 맡음이 일어나는 것으로 볼 수 없다는 것을 논하는 것이다. 봄이나 들음이나 맡음은 근이나 경 어느 하나로부터가 아니라 그 둘이 함께하는 곳에서 일어난다. 그러니까 정해진 처소가 있지 않은 것이다.

붓다: <1. 비처(자연)→향처(인연), 아님> 아난이여, 만약 향기가 당신의 코에서 생긴 것이라면, 코에서 생긴다는 말은 응당 코로부터 나온다는 말입니다. a. 그런데 코가 전단이 아닌데, 어떻게 코에 전단의 향기가 있겠습니까? b. 당신이 향기를 맡는다는 말은 응당 코로 들어간다는 말인데, 코에서 나오는 향기를 맡는다고 말하는 것은 옳지 않습니다.
<1> 阿難, 若復此香生於汝鼻, 稱鼻所生當從鼻出, a. 鼻非栴檀, 云何鼻中有栴檀氣? b. 稱汝聞香當於鼻入, 鼻中出香說聞非義.

〈1〉비 ─(聞)→ 전단향: 향기가 코에서 나온다면,
　　　　　　a. 코가 전단이 아니므로 향기가 나올 수 없음
　　　　　　b. 향기는 코로 들어가지 코에서 나오지 않음

〈1〉 향기가 코로부터 나오는 것이 아니다. a. 코가 진단이 아닌데, 어떻게 전단향이 코로부터 나올 수가 있겠는가? b. 더구나 향기는 밖에서 코로 들어가는 것이지 코로부터 나오는 것이 아니다. 그러므로 향기가 코로부터 나온다고 할 수 없다.

붓다: <2. 허공/향처(자연)→비처(인연), 아님> ① 만약 향기가 허공에서 생긴 것이라면, 허공의 성품은 항상되니 향기도 마땅히 항상 있어야 할 텐데, 어째

서 향로에다 이 마른 나무를 태워야만 됩니까? ② 만약 향기가 나무에서 생긴 것이라면, 그 향기의 성질은 태움으로 인해 연기가 된 것이니 코가 냄새 맡을 때 마땅히 연기를 덮어써야 하는데, 그 연기가 허공으로 올라가 멀리까지 미치지도 전에 어떻게 4십리 안에서 이미 냄새를 맡습니까? <3. 결론> 그러므로 향기와 코와 맡음이 모두 처소가 없고, 맡음과 향기의 두 처는 허망하여 본래 인연도 아니고 자연도 아닌 성(性)이라는 것을 알아야 합니다.

　　<2> ① 若生於空, 空性常恒, 香應常在, 何藉鑪中蒸此枯木? ② 若生於木, 則此香質因蒸成煙, 若鼻得聞合蒙煙氣, 其煙騰空未及遙遠, 四十里內云何已聞? <3> 是故當知香鼻與聞俱無處所, 卽嗅與香二處虛妄, 本非因緣非自然性.

〈2〉비 ←―(聞)― ① 허공: 향기가 허공에서 나온다면, 허공에서 항상 향기가 나야 함
　　　　　　　　② 전단: 향기가 나무에서 나온다면, 멀리까지 향기가 가기 어려움
〈3〉비처와 향처는 자연도 인연도 아닌 여래장성임

　　〈2〉① 향기가 허공에서 생기면, 허공이 항상되듯이 향기 또한 항상되어야 하는데, 향기는 전단향을 태워야만 나고 또 시간이 지나면 사라지므로 허공에서 나왔다고 볼 수 없다. ② 전단목에서 향기가 나오는 것이라면, 전단목이 타는 연기를 통해 코가 향기를 맡게 되는 것일 텐데 어째서 연기가 미치지도 않은 먼 곳에서도 향기를 맡는가? 대개는 연기가 미치는 곳에서 냄새를 맡는 데 반해, 전단목의 향은 그런 제한 없이 아주 멀리까지 퍼지는 특별한 향으로 간주된다고 한다. 향을 태운 연기가 가지 못하는 먼 곳에서까지도 그 향기를 맡게 되니, 향기가 나무에서 나온다고 하기도 어렵다는 말이다. 〈3〉 향기인 경과 향기 맡는 근이 모두 각자의 처소를 갖는 자연이 아니라는 것이다. 향기 맡음과 향기가 처소가 없으니 자연이 아니고, 다른 자연으로부터 생긴 인연도 아니니, 허망한 것이다. 그렇게 자연도 인연도 아닌 묘진여성이라는 것이다.

　　(4) 설처와 미처

　　붓다: 아난이여, 당신은 늘 두 번 대중에게 발우를 들고 (걸식하며) 그때 혹 소

락제호를 만나면 그것을 최고의 맛이라고 하는데, 어떻게 생각합니까? 맛은
<2> 허공에서 생깁니까? <1> 혀에서 생깁니까? <2> 음식에서 생깁니까?

　阿難, 汝常二時衆中持鉢, 其間或遇酥酪醍醐名爲上味, 於意云何? 此味爲復,
<2> 生於空中? <1> 生於舌中? <2> 爲生食中?

〈1〉 혀설 ─(맛봄)→ 음식: 맛은 혀에서 나오는가?　　　　- 설처가 자연, 미처가 인연

〈2〉　　　←(맛봄)─　　 : 맛은 공/음식에서 나오는가?　　- 미처가 자연, 설처가 인연

발우를 든다는 것은 걸식하여 공양하는 것을 의미한다. 소락(蘇酪)과 제호는 모두
소나 양에서 짠 젖으로 만든 음식이다. 젖을 발효시키면, 유(乳), 락(酪), 생수(生酥),
숙수(熟酥), 제호(醍醐)의 다섯 단계로 숙성되는데, 마지막 제호가 가장 좋은 맛이라고
한다. 여기에서는 우리가 혀로 아는 맛이 어디에서 온 것인가를 묻는다. 맛은 〈1〉 혀
에서 생기는가, 〈2〉 허공이나 음식에서 오는가?

　붓다: <1. 설처(자연)→미처(인연), 아님> 아난이여, 만약 그 맛이 당신의 혀
에서 생긴 것이라면, a. 당신의 입 안에는 오직 하나의 혀가 있으니, 그 혀가 이
때 이미 소락의 맛이 되면, 흑석밀을 만나도 달라지지 말아야 할 것입니다. b. 만
약 달라지지 않는다면 맛을 안다고 할 수 없고, c. 만약 달라진다면 혀가 여러 개
가 아닌데 어떻게 여러 맛을 한 개의 혀로 알 수 있습니까?

　<1> 阿難, 若復此味生於汝舌, a. 在汝口中祇有一舌, 其舌爾時已成酥味, 遇黑石
蜜應不推移. b. 若不變移, 不名知味, c. 若變移者, 舌非多體, 云何多味一舌之知?

〈1〉 혀 ─(맛봄)→ 음식: 맛이 혀(근)에서 나온다면,

　　　a. 한 맛을 보면 혀가 그 맛인 것이니, 다른 맛을 봐도 다른 맛으로 바뀌지 말아야 함

　　　b. 바뀌지 않으면, 다른 맛을 알 수 없어야 함

　　　c. 바뀐다면, 하나의 혀가 어떻게 여러 맛으로 되는가?

〈1〉 맛이 혀에서 생기는 것이라면, a. 어떤 것을 먹든 같은 맛이 나와야 한다. 소락
맛을 볼 때 그 맛이 혀에서 나오는 것이라면, 다른 무엇을 맛보든 다 소락의 맛이어야

할 것이다. 즉 흑석으로 만든 꿀을 먹어도 이미 혀에서는 소락의 맛이 나오니 혀가 아는 맛이 바뀌지 말아야 한다. b. 그런데 정말로 그렇게 맛이 달라지지 않는다면, 즉 언제나 한 맛만 있다면, 그것을 맛을 안다고 말할 수도 없다. c. 그렇지 않고 혀에서 나오는 맛이 달라지는 것이라면, 하나의 혀에서 어떻게 여러 개의 맛이 나와 여러 맛을 알게 된단 말인가?

붓다: <2. 미처/허공(자연)→설처(인연), 아님> ① 만약 맛이 음식에서 생긴 것이라면, a. 음식은 식이 없는데 어떻게 스스로 압니까? b. 또 스스로 안다면, 곧 다른 사람이 먹는 것과 같은데, 그게 당신과 무슨 상관이 있어서 당신이 맛을 안다고 합니까? ② 만약 맛이 허공에서 생긴 것이라면, a. 당신이 허공을 씹으면 무슨 맛이 있습니까? b. 필시 허공이 짠맛을 낸다면, 이미 당신의 혀를 짜게 하였으므로 당신의 얼굴도 또한 짜게 해야 할 것입니다. 그렇다면 이 세상 사람들이 바닷물고기처럼 이미 항상 짠 것을 수용해서 담담한 것은 알지 못해야 할 것입니다. c. 만약 담박함을 모른다면, 짠 것 또한 알지 못할 것입니다. 필히 아는 것이 없다면, 어떻게 맛을 안다고 할 수 있겠습니까? <3. 결론> 그러므로 맛과 혀와 맛봄이 모두 처소가 없고, 맛봄과 맛 들이 모두 허망하여 본래 인연도 아니고 자연도 아닌 성이라는 것을 알아야 합니다.

<2> ① 若生於食, a. 食非有識云何自知? b. 又食自知卽同他食, 何預於汝名味之知? ② 若生於空, a. 汝噉虛空當作何味? b. 必其虛空, 若作鹹味旣鹹汝舌亦鹹汝面. 則此界人同於海魚旣常受鹹了不知淡 c. 若不識淡亦不覺鹹. 必無所知云何名味?
<3> 是故當知味舌與嘗俱無處所, 卽嘗與味二俱虛妄, 本非因緣非自然性.

〈2〉 혀←(맛봄)— ① 음식: 맛이 음식(경)에서 나온다면,

　　　　　　　　a. 음식이 식이 없는데 맛을 어떻게 아는가?

　　　　　　　　b. 음식이 맛을 알면, 네가 맛을 아는 것이 아님

　　　　② 허공: 맛이 허공에서 나온다면,

　　　　　　　　a. 허공에서 무슨 맛이 나는가?

　　　　　　　　b. 허공에서 나온 맛이 가득해서, 그 반대 맛(담박한 맛)은 모르게 됨

　　　　　　　　c. 반대 맛(담박한 맛)을 모르면, 그 맛(짠맛)도 모름

〈3〉 설처와 미처는 자연도 인연도 아닌 여래장성임

〈2〉① 맛은 맛을 아는 데에서 성립한다. 만약 음식에서 맛이 나온다면, 음식이 스스로 맛을 알아야 한다. a. 그런데 음식은 맛을 알지 못하니, 어떻게 맛이 음식에서 나올 수 있겠는가? 음식 자체가 맛을 모르므로 맛이 음식에서 나올 수 없다는 말은 곧 맛을 갖고 있지 않은 것으로부터 맛이 나올 수 없다는 말이며, 맛을 갖고 있다는 것은 곧 맛을 안다는 것을 뜻한다는 것이다. 그러므로 맛은 음식에서 나올 수 없다. b. 그렇지 않고 음식이 맛을 알기에 맛이 음식에서 나온다고 한다면, 음식이 맛을 아는 것은 아난과 상관이 없는데, 어떻게 아난이 맛을 알게 되는가라고 반문한다. ② 맛이 음식이 아니라, 허공에서 나온 것일 수 있는가? 여기에서 허공은 두루하는 묘진여성이 아니라, 색과 대비되는 허공, 즉 색이 그 안을 채우는 그런 허공을 말한다. a. 맛이 허공에서 생긴다면, 허공에 맛이 있단 말인가? 허공이 무슨 맛인가? b. 만약 허공에 맛이 있다면, 전체가 그 맛이 되어 그것 아닌 맛을 알지 못할 것이다. 예를 들어 허공이 짜면, 일체가 짜서 담박한 맛을 몰라야 한다. c. 그러나 담박한 맛을 모르면 짠맛도 또한 알 수 없다. 그러니 허공의 짠맛도 알지 못한다는 말이 된다. 그러니까 맛이 허공에서 온다고 말할 수 없다. 〈3〉 이처럼 혀와 음식(맛)이 다 그 자체로 있는 자연도 아니고, 그렇다고 상대로 인해서 생겨난 인연도 아니다. 그만큼 허망한 존재이며, 허망한 만큼 그것들은 본래 묘진여성이다.

(5) 신처와 촉처

> 붓다: 아난이여, 당신은 아침마다 손으로 머리를 만지는데, 어떻게 생각합니까? 그 만짐을 알 때, 무엇이 능히 촉하는 것입니까? 능히 촉하는 것은 〈1〉 손에 있습니까? 〈2〉 머리에 있습니까?
>
> 阿難, 汝常晨朝以手摩頭, 於意云何? 此摩所知, 唯爲能觸? 〈1〉 能爲在手, 〈2〉 爲復在頭?

	〈신처〉	〈촉처〉	
〈1〉	손 —(촉)→	머리:	신근이 촉을 생하는가? - 신처(근)가 자연, 촉처가 인연
	능촉	소촉	
〈2〉	손 ←(촉)—	머리:	대상이 촉을 생하는가? - 촉처(경)가 자연, 신처가 인연

```
          소촉        능촉
〈1·2〉  손 ←(촉)→  머리: 둘 다 자연인가?
          능+소       능+소
```

손으로 머리를 만지는 것은 손으로 돌을 만지는 것과 달리 근과 경이 따로 없이 한 몸 안에서 서로 능촉이 되고 서로 소촉이 된다. 즉 서로 근이 되고 경이 되며, 어느 것이 능촉이고 어느 것이 소촉인지를 분별하여 논하기 어렵다. 이처럼 촉은 근·경·식이 함께하여 일어나는 일인데 군이 능촉과 소촉을 분리하여 마치 특정한 촉의 처소가 있는 것처럼 생각하는 것을 비판한 것이라고 볼 수 있다. 이를『계환해』에서는 이렇게 설명한다. "촉은 응당 근과 경으로 인하여 능소가 서로 감응하여 이루어진 것인데, 여기서 군이 근에 의탁하여 촉을 밝힌 것은 만법이 본래 일체이거늘 망(妄) 때문에 능소가 나누어져 망촉이 있게 됨을 밝힌 것이다. 감촉은 손에도 있고 머리에도 있어 본래 정해진 처소가 없는 것이니, 즉 신처와 촉처가 다 허망하기 때문이다."[21] 본래 능소로 나누어질 수 없는 것을 능소로 나누는 것이 허망분별임을 말한 것이다.

> 붓다: <1. 신처(자연)→촉처(인연), 아님> 만약 (촉하는 것이) 손에 있다면, 머리는 앎이 없어야 하는데, 어째서 촉이 성립합니까?
> <1> 若在於手, 頭則無知, 云何成觸?

〈1〉손 ─(촉)→ 머리: 소촉인 머리가 어떻게 촉을 느끼는가?

〈1〉만약 능촉이 손이라면, 머리는 소촉으로서 그냥 감촉의 대상이 될 뿐 그 자체가 촉의 감각을 갖지는 말아야 하는데, 머리가 어떻게 촉을 느낄 수 있는가? 그러므로 손이 자연인 능촉이고, 머리는 단지 소촉일 뿐이라고 말할 수 없다.

---

21   일귀 역, 『수능엄경』, 204쪽, 주399.

붓다: <2. 촉처(자연)→신처(인연), 아님> 만약 (촉하는 것이) 머리에 있다면, 손은 소용이 없는데, 어째서 (손의) 촉이라고 부릅니까?

<2> 若在於頭, 手則無用, 云何名觸?

〈2〉손←(촉)— 머리: 손이 소촉이라면, 손이 어떻게 촉을 느끼는가?

〈2〉만약 능촉이 머리라면, 손이 소촉이 되어 촉의 대상일 뿐 그 자체 촉의 감각이 없어야 하는데, 손이 어떻게 촉을 느낄 수 있단 말인가? 그러므로 머리가 능촉이고 자연이며, 머리로부터 촉이 온다고 할 수도 없다.

붓다: <1+2. 신처(자연)⇄촉처(자연), 아님> ① 만약 (촉하는 것이) 각각(머리와 손)에 있다면, 아난 당신에게 응당 두 몸이 있어야 할 것입니다. ② 만약 머리와 손에서 하나의 촉이 생겨난다면, 손과 머리가 응당 하나의 체가 되어야 할 것입니다. a. 만약 하나의 체라면, 촉이 성립하지 않을 것입니다. b. 만약 체가 둘이라면, 촉은 어디에 있습니까? 능촉에 있으면 소촉에는 없고, 소촉에 있다면 능촉에는 없을 것입니다. c. 응당 허공이 당신에게 촉을 이루게 하지는 않을 것입니다. <3. 결론> 그러므로 촉각과 신이 모두 처소가 없고, 신처와 촉처의 두 처가 모두 허망하여 본래 인연도 아니고 자연도 아닌 성이라는 것을 알아야 합니다.

<1+2> ① 若各各有, 則汝阿難應有二身. ② 若頭與手一觸所生, 則手與頭當爲一體. a. 若一體者, 觸則無成. b. 若二體者, 觸誰爲在? 在能非所, 在所非能. c. 不應虛空與汝成觸. <3> 是故當知覺觸與身俱無處所, 卽身與觸二俱虛妄, 本非因緣非自然性.

〈1+2〉손←(촉)→ 머리: 둘 다 자연의 능촉이라면,
① 손과 머리가 둘 다 능촉이 되면, 능촉이 둘이어서 내 몸이 두 개의 체가 됨
② 손과 머리가 하나의 촉, 하나의 체라면,
  a. 손과 머리가 하나의 체라면, 둘의 부딪침으로서의 촉이 성립 안 함
  b. 손과 머리가 두 개의 체라면, 촉은 어디에 속하나?
  c. 허공이 능촉 또는 소촉이 될 수 없음
〈3〉신처와 촉처는 자연도 인연도 아닌 여래장성임

〈1+2〉 ① 만약 손도 촉을 아는 능촉자고 머리도 촉을 아는 능촉자라면, 앎을 가지는 능촉이 둘이니 몸이 둘이 되어야 한다. 촉은 손 또는 머리로 특정하여 말할 수 없이 두루하는 것인데, 굳이 촉이 일어나는 능촉의 처소를 정하려고 하니까 능촉자를 둘이라고 해야 하는 문제가 생기는 것이다. ② 손과 머리가 각각 촉을 갖는다고 보면 두 몸이 되어 문제가 되니, 그렇게 두 몸이 아니고 손과 머리가 합해서 하나의 촉을 갖는다고 보면 어떻겠는가? 손과 머리가 하나의 촉으로 성립하는 것이라면, 결국 손과 머리가 하나의 체, 하나의 몸이 되어야 한다. a. 그러나 그렇게 둘이 일체를 이룬다면 촉이 성립하지 않게 된다. 촉은 자기 바깥의 자기 아닌 것과 부딪침으로써 성립하기 때문이다. b. 그렇다면 촉은 하나이되, 체가 하나가 아니라 둘이라면 어떤가? 그럼 이 경우 촉은 다시 두 체 중에서 누구에게 있는 것인가? 이 문제는 다시 〈1〉과 〈2〉의 문제로 되돌아가게 된다. 즉 촉이 손에 있으면 머리에는 없고, 촉이 머리에 있으면 손에 없어야 할 것이다. 그런데 실제로는 둘 다 느끼는 능촉이 되니 문제이다. c. 손과 머리가 함께 능촉으로서 거기 함께 촉이 있다면, 그럼 뭐가 소촉이 되는가? 허공이 소촉이겠는가? 아님 손과 머리가 함께 소촉으로서 거기 함께 촉이 있고, 허공이 능촉이겠는가? 결국 손과 머리가 하나의 촉이 되어 능촉이고 허공이 소촉이 된다거나, 손과 머리가 하나의 촉이 되어 소촉이고 허공이 능촉이 되거나 할 수도 없다는 말이다. 우리가 허공을 만지거나 허공이 우릴 만지거나 하지 않기 때문이다. 결론적으로 촉감이 특정한 근이나 경을 자연인 처소로 삼고 일어나는 것이 아니라는 것이다. 〈3〉 이처럼 신처나 촉처 둘 다 촉감을 일으키는 처소라고 말할 수 없다. 신근과 촉경, 능과 소의 분별이 허망분별인 것이다. 그것들은 능소분별 이전의 묘진여성이다.

(6) 의처와 법처

붓다: 아난이여, 당신의 항상된 의(意)에 의해 반연된 선·악·무기 3성이 법칙을 이루는데, <1> 이 법(법진의 법칙)은 심에서 생긴 것입니까? <2> 심을 떠나서 (법칙이) 별도의 처소가 있습니까?

阿難, 汝常意中所緣善惡無記三性生成法則, <1> 此法爲復卽心所生? <2> 爲當離心別有方所?

⟨1⟩ 의처 ─(생)→ 법처: 선·악·무기의 법칙은 심에 즉해 생기는가?   - 심이 자연, 법이 인연
⟨2⟩   ←(생)─   : 선·악·무기의 법칙은 심을 떠나 존재하는가?   - 법이 자연, 심이 인연

의근과 그 소연이 되는 법진이 함께하여 의식이 일어나면 그 의식은 선·악·무기의
3성을 갖는다. 의식의 행위는 업(業)으로서 선이나 악이나 무기성을 가진다는 뜻이다.
이러한 3성을 둘러싼 인연법이 곧 '선악의 법칙' 내지는 '선업락과 악업고과'의 법칙이
다. 문제는 그러한 법칙이 어디에서 오는가 하는 것이다. 선악의 인연법은 ⟨1⟩ 의근인
심에 따라 일어나는가? ⟨2⟩ 아니면 심을 떠나서 따로 존재하는가? 여기에서의 심은 의
근 및 그에 의거해 일어나는 제6식심을 뜻한다. 그리고 그것이 어떻게 생기는가를 묻
고 있는 선·악·무기의 법칙은 그 자체가 의식의 대상인 법진이므로 결국 법칙인 법진
이 어떻게 생기는가를 묻는 것이다. ⟨1⟩ 법진이 의근에 따라 일어난다고 하면, 경이 아
니게 되고, ⟨2⟩ 법진이 의근 바깥에 따로 존재한다고 하면, 우리 의식이 그것을 어떻게
아는가 하는 문제가 생긴다. 이하에서는 의근과 법경이 각각으로 존재하고서 그 어느
것 하나로부터 의식 내지 선·악·무기의 법칙이 생기는 것이 아니라는 것을 밝힌다. 어
느 것이 자기 처소가 있는 자연으로 존재하고, 다른 것이 그것을 인연으로 해서 생기
는가를 규정할 수 없게끔 근과 경은 함께 작동한다. 그러므로 근과 경을 이원적으로
나누어 자연 또는 인연을 묻는 것은 허망분별이 된다.

붓다: <1. 의처(자연)→법처(인연), 아님> 아난이여, 만약 (법이) 심에서 생긴
것이라면, 법은 대상(진)이 아닐 것입니다. 심의 소연이 아니라면, 어떻게 처(법
처)가 될 수 있겠습니까?
<1> 阿難, 若卽心者, 法則非塵. 非心所緣, 云何成處?

⟨1⟩ 의처 ─(생)→ 법처: 심에서 법진이 생긴다면, 법이 곧 심이고 법경이 아니게 됨

⟨1⟩ 법은 심의 대상으로서 심과 별도로 있어야 하는데, 심에서 생겨나는 것이면 심의
대상이 아니게 된다. 심의 소연인 대상이 아니라면, 어떻게 심의 대상으로서의 법처가
될 수 있겠는가? 선·악·무기의 법칙성이 심으로부터 생기는 것은 아니라는 것이다.

붓다: <2. 법처(자연)→의처(인연), 아님> 만약 (법이) 심을 떠나서 별도의 처소가 있다면, 그 법의 자성은 ① 지(知)입니까, ② 지가 아닙니까? ① 만약 지라면, 심이라고 불러야 하는데, a. 그것은 (심을 떠났으니) 당신과 다르고 (지가 있으니) 대상도 아니어서, 타인의 마음과 같을 것입니다. b. (이것을) 당신이고 (당신의) 심이라고 한다면, 어떻게 당신의 심이 둘이 된단 말입니까? ② 만약 지가 아니라면, a. 그 진은 이미 색·성·향·미도 아니고 (촉인) 이·합과 냉·온도 아니며 허공상도 아닌데, 과연 어디에 있습니까? 지금 색이나 공에 어디에도 표시되지 않고, 인간에게는 허공 바깥도 있지 않습니다. b. 심이라면 소연이 아니니, 처가 어떻게 성립하겠습니까? <3. 결론> 그러므로 법과 심은 모두 처소가 없고, 의처와 법처의 두 처가 모두 허망하여 본래 인연도 아니고 자연도 아닌 성이라는 것을 알아야 합니다.

<2> 若離於心別有方所, 則法自性, ① 爲知, ② 非知? ① 知則名心, a. 異汝, 非塵, 同他心量. b. 卽汝卽心, 云何汝心更二於汝? ② 若非知者, a. 此塵旣非色聲香味離合冷煖及虛空相, 當於何在? 今於色空都無表示, 不應人間更有空外. b. 心非所緣, 處從誰立? <3> 是故當知, 法則與心俱無處所, 則意與法二俱虛妄, 本非因緣非自然性.

〈2〉 의처 ←(생)— 법처: 의근(심)을 떠나 법진이 있다면, 법진은 지(知)인가, 지 아닌가?

　① 법진이 지이면, 곧 심인데

　　a. 너의 심이 아니니, 남의 심인가?

　　b. 너의 심이면, 너는 심이 둘인가?

　② 지(知)가 아니면, 곧 대상인데

　　a. 색(색성향미 + 촉:이합냉온)도 아니고 공도 아니니, 처소가 없음

　　b. 심이라면 소연 아니니, 처소가 없음

〈3〉 의처와 법처는 자연도 인연도 아닌 여래장성임

〈2〉 법진의 선·악·무기 법칙성이 그것을 의식하는 의근 내지 마음과 별도로 법진 자체가 갖고 있는 것이라면, 그런 법진은 어떤 존재인가를 묻는다. 즉 심을 떠난 것으로서의 법진은 과연 앎을 가지고 있는가, 앎을 가지고 있지 않은가? ① 만약 법진이 지를 가지고 있다면, 곧 심이라고 할 수 있다. 그렇다면 a. 그것이 너의 심을 떠나서 있으므로, 그것은 결국 너의 심과는 다르고 또 심이기에 대상이 아니니, 결국 타인의 심과 같

은 것이 될 것이다. b. 그렇지 않고 그 심이 결국 너의 심이라고 말한다면, 결국 너의 심이 (심과 법으로) 둘이 있는 것이 된다. ② 만약 법이 심을 떠나 따로 있되 그 법이 지를 가지고 있지 않다면, 심이 아니고 심의 대상인 진일 뿐이다. a. 그런데 그 진은 법진이니, 색·성·향·미도 아니고 촉도 아니고, 허공도 아니니 어디에도 있지 않은 것이 된다. 색도 공도 아니고 그렇다고 허공 바깥일 수도 없는 것이다. b. 그렇다고 심인 것도 아니다. 심은 소연인 진이 아니고 능연이기 때문이다. 이와 같이 색도 아니고 심도 아니고 공도 아니고 공 바깥도 아니니, 그 법진의 처소가 있지 않다. ⟨3⟩ 결국 의처이든 법처이든 모두 일정한 처소가 있지 않다. 이와 같이 의처와 법처는 모두 자기 처소가 있는 자연도 아니고, 다른 것으로부터 생겨난 인연도 아니다.

이상으로 12처가 모두 자연도 아니고 인연도 아님을 밝혔다. 근 또는 경이 각각으로 제한된 자기 처소를 갖는 자연으로 존재하고 다른 것을 인연으로 삼아 그 처소에서부터 식이 발생하는 것이 아니라는 것이다. 식은 하나의 처소로부터가 아니고 근과 경의 만남으로부터 발생하며 특정 처소에 제한되지 않고 두루 일어난다고 할 수 있다.

4) 18계

붓다: 다시 아난이여, 어째서 18계가 본래 여래장 묘진여성입니까?
復次, 阿難, 云何十八界本如來藏妙眞如性?

6근과 6경과 6식을 합하면 모두 18계가 된다. 계(界)는 범어 dhatu로 기초, 기저, 요소, 종족이라는 뜻을 가지며, 18가지가 각각의 범위로 나뉘어서 각 영역을 이루어 서로 섞이지 않는다는 의미에서 18계라고 한다. 지금까지 6근과 6경의 12처를 논한 데 이어 이하에서는 나머지 6식계를 더하여 논함으로써 18계가 모두 자연도 아니고 인연도 아니며 오히려 여래장 묘진여성임을 밝힌다. 불교가 처음부터 '근과 경이 화합하여 식을 이룬다'고 말해왔기에, 이하에서는 6식이 각각 근과 경 중 정확히 무엇에 근거하여 각각의 계를 이루게 된 것인지를 논한다. 결국은 각각의 식이 ⟨1⟩ 근으로 인해 계로 성립하는 것도 아니고 ⟨2⟩ 경으로 인해 계로 성립하는 것도 아니며 또 ⟨3⟩ 근과 경을 함께 겸함으로써 계로 성립하는 것도 아니라는 것을 밝히며, 그렇게 하여 근계, 경계에 이어 각각의 식계도 모두 독립적 계(界)로 성립하지 않음을 밝혀 결국 18계 전체가 인연도 자연도 아닌 허망분별일 뿐이라고 결론 내린다.

> 식계는 〈1〉 근으로부터?
>   〈2〉 경으로부터?
>   〈3〉 근과 경의 합으로부터?
> 결론: 〈4〉 근·경·식 3계가 모두 자연도 아니고 인연도 아니고, 여래장성임

 내가 지금 사과를 보고 있으면, 눈 바깥의 사과는 경(境)이고, 보는 눈 또는 활동하는 두뇌신경세포는 근(根)이며, 사과를 바라보는 것은 식(識)이다. 이제 문제는 안식계가 어떻게 성립하는가이다. 식은 무엇을 인연으로 삼아 각각의 계(界)로 성립하는가? 식은 〈1〉 근에 근거해서 하나의 계로 성립하는가? 아니면 〈2〉 경에 근거해서 하나의 계로 성립하는? 아니면 〈3〉 그 둘에 근거해서 하나의 계로 성립하는가? 〈1〉 근에 근거한다고 하면, 실제 보여지는 경과 무관하게 되는 문제가 있고, 또 우리가 근을 보는 것은 아니므로, 그로부터 식계가 성립하지 않는다는 문제가 있다. 〈2〉 경에 근거한다고 하면, 경이 없는 허공은 어떻게 알며, 또 경이 바뀔 때 식도 바뀌는데, 그 경의 바뀜을 어떻게 알게 되는가의 문제가 있다. 〈3〉 근과 경의 합에 근거한다고 하면, 서로 다른 그 둘을 결합시키는 것이 어떻게 가능한지가 설명되지 않는 문제가 있다. 이것은 식계 또한 특정한 어느 하나를 근거로 해서 성립하는 것이 아님을 밝히는 것이다. 우리가 현상 차원에서 근·경·식을 각각의 계(界)로 분별하는 것은 우리 자신의 개념을 따라 임의적으로 분류한 허망분별일 뿐이며, 실제는 그보다 더 심층에서 작동하는 여래장 묘진여성의 드러남인 것이다. 이하에서는 6식 중 앞의 3식은 경을 따라 색식계, 성식계, 향식계라고 부르고, 뒤의 3식은 근을 따라 설식계, 신식계, 의식계라고 부른다.

(1) 안근과 색경과 안식

> 붓다: 아난이여, 당신이 밝히듯이 눈과 색이 인연이 되어 안식을 생기게 한다면, 이 식은 <1> 눈으로 인해 생긴 것으로서 눈을 계(界)로 삼습니까? <2> 색으로 인해 생긴 것으로서 색을 계로 삼습니까?

> 阿難, 如汝所明眼色爲緣生於眼識, 此識爲復, <1> 因眼所生以眼爲界? <2> 因色所生以色爲界?

〈안(근) + 색(경)〉 → 안식: 안식이 안근이나 색경에 의거한 인연인가?

〈1〉안근　　　　→ 안식: 눈으로 인해 생겨 눈을 계로 삼는가?　　　 - 안근이 자연

〈2〉　　　색경 → 안식: 색으로 인해 생겨 색을 계로 삼는가?　　　 - 색경이 자연

〈3〉안근 + 색경 → 안식: 눈과 색으로 인해 생겨 둘을 계로 삼는가?　 - 둘 다 자연

불교는 근과 경의 화합으로 식이 일어난다고 설명한다. 여기에서는 안식에 대해 그 근본 인연이 안근인지, 색경인지, 아니면 안근과 색경을 더한 것인지를 묻는다. 그리고는 그 셋을 모두 파함으로써 안식이 계로 성립하는 근거가 근이나 경이 아니라고 논하며, 그 근거는 결국 여래장성이라고 밝힌다.

> 붓다: <1. 안계→안식, 아님> 아난이여, 만약 (안식이) 눈으로 인해 생기는 것이라면, ① 이미 색과 허공이 없어 분별할 수가 없는데, 비록 당신의 식이 있다 해도 무슨 소용이 있겠습니까? ② 당신의 견은 청·황·적·백이 아니어서 표시될 수 없는데, 무엇을 따라 계를 세우겠습니까?
>
> <1> 阿難, 若因眼生, ① 旣無色空無可分別, 縱有汝識欲將何用? ② 汝見又非靑黃赤白無所表示, 從何立界?

〈1〉안근 → 식: 식계가 안근에서 생긴다면,

　　① 색도 공도 없이 무엇을 보는가?

　　② 식에 분별이 없는데 무엇을 따라 18계를 세우는가?

〈1〉① 만약 안식이 눈에 의해서만 생기고 색과 공에 의한 것이 아니라면, 색상으로 분별될 것이 없으니 식이 있다 해도 무엇을 보겠는가? ② 견 자체에 분별이 있지 않아 색으로 보이는 것이 없어 표시될 수 없으니, 계가 성립할 수 없다. 그러므로 안근만으로 안식계가 성립하지는 않는다는 것이다.

붓다: <2. 색계→안식, 아님> 만약 색으로 인해 생기는 것이라면, ① 허공에 색이 없을 때는 당신의 식도 응당 멸할 텐데, 어떻게 허공이라는 것을 압니까? ② 만약 색이 변할 때 당신이 그 색상의 변천을 안다면 당신의 식은 변천하지 않은 것인데, 계가 무엇을 따라 성립하겠습니까? ③ (색의) 변함을 따라 (식도) 변한다면, 계의 모습이 저절로 없을 것이며, ④ (식이) 변하지 않는다면 항상될 것이니, (그 식이) 이미 색을 따라 생겼기에 응당 허공의 소재를 알지 못할 것입니다.

<2> 若因色生, ① 空無色時汝識應滅, 云何識知是虛空性? ② 若色變時汝亦識其色相遷變, 汝識不遷, 界從何立? ③ 從變則變, 界相自無, ④ 不變則恒, 旣從色生應不識知虛空所在.

〈2〉색경 → 식: 식계가 색에 의해 생긴다면,

　　① 허공을 보면 식도 없어져서 허공을 알지 못해야 함

　　② 색이 바뀌어도 그걸 알려면, 식이 변하지 않아야 함. 그럼 색을 따른 것이 아님

　　③ 식이 색 따라 변하면, 식계도 따라 없어지게 됨

　　④ 식이 불변이면 항상되니, (식이 색에서 나왔을 경우) 색만 알고 허공은 모르게 됨

〈2〉① 만약 눈과 상관없이 색으로 인해서 식계가 성립하는 것이라면, 색이 없어지면 식도 따라 없어져서 색 없는 허공은 알 수가 없을 것이다. 그런데 우리는 허공을 안다. 이는 곧 색이 없어도 식은 남는다는 말이고, 결국 식이 색으로 인해 성립하는 것은 아니라는 말이다. ② 만약 색이 바뀌어 없어졌을 때 색이 그렇게 변천하였다는 것을 우리가 안다면, 그것은 곧 식이 바뀌어 없어지지 않았다는 것을 뜻한다. 그러니까 색은 없어져도, 색이 없어짐을 아는 식은 없어지지 않는 것이다. 그러므로 식은 색을 따라 세운 것이 아니다. ③ 만약 색에 의해 식이 생긴다면, 색이 바뀌어 없어졌을 때 식도 따라서 바뀌어 없어져야 한다. 그렇게 식이 따라 없어지면 결국 색도 없고 식도 없게 되며, 결국 식계가 저절로 성립하지 않게 된다. 말하자면 색을 따라 식이 변한다면, 색과 식이 구별되지 않는 것이 되고, 그렇게 되면 근·경·식에 따른 18계의 구분 자체가 불가능해진다. ④ 그렇지 않고 색이 바뀌어 없어져도 식은 불변으로 남는다면, 식은 그렇게 항상된 것이어서 일단 색을 따라 생기면 계속 색만 알고 허공은 알지 못할 것이다. 그러나 우리는 실제로 허공을 안다. 그러므로 안식계는 색을 따라 성립한다고 보기 어렵다.

붓다: <3. 안계+색계→안식, 아님> 만약 눈과 색 두 가지를 함께 겸해서 (식이) 생기는 것이라면, (둘이 합하거나 나뉠 것인데) ① 둘(눈과 색)이 합하면 중간(식)이 떠나게 되고, ② (눈과 색이) 나뉘면 둘(눈과 색)이 (식에서) 합해야 하는데, 체성이 난잡하여 어떻게 계를 이루겠습니까?
　　<3> 若兼二種眼色共生,① 合卽中離,② 離卽兩合.體性雜亂, 云何成界?

〈3〉 안근+색경 → 식: 식계가 안근과 색경으로 인해 생긴다면,
　　① 합즉중리: 안근과 색경이 합하면, 그 사이에 식이 낄 수 없음
　　② 리즉양합: 안근과 색경이 나뉘면, 식에서 그 둘이 합해야 하니, 식이 난잡해짐

〈3〉 안근과 색경이 함께해서 안식계가 성립하는 것이라면, 근과 경 둘이 합하여 있거나 나뉘어 있거나 둘 중 하나이다. ① 근과 진이 합하여 식이 생긴다고 하면, 그 합한 가운데에 식이 끼어들어갈 자리가 없어서 식이 성립하지 않게 된다. 즉 근과 경이 함께하여 식을 낸다면, 그 근과 진의 중간에 식이 있어야 하는데, 근과 진이 합해서 하나가 되면 결국 중간이 없어 식계가 이루어지지 않게 된다. ② 근과 진이 나뉘어진 채 함께하여 식이 생긴다고 하면, 그 나뉜 가운데인 식에서 둘이 합해져야 하는데, 그러면 식이 반은 근과 같고 반은 경과 같아야 한다. 이렇게 되면 식이 난잡해져서 식계를 이룬다고 말하기 어렵게 된다.

붓다: <4. 결론> 그러므로 눈과 색이 인연이 되어 안식계가 생기게 되는 그런 3처가 모두 없으며, 눈과 색과 색계(색식계) 셋이 본래 인연도 아니고 자연도 아닌 성이라는 것을 알아야 합니다.
　　<4> 是故當知眼色爲緣生眼識界三處都無, 則眼與色及色界三本非因緣非自然性

〈4〉 근·경·식 셋이 모두 자연도 인연도 아니고 여래장성임

〈4〉 눈과 색과 식의 3계가 모두 각각의 처를 갖고 있는 것이 아니다. 근이나 경, 어느 것도 고정된 자기 처소가 있어 그것을 자연으로 삼아 식이 일어나는 것도 아니고,

또 근과 경 둘이 합하거나 떨어져서 식이 일어나는 것도 아니다. 근과 경이 합한다는 것을 두 처소의 병합 또는 분리처럼 생각해서는 안 된다는 뜻이다. 어느 것도 자기 처소가 정해져 있지 않기 때문이다.

(2) 이근과 성경과 이식

붓다: 아난이여, 당신이 밝히듯이 귀와 소리가 인연이 되어 이식을 생기게 한다면, 이 식은 <1> 귀로 인해 생긴 것으로서 귀를 계로 삼습니까? <2> 소리로 인해 생긴 것으로서 소리를 계로 삼습니까?

阿難, 又汝所明耳聲爲緣生於耳識, 此識爲復, <1> 因耳所生, 以耳爲界? <2> 因聲所生, 以聲爲界?

〈이(근) + 성(경)〉 → 이식

〈1〉 이근 　　　　　 → 이식: 귀로 인해 생겨 귀를 계로 삼는가?　　　 - 이근이 자연

〈2〉　　　 성경　 → 이식: 소리로 인해 생겨 소리를 계로 삼는가?　　 - 성경이 자연

〈3〉 이근 + 성경　 → 이식: 귀와 소리로 인해 생겨 둘을 계로 삼는가?　 - 둘 다 자연

근과 경의 화합으로 식이 생긴다는 논리에 따르면 귀와 소리로부터 이식이 생긴다. 그렇다면 식계는 귀와 소리 중 정확히 어느 것으로 인해 성립하는 것인가?

붓다: <1. 이계→이식, 아님> 아난이여, 만약 귀로 인해 생기는 것이라면, ① 동과 정의 두 상이 이미 현전하지 않아서 근이 앎을 이루지 못해 필히 알려지는 것이 없을 것입니다. 앎이 성립하지 않는데, 식(이식)이 무슨 모양이겠습니까? ② 만약 귀의 들음을 말한다 해도, 동정이 없으므로 들음도 성립하지 않습니다. ③ 어떻게 귀 모양에 색진과 촉진이 섞인 것을 식계(識界)라고 하겠습니까? 그 경우 이식계가 무엇으로부터 성립하겠습니까?

<1> 阿難, 若因耳生, ① 動靜二相旣不現前, 根不成知必無所知. 知尙無成, 識何形貌? ② 若取耳聞, 無動靜故聞無所成. ③ 云何耳形雜色觸塵名爲識界? 則耳識界復從誰立?

〈1〉 이근 → 이식: 이식계가 이근으로부터 생긴다면,
  ① 동정의 상이 없어 식이 성립하지 않음
  ② 이식이 승의근의 앎이나 식이 아니고 〈부진근의 들음(聞)〉이라고 해도, 들음이 성립하지 않음
  ③ 〈귀(부진근) + 색진/촉진〉에서 이식계가 성립하지 않음

〈1〉 ① 이식이 이근만으로 성립하고 대상인 성경과 상관이 없다면, 대상에 속하는 동과 정의 두 상이 없다는 말인데, 그럼 무엇을 들어서 알 수 있겠는가? 들어서 알 것이 없으므로 이식이 성립하지 않는다. 즉 단지 듣는 능력인 이근(승의근)만으로 이식계가 성립하지 않는다는 것이다. ② 동과 정의 대상이 없으면 지가 이루어지지 않으니 이식이 성립하지 않는다는 비판에 대해 이식은 의식과 달리 지(知)가 아니라 문(聞)만으로 성립하는 것이 아니냐고 반론할 수 있다. 그러면 이때 듣는 귀는 의식과 연계된 승의근이 아니라 단지 부진근으로서의 귀의 들음에 해당할 것이다. 소리를 의식하여 아는 것이 아니라, 그냥 듣는 것이라면, 지(知) 없이 이식이 성립할 수 있지 않느냐는 것이다. 그러나 의식과 결부되어 지가 성립하기 이전, 부진근으로서의 귀가 감각자료로서 소리를 들음이라고 할지라도, 대상에 속하는 동정의 움직임이 없으면 귀가 듣는 것도 성립하지 않는다는 것이다. ③ 다시 동정이 없으면 문성이 성립하지 않는다는 비판에 대해, 이형(부진근)만이 이식을 내는 것이 왜 불가능하냐는 반론이 가능하다. 그러나 부진근의 귀는 대상으로 보이고 만져지는 것, 즉 색진과 촉진이 함께하는 것이다. 물리적 대상인 부진근으로부터 들음의 활동이 어떻게 성립할 수 있는지는 설명되지 않는다. 부진근으로서의 귀만으로부터는 들음의 이식이 성립하지 않는다. 그러므로 이식계가 근으로부터 성립한다고 할 수 없다.

붓다: <2. 성계→이식, 아님> 만약 소리로부터 생기는 것이라면, ① 식이 소리로 인해 있으므로 듣는 것과는 무관할 것입니다. 들음이 없다면 성상(聲相)의 소재도 없을 것입니다. ② 식은 소리로부터 생기고 소리는 들음으로 인해 그 성상이 있게 된다고 인정한다면, (소리를) 들을 때에 마땅히 (소리에서 생긴) 식도 들어야 할 것입니다. (식을) a. 듣지 않는다면 (식은) 계가 아닐 것이고, b. 듣는다면 (식이) 소리와 같아집니다. 식이 이미 들음의 대상이 되면, 무엇이 식의 들

음을 압니까? 만약 알지 못한다면, 결국 초목과 같을 것입니다.
　<2> 若生於聲, ① 識因聲有則不關聞. 無聞則亡聲相所在. ② 識從聲生, 許聲因
聞而有聲相, 聞應聞識 a. 不聞非界, b. 聞則同聲. 識已被聞, 誰知聞識? 若無知者,
終如草木.

〈2〉 성경 → 이식: 이식이 소리로부터 생긴다면,

　① 식이 소리만으로 생기면, (이근 및) 들음과 무관

　　그러나 들음이 없으면, 소리의 소재를 알 수 없음

　② 식이 소리로부터 생기되, (소리를) 들음으로써 안다면, 식도 듣는다고 말해야 함

　　┌ a. 식을 듣지 않으면, 식이 식계를 이루지 못함

　　└ b. 식을 듣는다면, 식이 소리(들음의 대상)와 같아짐

　　　→ 식이 대상이면, 누가 아는가? 알지 못하면 초목과 같음

〈2〉 ① 이식이 소리만으로 생긴다면, 이근 내지 들음이 필요 없게 된다. 그렇게 들음
이 없다면, 소리가 어디에 있는지를 들어서 아는 것도 없게 된다. 이것을 소리의 소재를
알지 못하는 것이라고 말하였다. ② 식이 소리로부터 생긴다면 들음과 상관이 없어서
성상(소리의 모습)이 없게 되리라는 비판에 대해, 식은 소리로부터 생기되 그 소리를
들음으로 인해 성상이 생긴다고 반박할 수 있다. 즉 식(승의근의 활동/제6의식)과 들
음(부진근의 활동/전5식)을 구분하여, 의식은 소리로부터 오는데, 그 소리를 듣는 들음
활동이 있기에 소리의 소재도 알 수 있다는 것이다. 그런데 그럴 경우 들음은 소리뿐 아
니라, 소리에서 나오는 식까지도 같이 들어야 하는 문제가 있다. 즉 들음은 소리와 더불
어 그 소리로 인한 식도 듣는가? a. 만약 식을 듣지 않는다면, 식이 소리에 근거한 계로
성립하지 않게 된다. b. 만약 식을 듣는다고 한다면, 소리와 더불어 식도 같이 들으니,
식이 곧 소리와 같아진다. 식이 대상이 되어 버리면, 대상을 아는 자가 없게 되어, 초목
과 같아진다. 즉 식 자체가 들리는 대상이 되어 버리면, 누가 그 식을 들어 아는 자가 되
는가? 만약 식을 듣는데도 듣는 자가 없어 알지 못한다면, 결국 초목과 같아져서 식으
로 성립하지 않게 된다. 이와 같이 이식은 귀 또는 소리 어느 하나로 인해서 계로 성립
하는 것이 아니다. 이식계가 성립하기 위해서는 귀 너머 동정으로 인한 소리에도 마음
이 열려 있어야 하고, 소리 너머 그것을 듣는 귀의 들음 활동도 있어야 한다. 이처럼 이

근과 성경을 포괄하는 식이므로 어느 하나로 인해 계가 되는 것이라고 말할 수 없다.

붓다: <3. 이계+성계→이식, 아님> 소리와 들음이 섞여서 중간의 계(이식계)를 이룬다고도 할 수 없습니다. 계에 중간의 지위가 없는데, 내외의 상이 무엇을 따라 성립하겠습니까? <4. 결론> 그러므로 이근과 성경이 인연이 되어 이식계가 생기게 되는 그런 3처가 모두 없으며, 귀와 소리와 성계(성식계) 셋이 본래 인연도 아니고 자연도 아닌 성이라는 것을 알아야 합니다.

<3> 不應聲聞雜成中界. 界無中位則內外相, 復從何成? <4> 是故當知耳聲爲緣生耳識界三處都無, 則耳與聲及聲界三本非因緣非自然性.

〈3〉 이근+성경 → 이식: 이식이 이근과 성경이 합해서 된다면,
　　　　근과 경 사이의 중간의 계가 성립하지 않음
〈4〉 근 · 경 · 식 셋이 모두 자연도 인연도 아니고 여래장성임

〈3〉 소리와 이근의 들음 둘 다를 겸해서 식이 성립한다고 해도, 그 둘을 겸할 때 둘이 합하거나 나뉘거나인데, 합하면 중간의 식의 지위가 없어 식이 성립하지 않고, 나뉘면 가운데가 반은 성이고 반은 근이어서 난잡하여 식이 성립하지 않는다. 그러니 겸해서 식계를 이룬다고 하기도 어렵다. 〈4〉 결론적으로 귀와 소리와 식, 3계 중 어느 하나를 자연으로 놓고 다른 것을 인연소생으로 놓을 수 없다. 전체가 하나로 작동하고 그다음 분별이 행해진다. 대승은 이 전체를 하나의 여래장성으로 밝힌다. 마치 장주와 나비 중 어느 것이 꿈꾸는 자고 어느 것이 꿈꾸어진 자인지, 어느 것이 자연이고 어느 것이 인연인지 분별하여 단정할 수 없는 것과 같다. 또는 영화를 보면서 우리가 보고 듣는 빛과 소리가 스크린 위의 해나 전등에서 나오는 빛이 아니고 스크린 위의 사물들로부터 나오는 소리가 아니며, 오히려 그 전체를 아우르면서 비추는 영사기의 빛과 녹음기의 소리인 것처럼, 그렇게 우리의 식인 봄과 들음은 드러나는 현상적 사물로부터 생겨나는 것이 아니라 여래장성의 표현인 것이다. 두루하는 식의 마음이 없다면, 부분적인 봄과 들음이 성립하지 않는다.

(3) 비근과 향경과 비식

> 붓다: 아난이여, 당신이 밝히듯이 코와 향기가 인연이 되어 비식을 생기게 한
> 다면, 이 식은 <1> 코로 인해 생긴 것으로서 코를 계로 삼습니까? <2> 향기로
> 인해 생긴 것으로서 향기를 계로 삼습니까?
>
> 阿難, 又汝所明, 鼻香爲緣, 生於鼻識, 此識爲復, <1> 因鼻所生, 以鼻爲界?
> <2> 因香所生, 以香爲界?

〈비(근) + 향(경)〉 → 비식:

〈1〉 비근		→ 비식: 코로 인해 생겨 코를 계로 삼는가?	– 비근이 자연
〈2〉	향경	→ 비식: 향기로 인해 생겨 향기를 계로 삼는가?	– 향경이 자연
〈3〉 비근 +	향경	→ 비식: 코와 향기로 인해 생겨 둘을 계로 삼는가?	– 둘 다 자연

불교는 근과 경의 화합으로 식이 일어난다고 하면서, 6근·6경·6식을 합해 18계로 설명한다. 앞의 안식과 비식에 이어 여기에서는 코와 향기로 인한 비식을 놓고 비식이 하나의 계로 성립할 수 있는 근거가 무엇인지, 근인지, 경이지, 둘 다인지를 묻는다. 이하에서는 그 세 가능성을 모두 비판함으로써 비식이 계로 성립하는 근거는 근도 아니고 경도 아니며 여래장성이라는 것을 논한다.

> 붓다: <1. 비계→비식, 아님> 아난이여, 만약 (비식이) 코로 인하여 생기는
> 것이라면, 당신의 마음은 무엇을 코라고 합니까? ① 양 손톱 모양의 살덩이입니
> 까? 아니면 ② 냄새 맡아 아는 동요하는 성입니까? ① 만약 살덩이를 코로 여긴
> 다면, 살은 곧 몸이고 몸이 아는 것은 촉입니다. 몸이라고 하면 코가 아니고, 촉
> 이라고 하면 대상입니다. 오히려 코라고 이름할 것도 없는데, 어떻게 (비)계가
> 성립하겠습니까? ② 냄새 맡아 아는 것을 코로 여긴다면, 당신의 마음은 무엇이
> 아는 것이라고 여깁니까? a. 살이 아는 것이라면, 살의 앎은 원래 촉이지 코가
> 아닙니다. b. (콧구멍의) 허공이 아는 것이라면, 허공이 스스로 알고 살은 지각
> 하는 것이 아니게 됩니다. 이와 같으면 허공이 곧 당신이 되고, 당신의 몸은 아

는 것이 아니게 되니, 지금의 아난은 마땅히 있는 곳이 없을 것입니다. c. 만약 냄새가 아는 것이라면, 앎이 스스로 냄새에 속할 테니 당신과 무슨 상관이 있겠습니까? d. 만약 향기와 악취가 필히 당신의 코에서 생긴다면, 저 향기와 악취 두 가지로 흘러나오는 기(氣)가 악취나무와 전단목에서 생기는 것이 아닐 것입니다. ⓐ 이 두 물건이 없을 때 당신 스스로 코를 말아보면, 향기입니까, 악취입니까? 악취면 향기가 아니고, 향기면 악취가 아닐 것입니다. ⓑ 만약 향기와 악취 들을 함께 말을 수 있다면, 당신 한 사람이 응당 두 개의 코를 가져야 합니다. 나에게 도를 물을 때도 두 아난이 있었을 것이니, 어느 것이 당신 자체입니까? ⓒ 만약 코가 하나라면, 향기와 악취 들이 없게 되어, 악취가 이미 향기가 되고 향기가 다시 악취가 되어 두 성질이 있지 않으니, 계가 무엇으로부터 성립하겠습니까?

<1> 阿難, 若因鼻生, 則汝心中以何爲鼻? ① 爲取肉形雙爪之相? ② 爲取嗅知動搖之性? ① 若取肉形, 肉質乃身, 身知卽觸. 名身非鼻, 名觸卽塵. 鼻尙無名, 云何立界? ② 若取嗅知, 又汝心中以何爲知? a. 以肉爲知, 則肉之知元觸非鼻. b. 以空爲知, 空則自知, 肉應非覺. 如是則應虛空是汝, 汝身非知, 今日阿難應無所在. c. 以香爲知, 知自屬香, 何預於汝? d. 若香臭氣必生汝鼻, 則彼香臭二種流氣不生伊蘭及栴檀木. ⓐ 二物不來, 汝自嗅鼻爲香爲臭? 臭則非香, 香應非臭. ⓑ 若香臭二俱能聞者, 則汝一人應有兩鼻. 對我問道有二阿難, 誰爲汝體? ⓒ 若鼻是一, 香臭無二, 臭旣爲香, 香復成臭, 二性不有, 界從誰立?

〈1〉 비근 → 비식: 비식이 코로 인해 생긴다면,

　① 코가 부진근이라면, 신근과 촉경이 되어, 비계가 성립 안 함

　② 코가 승의근이면, 무엇이 아는가?

　　a. 신(몸)이 알면, 촉이지 비식이 아님

　　b. (콧구멍의) 허공이 알면, 아는 네가 허공이 되고, 너의 몸은 모름

　　c. (콧구멍 속) 향이 알면, 너와 무관

　　d. 코에서 향기가 생겨서, 네가 아는 것이라면,

　　　ⓐ 대상 없는 코를 말으면, 향기인가, 악취인가? 둘 중 하나만 말아야 함

　　　ⓑ 악취와 향기 둘 다 말는다면, 말는 사람이 두 코, 두 사람이어야 함

　　　ⓒ 코가 하나면, 향기와 악취가 구분 안 되니, 계도 성립하지 않음

〈1〉비식이 코로 인해 생긴다면, 이때의 코는 무엇을 의미하는가? 신체의 일부로서 특정 모양으로 생긴 살덩어리로서의 코는 부진근이며, 그 살덩어리 안에서 작용하고 있는 냄새를 맡고 아는 후각능력으로서의 코는 승의근이다. 근으로부터 비식이 생긴다면, 이때 코는 부진근인지 승의근인지를 구분하여 둘 다 문제가 있음을 밝힌다. ① 비식이 코로 인해 생긴다고 할 때, 그 코를 신체 일부인 특정 모양의 살덩어리(육형)인 부진근으로 간주하면, 그 살덩어리인 육질은 곧 몸 신(身)이고, 그 몸이 아는 것은 곧 촉이다. 그러면 그것은 몸이 촉을 아는 신식(身識)이지, 코가 향을 맡아 아는 비식(鼻識)이 아니게 된다. 결국 비식계가 몸(육형)으로서의 코로부터 성립된다고 말할 수 없다. ② 비식이 코로 인해 생길 때, 코가 단순히 살덩어리가 아니라 냄새를 맡아 아는 능력인 승의근을 뜻한다고 보면, 그 코 중에서 누가 아는 것인가? 승의근으로서의 코 중에서 a. 살이 아는 것이라면, 앞에서처럼 그건 코가 아니라 몸이 되며, 신식이 된다. b. 허공이 아는 것이라면, 허공이 알 뿐 몸은 모르는 것이 된다. 예를 들어 아난이 냄새를 맡아서 아는 경우 아는 허공이 곧 아난이 되고, 허공과 구분되는 아난의 몸은 알지 못하는 것이 되는 문제가 있다. 그럴 경우 아난은 허공이지 아난의 몸이 아니게 되고 그렇게 아난이 허공이 되어버리면 따로 아난이 있는 곳이 없게 된다. c. 향기가 아는 것이라면, 그 앎이 아난과 무슨 상관이 있겠는가? d. '향기가 아는 것이라면 그 앎이 당신과 상관없다'는 비판에 대해, '그 향기가 내 코에서 생기는 것이므로 결국 내가 알게 되는 것이다'라고 반론할 수 있겠기에, 다시 그것에 대해 비판한다. 만약 냄새가 코에서 난다면, 즉 향기와 악취가 각각 그런 냄새를 내는 대상, 예를 들어 이란나무나 전단목이 아니고 그저 코라면, 그런 대상이 없을 때 코의 냄새를 맡아 보라는 것이다. ⓐ 냄새가 코에서 생긴다면 대상 없이도 냄새가 생겨야 할 텐데, 그럼 코에서 나는 냄새는 향기인가 아니면 악취인가? 코에서 냄새가 나오는 것이라면, 악취거나 향기거나 둘 중 하나여야 할 것이다. 그런데 코 자체에서 향기가 나오면 그 코로 악취를 맡을 수 없고, 코 자체에서 악취가 나오면 그 코로 향기를 맡을 수 없을 것이다. ⓑ 코로 인해 냄새가 나되 그것이 동시에 향기이기도 하고 악취이기도 하다면, 결국 그 각각의 냄새를 내고 맡는 코가 두 개이어야 한다. 물론 이때 두 코는 부진근이 아니라 승의근일 수 있다. 그런 냄새 맡는 비근인 승의근을 두 개 갖는 자라면, 유근신의 몸이 두 개이어야 한다. 결국 아난이 둘이 되니, 어느 것이 진짜 아난이냐고 묻는다. 인격의 자기동일성의 문제를 제기하는 것이다. ⓒ 앞에서처럼 코가 둘이 아니고 하나의 코인데,

그 하나의 코로부터 향이 나온다면, 결국 향기와 악취가 서로 구분되지 않는다는 말이 된다. 그럴 경우 냄새를 분별하여 아는 비식계가 성립하지 않게 된다.

> 붓다: <2. 향계→비식, 아님> 만약 (비식이) 향기로 인하여 생기는 것이라면, ① 식이 향기로 인해 있으니, 마치 눈으로 인해 견이 있어도 눈을 보지 못하는 것처럼, 향기로 인해 있기에 응당 향기를 알지 못해야 할 것입니다. ② 만약 안다면 (향기에서) 생긴 것이 아니고, ③ 알지 못한다면 식이 아닙니다. 향기가 알려져서 있는 게 아니라면 향계(향식계)가 성립하지 않으니, 식이 향기를 알지 못한다면 계가 향기에 의거하여 건립된 것이 아닙니다.
>
> <2> 若因香生, ① 識因香有, 如眼有見不能觀眼, 因香有故應不知香. ② 知則非生, ③ 不知非識 香非知有, 香界不成, 識不知香, 因界則非依香建立.

〈2〉 향경 → 비식: 비식이 향기에서 생긴다면,

　① 눈으로 인해 보되 눈을 보지 못하듯이, 향기로 인해 맡되 향기를 알지 못해야 함

　② 향기를 안다면, 향기로 인해 생긴 것이 아니어야 함

　③ 향기를 알지 못한다면, 식이 아니며, 비식계가 성립하지 않게 됨

〈2〉 ① '눈에 견이 있다'는 것은 '눈으로 인해 견이 있다'는 말이다. 눈으로 인해 봐도 다시 그 눈을 보지 못하는 것처럼, 향기로 인해 냄새 맡아도 그 향기를 알지 못한다는 말이 된다. 근거가 되는 것이 다시 대상이 될 수 없다는 의미이다. 두뇌신경세포로 인해 본다고 하면, 두뇌신경세포가 원인이고 보여진 영상이 그 원인의 결과로서 봄의 대상이 된다. 봄의 대상은 원인이 아니고 결과인 것이다. 보여진 영상을 봄의 원인이라고 할 수 없듯이, 맡겨진 향기를 향기 맡음의 원인이라고 할 수 없는 것이다. ② 그런데도 향기를 안다고 하면, 그 식이 향기로 인해 일어난 것이 아니어야 한다. 향기는 식의 대상이지 식의 인연이 되는 근거가 아니라는 말이다. ③ 반대로 향기로 인한 것이어서 알지 못한다고 하면, 그건 곧 식이 아니라는 말이 된다. 향기로 인해 비식이 성립하지 않는 것이 된다. 비식은 향기만에 의해서가 아니라 그 향기를 앎으로써 식계로 성립한다. 향기가 있되 그 향기를 맡아서 알지 못하면 비식이 성립하지 않게 되고, 따라서 비식계도

성립하지 않게 된다. 그러므로 비식계가 향기만으로 인해 성립한다고 말할 수 없다.

붓다: <3. 비계+향계→비식, 아님> 이미 중간이 없으므로 내와 외가 성립하지 않으니, 저 냄새 맡는 성은 필경 허망합니다. <4. 결론> 그러므로 코와 향기가 인연이 되어 비식계가 생기게 되는 그런 3처가 모두 없으며, 코와 향기와 향계(향식계) 셋이 본래 인연도 아니고 자연도 아닌 성이라는 것을 알아야 합니다.

　<3> 旣無中間不成內外, 彼諸聞性畢竟虛妄. <4> 是故當知鼻香爲緣生鼻識界三處都無, 則鼻與香及香界三本非因緣非自然性.

〈3〉 비근+향경 → 비식: 비식이 근과 경의 화합에서 생긴다면,
　　　중간이 없어, 불가능함
〈4〉 근·경·식 셋이 모두 자연도 인연도 아니고 여래장성임

〈3〉 식이 근과 경을 겸해서 성립한다는 주장에 대해, 그 겸하는 중간이 성립하지 않으므로 겸하는 방식으로 논할 수 없음을 말한다. 결국 비식계는 근만으로도, 경만으로도, 또는 근과 경의 중간만으로도 성립하지 않는다. 어느 것으로도 설명될 수 없기에 필경 허망하다는 것이다. 〈4〉 향기 맡음인 비식이 단순히 코만으로부터 생기는 것도 아니고, 향기만으로부터 생기는 것도 아니다. 두루하는 향기 위에서 향기 맡는 자와 맡아지는 대상을 둘로 구분하여 계로 세운 것일 뿐이다.

(4) 설근과 미경과 설식

붓다: 아난이여, 당신이 밝히듯이 혀와 맛이 인연이 되어 설식을 생기게 한다면, 이 식은 <1> 혀로 인하여 생긴 것으로서 혀를 계로 삼습니까? <2> 맛으로 인하여 생긴 것으로서 맛을 계로 삼습니까?

　阿難, 又汝所明舌味爲緣生於舌識, 此識爲復 <1> 因舌所生, 以舌爲界? <2> 因味所生, 以味爲界?

〈설(근) + 미(경)〉 → 설식:

〈1〉설근   → 설식: 혀로 인해 생겨 혀를 계로 삼는가?   - 설근이 자연

〈2〉   미경   → 설식: 맛으로 인해 생겨 맛을 계로 삼는가?   - 미경이 자연

〈3〉설근 + 미경   → 설식: 혀와 맛으로 인해 생겨 둘을 계로 삼는가?   - 둘 다 자연

근과 경의 화합으로 식이 생긴다는 논리에 따르면 혀와 맛이 인연이 되어 설식이 생긴다. 그렇다면 설식계는 혀와 맛 중 정확히 어느 것으로 인해 성립하는 것인가?

붓다: <1. 설계→설식, 아님> 아난이여, 만약 (설식이) 혀로 인하여 생기는 것이라면, ① 세간의 사탕수수·오매·황연·석암·세신·생강·계피가 모두 맛이 없을 것입니다. ② 당신이 스스로 혀를 맛보면, 단맛입니까, 쓴맛입니까? a. 만약 혀의 성이 쓰다면, 누가 와서 혀를 맛본 것입니까? 혀가 스스로 맛보지 않으니, 누가 능히 지각한 것입니까? b. 혀의 성질이 쓰지 않다면, 맛이 스스로 생긴 것이 아니니, 어떻게 계를 세우겠습니까?

<1> 阿難, 若因舌生, ①則諸世間甘蔗·烏梅·黃連·石鹽·細辛·薑·桂, 都無有味. ②汝自嘗舌爲甜爲苦? a. 若舌性苦, 誰來嘗舌? 舌不自嘗, 孰爲知覺? b. 舌性非苦, 味自不生, 云何立界?

〈1〉설근 → 설식: 설식이 혀에서 온다면,

　　① 사물이 맛이 없을 것임

　　② 혀가 맛을 가져야 함

　　　　a. 혀가 맛 가지면, 능지각자는 누구?

　　　　b. 혀가 맛 안 가지면, 설계가 성립 안 함

사탕수수(감자甘蔗), 오매(烏梅), 황연(黃連), 석암(石鹽), 세신(細辛), 생강(薑), 계피(桂)

　단맛　　　　신맛　　　　쓴맛　　　　짠맛　　　　화한 맛　　　매운맛

〈1〉 설식이 혀에서 생기는 것이라면 ① 혀의 대상이 되는 사탕수수, 말린 매실 등이 없이도 맛이 난다는 말이며, 결국 그 맛이 대상이 가진 맛이 아니라는 말이 된다. 즉

감자, 오매 등이 맛이 없다는 말이 된다. 흔히 사탕수수는 단맛을 갖고 매실은 신맛을 갖는다고 간주되지만, 만약 설식이 혀에서 온다면 이것들의 맛이 그 대상 자체에 있는 것이 아니게 되는 문제가 있다. ② 맛이 대상이 아니라 혀가 갖는 것일 경우 그럼 혀를 맛보면, 혀는 무슨 맛인가? a. 예를 들어 혀가 쓰다면, 그 혀의 쓴맛을 아는 자는 누구인가? 혀가 혀를 맛보는 것이 아니므로, 혀의 맛을 보는 자가 있어야 하니, 그럼 그 자는 누구인가? b. 만약 혀에 맛이 있는 것이 아니라면, 맛이 혀로부터 생겼다고 말할 수 없고, 따라서 혀를 따라 설식계를 세울 수 없게 된다.

붓다: <2. 미계→설식, 아님> 만약 (설식이) 맛으로 인해 생기는 것이라면, ① 식 자체가 맛이 되는데, 설근과 마찬가지로 응당 자신을 맛보지 못하니, 그게 맛인지 아닌지를 식이 어떻게 알겠습니까? ② 또 모든 맛이 한 사물에서 생기지 않으니, 맛이 이미 여럿에서 생긴다면 식도 응당 많은 체가 있어야 할 것입니다. ③ 만약 식의 체가 하나이고 체가 반드시 맛에서 생긴다면, 짠맛과 담담한 맛, 단맛과 매운맛, 화합으로 생긴 맛과 본래 갖추어진 맛과 변이된 맛이 다 같이 한 맛이 되어 분별이 없을 것입니다. 분별이 이미 없다면 식이라고 부를 수 없는데, 어떻게 설미식계라고 부를 수 있겠습니까? ④ 허공이 당신의 심식을 생기게 한 것도 아닙니다.

<2> 若因味生, ① 識自爲味, 同於舌根應不自嘗, 云何識知是味非味? ② 又一切味非一物生, 味旣多生, 識應多體 ③ 識體若一, 體必味生, 鹹淡甘辛和合俱生諸變異相同爲一味應無分別. 分別旣無則不名識, 云何復名舌味識界? ④ 不應虛空生汝心識

〈2〉 미경 → 설식: 설식이 대상(맛)에서 온다면,
　　① 식이 곧 맛이 됨. 혀가 혀를 맛보지 않듯 식이 식을 맛보지 못하니, 식이 어찌 맛을 아나?
　　② 맛이 여럿이듯이 식의 체도 여럿이 됨
　　③ 식의 체가 하나라면, 맛이 모두 합해 한 맛이 되어 분별적 설식계가 성립하지 않음
　　④ 설식이 허공(일체 맛을 뺀 빈 대상)에서 온 것도 아님

〈2〉 설식이 맛보는 혀의 작용과 상관없이 혀의 대상인 맛으로부터 생기는 것이라면,

① 맛이 그대로 식이고, 식이 곧 맛이라는 말이 된다. 그런데 그렇게 식이 곧 맛이라면, 그 식의 맛을 누가 다시 맛본단 말인가? 혀가 스스로를 맛보지 않듯이, 식도 스스로를 맛보지 않는다. 그렇다면 그 맛을 알 수 없게 되니, 식이 맛을 안다고 할 수 없고, 결국 설식계가 맛으로부터 성립한다고 말할 수 없게 된다. ② 맛도 여러 가지 사물의 여러 가지 맛이 있으니, 그 여러 가지 맛으로부터 식 또한 여러 가지여서 식에 많은 체가 있는 것이 된다. ③ 그렇지 않고 식의 체가 하나라면, 짜고 달고 매운 맛, 화합으로 생긴 맛(메주와 소금으로 된 장맛), 본래의 맛(사탕수수의 단맛), 변이된 맛(밥과 누룩으로 된 술맛) 등이 다 식에 들어와서는 하나의 맛이 되어 분별할 수 없게 될 것이다. 분별할 수 없는 것은 식이라고 할 수도 없으니, 따라서 맛으로부터 설식계가 성립한다고 말할 수 없다. ④ 식이 특정한 한 대상으로부터 온 것이 아니라고 해서, 그렇다고 일체 맛의 사물들을 모두 제외한 허공으로부터 온 것이라고 할 수도 없다. 허공은 맛이 없기 때문이다. 그러니까 맛을 아는 식이 그 대상이 되는 맛으로부터 생긴 것이라고도 할 수 없다.

> 붓다: <3. 설계+미계→설식, 아님> 혀와 맛이 화합해서 생긴다면, 그 가운데에는 원래 자성이 없는데, 어떻게 계가 생기겠습니까? <4. 결론> 그러므로 혀와 맛이 인연이 되어 설식계가 생기게 되는 그런 3처가 모두 없으며, 설과 미와 설계(설식계) 셋이 본래 인연도 아니고 자연도 아닌 성이라는 것을 알아야 합니다.
>   <3> 舌味和合卽於是中, 元無自性, 云何界生? <4> 是故當知舌味爲緣生舌識界三處都無, 則舌與味及舌界三本非因緣非自然性.

〈3〉 설근+미경 → 설식: 설식이 설근과 미경의 화합에서 생긴다면,
        둘을 함께 할 중간이 자성이 없어서 식이 성립하지 않음
〈4〉 근·경·식 셋이 모두 자연도 인연도 아니고 여래장성임

〈3〉 식이 근과 경을 겸해서 성립한다는 주장에 대해, 그 겸하는 중간이 성립하지 않으므로 겸하는 방식으로 논할 수 없음을 말한다. 『정맥소』에서는 고산의 다음 말을 인

용한다. "첫째 '혀로 인해 나왔다면'은 자생(自生)을 파한 것이고, 둘째 '맛으로 인해 나왔다면'은 타생(他生)을 파한 것이며, 셋째 '허공이 내지도 않았다'는 무인생(無因生)을 파한 것이고, 넷째 '화합하여 생겼다면'은 공생(共生)을 파한 것이다."²² 맛의 식을 인연으로 설명할 수는 없다는 것이다. ⟨4⟩ 그러므로 설식은 근으로도, 경으로도, 공으로도, 또는 근경 합으로도 설명될 수 없이 필경 허망한 것이다. 따라서 그 실상은 여래장성이다.

(5) 신근과 촉경과 신식

> 붓다: 아난이여, 당신이 밝히듯이 몸과 촉이 인연이 되어 신식을 생기게 한다면, 이 식은 ⟨1⟩ 몸으로 인해 생긴 것으로서 몸을 계로 삼습니까? ⟨2⟩ 촉으로 인해 생긴 것으로서 촉을 계로 삼습니까?
>
> 阿難, 又汝所明身觸爲緣生於身識, 此識爲復, ⟨1⟩ 因身所生, 以身爲界? ⟨2⟩ 因觸所生, 以觸爲界?

⟨신(근) + 촉(경)⟩ → 신식:
⟨1⟩ 신근　　　　→ 신식: 몸으로 인해 생겨 몸을 계로 삼는가?　　　- 신근이 자연
⟨2⟩　　　촉경　→ 신식: 촉으로 인해 생겨 촉을 계로 삼는가?　　　- 촉경이 자연
⟨3⟩ 신근 + 촉경　→ 신식: 몸과 촉으로 인해 생겨 둘을 계로 삼는가?　- 둘 다 자연

근과 경의 화합으로 식이 생기니, 신식은 몸과 촉이 인연이 되어 생긴다고 할 수 있다. 그렇다면 신식계는 몸과 촉 중 어느 것에 근거해서 성립하는 것인가?

> 붓다: <1. 신계→신식, 아님> 아난이여, 만약 몸으로 인하여 생긴 것이라면, 필히 합하고 떨어짐의 두 지각의 연이 없을 텐데, 몸이 무엇을 알 수 있겠습니까?
>
> <1> 阿難, 若因身生, 必無合離二覺觀緣, 身何所識?

22　진감, 『정맥소』, 2권, 361쪽.

〈1〉 신근 → 신식: 신식이 (대상 없이) 신근으로 인해 생긴다면,
　　(대상과의) 합하고 떨어짐의 지각이 없어, 알 수 있는 게 없음

〈1〉 신식이 신근으로 인해 생긴다면, 몸에 닿거나 몸으로부터 떨어지는 대상에 대한 지각인 각관(覺觀)이 없게 되어 몸만으로 알 수 있는 것이 없게 된다. 그러므로 신식계가 몸으로 인해 성립한다고 말하기 어렵다.

붓다: <2. 촉계→신식, 아님> 만약 촉으로 인해 생기는 것이라면, 필히 당신의 몸이 없을 텐데 몸이 아니고 누가 있어서 합하고 떨어짐을 알겠습니까?
　　<2> 若因觸生, 必無汝身, 誰有非身知合離者?

〈2〉 촉경 → 신식: 신식이 (신근 없이) 촉경으로 인해 생긴다면,
　　몸은 상관없으니, 누가 신식을 갖는가?

〈2〉 신식이 그 대상이 되는 촉으로 인해 생긴다면, 신근이 없이 식이 있다는 말인데 신근 말고 다른 무엇이 있어서 몸과 합하고 떨어짐을 지각하여 신식을 갖게 된단 말인가? 결국 닿고 떨어짐을 아는 신근이 없이 신식이 생길 수 없다는 말이다.

붓다: <3. 신계+촉계→신식, 아님> 아난이여, (만약 몸과 촉이 합하여 생기는 것이라면) ① 사물은 촉을 알지 못하지만 몸은 촉이 있음을 아는데, 몸을 아는 것은 곧 촉이고, 촉을 아는 것은 곧 몸입니다. 그러니 (아는 것이) 촉이면 몸이 아니고, 몸이면 촉이 아닙니다. ② 몸과 촉의 두 상은 원래 처소가 없어 a. (촉이) 몸과 합하면 곧 몸 자체성이 되고, b. 몸을 떠나면 허공 등의 상이 되어서, 내외가 이루어지지 않으니 중간이 어떻게 성립하겠습니까? 중간이 성립하지 않으면, 내외의 성질도 공하니, 당신의 식이 생긴다 한들 무엇을 갖고 계를 세우겠습니까? <4. 결론> 그러므로 몸과 촉이 인연이 되어 신식계가 생기게 되는 그런 3처가 모두 없으며, 몸과 촉과 신계(신식계) 셋이 본래 인연도 아니고 자연도 아닌

성이라는 것을 알아야 합니다.

　　<3> 阿難, ① 物不觸知, 身知有觸, 知身卽觸, 知觸卽身. 卽觸非身, 卽身非觸. ② 身觸二相元無處所, a. 合身卽爲身自體性, b. 離身卽是虛空等相, 內外不成中云 何立? 中不復立內外性空, 卽汝識生從誰立界? <4> 是故當知身觸爲緣生身識界 三處都無, 則身與觸及身界三本非因緣非自然性.

〈3〉 신근+촉경 → 신식: 신식이 신근과 촉경에서 생긴다면,

　　① 몸은 촉이 있음을 아는데, 몸과 촉 중 누가 아는가? 둘 중 하나이지 합이 아님

　　② 몸(신근/식의 주체)과 촉(촉경/식의 대상) 사이에 합할 중간이 없음

　　　　a. 촉이 몸과 합하면, 촉이 곧 몸이 됨

　　　　b. 촉이 몸을 떠나면, 촉이 허공이 됨

〈4〉 근 · 경 · 식 셋이 모두 자연도 인연도 아니고 여래장성임

〈3〉 느끼는 근인 몸(身)과 그 대상이 되는 촉(觸)이 합하여 신식이 생긴다고 할 수 있는가? ① 사물은 부딪쳐 촉이 일어나도 촉을 알지 못하고, 오직 몸만이 촉을 안다. 몸이 촉을 통해서 촉이 있음을 아는 것이다. 그런데 몸과 촉이 합하여 식이 일어난다고 하면, 이 식은 무엇이 무엇을 아는 것인가? 식이 몸을 아는 것이면, 몸은 알려지는 것이니 이때 아는 것은 곧 촉이다. 반면 식이 촉을 아는 것이면, 촉이 알려지는 것이니 이때 아는 것은 곧 몸이다. 결국 몸과 촉은 둘 중 하나가 알려지는 것이고 다른 하나가 아는 것이 되니, 둘이 합하여 식을 성립시키는 것이 아니다. 즉 식은 촉에 속하면 몸에 속하지 않고, 몸에 속하면 촉에 속하지 않으니, 몸과 촉이 함께해서 식을 성립시킨다고 볼 수 없다. 다시 말해 몸을 아는 식은 촉이 아는 식이며, 이때 식은 촉에 속하는 식이다. 그래서 '몸을 아는 것은 촉이다'(지신즉촉)라고 한다. 촉이 아는 것이지 몸이 아는 것이 아닌 것이다(즉촉비신). 한마디로 몸을 아는 것은 촉이 아는 것이지 몸이 아는 것이 아니라는 말이다. 이렇게 촉은 몸을 알고 몸은 촉을 아니, 그 둘이 함께해서 식을 이룬다고 말할 수 없다. ② 몸과 촉이 합하는 그 중간에서 식이 이루어진다고 보기도 어렵다. 몸과 촉은 특정한 위치가 있는 것이 아니어서, a. 만약 촉이 몸과 합한다고 하면 촉이 몸이 되고, 반대로 b. 만약 촉이 몸과 분리되면 허공처럼 아무것도 없게 된다. 그러므로 신과 촉의 중간을 논할 수 없다. 중간이 성립하지 않으므로, 그 둘이 함께해

서 식이 성립한다고 말할 수 없다. 이는 곧 몸과 촉, 즉 근과 진의 안팎이 성립될 수 없음을 말한다. 근과 진의 처소가 정해져 있지 않으므로 그 가운데에 식을 세울 수도 없는 것이다. 그러므로 몸과 촉과 신식이 각각 분리된 3처로 존재하는 것이 아니다. 〈4〉 이와 같이 신식계는 근과 경, 몸과 촉 중 어느 하나를 근거로 성립하는 것이 아니며, 셋이 모두 여래장성의 표현인 것이다.

(6) 의근과 법경과 의식

> 붓다: 아난이여, 당신이 밝히듯이 의와 법이 인연이 되어 의식을 생기게 한다면, 이 식은 〈1〉 의로 인해 생긴 것으로서 의를 계로 삼습니까? 〈2〉 법으로 인해 생긴 것으로서 법을 계로 삼습니까?
> 阿難, 又汝所明意法爲緣生於意識, 此識爲復, 〈1〉 因意所生, 以意爲界? 〈2〉 因法所生, 以法爲界?

```
〈의(근) + 법(경)〉 → 의식 :
〈1〉 의근          → 의식: 의로 인해 생겨 의를 계로 삼는가?      - 의근이 자연
〈2〉        법경   → 의식: 법으로 인해 생겨 법을 계로 삼는가?      - 법경이 자연
〈3〉 의근 + 법경   → 의식: 의와 법으로 인해 생겨 둘을 계로 삼는가?  - 둘 다 자연
```

식이 근과 경의 화합으로 생기니, 의식은 의와 법을 인연으로 해서 생긴다. 그렇다면 의식계는 의와 법 중 정확히 어느 것에 의거해서 계로 성립하는가?

> 붓다: 〈1. 의계→의식, 아님〉 아난이여, 만약 (의식이) 의(意)로 인해 생긴 것이라면, ① 당신의 의 중에 필히 사고된 것이 있어서 당신의 의(의식)를 일으켜야 합니다. 만약 앞에 법이 없다면, 의(의식)는 생기지 않을 것입니다. 연을 떠나면 무형이니, 식이 무엇을 갖고 작용하겠습니까? ② 또 당신의 식심(의식)은 모든 '사량 및 료별의 성품'(의)과 같은 것입니까, 다른 것입니까? a. 의와 같다면,

(의식이 곧) 의인데, 어떻게 (의식이 의근에서) 생긴다고 할 수 있겠습니까? b. 의와 다르다면, (의식이) ⓐ 같지 않으므로 아는 바가 없어야 할 것이다. ⓑ 만약 아는 바가 없다면, 어떻게 (의식이) 의근에서 생긴다고 말할 수 있겠습니까? ⓒ 만약 아는 바가 있다면, 어떻게 식의 의(근)라고 할 수 있겠습니까? 이처럼 같다와 다르다의 두 성품이 성립하지 않으니, 어떻게 계를 세우겠습니까?

<1> 阿難, 若因意生, ① 於汝意中必有所思發明汝意. 若無前法, 意無所生. 離緣無形, 識將何用? ② 又汝識心與諸思量兼了別性, 爲同爲異? a. 同意, 卽意, 云何所生? b. 異意, ⓐ 不同應無所識 ⓑ 若無所識, 云何意生? ⓒ 若有所識, 云何識意? 唯同與異二性無成, 界云何立?

〈1〉 의근 → 의식: 의식이 (법경 없이) 의근으로 인해 생긴다면,

　　① 생각된 것(대상)이 있어야 의가 일어나 의식이 되는데, 그러려면 대상(법)이 있어야 함

　　② 식심(의식)이 사량료별성(의근)과 같은가, 다른가?

　　　a. 같으면, 의근이 의식을 일으키는 것 아님

　　　b. 다르면, 의식이 인식능력(료별성)인 의근과 다른 것이어서,

　　　　ⓐ 의식은 알지 못해야 함

　　　　ⓑ 의식이 알지 못하면, 의에서 생긴 것이 아님

　　　　ⓒ 의식이 알면, 의식과 의근이 각각 아는 것이 됨

〈1〉 ① 의근은 사고될 내용으로서의 대상인 법이 있어야 한다. 대상이 되는 연으로서의 법이 없다면, 식이 어떻게 일어날 수 있으며, 내용 없는 식이 어떻게 작동할 수 있겠는가? ② 식심은 제6의식이고, 사량료별성은 의근 내지 말나식이다.[23] 이 둘이 같은가, 다른가를 묻는다. 의식이 의근에 의거하여 계로 성립하는 것인가를 밝히기 위해 의식과 의근의 관계를 묻는 것이다. a. 만약 의식과 의근이 서로 같다면, 둘이 하나이니 둘을 서로 구분해서 하나가 다른 하나를 생기게 한다고, 즉 의 내지 의근이 의식을 생기게 한다고 말할 수 없게 된다. b. 만약 둘이 서로 다르다면, 의식은 인식능력 내지 사량분별성인 의근과 서로 다른 것이 되며, 그렇게 의식이 인식능력인 의근과 다르다

23　유식에서는 대개 제6의식을 료별경식(了別境識), 제7말나식을 사량식(思量識), 제8아뢰야식을 이숙식(異熟識) 내지 장식(藏識)이라고 부른다. 위에서 의식은 '사량겸료별성'과 같은가 다른가를 묻는데, 이때 사량겸료별성은 제7말나식을 뜻한다.

면, 의식은 인식능력이 없는 것이 된다. ⓐ 따라서 의식은 사량료별성의 의근과 달리 인식작용이 없을 것이다. 즉 알지 못할 것이다. ⓑ 그러나 의식이 그렇게 아는 바가 없다면, 그런 의식을 의근에서 생겼다고 말하기 어렵다. ⓒ 그렇지 않고 만약 아는 바가 있다면, 즉 의식이 아는 작용을 한다면, 의근은 의근대로 알고, 그것과 다른 의식은 의식대로 알아서 결국 둘이 각각 아는 것이 된다. 그렇다면 의근을 의식의 근, 즉 의식을 일으키는 의근이라고 말할 수 없게 된다. 그렇게 의식과 의근은 서로 같다고도 다르다고도 할 수 없으니, 의식이 의근에 근거해서 계로 성립하는 것은 아니라는 것이다. 즉 의식과 의근이 각각 하나의 계로 성립하기 어렵다는 말이다. 말하자면 의식과 분명하게 구분되는 의근이 따로 있지 않으므로 의근으로부터 의식이 생긴다고 말할 수 없고, 그렇다고 의식과 의근이 구분되지 않는 것도 아니다. 결국 의식은 의근과 다르다고도 같다고도 할 수 없다. 눈사람을 굴릴 때 흩어진 눈과 그 눈을 끌어당기는 눈덩이가 서로 다르지도 같지도 않은 것과 같고, 물과 얼음이 서로 다르지도 같지도 않은 것과 같다.

붓다: <2. 법계→의식, 아님> 만약 (의식이) 법으로 인해 생긴 것이라면, ① 세간의 제법이 5진을 떠나지 않으니, 당신은 색법·성법·향법·미법·촉법을 관찰해보십시오. 모습이 분명해서 5근의 상대가 되지 의에 포섭되지 않습니다. ② 당신의 의식이 결정코 법진에 의거하여 생긴다면, 당신은 잘 관찰해보십시오. 법진의 법은 어떤 모양입니까? 색과 공, 운동과 정지, 통함과 막힘, 합함과 나뉨의 생과 멸을 떠나서 이 모든 상(相)을 넘어서면, 결국 얻을 것이 없습니다. (의식이) 생함은 곧 색과 공 등 제법(5진)의 생이고, 멸함은 곧 색과 공 등 제법(5진)의 멸입니다. 인연이 될 것(법진)이 이미 없다면, 인연으로 인해 있게 될 식(의식)에 무슨 형상이 있겠습니까? 모양이 없다면 계가 어떻게 생기겠습니까? (<3. 의계+법계→의식, 아님> 의식이 의근과 법진이 화합해서 생기는 것이라면, 의근과 법진이 둘 다 자성이 없는데, 그 가운데에서 어떻게 계가 생기겠습니까?) <4. 결론> 그러므로 의와 법이 인연이 되어 의식계가 생기게 되는 그런 3처가 모두 없으며, 의와 법과 의계(의식계) 셋이 본래 인연도 아니고 자연도 아닌 성이라는 것을 알아야 합니다.

<2> 若因法生, ① 世間諸法不離五塵, 汝觀色法及諸聲法香法味法及與觸法. 相狀分明, 以對五根非意所攝. ② 汝識決定依於法生, 汝今諦觀法法何狀? 若離色空動靜通塞合離生滅, 越此諸相終無所得. 生則色空諸法等生, 滅則色空諸法等滅. 所因旣無, 因生有識作何形相? 相狀不有, 界云何生? <4> 是故當知意法爲緣生意識界三處都無, 則意與法及意界三本非因緣非自然性.

〈2〉 법경 → 의식: 의식이 (의근 없이) 법진으로 인해 생긴다면,

  ① 5진은 각각 5근에 속하지, 의근에 속하지 않음

  ② 의식 대상인 법경은 5진과 더불어 생하고 더불어 멸함. 법진이 따로 없음 – 법진, 허망한 진!

    5진 〈색공/동정/통색/(첨담)/합리〉의 생멸 = 의식의 생멸
       색법 성법 향법 미법   촉법   법법

〈3〉 의근+법경 → 의식: 본문에서 생략

〈4〉 근·경·식 셋이 모두 자연도 인연도 아니고 여래장성임

〈2〉 ① 의식이 대상인 법으로 인해 생긴다면, 그 법이 구체적으로 어떤 것인가를 묻는다. 의식의 대상인 법경은 색·성·향·미·촉 5경의 그림자일 뿐이다. 그러므로 법진은 결국 5법인 5진으로 인한 것인데, 그 5진은 각각의 근인 5근에 속하는 것이지, 의근에 속하여 의식을 일으키는 것이라고 하기 어렵다. 말하자면 제6의식이 세간의 대상인 5진 내지 법진으로부터 일어나서 하나의 계를 이룬다고 말하기 어렵다. ② 5진과 구분되는 법진은 어떤 것인가? 색진의 색공, 성진의 동정, 향진의 통색, (미진의 첨담), 촉진의 합리라는 5진의 상을 떠나 법진이 따로 없다. 5진이 일어나면 의식이 일어나고, 5진이 멸하면 의식이 따라 멸한다. 이처럼 법진이 따로 없기에, 의근을 떠나 법진만으로 인해 의식이 생긴다고 말할 수 없다는 것이다. 의식의 대상이 되는 제6진인 법진은 색으로 인해 일어나되 법에 속하는 법처소섭색으로 색법에 속한다. 법진이 따로 존재하지 않으므로 그 법진을 따라 의식을 세울 수는 없다는 것이다. 이러한 주장은 의식이 포착하는 법진, 개념, 관념, 이데아가 색법을 떠난 실재가 아니라는 것을 의미한다. 법진은 오히려 의식대상이되 의식을 통해 만들어지는 것이지, 의식을 있게 하는 근거로서 작용하는 것이 아닌 것이다. 서양철학에서 이데아(idea)는 고대 플라톤에서는 이성의 대상으로서 객관적 실재로 간주되다가 근대에 와서 비로소 대상으로부터 받아들인 주관적 표상 내지 관념으로 간주되었다. 중세 말의 보편논쟁이 바로 우리가 사용하

는 단어인 개념에 상응하는 보편자가 과연 객관적으로 실재하는가 아닌가의 논쟁이었으며, 보편실재론에서 보편명목론으로 나아가면서 보편자의 객관적 실재성을 부정하는 방향으로 나아갔다. 반면 불교는 처음부터 관념적 대상인 법진을 5진의 그림자로서 비실재적인 것으로 간주하였다. 〈4〉이상으로 의근, 법경, 의식, 3계가 모두 어느 것 하나 그 자체로 존재하는 자연도 아니고, 무엇으로 인해 생겨나는 인연도 아님을 논하였다. 근과 경과 식으로 드러나는 상들은 모두 허망한 분별상일 뿐이고, 실제는 불생불멸의 여래장성인 것이다.

5) 7대

지금까지 4과에 대해 그것이 자연도 아니고 인연도 아닌 여래장성임으로 논하였다면, 이하에서는 7대 또한 그렇다는 것을 논한다. 이중 4대는 색법을 이루는 지·수·화·풍 4대를 말하고, 공대(空大)는 색으로 인해 드러나는 허공을 말한다. 4대와 공대는 다 볼 수 있는 것으로서 색에 포함된다. 그리고 심에 포함되는 견대와 식대에서 견(見)은 견문각지 중 감각의 활동을 견으로 대표하여 말한 것이고, 식(識)은 개념적 분별적 의식의 활동을 말한다. 이러한 7대를 앞서 논한 5음·6입·12처·18계와 연관 지어 도표화하면 다음과 같다.

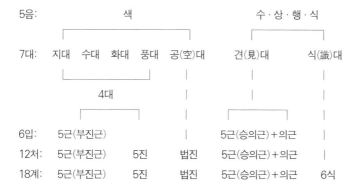

붓다는 제법이 그 자체로 존재한다는 자연설을 부정하고 인연화합의 결과로 존재한다는 연기설을 주장하였다. 그때 색법 내지 색음을 이루는 인연으로 제시한 것이 지·수·화·풍 4대이다. 4대를 인연으로 하여 색이 있다고 설한 것이다. 이렇게 보면 4대는

색을 이루는 기본요소로 보이고, 물리적 색법에 관한 한 이러한 4대의 전제 위에서 인연설이 성립한다고 할 수 있다. 그렇다면 이러한 4대는 무엇을 인연으로 하여 있는가? 4대의 본성은 무엇인가? 이것이 바로 이하에서 논하고자 하는 것이다.

　4대인 지수화풍은 처음부터 가시적인 흙이나 물 등의 구체적 사물을 지시하는 것이 아니라 사물이 가지고 있는 견고하고 습하고 따뜻하고 움직이는 견(堅)·습(濕)·난(煖)·동(動)의 성질을 뜻하는 것이다. 그리고 이러한 견·습·난·동의 성질은 사물을 유지하고 끌어당기고 익히고 자라게 하는 지(持)·섭(攝)·숙(熟)·장(長)의 작용으로 드러난다. 이렇게 보면 4대는 사물로 하여금 특정한 성질을 갖고 작용하게 하는 힘, 에너지라고 볼 수 있다. 즉 국소적인 입자로서의 기본요소가 아니라, 오히려 입자화되기 이전의 힘, 파동적 에너지라고 할 수 있다. 파동적 존재이기에 입자처럼 어느 한 지점에 제한된 국소성이 아닌 도처에 두루하는 비국소성을 가진다. 그리고 이 에너지가 바로 사물인 색음을 이루는 에너지로서 업력(業力)에 해당한다. 중생은 업력으로 인해 몸을 만들어 윤회하며, 그 업력으로 인해 몸에 상응하는 세간이 만들어지기 때문이다. 이하에서는 4대 및 거기에 공과 견과 식을 더한 7대가 모두 일체처에 두루하는 것으로서 중생의 업력을 따라 구체화되는 것임을 논한다. 『정맥소』에서는 "4과(5온·6입·12처·18계)에서는 각각 성품이 참됨을 말했을 뿐 낱낱이 법계에 두루함을 말하지 못하였다. 마치 향과 땔감과 석탄을 각각 불이라고만 했지 낱낱이 임야를 다 태울 수 있다고 말하지 못한 것과 같다. 7대에 가서야 낱낱이 모두 법계에 두루함을 말했으므로 총상을 대(大)라고 했으니, 작은 불씨 하나에 다 태워 버리는 극량(極量)이 있다고 한 것과 같다"[24]고 설명한다. 7대도 4과와 마찬가지로 아난의 한 번의 질문에 대해 붓다가 길게 설명하는 방식으로 서술되고 있다.

아난: (붓다에게) 세존이여, 여래는 항상 화합과 인연을 설명할 때 '일체 세간의 갖가지 변화는 모두 4대의 화합으로 인해 드러난다'고 하였는데, 어째서 여래께서 인연과 자연 두 가지를 모두 배척하십니까? 저는 지금 이 의미가 어디에

24　진감, 『정맥소』, 2권, 381쪽.

속하는지를 알지 못하겠습니다. 불쌍히 여겨 중생들에게 희론이 없는 법의 중
도 료의(了義)를 열어 보여주십시오.

붓다: (아난에게) 당신이 앞서 성문과 연각 등 소승법을 싫어하여 떠나 최상
의 지혜를 부지런히 구하고자 발심하였기에 내가 지금 당신을 위해 제1의제를
제시하였는데, 어째서 다시 세간의 희론을 갖고 인연을 망상하여 스스로 얽매
입니까? 당신은 비록 다문이지만 마치 약을 말하는 사람이 좋은 약이 앞에 있어
도 알아보지 못하는 것과 같아 여래는 당신을 참으로 가련하다고 말합니다. 당
신은 이제 잘 들으십시오. 내가 이제 당신을 위해 분별하여 보여서 앞으로 대승
법을 닦으려는 자들이 실상에 통달하도록 하겠습니다.

아난: (침묵하며 붓다의 거룩한 뜻을 받든다) …

(阿難白佛言世尊) 如來常說和合因緣, 一切世間種種變化皆因四大和合發明,
云何如來因緣自然二俱排擯? 我今不知斯義所屬. 推垂哀愍開示衆生中道了義無
戲論法.

(爾時世尊告阿難言) 汝先厭離聲聞緣覺諸小乘法, 發心勤求無上菩提, 故我今
時爲汝開示第一義諦, 如何復將世間戲論妄想因緣而自纏繞? 汝雖多聞如說藥人
眞藥現前不能分別, 如來說爲眞可憐愍. 汝今諦聽吾當爲汝分別開示, 亦令當來修
大乘者通達實相.

(阿難, 默然, 承佛聖旨)

제1의제 = 대승법	↔	세간 희론인 자연설 / 소승법인 인연설
(일체가 여래장이다)		(일체가 4대의 인연화합으로 생한다)
		일체세간: 유정세간(유근신) + 무정세간(기세간)
중도설 = 성(性)을 설한 료의		유에 치우친 희론 / 상(相)만 설한 불료의

여기에서 붓다가 설하는 것이 세간의 희론이나 소승의 이론과는 다른 대승의 제1의
제라는 것을 분명히 한다. 세간의 희론은 '모든 것은 그 자체로, 자연으로 존재한다'고
주장하는 자연설이며, 붓다는 이러한 희론을 타파하기 위해 '모든 것은 인연에 따라 일
어난다'는 인연설을 주장하였다. 그것이 소승의 인연설 내지 연기설이다. 그렇지만 거
기에서는 그러한 인연이 성립하게 되는 마지막 근거 내지 궁극의 진리가 설명되지 않
고 있다. 세간의 논의는 유(有)에 치우쳐 있기에 중도(中道)가 아닌 희론이며, 붓다가

설한 연기법은 끝까지 다 설명하는 료의(了義)가 아닌 불료의(不了義)이다. 반면 제1의제는 유나 무에 치우치지 않고 공을 논하는 중도설이며 끝까지 모두 설명하는 료의(了義)이다. 연기법이 불료의라는 것은 변화하는 사물의 현상적 모습에 대한 설명만 있고, 그러한 사물의 성(性)이 무엇인가는 아직 밝히지 않았다는 것이다. 즉 사물의 변화하는 상은 인연에 따라 일어나는 연기로 설명된다. 그러나 그렇게 변화하는 모습을 갖는 사물의 성이 여래장성이라는 것까지 다 밝혀야 비로소 료의이다. 이처럼 인연소생이라는 설명은 불료의의 설명이고, 인연도 자연도 아닌 여래장성이라는 설명은 제1의제로서 료의의 설명이니, 이 둘은 구분되어야 한다. 세간의 희론이나 인연법에 매여서 제1의제인 무상보리의 대승법을 듣고도 의심하는 것은 약을 구하고 있으면서도 기존에 알고 있던 불완전한 약에 집착하여 진짜 좋은 약이 나타나도 그것을 믿지 못하고 취하지 못하는 것과 같다는 것이다.

붓다: 아난이여, 당신이 말한 것처럼 4대가 화합하여 세간의 갖가지 변화를 일으킨다고 해봅시다. 아난이여, ① 만약 저 4대의 성(性)이 그 자체 화합(和合)이 아니라면, 모든 대와 섞이지 못할 것이니, 마치 허공이 모든 색과 섞이지 못하는 것과 같을 것입니다. ② 만약 화합이라면, 변화와 같이 서로 처음과 끝을 이루고 생과 멸이 상속하여, 나서 죽고 죽어서 나며 나고 나고 죽고 죽어, 마치 화륜이 돌아가는데 멈춤이 없는 것과 같을 것입니다. 아난이여, (4대는) 물이 얼음이 되고 얼음이 다시 물이 되는 것과 같습니다.

阿難, 如汝所言四大和合發明世間種種變化. 阿難, ① 若彼大性體非和合, 則不能與諸大雜和, 猶如虛空不和諸色. ② 若和合者, 同於變化始終相成生滅相續, 生死死生生生死死, 如旋火輪未有休息. 阿難, 如水成氷氷還成水.

4대는 서로 화합이 아닌가, 화합인가?
  ① 화합이 아니면, 서로 섞이지 못함. 허공처럼(이유異喩) ∴ 비화합도 아님(허공과 다름)
  ② 화합이면, 생멸 상속이 끝이 없음. 화륜처럼(이유異喩) ∴ 화합도 아님(화륜과 다름)
    → 비화합도 아니고, 화합도 아님. 물과 얼음처럼(동유同喩)

상(相)의 변화/수연: 물 → 얼음 : 비화합이 아님(물과 얼음 같음/허공과 다름)

성(性)의 불변: 물 : 화합이 아님(물과 얼음 같음/화륜과 다름)
〈4대의 성은 여래장심〉

4대의 성품이 본래 인연화합하지 않는 비화합인가, 아니면 인연화합하는 화합인가를 묻고, 붓다는 그것이 ① 비화합도 아니고 ② 화합도 아니라고 논한다. ① 만약 4대의 성품이 서로 화합하지 않는 비화합이라면, 이는 곧 서로 섞이지 않는다는 말이 되는데, 4대는 그렇게 서로 섞이지 않는 비화합이 아니다. 허공과 사물은 서로 섞이지 않지만, 4대는 그와 다르니, 현상적으로 화합이 일어나기 때문이다. ② 만약 4대의 성품이 서로 섞이는 화합이라면, 끝없이 변화해간다는 말인데 이렇지도 않다. 서로 화합하여 변화하면서 끝없이 생멸 상속이 이어져 멈춤이 없다면, 이는 곧 끊임없이 도는 화륜과 같을 것인데, 그렇지 않다는 것이다. 불교는 윤회상속을 끝내고 열반에 드는 것을 지향하며, 수행을 통해 그 윤회의 수레바퀴인 화륜을 벗어나는 것이 가능하다고 말한다. 화륜의 비유를 들면서 4대의 성이 그렇지 않다고 말하는 것에 대해 『정맥소』는 이렇게 설명한다. "화륜이 쉬지 못하는 것과 달리 상(相)은 실로 성(性)을 변하게 하지 못한다는 것을 밝히려는 뜻이니, 따라서 화합이 아니다. 〈문〉 지금은 어째서 윤전하는가? 〈답〉 언덕 위 달은 그대로 있으나 구름을 따라 보면 (달이) 움직이는 것처럼 보이는 것과 같다. 만약 참으로 움직인다면, 깨닫는다고 해서 단번에 쉴 수 있겠는가."[25] 화륜처럼 돌아가는 것으로 보이는 것은 단지 현상 차원의 드러남일 뿐이라는 것이다. 4대의 성은 마치 물이 얼음으로 바뀌어도 물은 물인 것처럼 변화하지 않고 남는다. 4대의 변화는 상의 변화이고 그것은 인연 따라 생겨나지만, 성은 인연 너머의 존재이다. 즉 4대는 화합하여 그 상이 이런저런 것으로 바뀌면서 인연 따라 나타나지만, 그 성은 바뀌지 않고 남으며 따라서 성 자체는 화합 너머의 것이고 인연생이 아니라는 것이다. 이는 결국 4대의 성은 인연소생이 아니라 여래장성이라는 것을 말하는 것이다.

이하에서는 4대와 공대·견대·식대를 더한 7대에 대해 각각 순서대로 〈1〉 자연도 아니고 〈2〉 인연도 아니라는 것을 논한다. 붓다가 세간의 희론적 실체론을 깨기 위해 일체가 자기 자성으로 존재하는 자연이 아니라는 연기설 내지 인연설을 설하였지만, 여

---

25 진감, 『정맥소』, 2권, 391쪽.

기에서는 그러한 인연설도 넘어서는 제1의제를 밝히고 있기 때문이다. 7대는 모두 자연도 아니고 인연도 아닌 여래장성이라는 것이다.

7대:
  〈1〉 자연(自然)도 아님: 그 자체로 있는 것도 아님
  〈2〉 인연(因緣)도 아님: 인연화합의 산물도 아님 ⎤ 자연, 인연은 분별계탁의 언설일 뿐임
  〈3〉 여래장성임

(1) 지대(地大)

> 붓다: <1. 자연이 아님> 당신은 지(地)의 성(性)을 살펴보십시오. 거친 것은 대지이고, 미세한 것은 미진입니다. 인허진(隣虛塵)에 이르려면 색의 궁극입자인 극미를 7분하면 됩니다. 인허를 다시 분석하면 곧 실로 공성입니다.
> <1> 汝觀地性. 麤爲大地, 細爲微塵. 至隣虛塵析彼極微色邊際相七分所成. 更析隣虛卽實空性.

〈1〉 지(地)는 자연이 아님. 지의 성은 공(空)

〈1〉 지(地)의 본성이 공이라는 것은 곧 지대가 자체의 본성이 있는 자연이 아니라는 뜻이다. 여기에서는 일체의 물리적 색을 지대(地大)로 대표하여 논한다. 지대는 곧 색을 의미하며, 그 색을 분석하면 미진이 되고, 이 미진을 다시 분석하면 색의 한계로서의 궁극입자(색변제상)인 극미가 되고, 이 극미를 다시 분석하면 '허에 근접한 진'인 '인허진'이 되고, 이를 또 다시 분석하면 결국 공(空)이 된다고 한다. 불교에서 극미는 색의 양적인 최소단위이고, 지수화풍 4대는 색의 질적인 최소단위이다. 유부는 일 극미 안에 4대가 견습난동(堅濕煖動)의 성품으로, 또 지섭숙장(持攝熟長)의 작용력으로 갖추어져 있다고 본다.[26]

```
      ┌─ 양적 최소단위(색변제상): 극미 ─(분석)→ 인허진 ─(분석)→ 공
색 ─┤
      └─ 질적 최소단위:              4대 = 지수화풍(성: 견습난동, 용: 지섭숙장)
```

붓다: <2. 인연도 아님> 아난이여, 만약 이 인허진을 분석하여 허공이 된다면, 허공이 색상을 낳는다고 알아야 할 것입니다. 당신이 지금 '화합으로 인해 세간의 온갖 변화상이 생겨난다'고 하니, 당신이 이것을 관찰하면, ① 하나의 인허진은 몇 개의 허공이 화합하여 이루어진 것입니까? 응당 인허진이 합해서 인허진이 되는 것은 아닐 것입니다. ② 또 인허진을 분석해서 공이 된다면, 몇 개의 색상을 사용해야 합해서 허공을 이루겠습니까? ③ 색을 합하면 색을 합하니 허공이 아니고, 공을 합하면 공을 합하니 색이 아닙니다. 색은 그래도 분석할 수 있지만, 공은 어떻게 합할 수 있겠습니까?

<2> 阿難, 若此隣虛析成虛空, 當知虛空出生色相. 汝今問言由和合故出生世間諸變化相, 汝且觀此, ① 一隣虛塵用幾虛空和合而有? 不應隣虛合成隣虛. ② 又隣虛塵析入空者, 用幾色相合成虛空? ③ 若色合時, 合色非空, 若空合時, 合空非色. 色猶可析, 空云何合?

〈2〉 지대는 인연이 아님:

```
   극미 ─(7分)→    인허진    ─(析)→         허공

         ①        인허진    ←(화합)─   몇 개의 허공?

         ② 몇 개의 색상?  ─(분석)→      허공


   ③ 색 ─(분석)→   공    ┐
                          ├─ 둘 다 성립하지 않음
        ←(화합)─          ┘
```

---

26 부파들 간에는 극미 7개가 모여 일 미진을 이룰 때, 일곱 개의 극미가 서로 간격 없이 무한히 근접하여 모이는 화집(和集, 신유부 중현『순정리론』의 입장)인지 아니면 서로 간격 없이 접촉하여 모이는 화합(和合, 경량부 슈리라타의 입장)인지에 대해 논란이 있었다.

```
         극미          ─(모임)→          극미적집 = 5근 · 5경
신유부:  무방분/실유  ─(합: 무간 근접/화집)→  실유/무분별: 극미로부터 형성
경량부:  유방분/실유  ─(합: 무간 접촉/화합)→  가유/분별: 의식의 계탁분별 결과
```

〈2〉 지(地)가 자연이 아니라면, 지는 인연인가? 인연이라면 무엇으로 인해 있게 된 것인가? 지를 분석하면 허공이 되니, 그럼 허공이 인연화합하면 색상인 지가 된다고 할 수 있는가? 즉 극미를 분석하고 인허진을 분석해서 허공에 이른다면, 반대로 허공을 모으고 합하면 인허진, 극미, 그리고 색이 만들어지는가? ① 그럼 몇 개의 허공을 화합해야 인허진이 되는가? 인허진이 합해서 인허진이 되는 것은 아니므로, 허공이 합해서 인허진이 돼야 할 텐데, 허공이 얼마나 있어야 인허진이 만들어지는가? 허공은 헤아릴 수 있는 것이 아니므로, 이 물음은 답할 수 없는 것이 된다. ② 인허진을 분석해서 허공이 얻어진다면, 그렇다면 얼마만큼의 색상의 인허진을 분석해야지 그것들이 합해서 무한한 전체의 허공이 얻어질 수 있는가? 그러나 인허진을 아무리 모아서 분석해도 그것으로부터 허공이 만들어지지는 않는다. 이는 결국 일체 세간의 변화상이 공으로부터 인연화합으로 생겨나는 것은 아니라는 것을 의미한다. ③ 색을 합하면 색이 되고, 허공은 아무리 합해도 허공이니, 색과 허공을 서로 분석과 화합의 관계로 설명할 수 없다고 말한다. 색은 그래도 일단 더 작은 부분으로 분석한다는 것이 의미 있을 수 있지만, 허공을 합한다는 것은 있을 수가 없다. 이와 같이 공은 색을 분석해서 얻어지는 것이 아니라, 색 그 자체의 본질이 바로 공인 것이다. 마찬가지로 색은 공을 합해서 얻어지는 것이 아니라, 공 그 자체의 본질에 색성이 들어 있는 것이다. 다음의 구절이 이를 말해준다.

붓다: <3. 결론> 당신은 여래장 중에 성이 색인 진공(眞空)과 성이 공인 진색(眞色)이 청정한 본연이고 법계에 두루하여, 중생의 마음을 따라 알려진 것의 양(量)에 응한다는 것을 원래 알지 못합니다.
<3> 汝元不知如來藏中性色眞空性空眞色,淸淨本然周遍法界,隨衆生心應所知量.

의식 차원:	색상 ↔ 공상	– 중생심 따름/소지량에 응	– 상(相)/사(事) – 용(用)/속(俗)
여래장 차원:	진공 = 진색	– 청정 본연/법계 두루	– 성(性)/리(理) – 체(體)/진(眞)
	(성이 색) (성이 공)		

〈3〉 지·수·화·풍 4대가 색을 이루는 기본 성질인데, 이 4대를 일괄적으로 묶어서 여

기서는 '지(地)'라고 하면서 색을 논한다. 색의 성품이 곧 공이고 공의 성품이 곧 색이
므로, 결국 색이 곧 공이다. 이처럼 공이 색을 분석하고 쪼개서 도달하는 것, 색과 다
른 차원의 것이 아니라, 본래 색 자체가 곧 공이라는 것이 체공관(體空觀)이다. 소승의
석공관(析空觀)과 구분되는 지점이다. 공은 색 자체의 본성이지, 색을 분석해서 도달
되는 것이 아닌 것이다. 마찬가지로 색은 공으로부터 극미 내지 4대의 화합으로 설명
될 수 있는 것이 아니다. 그 성이 공으로 파악된 색은 무루이고 청정의 본연이며, 화합
도 아니고 불화합도 아니다. 이 색이 중생의 심에 따라 그 헤아린 바의 지(소지所知)의
양에 상응하여 드러난다는 것이다. 즉 여래장성에 해당하는 색성과 공성은 일체처에
두루하지만, 그것이 중생의 마음활동의 깊이나 범위에 따라 그에 상응해서 다양한 모
습으로 펼쳐진다는 것이다. 『정맥소』는 두루함의 의미를 다음과 같이 풀이한다. "무외
로 극진함(極於無外)이 주(周)니, 곧 두루 잡(匝)이고, 무내로 실함(實於無內)이 변
(徧)이니, 곧 찰 만(滿)이다."[27]

주(周): 무외(無外)로 극(極, 다함) = 두루 잡(匝)
변(徧): 무내(無內)로 실(實, 꽉참) = 찰 만(滿)

계환은 "나중에 '허공으로 밝히면 곧 허공으로 나타나고, 지·수·화·풍으로 각각 드
러내면 각각이 나타난다'고 했으니 이것이 '중생심을 따르고 소지량에 응하는 일'이
다"[28]라고 설명하고, 운허는 이에 대해 중생심은 수승하기도 하고 열등하기도 하며, 소
지량은 마음의 지로서 크기도 하고 작기도 하다고 구분하면서 "만일 하열한 마음과 적
은 량으로 이르면 추(麤)하고 소(少)한 색으로 응하여 그 마음과 양이 만족하는 것이
요, 만일 수승한 마음과 큰 량으로 이르면 광(廣)하고 묘한 색으로 응하여 그 마음과
양이 만족하는 것이다"[29]라고 말한다. 7대가 법계에 두루하면서 중생심의 소지량에 응
해서 현상으로 드러난다는 것이다. 이것을 아난이 알지 못한다는 시적은 이후 7대에
대해 계속 똑같이 나온다. 다만 여기에서는 원래(원元) 알지 못한다고 하고, 나머지
5대에서 각각 여전히(유猶), 아직도(상尙), 정말(완宛), 완전히(전全), 예부터(증曾)
알지 못한다고 한 후 마지막에서 다시 원래(원元) 알지 못한다고 말한다. 여기에서 지

27   진감, 『정맥소』, 2권, 406쪽.
28   일귀 역, 『수능엄경』, 235쪽, 주462.
29   운허, 『수능엄경주해』(동국역경원, 1981), 130쪽.

대를 논하면서 왜 지대를 색으로 바꿔서 말하는가에 대해『정맥소』는 세 가지 이유를
댄다.[30] 1. 지대가 색의 바탕이 되며 많은 것을 포함하기 때문이다. 즉 쇠, 나무, 돌 등
무정이나 털, 피부, 뼈, 살 등 유정을 불문하고 색에 속하는 것들 대부분이 지(地)라는
것이다. 2. 색은 색체, 형체, 장애의 세 특징이 있는데, 이것을 다 갖춘 것이 지라는 것
이다. 3. 법과 공의 융섭을 논할 때 모든 경들이 다 색법을 거론하기에 여기에서도 지
대 대신 색으로 논한다고 한다.

	색체(흑백 등)	형체(잡을 수 있음)	장애(투과 못 함) = 색의 특징
지대	○	○	○
수대	○	○	×
화대	○	×	×
풍대	×	×	×

> 붓다: 업(業)에 따라 나타나는데, 세간에서 무지하여 인연이니 자연이니 하며
> 미혹하는 것입니다. 이는 모두 식심이 분별계탁한 것이니 단지 언설일 뿐이고
> 진실한 의미는 전혀 없습니다.
>
> 循業發現, 世間無知惑爲因緣及自然性. 皆是識心分別計度, 但有言說都無實義.

갖가지 색의 모양으로 나타나는 것은 결국 중생의 업에 따라서 상이하게 나타나는
것일 뿐인데, 사람들이 이것을 모르기에 '인연이다, 자연이다' 하면서 분별계탁할 뿐이
라고 말한다. 계환은 "'각(覺)을 등지고 진(塵)에 합하기에 진로(塵勞)를 발하게 되고,
진을 멸하고 각에 합하기에 진여를 발하게 된다'고 했으니 이것이 '업에 따라 나타나는
일'이다"[31]라고 설명한다. 운허는 '업에 따라 나타난다'는 것에 대해 "미혹한 자이면 염
업을 따라 나타나고 깨달은 자이면 정업을 따라 나타날 뿐 아니라, 정업을 따르면 '청
정하고 묘한 색'(정묘색)이 나타나고 염업을 따르면 '무겁고 거친 색'(고예苦穢색)이
나타나는 것도 그러하다"[32]라고 말한다. 이 구절을 앞의 '마음을 따르고 소지량에 응한

---

30   진감,『정맥소』, 2권, 404쪽 참조.
31   일귀 역,『수능엄경』, 235쪽, 주462.
32   운허,『수능엄경주해』, 130쪽.

다'와 연관하여 『정맥소』는 이렇게 설명한다. "업이 일어날 때 인연에 의지한 듯하기에, 지혜가 얕은 세간 중생은 업이 일어나는 가까운 연유에 집착하여 마침내 '인연성'이라고 미혹한다. 그리하여 원융한 불변 진체가 법계에 두루하여 인연을 빌리지 않음을 통달한 적이 없다. 업이 이루어지면 고쳐 옮기기가 어려운 듯하여, 지혜 없는 세간 중생은 고치기 어려운 현량이라 고집하여 마침내 '자연성'이라고 미혹한다. 그리하여 무한한 수연작용이 마음을 따르고 양에 응하여 자연에 빠지지 않음을 통달한 적이 없다. 이것은 모두 업을 따르는 하나의 미혹이다. 다만 마음을 따르고 양에 응하여 결코 업을 따르지 않는다면, 중생이 모두 유심 종지를 통달하여 온갖 미혹에 이르지 않을 것이다."[33] 업을 따라 소지량에 의해 나타나니 자연이 아니지만, 업의 소지량인 상(相)을 넘어서는 두루하는 여래장성이기에 인연도 아니라는 것이다.

> 범부: 바꿀 수 없는 자연성(불화합)이라고 미혹
>
>   ↕
>
> 2승: 중생심을 따르고 소지량에 응하니 자연이 아님을 앎
>
>   = 업을 따름에 집착하여 인연성(화합)이라고 미혹: 상(相)만 봄
>
>   ↕
>
> 대승: 불변 진체가 법계에 두루하니 인연 아님: 여래장의 성(性)을 통찰

(2) 화대(火大)

> 붓다: <1. 자연이 아님> 아난이여, 불의 성은 아(我)가 없어 여러 인연에 의거하니, 당신은 식사 못 한 집에서 밥을 지으려고 손에 화경을 들고 해 앞에서 불을 구하는 것을 봅니다.
> <1> 阿難, 火性無我, 寄於諸緣, 汝觀城中未食之家欲炊爨時手執陽燧日前求火

〈1〉 불은 자연이 아님

　불의 발생 = 해 + 거울(화경) + 땔감

33　진감, 『정맥소』, 2권, 411쪽.

〈1〉불의 본성이 무아라는 것은 불은 자기 자성이 있어 그 자체로 존재하는 자연이 아니라는 것이다. 불은 그 자체로 있지 않고 여러 가지 인연화합으로 생긴다. 예를 들어 쑥에다 거울을 통해 해를 모으면 불이 생긴다. 그렇게 불은 해와 거울과 쑥을 인연화합하면 생겨나니 자연이 아니다.

붓다: <2. 인연도 아님> 아난이여, 불이 화합이라면, 내가 당신과 1250 비구들과 함께 지금 한 무리가 되는 것과 같을 것입니다. 무리는 비록 하나이지만, 그 근본을 보면 각각 몸이 있고 모두 출생한 씨족과 이름이 있으니, 사리불은 바라문종이고 우루빈다는 가섭파종이며 아난은 구담종성인 것과 같습니다. 아난이여, 만약 불의 성이 화합으로 인해 있다면, 손으로 화경을 잡고 해에서 불을 구할 때, 이 불은 ② 거울로부터 옵니까? ③ 쑥으로부터 옵니까? ① 해로부터 옵니까? ① 만약 해로부터 온다면, 스스로 당신 손 안의 쑥을 태울 수 있으니 오는 길의 숲과 나무도 모두 불태워야 할 것입니다. ② 만약 거울에서 온다면, 거울에서 나와 쑥을 태우는데 거울은 왜 녹지 않습니까? 당신의 손으로 잡아도 뜨거운 상이 없으니 어찌 녹겠습니까? ③ 만약 쑥에서 생긴다면, 어째서 해와 거울과 빛이 서로 접한 이후에야 불이 생깁니까? 당신은 또 잘 관찰해보십시오. 거울은 손에 잡혀 있고 해는 하늘에서 오고 쑥은 본래 땅에서 생기니, 불은 어느 곳으로부터 여기에 이른 것입니까? 해와 거울은 서로 멀어서 섞이지도 않고 합하지도 않지만, 불이 소종래 없이 스스로 있는 것도 아닙니다.

<2> 阿難, 名和合者, 如我與汝一千二百五十比丘今爲一衆. 衆雖爲一, 詰其根本各各有身, 皆有所生氏族名字, 如舍利弗婆羅門種, 優盧頻螺迦葉波種, 乃至阿難瞿曇種姓. 阿難, 若此火性因和合有, 彼手執鏡於日求火, 此火, ② 爲從鏡中而出? ① 爲從艾出? ③ 爲於日來? 阿難, ① 若日來者, 自能燒汝手中之艾, 來處林木皆應受焚. ② 若鏡中出, 自能於鏡出然于艾, 鏡何不鎔? 紆汝手執尚無熱相, 云何融泮? ③ 若生於艾, 何藉日鏡光明相接然後火生? 汝又諦觀鏡因手執, 日從天來艾本地生, 火從何方遊歷於此? 日鏡相遠非和非合, 不應火光無從自有.

〈2〉불은 인연인가?
   ① 해로 인한 것인가?   - 해가 지나온 모든 것을 태워야 함

② 거울로 인한 것인가? – 거울이 타야 함

③ 쑥으로 인한 것인가? – 쑥에서 불이 나와야 왜 거울과 해를 기다리는가

불　＝　해　＋　거울　＋　쑥　–　셋이 화합하기에는 각 처소가 서로 너무 멀리 있음
　　처소: 하늘　　손　　땅

〈2〉 불이 화합으로 생긴 것이라면, 그 화합된 무리를 이루는 각각의 요소들이 발견될 수 있어야 하며, 그렇게 형성된 무리 안에 그 무리를 이루는 각각의 개별자들이 있어야 한다. 마치 여러 사람이 모여 무리가 되면, 그 무리 안에 김씨 이씨 등 각각의 사람들이 있는 것과 같다. 그렇다면 불이라는 화합물을 이루는 요소들 중 불을 이루는 근본 인연은 무엇인가? 즉 불은 무엇으로 인해 생긴 것인가? ① 불이 해로 인한 것이라면, 해가 일체를 불타게 해야 한다. 즉 태우고자 하는 쑥뿐만 아니라 해가 지나가는 숲과 나무들도 모두 태워야 하는데, 그러지 않으니, 해로부터 온 것이 아니다. ② 불이 거울로 인한 것이라면, 왜 쑥만 태우고 거울을 태우지는 않는가? 또 불이 나오는 거울이 왜 뜨겁지 않은가? 거울이 뜨겁지도 타지도 않으니, 불이 거울로부터 나온 것도 아니다. ③ 불이 쑥으로 인한 것이라면, 쑥에서 그냥 불이 나와야 왜 거울과 해가 필요한가? 그러니까 불이 쑥으로부터 나온 것도 아니다. 나아가 불이 거울과 해와 쑥의 인연화합으로 인해 생겼다고 말하기도 힘든 것은 그 각각의 것들이 처한 곳이 너무 멀기 때문이다. 화합하려면 한 곳에서 섞여야 하는데, 예를 들어 해와 거울은 서로 너무 멀리 떨어져 있어 그것들이 함께 화합한다고 말하기 어렵다. 그렇다고 불이 소종래 없이 그 자체로 있는 것은 아니다. 결국 불은 여래장성으로부터 마음의 업을 따라 일어난다고 이하에서 밝힌다.

붓다: ⟨3. 결론⟩ 당신은 여래장 중에 성이 화인 진공(眞空)과 성이 공인 진화(眞火)가 청정한 본연이고 법계에 두루하여, 중생의 마음을 따라 알려진 것의 양에 응한다는 것을 여전히 알지 못합니다. 아난이여, 세간 사람이 한 곳에서 거울을 들면 한 곳에서 불이 일어나고, 법계에서 두루 거울을 들면 세간에 가득 일어난다는 것을 알아야 합니다. 세간에 두루 일어나는데, 어떻게 방소가 있겠습

니까? 업에 따라 나타나는데, 세간에서 무지하여 인연이니 자연이니 하며 미혹하는 것입니다. 이는 모두 식심이 분별계탁한 것이니 단지 언설일 뿐이고 진실한 의미는 전혀 없습니다.

<3> 汝猶不知如來藏中, 性火眞空性空眞火, 淸淨本然周遍法界, 隨衆生心應所知量. 阿難, 當知世人一處執鏡一處火生, 遍法界執滿世間起. 起遍世間寧有方所? 循業發現, 世間無知惑爲因緣及自然性. 皆是識心分別計度, 但有言說都無實義.

식심 차원:　　화상　↔　공상　- 중생심 따름/소지량에 응　- 상(相)/사(事) - 용(用)/속(俗)

여래장 차원:　　진공 ＝ 진화　- 청정 본연/법계 두루　　- 성(性)/리(理) - 체(體)/진(眞)
　　　　　　　(성이 화) (성이 공)

〈중생의 계탁〉　　　　　　　　　〈여래장의 상과 성〉
범부: 바꿀 수 없는 자연성(불화합)이라고 미혹함　↔ 상: 중생심을 따르고 양에 응함: 자연 아님
2승: 업을 따름에 집착하여 인연성(화합)이라고 미혹함 ↔ 성: 불변 진체가 법계에 두루: 인연 아님

〈3〉 화의 본성은 공의 본성과 다를 바 없으며 둘은 청정하여 법계에 두루한다. 그것이 본체의 측면이다. 그러면서 현상적으로는 중생의 식심의 활동을 따라 제한된 모습으로 나타나는데, 그것이 용의 측면이다. 이와 같이 화대의 실상은 청정 두루한 여래장성인 것이다. 화대의 성품이 허공과 마찬가지로 제한 없이 두루하기에 이곳저곳에서 불이 일어나게 된다. 그러므로 화대 또한 두루하는 여래장일 뿐이며, 현상적 불은 두루하는 여래장성의 표현이다. 이처럼 화는 인연도 아니고 자연도 아니면서 법계에 두루하는 진여성의 발현이다. 법계에 두루하면서 상황에 따라 응하여 드러날 뿐이다. 각자가 지은 업에 따라 현상화하여 드러나지만, 그 자체는 여래장성일 뿐 인연도 아니고 자연도 아닌 것이다.

(3) 수대(水大)

붓다: <1. 자연이 아님> 아난이여, 물의 성(性)은 일정하지 않아서 흐르고 그 침에 항상됨이 없으니, 마치 실라벌성의 가비라선, 작가라선, 발두마, 가살다 등 대환사들이 달의 정기를 구해 환약을 만들고자 이 환사들이 보름달 빛을 기다려 손에 구슬을 들고 달의 물을 받는 것과 같습니다.

<1> 阿難, 水性不定, 流息無恒, 如室羅城迦毗羅仙, 斫迦羅仙及鉢頭摩訶薩多等,諸大幻師求太陰精用和幻藥, 是諸師等於白月畫,手執方諸承月中水.

〈1〉물은 자연이 아님

　　물의 발생 ＝ 달 ＋ 구슬(방저) ＋ 허공

〈1〉 언급된 네 명은 모두 외도에 속하는 환술사들이다. 보름 전까지를 백월(白月)이라고 하고, 보름 후부터를 흑월(黑月)이라고 한다. 그들은 보름달 아래에서 물을 얻어 환약을 만들었다고 한다. 환술사들이 보름달을 기다려 손에 구슬을 들고 허공에서 물을 받는다는 것은 물이 이런저런 조건을 갖춰 얻어지는 것이지, 그 자체로 있는 자연이 아니라는 것을 의미한다.

붓다: <2. 인연도 아님> 이 물은 ② 구슬에서 나온 것입니까? ③ 허공중에 스스로 있는 것입니까? ① 달로부터 온 것입니까? 아난이여, ① 만약 달로부터 온 것이라면, 오히려 먼 곳인데도 구슬에서 물이 나오게 할 수 있으니, 경과되는 수풀과 나무에서도 모두 물을 흐르게 했어야 할 것입니다. 만약 흐른다면, 어째서 구슬에서 나오기를 기다립니까? 만약 흐르지 않는다면, 물이 달로부터 내려온 것이 아니라는 것이 분명합니다. ② 만약 구슬로부터 나온 것이라면, 그 구슬에서는 언제나 마땅히 물이 흘러야 하는데, 어째서 밤에 보름달 빛을 받기를 기다립니까? ③ 만약 허공으로부터 생긴 것이라면, 허공의 성품이 끝이 없으므로 물도 마땅히 한계가 없어서 사람에서부터 하늘에 이르기까지 모두 함께 물이 넘쳐 잠길 것이니 어떻게 다시 물과 육지와 허공이 있겠습니까? 당신은 다시 잘 관찰해보십시오. 달은 하늘에 걸려 있고 구슬은 손에 잡혀 있으며 구슬 물을 받는 쟁반은 본래 사람이 설치한 것이니, 물은 어느 곳으로부터 여기로 흘러온 것

입니까? 달과 구슬은 서로 멀리 있어 섞이지도 않고 합하지도 않지만, 물의 정기가 소종래 없이 스스로 있는 것도 아닙니다.

<2> 此水爲復, 從珠中出? 空中自有? 爲從月來? 阿難, ① 若從月來, 尚能遠方令珠出水, 所經林木皆應吐流. 流則, 何待方珠所出? 不流, 明水非從月降. ② 若從珠出, 則此珠中常應流水, 何待中宵承白月晝? ③ 若從空生, 空性無邊水當無際, 從人洎天皆同陷溺, 云何復有水陸空行? 汝更諦觀月從天陟, 珠因手持, 承珠水盤本人敷設, 水從何方流注於此? 月珠相遠非和非合, 不應水精無從自有.

〈2〉 물은 인연소생인가?

　① 달로 인한 것인가? – 달부터 지구까지 물이 흘러야 함

　② 구슬로 인한 것인가? – 달을 기다릴 필요가 없음

　③ 허공으로 인한 것인가? – 허공 전체에 물이 가득해야 함

물 ＝ 달 + 구술 + 쟁반 – 셋이 화합하기에는 각 처소가 서로 너무 멀리 있음
　　 처소: 하늘　 손　 땅

〈2〉 환술사들이 물을 달과 구슬과 허공 중에서 얻었다면, 물을 있게 하는 인연은 정확히 무엇인가? ① 만일 물이 달로 인해 생긴다면, 달이 구슬에 이르기까지의 길에 물이 다 흘러 넘쳐 전체가 물에 잠겨야 할 것이다. 그러나 그렇지 않으니, 달로부터 온 것이 아니다. ② 만일 물이 구슬로부터 나오는 것이라면, 그 구슬 안에 계속 물이 나와 있어야 하고 굳이 보름달을 기다릴 필요가 없을 것이다. ③ 만일 물이 허공에서 생긴다면, 허공 전체에 물이 넘쳐야 할 것이다. 그렇다면 육지와 바다와 허공의 구분도 존재하지 않을 것이다. 이처럼 세 경우 다 사실이 아니니까, 물은 달이나 구슬이나 허공으로 인해 생기는 것이 아니라는 말이다. 수대인 수분 내지 습기는 특정한 사물로 인해 생기는 것이 아니라 도처에 두루하는 것이라고 논한다. 물을 이루기 위해 달이나 구슬이 서로 화합한다고도 말할 수 없는 것은 달과 구슬이 머무르는 장소가 서로 너무 멀리 떨어져 있어 함께 섞이거나 합한다고 말하기 어렵기 때문이다. 그렇다고 물이 소종래가 없는 것은 아니니, 이하에서 그 소종래를 밝힌다.

붓다: <3. 결론> 당신은 여래장 중에 성이 수인 진공(眞空)과 성이 공인 진수 (眞水)가 청정한 본연이고 법계에 두루하여, 중생의 마음을 따라 알려진 것의 양에 응한다는 것을 아직도 알지 못합니다. 한 곳에서 구슬을 잡으면 한 곳에서 물이 나오고, 법계에 두루 잡으면 법계에 가득 생겨서 세간에 가득 생기니 어찌 방소가 있겠습니까? 업에 따라 나타나는데, 세간에서 무지하여 인연이니 자연 이니 하며 미혹하는 것입니다. 이는 모두 식심이 분별계탁한 것이니 단지 언설 일 뿐이고 진실한 의미는 전혀 없습니다.

<3> 汝尙不知如來藏中, 性水眞空性空眞水, 淸淨本然周遍法界, 隨衆生心應所 知量. 一處執珠一處水出, 遍法界執滿法界生, 生滿世間寧有方所? 循業發現, 世間 無知惑爲因緣及自然性, 皆是識心分別計度, 但有言說都無實義.

식심 차원: 수상 ↔ 공상   – 중생심 따름/소지량에 응 – 상(相)/사(事) – 용(用)/속(俗)
              └──────┘

여래장 차원: 진공 = 진수 – 청정 본연/법계 두루   – 성(性)/리(理) – 체(體)/진(眞)
             (성이 수) (성이 공)

〈중생의 계탁〉   〈여래장의 상과 성〉

범부: 바꿀 수 없는 자연성(불화합)이라고 미혹함   ↔ 상: 중생심을 따르고 양에 응함: 자연 아님

2승: 업의 이유에 집착하여 인연성(화합)이라고 미혹함 ↔ 성: 불변 진체가 법계에 두루: 인연 아님

〈3〉 앞에서의 지대와 화대와 마찬가지로 수대 또한 온 법계에 두루한 여래장이다. 다만 중생의 마음인 식심이 어디에서 일어나는가에 따라 수대가 현상으로 드러날 때 제한된 모습을 가지는 것일 뿐이다. 현상적으로 물이 나오는 곳은 중생의 식심에 따라 제한되지만, 수대의 성품은 존재 전체에 두루하다는 말이다. 물은 인연도 자연도 아니 면서 법계에 두루하는 진여성의 발현이다. 법계에 두루하면서 상황에 따라 응하여 드 러날 뿐이다. 각자가 지은 업에 따라 현상화하여 드러나지만, 그 자체는 여래장성일 뿐 인연도 아니고 자연도 아니다.

(4) 풍대(風大)

붓다: <1. 자연이 아님> 아난이여, 바람의 성은 체가 없어서, 동과 정이 항상 되지 않으니, 당신이 항상 의복을 단정히 하고 대중에 들어가면, 가사 자락이 움직여 옆의 사람에 미치면 미풍이 일어 그 사람의 얼굴에 스칠 것입니다.

<1> 阿難, 風性無體, 動靜不常, 汝常整衣入於大衆, 僧伽梨角動及傍人, 則有微風拂彼人面.

〈1〉 풍은 자연이 아님

풍의 발생 = 의복 + 허공 + 얼굴

〈1〉 바람이 그 자체로 있는 자연이 아니라는 것을 말하기 위해 바람이 일어나는 상황을 묘사한다. 내 옷이 움직여 미풍이 일어 옆 사람 얼굴에 바람이 스치는 경우이다. 자연이 아니라면, 인연인가? 이하에서 바람은 의복, 허공 또는 부딪친 얼굴이 인연이 되어 생긴 것인가를 묻는다.

붓다: <2. 인연도 아님> 그 바람은 ① 가사 자락에서 나온 것입니까, ② 허공에서 일어난 것입니까, ③ 그 사람의 얼굴에서 생긴 것입니까? ① 만약 바람이 가사 자락에서 나왔다면, 당신은 그 바람을 맞으니 그 의복이 날려 응당 당신의 몸을 떠났을 것입니다. 나는 지금 설법하며 회중에 옷을 걸쳤는데, 당신은 나의 옷을 보십시오. 바람이 어디에 있습니까? 옷 속에 바람이 감춰져 있지 않을 것입니다. ② 만약 (바람이) 허공에서 생긴다면, 당신의 옷이 움직이지 않을 때는 어째서 바람이 일지 않습니까? 허공의 성이 상주하므로 바람도 마땅히 항상 일어나야 할 것입니다. 만약 바람이 없을 때는 허공도 응당 멸해야 할 텐데, 바람의 소멸은 볼 수 있지만, 허공의 소멸은 어떤 모습입니까? 만약 (허공에) 생멸이 있다면, 허공이라 이름하지 않을 것입니다. 허공이라 이름한다면, 어떻게 바람이 나오겠습니까? ③ 만약 (바람이) 저 사람의 얼굴에서 저절로 생겼다면, 그 얼굴에서 생기므로 마땅히 당신에게 불어야 하는데, 당신이 옷을 정리할 때 어째

서 거꾸로 붑니까? 당신은 잘 관찰해보십시오. 옷을 정리함은 당신에게 있고, 얼굴은 그에게 속합니다. 허공은 적연하여 유동이 없으니, 바람은 어디에서부터 움직여 이리로 옵니까? 풍과 공의 성은 서로 떨어져 있어 섞이지도 않고 합하지도 않지만, 바람의 성이 소종래 없이 스스로 있는 것도 아닙니다.

    <2> 此風爲復,① 出袈裟角,② 發於虛空,③ 生彼人面? 阿難,① 此風若復出袈裟角,汝乃披風,其衣飛搖應離汝體. 我今說法會中垂衣,汝看我衣風何所在? 不應衣中有藏風地 ② 若生虛空,汝衣不動何因無拂? 空性常住,風應常生. 若無風時,虛空當滅,滅風可見,滅空何狀? 若有生滅不名虛空. 名爲虛空云何風出? ③ 若風自生彼拂之面,從彼面生當應拂汝,自汝整衣云何倒拂? 汝審諦觀整衣在汝,面屬彼人,虛空寂然不參流動,風自誰方鼓動來此? 風空性隔非和非合,不應風性無從自有.

〈2〉바람은 인연인가?

  ① 옷자락으로 인한 것인가? – 옷이 날려가야 함, 옷 속에 바람은 없음

  ② 허공으로 인한 것인가? – 허공이 바람의 생멸성을 갖지 않음

  ③ 저 사람의 얼굴로 인한 것인가? – 바람이 얼굴로 가지 그쪽에서 나오지 않음

바람 =   옷 + 허공 + 얼굴 – 화합하기에는 처소가 서로 떨어져 있고, 성질도 서로 다름
처소: 나   적연부동   그

〈2〉바람이 어느 특정한 인연으로부터 생겨난 것이 아님을 밝힌다. ① 만약 바람이 옷자락으로부터 나온다면, 그 바람으로 인해 옷이 몸으로부터 날려서 몸을 떠나야 할 것이다. 또는 바람이 밖으로 나오지 않을 때는 옷 속에 바람이 들어 있어야 할 것이다. 그런데 그렇지 않으니 바람이 옷으로부터 나온다고 할 수 없다. ② 만약 바람이 허공에서 생긴다면, 허공이 상주하는 만큼 바람도 항상 불어야 하는데, 왜 그렇지 않은가? 또 바람이 멎을 때는 허공도 함께 없어져야 할 텐데, 실제로 허공이 없어지는 일은 없으니, 그런 허공으로부터 바람이 생긴다고 할 수 없다. ③ 바람이 저 사람 얼굴을 스칠 때, 그 바람이 그 사람의 얼굴로부터 생긴 것이라면, 그 바람은 내게 불어와야 하는데, 그렇지 않다. 그러므로 그 얼굴로부터 바람이 생긴 것일 수도 없다. 바람이 옷이나 얼굴이나 허공의 화합으로 생긴다고 하기에는 그들이 다 서로 멀리 떨어져 있다. 그리고 움직이는 바람과 움직임이 없는 허공과는 성질도 서로 달라서 함께 화합한다고 말하

기 어렵다. 바람은 인연이 아니지만 그렇다고 바람이 소종래가 없는 것은 아니니, 이하에서 그 소종래를 밝힌다.

붓다: <3. 결론> 당신은 여래장 중에 성이 풍인 진공(眞空)과 성이 공인 진풍(眞風)이 청정한 본연이고 법계에 두루하여, 중생의 마음을 따라 알려진 것의 양에 응한다는 것을 정말 알지 못합니다. 아난이여, 당신 한 사람이 한 곳에서 의복을 조금 움직이면 미풍이 일어나고, 법계에 두루 움직이면 국토에 가득히 생겨서 세간에 두루 편재하니 어찌 방소가 있겠습니까? 업에 따라 나타나는데, 세간에서 무지하여 인연이니 자연이니 하며 미혹하는 것입니다. 이는 모두 식심이 분별계탁한 것이니 단지 언설일 뿐이고 진실한 의미는 전혀 없습니다.

<3> 汝宛不知如來藏中性風眞空性空眞風, 淸淨本然周遍法界, 隨衆生心應所知量. 阿難, 如汝一人微動服衣有微風出, 遍法界拂, 滿國土生周遍世間, 寧有方所? 循業發現, 世間無知惑爲因緣及自然性. 皆是識心分別計度, 但有言說都無實義.

식심 차원: 풍상 ↔ 공상   - 중생심 따름/소지량에 응   - 상(相)/사(事) - 용(用)/속(俗)

여래장 차원: 진공 = 진풍   - 청정 본연/법계 두루   - 성(性)/리(理) - 체(體)/진(眞)
             (성이 풍) (성이 공)

〈3〉 바람은 온 법계에 두루한 여래장이다. 다만 중생의 마음인 식심이 어디에서 어떻게 일어나는가에 따라서 풍대의 드러남에 차이가 있는 것이다. 법계에 두루하는 풍대가 현상적으로는 중생의 소지량에 따라 제한된 모습으로 드러난다. 그렇게 풍은 두루하는 여래장성이고 단지 그것이 드러나는 모습에서만 제한이 있을 뿐이다. 법계 전체에 바람의 성품이 두루하기에 상황에 따라 여기저기에서 바람이 불 수 있다. 이처럼 풍은 인연도 자연도 아니면서 법계에 두루하는 진여성의 발현이다. 법계에 두루하면서 상황에 따라 응하면서 드러날 뿐이다. 각자가 지은 업에 따라 현상화하여 드러나지만, 그 자체는 여래장성일 뿐 인연도 아니고 자연도 아닌 것이다.

(5) 공대(空大)

> 붓다: <1. 자연이 아님> 아난이여, 공의 성품은 형상이 없어 색으로 인해 드러나니, 마치 실라벌성의 강이 먼 곳에서 찰제리족 및 바라문과 바이샤와 슈드라 그리고 귀족이나 천민 등이 새로 안거하고자 우물을 파서 물을 구할 때, 흙을 1척 파내면 그 가운데 1척의 허공이 있게 되는 것과 같습니다. 이와 같이 흙을 1장을 파내면 그 가운데 다시 1장의 허공을 얻게 되어, 허공의 깊고 낮음은 파낸 흙의 다소를 따릅니다.
>
> <1> 阿難, 空性無形, 因色顯發, 如室羅城去河遙處, 諸刹利種及婆羅門, 毗舍首陀兼頗羅墮, 旃陀羅等新立安居, 鑿井求水出土一尺於中, 則有一尺虛空. 如是乃至出土一丈, 中間還得一丈虛空, 空虛淺深隨出多少.

〈1〉 공은 자연이 아님. 무인연도 아님

　　공의 발생 ＝ 색을 파냄

〈1〉 공이 그 자체로 존재하는 자연이 아님을 말하기 위해 흙을 파냄으로써 공이 생겨나는 경우를 논한다. 사물을 치우면 그 자리에 공이 드러나듯이, 공은 그렇게 색을 거쳐서 자신을 드러낸다. 이런 의미에서 유식은 공을 일종의 현색(顯色), 즉 색깔로 규정하며 색온에 포함시킨다.[34] 여기에 언급된 사람들의 명칭은 인도사회에서 나뉘어진 계층의 이름이다.

찰제리	바라문	비사	수타	파라타	전타라
크샤트리아(왕족)	브라만	바이샤(상인)	슈드라(농부)	영리한 자(귀족)	천민(백정)

---

[34] 유식에 따르면 색법은 다음과 같이 구분된다.
　1. 현색(顯色): 색깔(5색/그림자/광채) + 공(空) ┐
　2. 형색(形色): 모양　　　　　　　　　　　　 ┘ 색경　　 ─ 가견
　3. 표색(表色): 향, 미, 촉　　　　　 ─ 향경, 미경, 촉경 ┐ 불가견
　4. 무표색(無表色): 법　　　　　　　 ─ 법경(법처소속색) ┘

붓다: <2. 인연도 아님> 이 공은 ① 흙으로 인해 나옵니까? ② 파냄으로 인해 있습니까? 인이 없이 저절로 생깁니까? 아난이여, 만약 이 공이 인이 없이 저절로 생긴다면, 파기 전에는 어째서 장애가 있어 오직 대지만 보이고 멀리 통하지 않습니까? ① 만약 흙이 나옴으로 인해 (공이) 있다면, a. 흙이 나올 때 마땅히 공이 들어감을 보아야 할 것입니다. 만약 흙이 먼저 나오는데 들어가는 공이 없다면, 어떻게 허공이 흙으로 인해 나왔다고 하겠습니까? b. 만약 나오거나 들어가는 것이 없다면, 공과 흙이 원래 다른 인(因)을 갖지 않을 것입니다. 다름이 없으면 같을 것인데, 흙이 나올 때 공은 왜 나오지 않습니까? ② 만약 파냄으로 인해 있다면, 파낼 때 공만 나오고 흙은 응당 나오지 않아야 합니다. 파냄으로 인해 (공이) 나오는 것이 아니라면, 파서 흙이 나올 때 어째서 공을 보게 됩니까? 당신은 다시 자세하게 잘 관찰하고 잘 보십시오. 파냄은 사람 손을 좇아 방향에 따라 움직여지고 흙은 땅으로 인해 옮겨지는데, 이런 허공은 무엇으로 인해 나옵니까? 파냄과 공은 허와 실이 서로 작용할 수 없어 섞이지도 않고 합하지도 않지만, 그렇다고 허공이 소종래 없이 스스로 나온 것도 아닙니다.

<2> 此空爲當, ① 因土所出, ② 因鑿所有? 無因自生? 阿難, 若復此空無因自生, 未鑿土前何不無礙, 唯見大地迥無通達? ① 若因土出, a. 則土出時應見空入. 若土先出, 無空入者, 云何虛空因土而出? b. 若無出入, 則應空土元無異因. 無異則同則土出時, 空何不出? ② 若因鑿出, 則鑿出空應非出土. 不因鑿出, 鑿自出土云何見空? 汝更審諦審諦觀. 鑿從人手隨方運轉, 土因地移, 如是虛空因何所出? 鑿空虛實不相爲用非和非合, 不應虛空無從自出.

〈2〉 허공은 인연인가?

　　① 〈흙이 나옴〉으로 인해 있는가? (흙의 출 = 공의 입)

　　　　a. 흙 나오고 공 들어가는 건가?　- 공 들어가는 것이 왜 안 보이는가?

　　　　b. 흙과 같이 있는가?　　　　　　- 흙 팔 때 공도 나오는가?

　　② 〈파냄〉으로 인해 있는가?　　　　- 왜 공이 파내지지 않고 거기 있는가?

허공 ＝ 흙이 나옴 ＋ 손으로 파냄　- 파냄(실)과 공(허)의 성질이 달라 화합일 수 없음
　‖　　　　└───┬───┘
　허　　　　　　실

〈2〉 허공이 무엇으로 생긴 것인가를 논하기 전에 먼저 허공이 아무 인연 없이 저절로 있는 것이 아님을 한 번 더 강조한다. 공이 무인으로 있다면, 땅을 파지 않아도 허공이 드러나 있어야 할 텐데, 실은 그렇지 않고 허공은 가려져 있으니, 허공은 아무 인연 없이 그 자체로 있는 것은 아니라는 것이다. 무인연이 아니고 인연이라면, 그럼 공은 구체적으로 무엇으로 인해 있는 것인가? ① 흙이 나오고 공이 들어감으로 인해서인가? ② 공을 파냄으로 인해서인가? ① 허공이 흙의 나옴으로 인해 있다면, a. 흙이 나오는 그 자리에 허공이 들어가는 것이 보여야 할 텐데, 그렇지 않으니까 흙의 나옴으로 인한 것은 아니다. 만약 b. 흙이 나오고 그 자리에 공이 들어가는 것이 아니라면, 흙과 공이 본래 한 자리에 있어서 원래 다른 것이 아닌 동일체일 것이다. 그렇다면 흙이 나올 때 공도 함께 나와야 하는데, 왜 흙만 나오고 공은 나오지는 않는가? 그러니 공이 흙이 나옴으로써 생기는 것이라고 할 수 없다. ② 허공이 파냄으로 인해서 나오는 것이라면, 파낼 때 공이 나와야지 왜 흙만 나오나? 만약 파냄으로써 공이 나오는 것이 아니라면, 어째서 (흙을) 파내면 공이 보이는가? 그러니 공은 ① 흙이 나오면서 들어가는 것이라고 할 수도 없고, ② 파냄으로써 나오는 것이라고 할 수도 없다. 나옴이나 파냄의 인연이 아니라는 것이다. 그렇게 파냄은 손을 따라 있고, 흙은 땅으로 인해 움직이지만, 허공은 무엇으로 인해 생긴 것이 아니다. 여기에서는 땅을 파내는 것은 실이고 허공은 허이어서 실과 허가 함께 섞일 수가 없다고 말한다. 결국 공은 흙 또는 흙을 파냄과 더불어 섞이거나 합할 수 있는 것이 아니라는 것이다. 그렇다고 공이 소종래가 없는 것은 아니니, 이하에서 그 소종래를 밝힌다.

붓다: <3. 결론> 만약 허공의 성이 원만하며 두루해서 본래 동요하지 않는다면, 현전하는 지·수·화·풍과 나란히 5대라고 불려야 함을 알아야 합니다. 공의 성은 진실로 원융하여 모두 여래장이고 본래 무생멸입니다. 아난이여, 당신의 마음이 혼미하여 4대가 원래 여래장임을 깨닫지 못합니다. 허공이 나가는지, 들어가는지, 나가지도 들어가지도 않는지, 관찰해 보십시오.

<3> 若此虛空性圓周遍本不動搖, 當知現前地水火風均名五大. 性眞圓融皆如來藏本無生滅. 阿難, 汝心昏迷不悟四大元如來藏. 當觀虛空爲出爲入爲非出入.

```
5대:    4대(지수화풍)        +        공대
       주변(두루하고 꽉 참)        (주변+원圓)
       4대(지수화풍): 여래장   →   공대: 여래장
```

〈3〉지수화풍 4대는 법계에 두루하는 것으로서 본성이 여래장이다. 공대는 4대의 대대(待對)로서 4대가 제거된 그 자리에 드러나지만, 그렇다고 4대를 제거하는 것을 통해 비로소 생겨나는 인연소생도 아니고, 그렇다고 본래 있는 자연도 아니다. 4대와 마찬가지로 공대 또한 두루하는 여래장이다. 나아가 4대처럼 두루하다는 의미의 주변(周遍)뿐 아니라 공은 원만하다는 의미의 원(圓)도 갖추고 있다. 4대의 색법과는 달리 장애가 없기에 원만하다는 것이다. 허공은 인연도 아니고 무인연도 아니며 그렇다고 스스로 있는 자연도 아니다. 허공은 그 자체 원융한 불생불멸, 불출불입의 여래장이다.

> 붓다: 당신은 여래장 중에 성이 각인 진공(眞空)과 성이 공인 진각(眞覺)이 청정한 본연이고 법계에 두루하여, 중생의 마음을 따라 알려진 것의 양에 응한다는 것을 완전히 알지 못합니다. 아난이여, 마치 우물 하나가 비면 공이 한 우물만큼 생기듯이 시방 허공도 역시 이와 같이 시방에 원만한데 어찌 방소가 있겠습니까? 업에 따라 나타나는데, 세간에서 무지하여 인연이니 자연이니 하며 미혹하는 것입니다. 이는 모두 식심이 분별계탁하는 것이니 단지 언설일 뿐이고 진실한 의미는 전혀 없습니다.
>
> 汝全不知如來藏中性覺眞空性空眞覺, 淸淨本然周遍法界, 隨衆生心應所知量. 阿難, 如一井空, 空生一井, 十方虛空亦復如是, 圓滿十方寧有方所? 循業發現, 世間無知惑爲因緣及自然性, 皆是識心分別計度, 但有言說都無實義.

```
식심 차원:    공상    ↔    각상  - 중생심 따름/소지량에 응 - 상(相)/사(事) - 용(用)/속(俗)
             └─────────┘
여래장 차원:   진공 = 진각  - 청정 본연/법계 두루   - 성(性)/리(理) - 체(體)/진(眞)
             (성이 각) (성이 공)
```

4. 풍대: 성이 풍인 진공(성풍진공) = 성이 공인 진풍(성공진풍): 4대의 성은 공(空)
5. 공대: 성이 각인 진공(성각진공) = 성이 공인 진각(성공진각): 공대의 성은 각(覺)

지금까지 4대를 논할 때는 예를 들어 풍(風)의 경우, "여래장 중에 '성이 풍인 진공'(성풍진공)과 '성이 공인 진풍'(성공진풍)이 청정한 본연이고 법계에 두루해서"라고 설명하여, 풍의 본성은 곧 풍성(風性)이면서 동시에 공성(空性)이라는 식으로 진풍과 진공을 등치시키면서 4대 각각이 법계에 두루하다는 것을 논하였다. 반면 여기에서 공대를 논하면서는 공이 본성은 곧 공성이면서 동시에 각성(覺性)이라고 하여 진공을 진각과 등치시킨다. 그러면서 성이 각인 공이 법계에 두루하는 여래장성이라고 논한다.

	〈4대 중 풍대〉	〈공대〉
여래장 차원:	진공 = 진풍	진공 = 진각
	(성이 풍) (성이 공)	(성이 각) (성이 공)
	〈성풍진공〉〈성공진풍〉	〈성각진공〉〈성공진각〉
	4대(지수화풍)의 성은 공(空)!	공대의 성은 각(覺)!

공 또한 4대와 마찬가지로 법계에 두루하며 어느 특정한 처소에 자기 자리를 갖고 있는 것이 아니다. 공은 어디에나 두루하며, 그 자체가 인연도 자연도 아닌 여래장성이다.

(6) 견대: 견문각지의 견

> 붓다: <1. 자연이 아님> 아난이여, 견각(견성)은 (자체의) 지가 없고, 색과 공으로 인해 있으니, 당신이 지금 기타림에 있으면 아침에는 밝고 저녁에는 어두우며 설령 밤이라도 보름달이면 밝고 그믐달이면 어두워서 그렇게 명암 등으로 인해 견이 분석되는 것과 같습니다.
> 阿難, 見覺無知, 因色空有, 如汝今者在祇陀林朝明夕昏, 設居中宵白月則光, 黑月便暗, 則明暗等因見分析.

〈1〉 견은 자연이 아님
  견의 발생 = 색(명과 암) + 공

〈1〉 견이 색과 공으로 인해 있다고 함으로써 견이 그 자체로 있는 자연이 아님을 말한다. 여기에서의 견은 안이비설신 5근에 의거하여 일어나는 견문각지의 활동을 뜻한다. 견문각지 중에서 대표적으로 안근에 기반하여 일어나는 견을 택해 논하는데, 이 견문각지의 견은 그 자체가 지(知)로 성립하는 것은 아니며, 대상이 되는 색과 공이 있어야지 대상을 분별하여 보게 된다. 색은 밝음의 명과 어둠의 암을 포함하며, 명과 암이 공 안에 드러나기에, 색과 공으로 인해 견이 있다고 말한다. 아침에 밝고 저녁에 어둡듯이, 보름에 밝고 그믐에 어둡듯이, 그렇게 명과 암을 통해 보는 견이 드러난다. 그러므로 견은 그 자체로 있는 자연이 아니다. 그렇다면 견은 그렇게 명암이나 공으로 인해 생겨나는 '인연'인가?

붓다: <2. 인연도 아님> 이 견은 명과 암의 상이나 태허의 공과 ① 같은 하나의 체입니까? ② 하나의 체가 아닙니까? 또는 ③ 같기도 하고 같지 않기도 합니까? 또는 ④ 다르기도 하고 다르지 않기도 합니까? ① 아난이여, 만약 이 견이 밝음과 어둠 내지 허공과 원래 하나의 체(體)라면, 밝음과 어둠은 두 체가 서로를 없애서 어두우면 밝음이 없고 밝으면 어둠이 없을 것이니, 만약 어둠과 하나라면 밝을 때 견이 없을 것이고, 반드시 밝음과 하나라면 어두울 때 견이 멸할 것입니다. 멸한다면, 어떻게 밝음을 보고 어둠을 볼 수 있겠습니까? 만약 명과 암은 달라져도 견에는 생멸이 없다면, 하나라는 것이 어떻게 성립하겠습니까? ② 만약 견정이 어둠과 밝음과 하나의 체가 아니라면, 당신이 명과 암 내지 허공을 떠나 견의 근원을 분석해보십시오. 어떤 형상입니까? 밝음과 어둠 내지 허공을 떠나면 견은 원래 거북 털이나 토끼 뿔과 같은데, 밝음과 어둠과 허공의 3사와 모두 다르다면, 무엇을 따라 견을 세우겠습니까? ③ 밝음과 어둠이 서로 어긋나는데, 어떻게 혹 같기도 하다고 할 수 있겠습니까? 밝음과 어둠과 허공 셋을 떠나면 원래 무인데, 어떻게 혹 다르기도 하다고 할 수 있겠습니까? ④ 공을 나누고 견을 나누어도 본래 한계선이 없는데, 어떻게 같지 않다고 하겠습니까? 어둠을 보고 밝음을 보아도 성은 바뀌지 않는데, 어떻게 다르지 않다고 하겠습니까? 당신은 다시 자세하고 세밀하게 잘 관찰해보십시오. 밝음은 태양에서 오고, 어둠은 어두운 달에서 오고, 통함은 허공에 속하고 막힘은 대지로 돌아갑니

다. 이와 같으니 견정(見精)은 어디에서 나옵니까? 견은 각이고 공은 무디어서 섞이지도 않고 합하지도 않지만, 견정이 소종래 없이 스스로 나온 것도 아닙니다.

<2> 此見爲復與明暗相幷太虛空, ① 爲同一體? ② 爲非一體? ③ 或同非同? ④ 或異非異? ① 阿難, 此見若復與明與暗及與虛空元一體者, 則明與暗二體相亡, 暗時無明, 明時非暗. 若與暗一明則見亡, 必一於明暗時當滅. 滅則云何見明見暗? 若暗明殊見無生滅, 一云何成? ② 若此見精與暗與明非一體者, 汝離明暗及與虛空分析見元. 作何形相? 離明離暗及離虛空, 是見元同龜毛兔角, 明暗虛空三事俱異, 從何立見? ③ 明暗相背, 云何或同? 離三元無, 云何或異? ④ 分空分見本無邊畔, 云何非同? 見暗見明性非遷改, 云何非異? 汝更細審微細審詳審諦審觀. 明從太陽, 暗隨黑月, 通屬虛空, 壅歸大地, 如是見精因何所出? 見覺空頑非和非合, 不應見精無從自出.

〈2〉 견은 대상인 명·암·공과 어떤 관계인가?
　① 견은 명·암·공과 하나의 체인 〈동〉 아님 ∵ 명과 암을 다 보니까
　② 견은 명·암·공과 비일체인 〈이〉 아님 ∵ 명·암·공 모두 떠나면 거북 털, 토끼 뿔과 같음
　③ 견은 명·암·공과 〈동+이〉 아님
　　┌ 동 아님 ∵ ① 견=명이면 암 못 보고, 견=암이면 명 못 봄
　　└ 이 아님 ∵ ② 견은 명·암·공 떠난 것이 아님
　④ 견은 명·암·공과 〈비동+비이〉 아님
　　┌ 비동 아님 ∵ 견과 공을 나누는 경계선 없으므로, 같지 않음도 아님
　　└ 비이 아님 ∵ 견은 명과 암 따라 바뀌지 않으므로, 다르지 않음도 아님

견(=각성)은 인연이 없음
　태양 → 명(밝음) ┐
　달　→ 암(어둠) │ 온 곳이 있음
　허공 → 통(통함) │
　대지 → 옹(막힘) ┘
　? 　→ 견(각성) ─ 온 곳이 없음

〈2〉 견이 밝음·어둠·허공의 세 가지와 더불어 ① 일체인가, ② 비일체인가, ③ 동·비동인가, ④ 비동·비이인가를 묻는다. 즉 ① 동(同) ② 이(異) ③ 동·이(同·異) ④ 비동·비이(非同·非異)를 묻는 것이다. 이것은 견의 분별이 명·암의 색과 공과 더불어 생

긴다고 할 때, 그렇다면 견이 그들 색·공과 하나인가, 아닌가를 4구의 방식으로 묻는 것이다. 이것은 결국 견이 색공의 대상을 인연으로 해서 생긴다고 말할 수 없다는 것, 인연이 아니라는 것을 밝히려는 것이다. ① 견은 밝음·어둠·허공의 셋과 하나의 체일 수 없다. 밝음과 어둠은 서로 배척적인 관계에 있어 밝음이면 어둠이 없고, 어둠이면 밝음이 없다. 그러므로 견이 어둠과 하나라면 견은 어둠만 볼 뿐 밝음을 볼 수 없어야 하며, 견이 밝음과 하나라면 견은 밝음만 볼 뿐 어둠을 보지 못해야 한다. 하지만 실제로 견은 밝음도 보고 어둠도 본다. 밝음과 어둠은 서로 배척적이지만 견은 둘 다를 포용하므로, 견이 밝음이나 어둠과 하나일 수 없다. 그러므로 견을 밝음이나 어둠 또는 공과 동일시할 수 없다. ② 견이 밝음·어둠·허공과 하나가 아니라고 해서 견이 그 셋을 완전히 떠난 별개의 것이라고 할 수도 없다. 견이 그 대상이 되는 명과 암 또는 공을 떠나면 거북 털이나 토끼 뿔과 같이 이름만 있지 실재가 없는 허구가 되기 때문이다. 그러므로 견은 밝음과 어둠과 허공과 더불어 그 안에 가득하며 두루하는 것이지, 그들을 떠나 따로 있는 것이 아니다. ③ 밝음과 어둠이 서로 어긋나므로 견이 명암과 같다고 할 수 없다는 말은 ①을 말하는 것이고, 밝음과 어둠과 허공 셋을 모두 떠나면 견이 무가 되니 다르다고 말할 수도 없다는 것은 ②를 말하는 것이다. 그러니까 견은 색이나 공과 같다고도 할 수 없고 다르다고도 할 수 없다. ④ 견이 공과 같지 않다고 하면 견과 공 사이에 둘이 서로 맞닿고 구분짓는 한계선인 변반(邊畔)이 있어야 할 텐데 그렇지 않으니 같지 않다고 말할 수도 없다. 또한 밝음을 보는 것과 어둠을 보는 것은 그 봄의 대상이 달라지지만, 보는 견 자체의 성은 바뀌지 않으니, 밝음·어둠과 견의 성은 다르지 않다고 말할 수도 없다. ③에서는 견이 명·암·공과 동(同)도 아니고 이(異)도 아니라는 것을 말하였고, ④에서는 견이 명·암·공과 비동도 아니고 비이도 아니라는 것을 밝히고 있다. 나아가 명과 암은 해나 달에서 와서 해와 달을 따라가고, 통과 색은 허공과 대지에 속해 그리로 돌아간다. 반면에 그 일체를 다 포괄하면서 그 바탕에 있는 견은 그중 어디론가 돌아간다고 할 수 없다. 이처럼 견은 그 견 안에 등장하는 것들을 근거로 해서 생겨나는 '인연'으로 설명될 수 없다. 견은 자각성을 가지는 것이고, 그 이외의 명이나 암이나 공은 모두 그 견의 자각성 위에 등장하여 그런 것으로서 분별되어 지각되는 것일 뿐이다. 그러므로 견은 명이나 암이나 공으로 인해 존재하는 인연이 아니다. 그렇지만 견이 인연화합으로 생긴 것이 아니라고 해서 그렇다고 소종래가 없는 것도 아니니, 이하에서는 그 소종래가 바로 여래장성이라는 것을 밝힌다.

붓다: <3. 결론> 만약 견문각지의 성이 원만하고 두루하여 본래 동요하지 않는다면, 끝없는 부동의 허공과 동요하는 지·수·화·풍과 나란히 6대라고 해야 한다는 것을 마땅히 알아야 합니다. (견대의) 성이 진실로 원융하여 모두 여래장이고 본래 생멸이 없습니다. 아난이여, 당신의 성품이 (윤회에) 빠져 있어서 당신의 견문각지가 본래 여래장임을 알지 못합니다. 당신은 이 견문각지가 생인지 멸인지, 같은지 다른지, 비생멸인지 비동이인지, 잘 관찰해야 합니다.

<3> 若見聞知性圓周遍本不動搖, 當知無邊不動虛空幷其動搖地水火風均名六大. 性眞圓融皆如來藏本無生滅. 阿難, 汝性沈淪不悟汝之見聞覺知本如來藏. 汝當觀此見聞覺知, 爲生爲滅, 爲同爲異, 爲非生滅, 爲非同異.

지수화풍 + 공 + 견(견문각지)   : 6대
  =공 ╱   =각 ╱
  동요   부동   부동

견문각지(6근의 작용) = 여래장성
 ┌ 생멸인가? 6진과 동이인가?
 └ 비생멸인가? 6진과 비동이인가?

⟨3⟩ 지수화풍과 공과 더불어 견은 일체 존재의 바탕이 되는 것으로서 6대라고 해야 한다고 논한다. 견 자체는 다른 것으로 환원될 수 없는 것, 그 자체 불생불멸의 여래장이다. 6근의 작용인 견문각지에 두루 놓여 있는 각성인 견은 견의 대상을 따라 생멸하는 것도 아니고, 견의 대상과 같거나 다른 것도 아니다. 그렇다고 대상의 생멸을 완전히 벗어난 것도 아니고, 대상과의 동이를 완전히 떠난 것도 아니다. 견은 곧 일체 현상과 불일불이의 여래장성이라고 할 수 있다.

붓다: 당신은 여래장 중에 성이 견인 각명(覺明)과 각이 정(精)인 명견(明見)이 청정한 본연이고 법계에 두루하여, 중생의 마음을 따라 알려진 것의 양에 응한다는 것을 예부터 알지 못합니다. 마치 하나의 견근이 법계를 두루 견하듯이,

들음과 맡음과 맛봄과 촉감과 각지도 묘한 덕이 밝아 법계에 두루하고 시방의 허공에 원만하니 어찌 방소가 있겠습니까? 업에 따라 나타나는데, 세간에서 무지하여 인연이니 자연이니 하며 미혹하는 것입니다. 이는 모두 식심이 분별계탁하는 것이니 단지 언설일 뿐이고 진실한 의미는 전혀 없습니다.

汝曾不知如來藏中性見覺明覺精明見, 清淨本然周遍法界, 隨衆生心應所知量. 如一見根見周法界, 聽嗅嘗觸覺觸覺知, 妙德瑩然遍周法界, 圓滿十虛寧有方所? 循業發現, 世間無知惑爲因緣及自然性, 皆是識心分別計度, 但有言說都無實義.

식심 차원: 견상   ↔   각상   - 중생심 따름/소지량에 응 - 상(相)/사(事) - 용(用)/속(俗)
                |_____|
여래장 차원: 각명 = 명견   - 청정 본연/법계 두루   - 성(性)/리(理) - 체(體)/진(眞)
              (성이 견) (각이 정)

4. 풍대: 성이 풍인 진공(성풍진공) = 성이 공인 진풍(성공진풍): 4대의 성은 공(空)
5. 공대: 성이 각인 진공(성각진공) = 성이 공인 진각(성공진각): 공대의 성은 각(覺)
6. 견대: 성이 견인 각명(성견각명) = 각이 정인 명견(각정명견): 견대의 성은 명(明)

앞서 지수화풍 4대의 성이 공(空)이기에 공대를 논하였고, 공대의 공의 성이 각(覺), 즉 견(見)이기에 견대를 논하였다. 그리고 지금 견대의 견(견문각지의 견=의식성)의 성을 명(明)이라고 말한다. 견 내지 각은 곧 명이라는 것이다. 이하에서는 이 명(明)에 입각한 식대를 논한다. 여기에서는 6근의 견문각지의 작용이 법계에 두루하다는 것을 말한다. 견문각지를 대변하여 견대라고 한 것이며, 견대는 곧 시방에 두루하는 여래장성인 것이다. 6근의 덕(작용)이 영연(瑩然)하다는 것은 신령하게 밝다는 뜻이다. 6식의 견문각지가 다 여래장의 발현인 것이다. 지금까지 논한 견대의 견(見)은 6식 중에서 감각에 해당하는 전5식의 활동을 말하고, 이하에서 논할 식대의 식(識)은 전5식을 종합하면서 개념적으로 지각하고 판단하는 분별적 제6의식의 활동을 말한다.

(7) 식대: 전5식(무별분식)과 구분되는 제6의식(개념적 분별지)

> 붓다: <1. 자연이 아님> 아난이여, 식의 성은 근원이 없어 6종의 근과 진에
> 의해서 허망하게 나오는 것이니, 당신은 이제 이 법회의 대중을 두루 관찰하되
> 눈을 갖고 차례로 보십시오. 그 눈이 두루 보는 것은 마치 거울과 같아 달리 분
> 석이 없습니다. 당신의 식이 그중에서 차례로 지목하여 '이는 문수다', '이는 부
> 루나이다', '이는 목건련이다', '이는 사리불이다'라고 합니다.
> <1> 阿難, 識性無源因於六種根塵妄出. 汝今遍觀此會聖衆用目循歷. 其目周視
> 但如鏡中無別分析. 汝識於中次第標指, 此是文殊, 此富樓那, 此目乾連, 此須菩提,
> 此舍利弗.

⟨1⟩ 식은 자연이 아님

식의 발생 = 6근 + 6진 + (공) → 식(識)

견 = 전5식	↔	식 = 제6의식
눈으로 봄(視/觀)		인식/판단
무분별		개념에 따른 분별
거울의 비춤과 같음		분별 판단함

⟨1⟩ '식의 성은 근원이 없다'는 말은 식이 그 자체로 존재하는 자연이 아니라는 말이
다. 여기에서는 눈을 갖고 그냥 바라보기만 하는 전5식의 단계와 그 바라본 것을 개념
을 따라 분석하고 판단하는 제6의식의 단계를 구분한다. '이것이 부루나이다', '이것이
목건련이다'라는 판단은 '부루나'나 '목건련'에 대한 개념이 있어야지만 가능하다. 이
와 같이 전자는 마치 거울에 상이 비추듯 눈앞의 것의 영상을 갖게 되는 단계이고, 후
자는 그렇게 본 것에 대해 개념에 따른 분별 내지 판단이 일어나는 단계이다. 이러한
분별적 식이 자기 자성이 있는 자연이 아니고, 6근과 6진에 의해 허망하게 생겨난다는
것이다. 그렇다면 식은 근과 진으로 인한 인연인가?

붓다: <2. 인연도 아님> 이 식이 요별하여 아는 것(료지)이 ① 견(見)에서 생 깁니까? ② 상(相)에서 생깁니까? ③ 허공(虛空)에서 생깁니까? ④ 인(因)이 없 이 돌연 생깁니까? ① 아난이여, 만약 당신의 식의 성이 견(見)에서 생긴다면, 밝음과 어둠과 색과 공이 없는 것과 같습니다. 넷이 없다면 원래 당신의 견도 없 을 것이니, 견성이 없다면 무엇으로부터 식이 발생하겠습니까? ② 만약 당신의 식성이 상(相)에서 생긴다면, 견을 따라 생긴 것이 아닐 것입니다. 이미 밝음을 보지 않으면 또 어둠도 보지 않을 것이고, 밝음과 어둠을 다 보지 않으면 색도 공도 없을 것입니다. 그렇다면 상도 이미 없는데, 식이 무엇으로부터 발생하겠 습니까? ③ 만약 (식이) 공에서 생긴다면, 상도 아니고 견도 아닐 것입니다. a. 견이 아니면 변별이 없어 스스로 밝음과 어둠과 색과 공을 알지 못하고, b. 상 이 아니면 대상이 멸하여 견문각지도 있을 자리가 없을 것입니다. 이 둘(견과 상)이 아닌 데에 있다면, 공이면 무(無)와 같고, 있어도 물(物)과 같지 않으니, 비 록 당신의 식이 발생한다고 해도 어떻게 분별하겠습니까? ④ 만약 식이 원인 없 이 돌연히 나온 것이라면, 어째서 낮에는 밝은 달을 분별하여 알지 못합니까? 당신은 자세하고 상세히 잘 관찰하십시오. 견은 당신의 눈동자에 의탁하고, 상 은 앞의 경계에 속하며, 형태화되는 것은 유를 이루고, 상이 되지 않는 것은 무 를 이룹니다. 그렇다면 식의 인연은 무엇으로부터 나왔겠습니까? 식은 움직이 고 견은 맑아 섞이지도 않고 합하지도 않으며 문청각지 또한 이와 같지만, 식연 이 소종래 없이 스스로 나온 것도 아닙니다.

<2> 此識了知, ① 爲生於見? ② 爲生於相? ③ 爲生虛空? ④ 爲無所因突然而 出? ① 阿難, 若汝識性生於見中, 如無明暗及與色空, 四種必無, 元無汝見. 見性尙 無, 從何發識? ② 若汝識性生於相中, 不從見生. 旣不見明亦不見暗. 明暗不矚卽 無色空. 彼相尙無, 識從何發? ③ 若生於空, 非相非見. a. 非見, 無辯, 自不能知明暗 色空. b. 非相, 滅緣, 見聞覺知無處安立. 處此二非, 空則同無, 有非同物, 縱發汝識 欲何分別? ④ 若無所因突然而出, 何不日中別識明月? 汝更細詳微細詳審. 見託汝 睛, 相椎前境, 可狀成有, 不相成無. 如是識緣因何所出? 識動見澄非和非合, 聞聽 覺知亦復如是, 不應識緣無從自出.

〈2〉식은 인연인가?

　　① 견(見)/근(根)에서도 아님 ∵ 명·암·색·공 없으면, 견도 식도 없으니까

　　② 상(相)/진(塵)에서도 아님 ∵ 견 없으면, 상(명·암·색·공)도 없으니까

　　③ 공(空)에서도 아님 ∵ ┌ a. 식이 견이 아니면, 변별 없어 명·암·색·공을 알지 못함

　　　　　　　　　　　　 └ b. 식이 상이 아니면, 대상이 없어 견문각지 자리가 없음

　　　　　　　　　　　　　 → 식이 분별할 것이 없음

　　④ 무인연도 아님 ∵ 그렇게 무질서하지 않음

식은 인연소생이 아님:

　　근(눈동자) → 견 ┐
　　진(명·암) → 상 │ 온 곳이 있음
　　유형　　　 → 색 │
　　무형　　　 → 공 ┘
　　?　　　　 → 식 — 온 곳이 없음

　　〈2〉① 식이 견(見)에서 생기는가? 식이 견에서만 생기는 것이라면, 견을 성립시키는 네 가지 조건인 밝음과 어둠, 막힘과 공(통함)과 상관없이 생긴다는 말이 되는데, 그러나 그런 조건이 갖춰지지 않으면 견도 없게 되며, 견이 없으면 결국 식도 생겨날 수 없게 된다. 그러므로 식이 견만을 인연으로 해서 생긴다고 말할 수 없다. ② 식이 상(相)에서 생기는가? 그러면 견이 없이 생긴다는 말이 되지만, 그러나 견이 없으면 밝음도 어둠도 보지 못하고 색도 공도 보지 못하여 보여진 상도 없게 되고 결국 아는 식도 발생하지 않게 된다. ③ 식이 공에서 생기는가? 그렇다면 식이 견으로부터 생기는 것이 아니니, 보는 활동이 없어 밝음과 어둠과 색과 공을 다 알 수 없게 되고, 또한 대상적 상으로부터 생기는 것도 아니니, 견문각지가 대상으로 삼을 것도 없게 된다. 그럴 경우 식은 주관적 앎도 객관적 내용도 없으니, 식이 없는 것과 다를 바가 없게 된다. 즉 식이 견도 상도 아닌 공으로부터 생긴다면, 식이 일어난다고 해도 그 식 안에서 분별될 것이 없으니, 그것을 식이라고 말하기 어렵게 된다. ④ 식이 인연을 따라 성립하는 것이 아니라 특별한 인연을 따름이 없이 그냥 생겨나는 것이라면, 어째서 낮에는 달을 못 보는가? 즉 달은 낮에도 있는데, 해에 가리는 인연 때문에 보지 못하고 밤에 해가 없는 인연이 갖추어져 보게 되는 것인데, 그런 인연과 무관하게 식이 성립한다면 낮에도 달을 볼 수 있어야 할 것이다. 그런데 실제로 그렇지 않은 것은 식이 인연 없이

성립하는 것은 아니라는 말이다. 견이 눈동자에 의거함은 근에 의거함이고, 상이 전경에 의거함은 진에 의거함을 말한다. 형용할 수 있는 유는 색이고, 형상화할 수 없는 무는 공이다. 식은 (견)근, (상)진, 유형의 색, 무형의 공 중 그 무엇으로 인해 생긴 것도 아닌 것이다. 식이 움직인다는 것은 제6의식의 분별성을 말하는 것이고, 견이 맑다는 것은 분별하지 않는 전5식의 작용을 말한다. 제6의식의 분별식이든 견문각지의 전5식이든 식은 다 특정한 인연으로 발생하는 것이 아니라는 말이다. 그러나 식이 자연도 인연도 아니라고 해서 소종래가 없는 것은 아니다.

> 붓다: <3. 결론> 만약 이 식심이 본래 소종래가 없다면, 요별(식)과 견문각지(견)가 원만하고 담연하여 그 성이 온 곳이 없으며 저 허공과 지수화풍과 더불어 7대라고 해야 함을 알아야 합니다. 성이 진실로 원융하여 모두 여래장이고 본래 생멸이 없습니다. 아난이여, 당신의 마음이 거칠고 들떠서 견문(견)을 깨닫지 못하고 료지(식)가 본래 여래장임을 알지 못합니다. 당신은 이 6처의 식심이 (근진과) 같은지 다른지, 공인지 유인지, 비동이인지 비공유인지를 관찰해야 합니다.
>
> <3> 若此識心本無所從, 當知了別見聞覺知圓滿湛然, 性非從所, 兼彼虛空地水火風, 均名七大. 性眞圓融, 皆如來藏, 本無生滅. 阿難, 汝心麤浮不悟見聞, 發明了知本如來藏. 汝應觀此六處識心, 爲同爲異爲空爲有爲非同異爲非空有.

지수화풍 + 공 + 견(전5식) + 식(제6의식) : 7대
  = 공 ╱ = 각 ╱ = 명 ╱

〈3〉 여기에서 소종래가 없다는 것은 인연을 따라 생겨난 것이 아니라는 말이다. 식심이 곧 여래장의 표현이기에 여래장 이외의 다른 인연을 따라 생긴 것이 아니기 때문이다. 따라서 식심 또한 4대와 공대와 견대와 마찬가지로 원만하고 담연한 것으로서 7대가 된다. 7대는 모두 인연으로 생겨나거나 저절로 자연적으로 있는 것이 아니며, 모두 불생불멸의 여래장의 발현이다.

붓다: 당신은 여래장 중에 성이 식인 명지(明知)와 각이 밝음인 진식(眞識)이 묘각 담연하고 법계에 꽉 차고 두루하다는 것을 원래 알지 못합니다. 시방의 허(虛)를 머금고 토하는데, 어찌 방소가 있겠습니까? 업에 따라 나타나는데, 세간에서 무지하여 인연이니 자연이니 하며 미혹하는 것입니다. 이는 모두 식심이 분별계탁한 것이니 단지 언설일 뿐이고 진실한 의미는 전혀 없습니다.

汝元不知如來藏中性識明知覺明眞識, 妙覺湛然遍周法界. 含吐十虛, 寧有方所? 循業發現, 世間無知, 惑爲因緣, 及自然性, 皆是識心, 分別計度, 但有言說, 都無實義. 含吐十虛, 寧有方所?

식심 차원: 견상   ↔   각상   – 중생심 따름/소지량에 응 – 상(相)/사(事) – 용(用)/속(俗)
           └──────┘

여래장 차원: 명지   =   진식   – 청정 본연/법계 두루   – 성(性)/리(理) – 체(體)/진(眞)
         (성이 식)   (각이 명)

4. 풍대: 성이 풍인 진공(성풍진공) = 성이 공인 진풍(성공진풍): 4대의 성은 공(空)
5. 공대: 성이 각인 진공(성각진공) = 성이 공인 진각(성공진각): 공대의 성은 각(覺)
6. 견대: 성이 견인 각명(성견각명) = 각이 정인 명견(각정명견): 견대의 성은 명(明)
7. 식대: 성이 식인 명지(성식명지) = 각이 명인 진식(각명진식): 식대의 성은 지(知)

앞에서 6대를 논할 때까지 늘 일정하던 문장이 바뀌었다. 6대까지는 이렇게 논하였다. "당신은 여래장 중 '성이 견인 각명(覺明)'과 '각이 정인 명견(明見)'이 ① 청정한 본연이고 법계에 두루하되, ② 중생심을 따라 소지량에 응한다는 것을 알지 못합니다." 여기에서는 ① 청정본연이 묘각담연으로 바뀌었고, ② 중생심을 따라 소지량에 응한다는 것이 생략되었다. 중생심을 따라 소지량에 응한다는 것이 자재하다는 의미인데, 식심에 대해서는 자재하다고 생각하므로 특별히 언급하지 않은 것이라고 본다. 여래장에는 그 본성이 식인 밝은 지가 갖추어져 있다. 그 명지(明知) 내지 영지(靈知)가 밝게 일체 법계를 두루 비추면서 시방의 허공을 드러내고 있으니, 식은 일체 처에 두루한 것이다. 식이 업을 따라 발현하기에 드러난 세간적 인연만을 따라서는 그 발생이 다 설명되지 않는다.

아난과 대중: (붓다 여래의 미묘한 개시를 받고는 심신이 후련하고 장애 없음을 얻는다. 모든 대중이 각각 ① 마음이 시방에 두루하여 ② 시방의 허공을 손바닥 위 나뭇잎 보듯 본다는 것, ③ 일체 세간의 사물이 모두 보리 묘명원심이며 심의 정수가 두루 원만하여 시방을 내함한다는 것을 스스로 알게 된다. 또한 ④ 부모로부터 생겨난 몸은 시방 허공 가운데 날리는 하나의 미진과 같이 있는 듯 없는 듯하며, 깊은 대해에 떠다니는 포말같이 기멸하여 소종래가 없다는 것을 관한다. 그리하여 상주하여 불멸하는 묘명심을 붙잡은 것을 스스로 확연하게 알게 된다.) …

(爾時阿難及諸大衆蒙佛如來微妙開示, 身心蕩然得無罣礙. 是諸大衆各各自知, ① 心遍十方, ② 見十方空如觀掌中所持葉物, ③ 一切世間諸所有物皆卽菩提妙明元心, 心精遍圓含裏十方. 反觀④ 父母所生之身猶彼十方虛空之中吹一微塵若存若亡, 如湛巨海流一浮漚起滅無從. 了然自知獲本妙心常住不滅.)

탕연 무괘애: ① 진심 ┌ 심: 진심 ↔ 《② 허공 + ③ 일체 사물(기세간)》: 의보
　　　　　　　　└ 신: 법신 ↔ 《④ 육신(유근신)》: 정보

지금까지 밝힌 것은 현상적인 일체 존재, 즉 5온, 6입, 12처, 18계뿐 아니라 4대와 공과 견과 식이 모두 자연도 아니고 인연도 아니라는 것이다. 감각대상과 사유대상 나아가 감각(견)과 사유(식), 그 전체가 여래장인 각 중생의 원묘명의 마음의 드러남인 것이다. 이와 같이 붓다의 가르침을 들은 아난과 대중은 각자의 마음이 일체 현상세계를 포함하며 시방에 두루한다는 것, 현상세계 모든 것이 그 마음의 바탕 위에서 일어나는 것이며 따라서 일체가 여래장의 표현이고 발현이라는 것을 분명히 알게 되었다. 이와 같이 현상세계의 일체는 ① 두루하는 묘정명의 진심 위에서만 설명될 수 있다. ② 허공과 ③ 그 안에 등장하는 일체 현상세계 사물은 여래장 내의 종자의 발현으로서 의보(依報)이며, ④ 우리가 각자 자신이라고 생각하며 집착하는 각자의 몸인 유근신은 업의 결과인 종자의 발현으로서의 정보(正報)이다. 유근신인 육신은 허공을 감싸는 법신과 비교하면 인연 따라 드러나는 일 미진과 같다. 일체의 바탕은 원묘명심으로서 불생불멸이지만, 그 바탕 위에 인연 따라 생겨났다 사라지는 것들은 물거품이나 아지랑이처럼 허망한 것이다. 일체가 허망하다는 것을 아는 만큼 그 허망한 것의 바탕에 놓

인 상주불변하는 원묘명심은 더 분명하게 자각된다. 그리하여 지금까지 현상에 매달려 미처 보지 못하고 깨닫지 못했던 마음 바탕을 알게 되니, 그 미증유의 깨달음에 기뻐하며 붓다를 찬탄한다.

아난: (예불 합장하고 미증유를 얻어 여래 앞에 게송을 읊어 붓다를 찬탄한다.)
(禮佛合掌得未曾有, 於如來前說偈讚佛.)

붓다의 가르침을 듣고 그동안의 미혹을 넘어서서 원묘명심을 확연하게 자각하게 된 아난은 기뻐하며 붓다에게 자신도 붓다처럼 중생제도에 삶을 바치고 싶다고 말한다. 자신 안의 불멸의 여래장성을 자각하였으니, 모든 중생이 그런 자각을 통해 해탈할 수 있기를 희망하는 것이다. 이하는 아난이 읊은 게송이다.

① 묘한 깊음과 총지와 부동의 존귀한 수능엄왕은 세간에 희유하니,
    나의 억겁의 전도망상을 녹이고 아승지겁을 거치지 않고도 법신을 얻게 한다.
② 이제 과위를 얻고 보왕을 이루며 다시 항하사 중생을 제도하기를 원하니,
    이 깊은 마음으로 국토를 섬기면 이것이 곧 붓다의 은혜를 갚는 것이다.
① 妙湛總持不動尊, 首楞嚴王世希有, 銷我億劫顚倒想, 不歷僧祇獲法身.
② 願今得果成寶王, 還度如是恒沙衆, 將此深心奉塵刹, 是則名爲報佛恩.

묘담: 진제. 반야의 덕 – 두 가지 망견 – 법신
총지: 속제. 해탈의 덕 – 4과에서 융섭 – 보신
부동: 중제. 법신의 덕 – 7대에서 회통 – 응신

① 억겁의 전도몽상은 미혹하여 진심을 알지 못하고 전진분별영사인 반연심을 자기 마음인 줄로 잘못 오인하는 것이다. 그것이 미혹인 줄을 깨닫고 그 미혹을 벗어나면,

그대로 자기 본심을 알게 되니, 그것을 '법신을 얻는다'고 한다. 차제적 수행 단계를 거치면 3아승지겁이 필요하다고 하지만, 돈교의 관점에서 보면 깨닫기 전부터 이미 법신이 그대로 현전하므로 허망상만 떠나면 곧 부처이다. 그러므로 3아승지겁을 거치지 않고도 이미 초심에서 법신을 얻는다고 말한다.

② 깨달음을 이룸으로써 자신 안의 진여심을 자각하게 되면, 이어 요익중생의 이타심이 일어나 다른 중생을 제도하고자 원을 세우게 된다. 미진세계의 여러 중생을 받듦이 곧 요익중생의 길이다. 두 번째 게송 중 첫 구절은 자신이 성불하고 싶다는 자리의 원이고, 두 번째 구절은 중생을 제도하겠다는 이타의 원이다. 셋째와 넷째 구절은 자리이타로 붓다의 은혜를 갚고자 함을 말한다. 자리와 이타는 4홍서원의 내용에 해당한다. 일반적으로 법회를 마무리할 때 암송하는 다음과 같은 4홍서원은 지의(智顗)가 유형화한 것으로서 『심지관경(心地觀經)』에 나온다고 한다.

4홍서원(四弘誓願):

1. 중생무변서원도(衆生無邊誓願度): 중생을 제도하겠음 ─ 도생(이타)의 원
2. 번뇌무진서원단(煩惱無盡誓願斷): 번뇌를 끊어 해탈하겠음 ┐
3. 법문무량서원학(法門無量誓願學): 법문을 다 배우겠음 ├ 성불(자리)의 원
4. 불도무상서원성(佛道無上誓願成): 불도를 이루겠음 ┘

③ 엎드려 청하니 세존이여 증명해주시길. 5탁악세에 먼저 들어가기를 서원하니,
   단 한 중생이라도 아직 성불하지 않았으면 끝내 열반을 취하지 않겠다.
④ 대웅과 대력과 대자와 대비로써 우리의 미세한 혹을 제거하여,
   우리를 빨리 무상각에 오르게 하여 시방세계의 도량에 앉게 해주시길.
   허공의 성은 멸할 수 있어도 견고한 마음에는 동함도 전도됨도 없다.
③ 伏請世尊爲證明, 五濁惡世誓先入. 如一衆生未成佛, 終不於此取泥洹.
④ 大雄大力大慈悲, 希更審除微細惑. 令我早登無上覺, 於十方界坐道場.
   舜若多性可銷亡, 爍迦囉心無動轉.

③ 중생구제를 마무리하기까지 홀로 열반에 들지 않겠다는 것이 보살의 원이다. 고통을 겪는 마지막 지옥중생이 하나라도 있으면 그 중생계를 떠나지 않고 그 안에 머무

르며 그를 고통으로부터 구제하겠다는 것이다. 아난은 지혜와 자비를 함께 갖추어서 중생을 제도하는 일로써 불은에 보답하겠다고 말한다. 중생을 제도하기 위해 5탁악세에 뛰어들어서 그 맹세를 이행해나가는 것을 세존이 지켜봐주길 청한다. 5탁악세는 『법화경』에서 논한 것으로 말기적 세상의 혼탁을 의미한다.[35]

5탁악세(五濁惡世):

1. 겁탁(劫濁): 전쟁이나 전염병 또는 기근 등이 일어나는 환경적 혼탁
2. 견탁(見濁): 그릇된 견해와 사상이 번지는 사상적 혼탁. 5견을 말함
3. 번뇌탁(煩惱濁): 인간 개인의 탐욕과 분노가 들끓는 심리적 혼탁
4. 중생탁(衆生濁): 인간의 품성이 타락하여 사회악이 증가하는 사회적 혼탁
5. 명탁(命濁) 내지 수탁(壽濁): 환경이 나빠져 중생의 수명이 점차 짧아지는 혼탁

④ 일체가 여래장성의 드러남이라는 것을 깨닫고 난 아난은 자신의 거친 미혹뿐 아니라 미세한 미혹까지도 모두 제거하여 궁극의 깨달음, 무상의 깨달음에 이를 수 있기를 희망한다. 순야다는 공이고, 삭가라는 견고의 의미이다. 공이 끝나는 곳 없이 두루 하듯이 마음 또한 무한하고 두루하며 항상하는 불멸의 것임을 강조한다. 그렇게 두루 하는 불생불멸의 마음을 깨달았으니, 그 마음에 다시는 미혹으로 인한 흔들림이나 전도됨이 없을 것이라고 말한다. 게송에 나오는 대웅, 대력, 대자, 대비의 의미는 다음과 같다.

대웅(大雄): 중생혹을 파함
대력(大力): 중생혹을 뿌리 뽑음
대자(大慈): 중생에게 락을 줌 = 득락
대비(大悲): 중생에게서 고를 제거함 = 이고

35 『능엄경』에서도 삼마제 중 수행의 결정의를 논하는 부분에서 5중혼탁을 논하는데, 거기에서 논하는 5탁은 업으로 맺힌 5음(陰)에 의해 묘정명심의 심원한 맑음이 탁해지는 것을 의미하며, 이는 위에서 언급한 5탁악세의 5탁과는 내용상 구분된다.

IV

존재의 근원

부루나 미다라니자: (대중 속에 있다가 자리에서 일어나 오른쪽 어깨를 드러
내고 오른쪽 무릎을 땅에 대면서 합장하고 공경하여 붓다에게) 대덕위 세존께
서 중생을 위해 여래의 제1의제를 잘 부연해주셨습니다. 세존에서 항상 설법자
중 저를 제1이라고 해주셨지만, 지금 여래의 미묘한 법문을 듣고 보니 마치 귀
머거리가 백보 뒤에서 모기 소리를 듣는 것 같습니다. 본래 보지도 못했으니, 어
찌 듣겠습니까? 붓다가 비록 밝게 밝혀 저의 미혹을 없애주려 하셨으나, 아직
그 뜻의 궁극적인 의혹 없는 곳을 알지 못합니다. 세존이여, 아난 같은 자들은
비록 깨달았다고 하지만 습의 번뇌가 아직 제거되지 않았고, 저희 회중에서 무
루에 오른 자도 비록 모든 번뇌가 다했지만 지금 붓다의 법음을 듣고도 아직도
의심과 회한에 머물러 있습니다.

(爾時富樓那彌多羅尼子在大衆中卽從座起, 偏袒右肩右膝著地, 合掌恭敬而
白佛言) 大威德世尊善爲衆生敷演如來第一義諦. 世尊常推說法人中我爲第一, 今
聞如來微妙法音猶如聾人逾百步外聆於蚊蚋. 本所不見何況得聞? 佛雖宣明令我
除惑, 今猶未詳斯義究竟無疑惑地. 世尊, 如阿難輩雖則開悟習漏未除, 我等會中
登無漏者, 雖盡諸漏今聞如來所說法音, 尚紆疑悔.

견혹: 견일처주지번뇌   ↔ 개오해도 루(漏) 남음/ 아난 수준
사혹 ┬ 욕루(욕계 번뇌)   욕애주지 ┐
     ├ 유루(색계 번뇌)   색애주지 ┤
     └ 무명루(무색계 번뇌) 유애주지 ┘ ↔ 무루여도 의심(법집+근본무명) 남음/ 부루나 수준

아난이 다문제일이라면, 부루나는 설법제일이다. 지금까지 주로 아난이 붓다에게 묻고 대답을 듣는 과정에서 아난은 깨달음에 이르렀다고 하지만, 부루나는 그런 깨달음에도 불구하고 아난에게는 습으로 인한 번뇌 루(漏)가 남아 있다고 말한다. 그리고 부루나를 포함해 많은 사람이 습의 번뇌까지 제거하여 무루에 이르렀다고 해도 아직 의혹이 남아 있다고 하면서, 그 마지막 의혹까지 마저 제거해주기를 청한다. 2승이 극복하고자 하는 견혹과 사혹을 모두 제거해도 대승의 관점에서 보면 아직 법집도 남아 있고 근본무명도 남아 있다. 아공을 깨달아도 법집은 아직 제거되지 않고 남아 있는 것이다. 이것이 부루나가 말하는 무루의 아라한에게도 아직 남아 있는 궁극적 의혹이다. 이 궁극적 의혹을 없애기 위해 부루나가 붓다에게 질문한다.

부루나: <질문1> 세존이여, 만약 세간의 일체 근과 진, 5음과 12처와 18계 등이 모두 여래장의 청정한 본연이라면, ① 어째서 홀연히 산하대지와 모든 유위상이 생겨나고 ② 차례로 변천하고 유행하며 끝나고 다시 시작합니까? <질문2> 또 여래께서는 지수화풍의 본성은 원융하고 법계에 두루하며 담연하고 상주한다고 하셨습니다. 세존이여, a. 만약 땅의 성품이 두루하다면 어떻게 물을 수용할 수 있습니까? b. 물의 성품이 두루하다면 불이 생길 수 없을 텐데, 물과 불의 두 성품이 함께 허공에 두루하며 서로 능멸하지 않음을 어떻게 설명하시겠습니까? 세존이여, c. 땅의 성품은 장애이고 공의 성품은 비어 통함인데, 어떻게 둘이 함께 법계에 두루합니까? 제가 그 의미가 가는 곳을 모르니, 원컨대 여래께서 큰 자비를 베풀어서 저의 미혹의 구름을 걷어주십시오. (이 말을 마치고는 모든 대중과 함께 오체투지하고 여래의 위없는 자비로운 가르침을 흠모하여 갈구한다.)
  <1> 世尊, 若復世間一切根塵陰處界等, 皆如來藏淸淨本然, ① 云何忽生山河大地諸有爲相, ② 次第遷流終而復始? <2> 又如來說地水火風本性圓融周遍法界湛

然常住. 世尊, a. 若地性遍, 云何容水? b. 水性周遍, 火則不生, 復云何明水火二性俱遍虛空不相陵滅? 世尊, c. 地性障礙, 空性虛通, 云何二俱周遍法界? 而我不知是義攸往, 惟願如來宣流大慈開我迷雲. (及諸大衆作是語已, 五體投地欽渴如來無上慈誨.)

〈질문1〉 일체가 여래장(심)의 청정본연(공)인데,
　　　　 산하대지(기세간)와 제유위상(중생/업과)은 ① 어째서 홀연히 생겨나고 ② 상속하는가?
〈질문2〉 지·수·화·풍의 본성이 서로 다른데, 어떻게 함께할 수 있는가?
　　　　 a. 지와 수: 머무름과 흐름
　　　　 b. 수와 화: 찬 기운과 더운 기운
　　　　 c. 지와 공: 채워짐과 비어 있음

　지금까지 4과와 7대가 모두 자연도 아니고 인연도 아니며 청정한 여래장임을 밝혔다. 여래장의 청정한 본연은 곧 일어나지도 멸하지도 않는 공의 성품을 말한다. 그렇다면 우리가 경험하는 이 현상세계는 ① 어떻게 해서 생겨나고 또 ② 상속하는 것인가? 여기서 산하대지는 기세간을 말하고, 유위상은 유근신을 가진 중생과 업과를 말한다. 청정한 여래장으로부터 어떻게 해서 기세간과 유근신 그리고 업과가 발생하고 또 상속하는가를 묻는 것이다. 지금까지 일체 현상의 본성이 청정한 여래장이라는 것을 밝혔다면, 이제부터는 그렇게 청정한 여래장이 어떻게 다양한 현상으로 드러나게 되는가를 밝힌다. 이러한 두 단계는 일심법계를 논하는 기신론의 심진여문과 심생멸문에 해당한다. 앞에서 4과와 7대가 모두 허망상으로서 본성이 여래장임을 밝힌 것은 상 너머 성을 설한 것으로서 〈공여래장〉의 해명에 해당한다. 그리고 위의 〈질문1〉은 그러한 여래장으로부터 어떻게 현상세계가 등장하게 되는가를 묻는 것으로 그 답은 성으로부터 상의 형성을 논하는 〈불공여래장〉의 해명이 된다. 이어 〈질문2〉는 다시 여래장과 그로부터 형성된 현상세계의 여여한 관계를 묻는 것으로 그 답은 둘을 불일불이의 원융의 관계로 논하는 〈공불공여래장〉의 해명이 된다.

〈현상세계 4과와 7대의 성으로서의 여래장〉　〈공여래장〉　- 현상 너머의 여래장
　　　현상(망)의 본성이 곧 여래장(진): 망에서 진으로　- 심진여문
〈질문1〉 여래장으로부터 현상세계의 발생　〈불공여래장〉 - 기신론의 3세6추
　　　여래장(진)이 현상(망)으로 드러남: 진에서 망으로　- 심생멸문
〈질문2〉 여래장과 현상세계의 불일불이의 관계 〈공불공여래장〉 - 금강경의 리(離)와 즉(卽)

붓다: (부루나와 회중에 있는 번뇌가 다한 무학의 아라한에게) 여래가 오늘 널리 이 회중을 위하여 승의(勝義) 가운데 진승의성을 설하여서 당신들 중 정성 성문과 아·법 2공을 아직 얻지 못한 자들과 대승으로 향한 아라한들에게 모두 일승의 적멸도량인 참된 아란야의 바른 수행처를 얻게 하겠습니다. 당신들은 이제 잘 들으십시오. 당신들을 위하여 설하겠습니다.

부루나: (모두 붓다의 법음을 흠모하여 말없이 듣는다.) …

(爾時世尊告富樓那及諸會中漏盡無學諸阿羅漢) 如來今日普爲此會宣勝義中眞勝義性, 令汝會中定性聲聞及諸一切未得二空, 廻向上乘阿羅漢等, 皆獲一乘寂滅場地眞阿練若正修行處. 汝今諦聽. 當爲汝說.

富樓那等欽佛法音默然承聽.

승의(勝義):

　1. 세간승의: 5음, 6입, 12처, 18계 등

　2. 도리승의: 4성제(고집멸도)

　3. 증득승의: 2공 진여

　4. 승의승의: 일진법계 = 진승의

설법의 대상: 정성성문 + 2공을 모르는 자 + 회향 아라한(보살)

　적멸도량지는 일체의 허망함이 모두 멸하여 공하고 청정만이 남은 마음의 경지를 말한다. 아란야(阿蘭若)는 범어 aranya 팔리어 arañña의 음역이며, 의역하면 공한처(空閑處) 또는 원리처(遠離處)라고 한다. 시끄럽고 번잡한 마을에서 떨어진 한적한 곳으로서 수행자들이 머물기에 적합한 곳을 말한다. 아란야는 조용한 물리적 공간을 의미하고, 적멸도량은 평정한 마음의 경지를 의미한다. 위의 부루나의 두 질문에 대해 이하에서 붓다는 첫 번째 물음부터 상세히 답한다.

1. 산하대지와 유위상의 생성과 상속 〈불공여래장〉

1) 각명(覺明)과 명각(明覺)의 구분

> 붓다: (부루나에게) 당신이 말한 대로 청정한 본연인데 어째서 홀연히 산하대지가 생겨났겠습니까? 당신은 여래가 늘 '성각이 묘하여 밝고, 본각이 밝아 묘하다'고 말하는 것을 듣지 않았습니까?
>
> 부루나: 그렇습니다. 세존이여, 저는 붓다가 그런 뜻을 말씀하시는 것을 늘 들었습니다.
>
> 붓다: 당신은 각(覺)과 명(明)을 말하는데, ① 성이 명인 것을 각이라고 칭한 것입니까? ② 아니면 각이 불명이기에 '각을 밝힘'(명각)이라고 칭한 것입니까?
>
> (佛言富樓那) 如汝所言淸淨本然, 云何忽生山河大地? 汝常不聞如來宣說, 性覺妙明, 本覺明妙?
>
> (富樓那言) 唯然, 世尊, 我常聞佛宣說斯義.
>
> (佛言) 汝稱覺明, ① 爲復性明稱名爲覺? ② 爲覺不明稱爲明覺?

〈성각묘명〉: 묘(妙) = 적(寂): 심체 − 묘하여 명
〈본각명묘〉: 명(明) = 조(照): 심용 − 명하여 묘. 본용 = 체의 조용(照用)

성각과 본각을 구분하고, 묘와 명을 구분하여 말한다. 성각은 마음 성품의 각성을 말하고, 본각은 그러한 마음의 각성이 본래적 자각성이라는 것을 강조한 말이다. 성각이 '묘명'이라는 것은 마음이 미묘하여 밝다는 뜻이고, 본각이 '명묘'라는 것은 그러한 마음의 본래적 각성이 밝아서 미묘하다는 말이다. 미묘함(묘)은 마음의 고요한 체의 측면을 드러내고, 밝음(명)은 마음의 밝게 비추는 용의 측면을 드러낸다. 『정맥소』는 "묘는 적이고, 명은 조이다. 묘명은 적이면서 조이고(卽寂而照), 명묘는 조이면서 적이다(卽照而寂)"[1]라고 말한다. 성각과 본각을 말하고 나서, 그러한 각의 밝음에 대해 붓다는 두 가지로 구분하여 묻는다. 그 둘의 차이를 미리 정리해보면 다음과 같다.

---

1   진감, 『정맥소』, 2권, 535쪽.

각(성각·본각)의 명(明)(묘명·명묘)의 의미는?

　① 성 자체가 본래 명이므로, 각이 명이라는 것인가? = 각명(覺明) = 본각(本覺)

　② 각 자체가 불명이므로, 각을 밝힘이라는 것인가? = 명각(明覺) = 망각(妄覺)

예) 인간 본성의 선(善):

　① 성 자체가 본래 선이므로(성선), 성이 선이라는 것인가? = 본래선

　② 성 자체는 무기이므로, 성을 선하게 만든다는 것인가? = 수행으로 얻는 선

　① 본래 그 본성이 밝은 것이어서, 각이 밝다고 의미로 '각명'을 말하는 것인가? 아니면 ② 본래 각이 어두워 그 각을 밝게 만든다는 밝힘의 의미에서 '명각'을 말하는 것인가? ①의 관점에서 ②를 보면, '각을 밝힘'(명각)은 각에다 밝음을 더하여 '밝은 각'(명각)이라고 말하는 것과 같다. 그렇게 되면 각 자체는 불명이고, 거기 더해진 명은 불명과 대가 되는 망명(妄明)이며, 따라서 그렇게 망명이 더해진 각은 본래 밝음의 진각(眞覺)이 아니고 망명을 통해 비로소 밝혀진 각인 망각(妄覺)이 된다.

　① 각명: 각 = 명　　　　　　　　　 – 이때의 각은 본각, 명은 본명

　② 명+각: 각이 불명이어서 명(망명)을 더함　　– 이때의 각은 망각, 명은 망명

　이 둘의 차이를 인간 성품의 선(善)을 갖고 생각해보자. 예를 들어 ① 사람이 본래 선하다는 의미에서 '성선'을 말하는 것과 ② '사람을 선하게 만들다'라고 말하거나 또는 그렇게 된 사람에 대해 '선한 사람'이라고 말하는 것은 서로 다른 것이다. '선한 사람'이라고 말하는 것은 곧 '선하지 않은 사람'과의 대비가 되며, 결국 이때의 선은 선악 이분의 선(망선)이어서 본래 성선의 선(진선)과 다르고, 이때의 인간 또한 선이 더해져서 비로소 선한 인간이 되므로 본래 성선의 인간(진인)과도 다르다. 인간의 성선에 대해 그 선을 선과 악의 이분법 속에서 규정하려고 하면, 본래 성선의 선이 망각되는 것이다.

　① 인간 성선: 인간성은 선　　　　　 – 이때의 인간성은 본성, 선은 본선

　② 선+인간: 인간성이 불선이어서, 선하게 만듦　– 이때의 인간성은 불선, 선은 망선

부루나: 만약 이 (아직 밝히지 않아) 밝지 않음을 각이라고 한다면, (각이 밝지 않기에) 밝혀지는 것이 없을 것입니다.

붓다: 만약 (각에서) 밝혀지는 것이 없다면, 각을 밝힘(명각)도 없습니다. (굳이 명각이라면) a. 밝혀질 것이 있으면 (아직 명이 아니니) 각이 아니고, b. 밝혀질 것이 없으면 (밝혀도) 밝음이 없습니다. 밝음이 없다면, 또한 각의 맑고 밝은 성품도 아닙니다.

(富樓那言), 若此不明名爲覺者, 則無所明.

(佛言) 若無所明, 則無明覺. a. 有所, 非覺, b. 無所, 非明. 無明又非覺湛明性.

부루나: ②를 주장. 명각 이전의 불명을 각이라고 하면, 각에서 밝혀지는 것이 없음

　　　　－ 본래 불명이라 불각이니, 명각(각을 밝힘)이 필요함

붓다:　②를 부정. 각에서 밝혀지는 것이 없으니, 명각할 것도 없음

　　　굳이 각을 밝히는 〈명각〉이라면,

　　　　　　┌ a. 〈유소, 비각〉: 장차 밝혀질 것이 있으면, (본각은 아직 명이 아니니) 각 아님
　　　　　　└ b. 〈무소, 비명〉: 장차 밝혀질 것이 없으면, (본각이 결국 안 밝혀지니) 명이 아님

부루나:　②를 주장. 수행 전의 인간을 선이라고 하면, 수행을 통해 이루어지는 것이 없음

붓다:　②를 부정. 수행에서 이루어질 것이 없으니, 수행이라고 할 것이 없음

　　　본래 선 아닌데, 굳이 수행을 해서 〈선한 인간〉이 되는 거라면,

　　　　　　┌ a. 〈유소, 비각〉: 수행으로 선하게 된다면, 본래는 선이 아님
　　　　　　└ b. 〈무소, 비명〉: 수행해도 선하게 안 된다면, 결국 선이 아님

　① 각명과 ② 명각 중 무엇이 맞다고 생각하느냐는 붓다의 질문에 부루나는 '각을 밝힘' 내지 '밝은 각'의 의미의 ②가 맞다고 주장한다. 만약 밝히지 않았는데도 그것을 각이라고 한다면, 더 이상 수행을 통해 밝히고자 하는 바가 없게 되는 문제가 있다고 보는 것이다. 그러므로 각을 밝혀야 한다고 보는 입장이다. 그러나 붓다는 각은 본래 밝게 있는 것이지 새롭게 밝혀야 할 것이 아니기에, 새롭게 밝혀지는 바가 없으며 따라서 명각이 아니라고 말한다. ②가 아니라는 것이다. 굳이 '각을 밝힌다'는 '명각'을 주장한다면, 그 명각을 통해 밝혀지는 바가 있다고 해도 문제고, 없다고 해도 문제라고 설명한다. 즉 a. '유소, 비각'은 밝혀지는 것이 있다면, 명각 이전의 각은 아직 밝혀지지 않은 것이어서 각이 아니라는 문제가 있다. 즉 본각이 부정되는 것이다. b. '무소,

비명'은 명각을 통해 밝혀지는 것이 없다면, 각은 결국 명이 아니라는 것이다. 이 경우도 본각의 명이 부정되는 문제가 있다. ②에서처럼 각을 밝힘의 대상으로 삼아 밝히려고 하면, 그렇게 해서 밝혀지는 것이 있든 없든 모두 본래의 각과 명에는 도달하지 못한다. 다시 말해 본각은 본래 능소를 넘어선 적(寂)의 각인데, 능소로 분리해서 밝혀지는 바의 소(所)가 있다고 하면 이미 본래의 각이 아닌 것이 된다. 또한 본각은 능소를 넘어 일체를 비추는 조(照)인데, 밝혀지는 바가 없다고 하면 각의 명이 없다는 말이 된다. 그러므로 능소로 나눠서 논할 일이 아닌 것이다. 각은 내가 밝힌다고 해서 비로소 밝아지는 것이 아니라, 내가 밝히려고 하기 이전에 이미 그 자체가 밝다는 뜻이다. 내가 밝혀서 밝아지는 것이 아니라 우리의 심성 자체가 이미 밝은 것이다. 그래서 본각이라고 한다. 우리는 그 본래의 밝음을 밝음으로 알아차리기만 하면 되는 것이다. 이처럼 본각의 명은 본래 갖추어진 것으로 이때의 명은 암과 대비되는 명이 아니다. 그렇게 본각과 본명을 강조하고 있다. 부처의 각명은 인간 누구나에게 본래 갖추어진 것이지, 수행을 통해 비로소 얻어지는 것이 아닌 것이다. 그러므로 '본래성불'이고 '구래성불'이다. 수행은 본래 갖추어진 것을 자각하여 아는 것이지, 없던 것을 비로소 만들어내는 것이 아니다. 본래의 각명을 드러내기 위해 그것을 덮고 있는 객진번뇌를 걷어내기만 하면 되는 것이다. 각이 본래 밝지 않은데, 수행을 통해 비로소 밝게 만드는 것이라면, 그러한 분별 위의 각과 명은 본래의 각인 본각이 아니고 망각이며 본래의 명인 본명이 아니고 망명이다.

> 붓다: 본성의 각이 필히 명인데, 허망하게 각을 밝히려고 합니다.
> 性覺必明, 妄爲明覺.

성각필명: 명 = 본각 〈각명〉
　　↕
망위명각: 무명 = 불각 〈명각〉

성은 본래 각이 있고, 각이므로 이미 밝다. 그런데 사람들은 그 밝음을 스스로 자각하여 알지 못하는 불각(不覺), 어둠, 무명(無明)에 빠져 있다. 어둠 속에 있기에 허망하게 각을 밝히려고 한다. 즉 각의 본래적 밝음인 '각명(覺明)'을 알지 못하는 무명에 빠져 각을 밝히려는 '명각(明覺)'이 일어난다. 계환이나 진감이 각명(覺明)과 명각(明覺)을 이해하는 것은 같다. 각명은 본각의 밝음이고, 명각은 허망하게 각을 밝히려 하는 무명의 행위이다. 그렇지만 둘은 '성각필명'의 '필명'을 해석함에 차이를 보인다. 『계환해』는 위의 문장을 위와 같이 번역하지 않고, '성각을 필히 밝히고자 하여 허망하게 명각이 된다'로 해석하며, 이렇게 덧붙인다. "앞에서는 '성각묘명'이라고 하고, 여기서는 '성각필명'이라고 했으니, 담연적조한 것을 묘명이라고 하고, 억지로 요달해서 알려고 하는 것이 필명이다. 묘명은 진(眞)이요, 필명은 곧 망(妄)이다. 그러므로 '허망하게 명각이 되었다'고 했으니, 즉 3세(細)의 출발이요 망식의 초상(初相)이다. 기신론에 이르기를 '여실하게 진여의 법이 하나임을 알지 못하기 때문에 불각심이 동한다'고 했으니, 이것이 곧 여기서 말하는 명각의 상이다."[2] 『정맥소』에서는 "본성의 각에 필히 본유의 명이 갖추어져 있음이 '성각필명'이고, 사람이 근거 없이 허망하게 각에다 명을 더하려 함이 '망위명각'이다. 이로 인해 마침내 근본무명이 되고, 갖가지 망(妄)이 이에 의거하여 시작된다. 그러므로 명각 두 자는 세계와 중생과 업과를 일으키는 근거임을 알 수 있다"[3]고 하였다. 두 해석의 차이는 다음과 같이 정리될 수 있다.

	성각	필명	망위	명각
『계환해』	성각을	필히 밝히려 해서	허망하게	각을 밝힘
『정맥소』	성각이	필히 명인데	허망하게	각을 밝힘

　어느 경우이든 명각은 근본무명의 망념에 해당한다. 6추3세를 다 멸하면 불위인 등각위에 이르지만 거기에서도 이 근본무명이 남아 있다. 이 근본무명의 망념이 다하면 문득 묘각위에 이른다. 이 명각의 혹(惑)에 대해 『정맥소』는 이렇게 설명한다. "〈문〉 생상 무명은 등각도 요달하지 못하는데, 지금 '각에 명을 더한다'(명각)고 해서 어찌 그 뜻이 쉬워지겠는가? 〈답〉 이 혹(惑)은 3세(細) 앞에 있어 본래 하위가 알 수 있는 것이 아니고 오직 부처님만 현량으로 친히 보신다. 그러나 여래에게 수승한 방편이 있어서 초심이 비량(比量)으로 알 수 있도록 말을 빌려 '각에 명을 더한 것'(명각)이 근본

2　일귀 역, 『수능엄경』, 272쪽, 주547.
3　진감, 『정맥소』, 2권, 541쪽.

무명이라고 하셨으니, 이 방편을 버리면 벙어리가 도적을 보고도 소리치지 못하는
격이다. 법왕은 자재하시니 어찌 이와 같겠는가?"[4] 무명과 명각이 뜻하는 바는 범부
가 직접 현량으로 통찰하기 어려운 차원이지만, 비량으로 추측해볼 수는 있다는 것
이다.

    보살위 1지-7지: 6추(麤) 남음
    보살위 8지-10지: 3세(細) 남음
            등각위: 근본무명(명각) 남음
    불위 - 묘각위: 근본무명도 다함

이하에서는 불생불멸의 여래장으로부터 산하대지가 어떻게 생겨났는가라는 부루나
의 〈질문1〉에 답하기 위해 무명으로부터 3세와 6추가 어떻게 시작되는지를 밝힌다.

2) 홀연히 생겨남 : 3세(細)와 6추(麤)의 발생

본래 각의 마음인 본명(本明)의 마음이 왜 움직여서 3세와 6추를 일어나게 하는가
의 물음은 곧 상주불변하는 불생불멸의 여래장이 왜 굳이 활동해서 세계를 만들어내
는가를 묻는 것이다. 이 물음은 근원의 일자(一者)가 왜 일(一)에 머무르지 않고 다
(多)의 현상세계 만물을 있게 했는가의 물음이다. 기독교식으로 묻자면 전지전능하고
무소부재의 완벽한 전체로서의 신(神)이 왜 세계를 창조하였는가의 물음이 된다. 마음
은 본래 밝은 마음인데, 왜 그 밝음에 머물러 있지 않고 무엇인가를 산출하게 되었는
가? 우주는 왜 존재하는가, 나는 왜 존재하고 세계는 어떻게 해서 있게 되었는가? 왜
아무것도 없지 않고 무엇인가가 존재하는가?

스스로를 이미 아는 각명(覺明)의 마음이 그런데도 스스로를 모른다고 생각해서 스
스로를 분별하여 알고자 하고 밝히고자 하는 것이 명각(明覺)이다. 마음에 일어나는
명각의 활동은 곧 스스로 자신에 대해 행하는 자기대상화이고 자기분열이다. 분별적
앎 내지 객관적 앎을 얻기 위한 능-소분열, 주-객분열이 일어나는 것이다.[5] 일단 자기

---

4   진감, 『정맥소』, 2권, 541-542쪽.
5   서양철학의 문맥에서 보면, 이 과정은 플로티노스에서 일자의 자기지로부터 스스로를 대상화하는
    이성의 산출과정과 비교될 수 있다. 피히테에서 절대자아의 자기정립 이후 전체로서의 자신을 스스로

분열, 자기대상화의 움직임이 일어나기 시작하면, 자신을 알고자 하고 찾고자 하면 할수록, 분별은 점점 더 강화되고 자아는 점점 더 분열되고 대상화된다. 그렇게 복잡한 자기분열이 일어나면서 수많은 마음의 파편들이 나 아닌 대상으로 등장하게 된다. 세계는 그렇게 해서 만들어지는 마음의 그림자이다. 본래 불교에서는 무명과 그로 인한 윤회가 '무시이래'로 있다고 말한다. 그것은 무명과 윤회의 '시작'은 언어적 분별 너머의 것으로 분별적 사유로써 규정하여 설명할 수 있는 것이 아니기 때문이다. 그런데도 여기에서 무명 및 산하대지의 '시작'을 묻고 논하는 것에 대해『정맥소』는 이렇게 말한다. "〈문〉여러 경전에서는 한결같이 망(妄)은 무시(無始)라고 하는데, 이 경에서는 어째서 유독 처음과 나중이 있다고 하는가? 〈답〉본래 비롯함이 없으나 시작하는 모양을 설해도 무방하니, 치연히 시작을 설하나 무시의 종지에 어긋나지 않는다. 부처님의 언교에 가립(假立)과 칭진(稱眞) 두 가지가 다 있다. 가설을 세워 말하지 않으면 진 또한 드러나지 못하고, 진에 부합하게 설하지 않으면 가설이 끝이 없을 것이다. 본래 수증이 없으나 수증을 말해도 전혀 걸림이 없는 것과 같다. 하물며 경전에 모두 최초 일념과 불각심이 동함을 말한 것은 모두 가설에 의지하여 수립한 뜻이다. 그러므로 여기에서 시작을 설해도 어긋남이 없다."[6] 언어적 분별 너머의 것을 언어로써 설하는 것이 문제가 있지만, 그래도 실상을 드러내기 위한 가립 내지 가설로서의 의미를 갖는다는 것이다.

(1) 3세(細)의 발생

붓다: 각은 밝혀져야 할 것이 아닌데도 밝힘(근본무명)으로 인해 ① 소(所)가 세워집니다(무명업상). 소가 이미 허망하게 세워지면, ② 당신의 허망한 능(能)이 일어납니다(능견상=전상).
　覺非所明, 因明,① 立所. 所旣妄立,② 生汝妄能.

알지 못하여 자신 안에 비아(非我)를 반정립하는 것과 비교될 수 있고, 헤겔에서 존재만이 있기에 그것이 무(無)와 다르지 않아 무로 이행하고 그래서 결국 생성이 되는 과정과 비교될 수 있다.
6   진감,『정맥소』, 2권, 543쪽.

```
각명      ↔      명각 = 무명     →     ① 입소     →     ② 생능
소명이 아님      심(각)의 자기대상화
능-소 아님          능-소 분별         소가 세워짐      능이 일어남
                  〈근본무명〉         〈무명업상〉        〈전상〉
```

각은 이미 밝아 새삼 밝히고자 할 것이 없는데, 그것을 모르는 것이 〈근본무명〉이다. 근본무명 때문에 허망하게 새삼스레 밝히려고 하는 명각이 일어나며, 이 명각으로 인해 심은 본래의 각성에 머무르지 못하고, 스스로 대상화하여 능과 소로 이원화된다. 이처럼 분별된 심이 자기 자신을 알지 못하는 것이 무명이다. 이 근본무명에 근거해서 3세상(細相)이 전개된다. 즉 명각의 능소분별의 활동으로 인해 ① '밝혀져야 할 대상' 내지 '소(所)'가 세워지는데, 이것이 곧 〈업상〉(무명업상)에 해당한다. 알고자 하기에, 알지 못하는 것으로서 대상(소)이 세워지니, 그 대상을 알려고 하는 활동이 일어나게 된다. 즉 그렇게 소가 세워짐으로써 ② 그 밝혀질 대상에 대해 밝히고자 하는 능(能)이 생겨나니, 이것이 〈전상〉 내지 〈능견상〉이다. 심은 스스로 밝은 각으로 존재하므로 심과 각, 능과 소가 분리되어 있지 않다. 그런데 그렇게 본래 밝은 각을 심이 새삼 밝히려고 하면, ① 각이 밝혀져야 할 대상인 소(所)로서 세워지게 되고, ② 그 각을 밝히고자 하는 심은 자신을 능(能)으로 세우게 된다. 즉 ① 소명(所明)으로서 무명업상이 일어나면, 그에 근거해서 ② 스스로 밝히고자 하는 능견상이 생긴다. 이렇게 능견이 성립하여 결국 능으로서 소를 규정하게 된다.

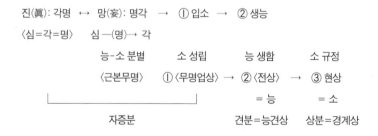

```
진(眞): 각명   ↔   망(妄): 명각   →   ① 입소   →   ② 생능
〈심=각=명〉      심 ─(명)→ 각
                능-소 분별        소 성립          능 생함          소 규정
                〈근본무명〉   ① 〈무명업상〉 →  ② 〈전상〉  →   ③ 현상
        └───────────────────────┘           = 능            = 소
                자증분                    견분=능견상     상분=경계상
```

『정맥소』의 설명이다. "기신론에서는 불각에 의지하여 ① 심이 동하므로 업상이 된다고 하고, 여기에서는 망명(妄明)으로 인해 ① 소가 성립함으로 업상이 된다고 하니, 뜻은 완전히 같지만 이 경문이 기신론에 비해 더 자세히 설명하였다. 왜냐하면 기신론이 심동을 말하기는 하지만 어째서 심이 동하는지를 밝히지 못하는데, 이 경에서는 근

원적인 이유를 설하니, 본각에 망명(명각의 명)을 더해 이 심동을 이끌었다고 밝히기 때문이다."[7] 기신론에서는 '무명으로 마음이 동한다'고만 언급한 데 반해 여기에서는 그렇게 마음이 동하는 까닭을 '각명(覺明)을 다시 밝히려는 명각(明覺)' 때문이라고 보다 상세히 설명한다는 것이다. 둘 다 3세의 발생을 무명 불각 내지 명각으로 설명한 점은 마찬가지이다.

```
            근본무명      →   업상
기신론:     불각으로      →   심이 동 = 업상
능엄경: 망명(명각)으로  →   소 성립 = 업상
```

> 붓다: ③ (경계상=현상) 같음과 다름이 없는 것(무동이) 중에 a. 치연하게 다름이 성립하고, b. 저 다른 것을 다르다고 하여 다름으로 인해 같음이 세워집니다. c. 같음과 다름이 나타나면 이로 인해 다시 '같음도 없고 다름도 없음'이 세워집니다.
>
> ③ 無同異中 a. 熾然成異, b. 異彼所異, 因異立同. c. 同異發明, 因此復立無同無異.

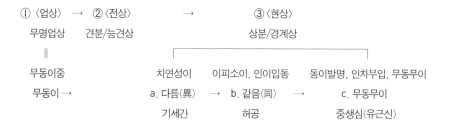

```
① 〈업상〉    →  ② 〈전상〉           →              ③ 〈현상〉
무명업상        견분/능견상                          상분/경계상
   ‖                          ┌─────────────────────────┐
무동이중        치연성이    이피소이, 인이입동    동이발명, 인차부입, 무동무이
무동이 →        a. 다름(異)  →  b. 같음(同)   →    c. 무동무이
               기세간          허공                중생심(유근신)
```

여기에서는 앞에서 설명한 허망한 능(能)인 능견상으로부터 어떻게 그 다음 단계의 경계상이 형성되는지를 다음 세 단계로 밝힌다. a. 〈다름으로서의 경계상: 기세간〉 능(能)이 일어나고 나서 성립하는 것은 소(所)로서의 경계상이다. 이 경계상은 어떤 의미에서 다름인가? ⓐ 전체의 각이 명인데, 각을 다시 밝히려고 함으로써 각을 객관화

7　진감, 『정맥소』, 2권, 544-545쪽.

하여 대상으로 삼으면, 각은 더 이상 전체가 아니라 부분이 되며, 심과 각이 이원화되어 능소가 성립하게 된다. 그러면 대상화된 각은 심이 아닌 것, 심과 다른 것, 이(異)로서 드러난다. 전체의 본각 안에 전체가 아닌 것, 전체와 다른 것, 비아(非我)가 반정립되는 것과 마찬가지 논리이다. 말하자면 대상화된 각은 심에 의해 밝혀지는 부분과 밝혀지지 않은 부분으로의 차이를 보인다는 점에서 다름이 성립한다. ⓑ 나아가 대상화되어 밝혀지는 것들은 모두 서로 동일하지 않고 다른 것으로 드러난다는 점에서도 다름이 성립한다. 이와 같이 다름이 바로 견분에 의해 드러나는 상분인 현상(現相), 즉 경계상(境界相)이다. b. 〈같음으로서의 경계상: 허공〉 명각을 통해 드러나는 대상인 경계상이 다른 것인 이(異)로 드러나면, 그러한 대상의 배경이 되는 허공은 대상이 아닌 것, 다름이 아닌 것, 즉 같은 것인 동(同)으로 드러난다. 이는 곧 능소로 분별되기 이전의 전체 각명이 (명각의 망념으로 인해 집중된) 다름으로서의 대상(경계상)이 자리하고 있는 배경으로서의 빈 허공으로 나타난다는 뜻이다. 그렇지만 명각의 활동으로 인해 본래의 각명은 허공의 어둠으로 바뀌어 버린다. 이것은 마치 달빛에 전체 풍경이 보이지만, 누군가 손전등을 켜면 그 불빛이 있는 곳만 밝아지고 주변은 처음보다 오히려 더 어두워져 보이지 않는 어둠이 되는 것과 같다. 전체의 빛이 어둠으로 바뀌는 것이다. 또는 밤에는 먼 하늘 별빛이 보이지만, 낮에 해가 뜨면 그 빛에 가려 먼 하늘의 별이 보이지 않는 것과 같다. 집중된 밝힘은 주변 내지 배경을 어둡게 만든다. 그런 방식으로 우리의 마음이 대상화하는 제6의식으로 집중되면, 즉 명각으로 활동하면, 전체에 두루 퍼져 있던 본래의 밝음은 어둠으로 바뀐다. 우리는 그 어둠의 자리를 허공이라고 부른다. 허공은 대상의 다름이 아닌 것으로, 따라서 같은 것인 동(同)으로 드러난다. 동(同)은 대상이 아닌 것, 대상을 보는 나와 같은 것, 가분적 자아와 같은 것이라는 의미도 있고, 대상적 사물들처럼 각각 서로 다른 것이 아니라 빈 허공으로서 서로 아무런 차이가 없는 동질적인 것, 무차별적인 것으로 나타난다는 의미도 있다. 이(異)가 드러나면, 그 반대로 다르지 않은 동(同)이 세워진다는 것은 비아(異)가 반정립되면 결국 가분적 비아(다름)와 가분적 자아(같음＝허공)가 대대로서 성립하게 되는 것과 같은 논리이다. 차별적인 이(異)의 경계로 인해 무차별적인 동(同)의 허공이 나타나는 것이다. 『능엄경』 6권에서 문수보살이 게송으로 '대각 중에 허공이 생기고, 그 허공 안에 미진 세계가 나타난다'고 말하지만, 여기에서는 경계상을 먼저 언급하고 이어 허공이 나타난다고 말하는데, 둘은 서로 다르지 않다. 세계와 허공은 서로 대를 이

루는 것이므로 선후를 나눌 필요가 없기 때문이다. c. 〈비이비동으로서의 경계상: 유
근신〉 다름으로서의 대상세계와 같음으로서의 허공이 모두 드러나면, 그 둘 다가 아닌
것이 다시 등장하게 되는데, 그것이 바로 이(異)와 동(同)으로 인해 세워지는 '동도 아
니고 이도 아닌 것'이다. 각명의 밝음으로 세상을 보는 중생은 자기 자신을 다름으로서
의 대상(기세간)도 아니고 같음으로서의 허공도 아닌 것으로 안다. 여기에서의 '무동
무이'는 분별된 의식 안에도 남아 있는 본래 묘명의 식(識)인 중생심을 의미한다고도
볼 수 있다. 이 점을 『정맥소』는 다음과 같이 설명한다. "뒤의 세 구는 중생상이 있는
것처럼 보인다는 것이다. 그러나 필시 동이를 구별한다는 것은 앞에서는 같음과 다름
이 상대적으로 드러났다면, 여기 중생이 나타나는 경계는 앞 두 경계와는 같지 않다는
것이다. 진실로 차별상이 있는 것처럼 보여서 같음의 경계와는 다르니 허공과 같지 않
으므로 '같음이 없다'고 했다. 또 운동하는 영각(靈覺)이 있는 것처럼 보여 다름의 경
계와도 전혀 다르니 기세간과 같지 않으므로 '다름도 없다'고 하였다."[8] 중생이 유근신
으로서의 자신을 기세간인 다름도 아니고, 허공인 같음도 아닌 비동비이로 안다는 것
이다. 이상과 같이 각명(본각)을 모르고 활동하는 명각(무명)으로 인해서 3세가 형성
된다. 즉 ① 능소분별을 일으키는 것이 업상(무명업상)이고 ② 소를 대면하여 능분별
로 활동하는 것이 전상(견분=능견상)이며 ③ 그리고 그 전상을 따라 형성되는 것이
현상(상분=경계상)이다. 현상인 상분에는 다름의 기세간과 같음의 허공 그리고 다르
지도 같지도 않은 유근신이 속한다. 이하에서는 이러한 3세에 근거해서 일어나는 6추
를 설명한다.

(2) 6추의 발생

붓다: 이와 같이 흔들리고 혼란스러워 ① 서로 상대하여 피로가 생기고, ② 피
로가 오래되면 ③ 먼지가 발생해서 ④ 자상이 혼탁해지며, ⑤ 이로 인해 진로와
번뇌를 이끌어 일으킵니다. ⑥ 일어나면 세계가 되고 고요하면 허공이 됩니다.
　　如是擾亂, ① 相待生勞, ② 勞久, ③ 發塵, ④ 自相渾濁. ⑤ 由是引起塵勞煩惱,
⑥ 起爲世界, 靜成虛空.

요란	① 상대생로	② 로구	③ 발진	④ 자상혼탁	⑤ 유시인기진로번뇌	⑥ 기위세계
요란 →	피로가 생 →	오래되면 →	진(塵)이 발생 →	자상이 혼탁 →	진로번뇌 일으킴 →	세계가 됨
	①〈지상〉	②〈상속상〉	③〈집취상〉	④〈계명자상〉	⑤〈기업상〉	⑥〈업계고상〉
	智相	相續相	執取相	計名字相	起業相	業繫苦相

3세 중의 경계상에 의거해서 6추상이 생겨난다. 흔들리고 혼란스러운 것은 경계상이 형성되는 활동이라고 볼 수 있다. 경계상으로 기세간과 허공이 다름과 같음으로 나타나고 유근신은 다르지도 같지도 않은 것으로 나타나니, 이처럼 서로 대가 되는 것들이 다수 등장하여 결국 혼란스러워진다. ① 이 요란한 경계상에 의거하여 서로 상대하다 보면 피로가 생기는데, 그것이 '지상(智相)'이다. 기신론에서 "경계상에 의거하여 애(愛)와 불애(不愛)를 일으켜 분별한다"는 것이다. 경계상이 자심의 현현인 줄 모르고 염정을 분별하므로 피로가 일어난다. 피로로 형성되는 것이 근(根)인데, 의근이 스스로를 자아로 아는 것이 지상이다. ② 그러한 피로가 오래되는 것을 '상속상(相續相)'이라고 한다. 오래도록 계속 이어진다는 뜻이다. 앞의 염정분별에다 고락의 느낌을 일으켜 상속하므로 법집이 거칠어지는 단계이다. ③ 진(塵)은 오염된 집착의 상으로 의식의 대상이다. 마음이 집착을 일으킨 단계로서 '집취상(執取相)'이다. ④ 자상이 혼탁함은 '계명자상(計名字相)'으로 기신론에서 "망집에 의지하여 거짓 명언상을 분별한다"고 한 것이다. 명(名)을 좇아 상에 집착하여 전도가 심한 것을 자상의 혼탁이라고 한 것이다. ⑤ 진로번뇌를 일으킴은 '기업상(起業相)'이다. 기신론에서 "갖가지 업을 짓는다"고 한 것이다. 진로와 번뇌는 모두 견혹과 사혹의 번뇌이다. 구업과 신업의 업을 일으키는 상을 말한다. ⑥ 일어나서 세계가 된 것은 '업계고상(業繫苦相)'이다. 이와 같이 위의 문장을 6추로 설명하는 것은 『정맥소』이다.[9] 반면 『계환해』는 6추를 위의 문장 전체가 아니라 그중의 일부에 국한하여 풀이한다. 즉 '자상혼탁'까지를 3세로 간주하고, 그 다음의 '유시인기진로번뇌'부터를 6추의 설명으로 간주한다.[10] 두 해석의 차이를 정리해보면 아래와 같다.

---

9   진감, 『정맥소』, 2권, 553쪽 이하 참조.

10   일귀 역, 『수능엄경』, 274쪽, 주550 참조.

여시요란   ① 상대생로   ② 로구   ③ 발진   ④ 자상혼탁   ⑤ 유시인기진로번뇌   ⑥ 기위세계

요란   →   피로가 생   → 오래되면 → 진(塵)이 발생 → 자상이 혼탁   → 진로번뇌 일으킴 → 세계가 됨

『정맥소』:   ①〈지상〉   ②〈상속상〉   ③〈집취상〉   ④〈계명자상〉   ⑤〈기업상〉   ⑥〈업계고상〉

『계환해』:   3세형성   6추형성

진: 염오(染汚) ①〈지상〉

로: 요동(擾動) ②〈상속상〉

번: 우전(憂煎) ③〈집취상〉

뇌: 미란(迷亂) ④〈계명자상〉

이어

세계상속＋중생상속 ⑤〈기업상〉

업과상속 ⑥〈업계고상〉

> 붓다: 허공은 같은 것이고 세계는 다른 것이며 저 같고 다름이 없는 것도 진실로 유위법입니다.
>
> 虛空爲同, 世界爲異, 彼無同異眞有爲法.

세계 ＋ 허공 ＋ 중생

이   동   무동이

〈기세간〉〈허공〉 〈유근신〉

└─────┘   │

의보   정보

산하대지   유위상

　　앞에서 3세의 발생 중 경계상 부분에서 다름을 기세간, 같음을 허공, 같지도 다르지도 않음을 유근신의 중생심으로 설명했던 것을 뒷받침하는 구절이다. 이와 같이 지금까지는 여래장으로부터 어떻게 산하대지와 중생이 홀연히 생겨나게 되었는가를 설명하였다. 이하에서는 다시 기세간과 중생 그리고 업과가 어떻게 생겼다 멸하고 생겼다 멸하고를 반복하면서 상속하는가의 물음에 답한다.

3) 상속: 기세간과 중생과 업과의 상속

	〈업〉	→	〈과〉
(1) 세간상속:	명매상대...		지수화풍...
(2) 중생상속:	동업상속...		난태화습...
(3) 업과상속:	욕탐위본...		상생부단...

(1) 기세간의 상속: 능성 4대와 소성 기세간

기세간의 상속에서는 기세간이 어떻게 형성되고 상속 유지되는지를 설명한다. 기세간은 무명업상과 전상에 이어 드러나는 현상인 경계상이다. 앞에서 각명을 알지 못하는 무명 불각(근본무명)으로 인해 스스로를 밝히려 함에 따라 1. 소(所)가 세워지는 무명업상, 2. 능(能)으로 활동하는 전상, 3. 그에 따라 드러나는 현상(現相)으로 기세간의 성립을 설명하였다면, 이하에서는 기세간이 계속 이어지는 상속의 문제를 4대를 갖고 좀 더 구체적으로 설명한다. 『정맥소』는 상속의 문제를 4대로써 논하는 붓다의 설명이 중국의 5행설과 비슷한 면이 있어 보이지만 다음과 같은 점에서 분명히 구분된다고 말한다. "여기에서의 이치는 외론 중 5행상생과 비슷하나 실제로 다 같지는 않다. … 외교에서는 5행이 세계를 이룬다고 집착하는데, 이는 실로 그 진원을 알지 못한 탓이다. 설사 태극 혼돈을 높이 추앙해도 마침내 그것이 내 마음의 망각(妄覺)이며 전체가 무명임을 알지 못한다. … 외도의 설은 대부분 변화의 기틀을 음양(陰陽)에 돌리나 우리 종지는 변화의 근본으로 심성을 곧바로 가리키며, 천지의 근원이 내 마음의 무명에서 나옴을 보인다."[11] 중국의 5행설은 기세간을 5행으로 설명하면서 5행 내지 음양 2기(氣)를 존재의 근원으로 간주하는 데 반해, 불교는 4대를 궁극의 실재로 보지 않고 기세간의 근원을 마음의 밝음을 자각하지 못한 허망한 무명으로 보며, 그러한 무명 너머 마음의 본래 빛을 논한다는 점에서 차이가 있음을 강조한 것이다.

---

11   진감, 『정맥소』, 2권, 560-561쪽.

붓다: <4대의 성립> ① 각의 밝음과 허공의 어둠이 상대하여 요동을 이룹니다. 그러므로 풍륜이 있어 세계를 집지합니다. ② 허공으로 인해 요동이 생기고 밝음을 견고히 하여 장애가 세워지니, 저 금보(金寶)는 명각이 견고하게 된 것입니다. 그러므로 금륜이 있어 국토를 보지합니다. ③ 각을 견고히 하여 보배(금륜)가 이루어지고 밝음을 요동시켜 풍이 나오니, 풍과 금이 서로 마찰합니다. 그러므로 화광이 있어 변화하는 성이 됩니다. ④ 보(금륜)의 밝음은 물기를 내고 불의 빛은 위로 증발합니다. 그러므로 수륜이 있어 시방 세계를 감쌉니다.

① 覺明空昧相待成搖. 故有風輪執持世界. ② 因空生搖堅明立碍, 彼金寶者明覺立堅. 故有金輪保持國土. ③ 堅覺寶成, 搖明風出, 風金相摩. 故有火光爲變化性. ④ 寶明生潤, 火光上蒸. 故有水輪含十方界.

각명 ↔ 명각=망명 〈 명각의 밝음(명) ─┐ 명을 견고화 → ② 금륜 ─┐ 마찰 → ③ 화광 → ④ 수륜
　　　　　　　　　　 허공의 어둠(매) ─┘ 요동 → ① 풍륜 ───────┘

　① 여기서의 각의 밝음은 성각(性覺)의 본래 명인 진명(眞明)이 아니라 각을 밝히려는 명각(明覺)의 망념이 갖는 밝음인 망명(妄明)이다. 그리고 이 망명과 대(對)가 되는 것이 그 밝음의 배경이 되는 허공의 어둠이다. 명과 암, 이 둘이 서로 상대하여 그 경계가 흔들리는 것이 '요동'이며, 이러한 흔들림을 '풍륜'이라고 한다. 우리가 감지하는 세계는 바로 이러한 흔들림인 풍륜에 의해 유지된다는 것이다. 풍륜은 허망하게 시작된 명각의 망념으로 인해 일어나는 흔들림으로 기(氣) 내지 에너지의 흐름이라고 볼 수 있고, 무명(無明)의 바람이라고 할 수 있다. 이렇게 생겨나는 것이 '풍대'이다. 망명과 허공, 빛과 어둠이 함께하는 동요가 풍대(風大)인 것이다. ② '허공으로 인해 요동함'은 허공의 어둠을 배경으로 움직이는 마음의 활동을 말하고, '밝음을 견고히 하여 장애가 생김'은 명각의 명을 견고하게 집착하여 결국 허망한 장애를 형성하는 것을 말한다. 요동하는 망심 위에서 명각의 명을 견고화함으로써 생겨나는 장애가 '금륜'이다. 명각의 명이 경계상을 형성하므로 그렇게 견고화된 명인 대상이 곧 장애가 있는 금륜, 금보가 된다. 이 금륜이 바로 국토를 보지하는 '지대(地大)'이다. ③ 명각의 밝음과 허공의 어둠이 함께하여 요동하는 것이 풍이고, 그중 명각의 밝음을 견고화하여 장애가 형성된 것이 금륜의 지대이다. 이 견고한 지대와 요동하는 풍대가 서로 마찰하면 불의

빛(光)이 일어나고 이에 따라 변화가 생겨나니, 이러한 불의 빛이 '화대(火大)'이다. ④ 명각의 명을 견고히 한 것이 금륜이고 거기에 요동하는 풍륜이 마찰하면 불의 빛이 난다. 다시 견고한 금륜으로부터 물기가 나오고 거기에 불의 빛이 더해지면 수륜이 형성되니, 이것이 곧 '수대(水大)'이다. 수륜이 세계를 감싼다는 함(含)은 "받아서 싣고 적셔서 윤택하게 함"의 의미를 갖는다. 『계환해』의 설명이다. "'금보의 밝음이 물기를 낸다'는 각명이 굳어짐으로써 식(識)을 생하고, 훈증(薰蒸)하여서는 번뇌가 되어 정(情)이 쌓이고 애(愛)를 발하여 물을 감득하고, 그렇게 해서 세계가 대해(大海) 안에 있게 된 것이니, '시방 세계를 감싼다'고 한 것이다."[12] 애(愛)의 정(情)으로부터 물이 발생하는 것은 본책 조도분 '7취의 발생' 중 내분과 외분 부분에서 논한다. 이상은 국토세계를 이루는 지·수·화·풍 4대가 모두 마음의 활동인 명각(明覺)에 의거하여 일어난 것임을 밝힌 것이다. 지금까지 능히 성립시키는 능성(能成) 4대를 논하였고, 이하에서는 이러한 4대에 의해 생겨나는 소성(所成)의 국토세계를 논한다.

붓다: <기세간의 상속> ① 화는 올라가고 수는 내려와서 교차하여 견고해지니, 습한 곳은 큰 바다가 되고 건조한 곳은 육지가 됩니다. 이런 이치 때문에 저 대해 중에 화광이 항상 일어나고 저 육지 중에 강들이 항상 흐릅니다. ② 물의 힘이 불의 힘보다 약하면 결합해서 높은 산이 됩니다. 그러므로 산의 돌이 부딪치면 불꽃이 생기고 녹으면 물이 됩니다. ③ 흙의 기운이 물보다 약하면 돌아나서 초목이 됩니다. 그러므로 숲이 불을 만나면 흙이 되고, 쥐어짜면 물이 됩니다. 서로 허망하게 발생하여 번갈아 서로 종자(種子)가 되니, 이런 인연으로 세계가 상속합니다.

① 火騰水降交發立堅, 濕爲巨海, 乾爲洲潬. 以是義故彼大海中火光常起, 彼洲潬中江河常注. ② 水勢劣火結爲高山. 是故山石擊則成炎, 融則成水 ③ 土勢劣水抽爲草木, 是故林藪遇燒成土, 因絞成水. 交妄發生遞相爲種, 以是因緣世界相續.

---

12   일귀 역, 『수능엄경』, 276쪽, 주557. 금보(명각의 견고화) → 식(識)을 생 → 번뇌되어 정(情), 애(愛)를 발 → 수(水)를 냄

①[화↑수↓]으로 육지와 바다가 생성됨

②[수〈화]이면 산과 돌이 생김. 부딪치면 불, 녹으면 물이 됨

③[지〈수]이면 초목의 숲이 생김. 불 만나면 흙, 쥐어짜면 물이 됨

① 수와 화의 기운이 교차함에 따라 견고한 장애가 형성되어 육지와 바다가 형성된다. 육지는 올라간 화의 기운이 뭉친 것이고, 바다는 내려간 물의 기운이 뭉친 것이라고 볼 수 있다. ② 불의 힘이 물의 힘보다 더 강할 경우, 불의 힘들이 결합하여서 견고한 산의 돌들이 된다고 한다. 그렇게 산의 돌에는 불의 기운이 있어 서로 부딪치면 불꽃이 튀고 녹아내리면 물이 된다. ③ 물의 힘이 흙의 힘보다 강하면, 그 물의 힘이 흙을 뚫고 초목을 자라나게 한다. 그렇게 물의 힘으로 생성된 초목의 숲은 불을 만나면 연소하여 흙이 되고, 초목을 쥐어짜면 물이 된다. 이런 식으로 지·수·화·풍 4대가 함께 어우러져서 산천초목을 형성한다. 여기에서는 산과 강뿐 아니라 초목도 지·수·화·풍 4대의 조합으로 인해 생겨나는 것으로 설명한다. 즉 산천초목이 유근신의 중생세간과 구분되는 기세간으로 간주되고 있다. 망식의 망명으로부터 4대가 일어나고 그 4대가 서로 화합하여 기세간이 만들어져 끊임없이 상속된다고 설명한다.

(2) 중생의 상속

붓다: 다시 부루나여, ① 밝힘의 허망은 다른 것이 아니고 각명(覺明)이 허물이 된 것입니다. ②a. 소(所)가 허망하게 이미 세워지면, b. 밝음의 리(理)가 (세워진 장애를) 넘어서지 못합니다. c. 이런 인연으로 들음이 소리를 벗어나지 못하고, 견이 색을 넘어서지 못합니다. ③ 색·향·미·촉 등 6망이 성취되고, 이로 인해 견문각지로 나뉘어집니다.

復次, 富樓那,① 明妄非他, 覺明爲咎.②a. 所妄旣立, b. 明理不踰. c. 以是因緣聽不出聲, 見不超色.③ 色香味觸六妄成就, 由是分開見覺聞知.

각명	→	명각	→	a. 소망기립	→	b. 명리불유	→	c. 이시인연, 청불출성, 견불초색
진		망		소가 허망하게 세워짐		명리(=망능妄能)가 소를 넘지 못함		들음이 소리를, 봄이 색을 못 넘어남 경계가 세워짐
		①〈근본무명〉		②〈무명업상〉		〈전상〉		〈현상〉

③ 6망(6진)의 성립 → 견문각지로 나뉨 = 〈중음〉의 형성

6진=기세간   6근=유근신   (중음의 6진·6근이 현생의 기세간·유근신이 됨)

현상(경계상)

① 각을 밝히려는 명각의 허망함은 각 자체가 가진 밝음에서 비롯되는 허물이다. 그러므로 궁극적으로는 허망함이 진을 떠나지 않는다. 중생의 상속 또한 궁극적으로는 각명에서 비롯된다는 것을 의미한다. ② 각 자체의 밝음을 다시 밝히려는 명각에 따라 각(覺)이 소(所)로 세워지고(업상), 그러면 밝히려는 마음인 능(能)의 마음(전상)이 작동하되 그렇게 허망하게 세워진 대상인 소(所)의 한계를 넘어서지 못한다. '능이 소를 넘어서지 못한다'는 것은 곧 능이 소에 의해 제한된다는 것, 마음이 경계로 인해 제한된다는 것을 의미한다. 그렇게 마음활동을 제한하는 경계가 세워진다(현상=경계상). 결국 명각의 활동으로 일어나는 마음이 그 대상이 되는 것들을 넘어서지 못하고 거기에 제한되고 집착하게 된다. 이와 같이 전상의 능이 넘어서지 못하는 소(所)는 무명업상의 소이기도 하고 현상의 소이기도 하니, 둘은 하나이기 때문이다. 6근이 6진을 넘어서지 못하고 거기 매인다는 것, 견이 색을 넘어서지 못하고, 들음이 소리를 넘어서지 못한다는 것은 결국 우리가 6진 경계인 기세간으로부터 자유롭지 못하다는 것을 의미한다. ③ 6진이 형성되고 나면, 눈앞의 6진을 붙들고 그 진을 맺어서 6근을 이룬다. 즉 6진이 먼저 성립된 후 그로 인해 그 진을 보고 듣는 견문각지가 일어나며, 그렇게 해서 견문각지를 행하는 6근이 형성된다. 여기에서의 6진의 성취와 6근의 분화를 『정맥소』는 중음(中陰)의 형성으로 해석한다. 아직 구체적 현실태로서의 기세간과 유근신으로 드러나기 이전, 중음 안에 장차 실현될 가능태로서 그런 능력들이 구비된다는 것을 뜻한다고 볼 수 있다. 이 구절에 이어 이하에서 4생으로의 윤회가 논해지기에 중음으로 해석하며, 이런 방식으로 중생의 상속을 논한다.

붓다: 동업으로 서로 얽히거나(태생·난생), 합하고 떨어져서 (습생이) 이루어지거나 화생이 됩니다.

同業相纏, 合離成化.

동업(同業)에 얽혀서 생함: 〈태생〉, 〈난생〉

합리(合離)로서 생함 ┬ 합(合)으로 생: 난기(煖氣) 및 습(濕)과 합 – 〈습생〉 벌레 등
       └ 리(離)로 생: 형(形)을 바꿈 – 〈화생〉 천·지옥중생 등

 중음의 존재 부류가 확립되면 4생의 방식 중 하나로 태어나게 된다. 동종의 업을 따라 서로 얽혀서 태어나게 되는 것이 태생과 난생이고, 합하거나 떨어짐으로써 생겨나는 것이 습생과 화생이다. 『계환해』는 다음과 같이 설명한다. "동업은 태생과 난생의 종류이니, 부와 모와 자신, 셋의 업이 같아 서로 얽혀서 태어난다. 합하고 떨어짐은 습생과 화생의 종류이니, 부모를 의지하지 않고 자신만의 업으로 생기는 것이다. 습기와 합함으로써 형체를 띠면 꿈틀거리는 종류가 되고(습생), 탈바꿈으로 떠남(다르게 함)으로써 변화에 기탁하면 천과 지옥 종류가 된다(화생)."[13] 불교는 꿈틀거리는 벌레를 저절로 생겨나는 습생이라고 여기고, 천신이나 지옥중생 또는 아귀를 화생이라고 보았다.

  붓다: ① 〈상(想)〉 밝음을 보니 색이 발하고, 밝게 보아 생각이 이루어집니다. ② 〈애(愛)〉 다른 견(見)이면 증오하고 같은 상(想)이면 애(愛)를 이루어, 애를 흘려 넣어 종자가 되고 상(想)을 받아들여 태가 됩니다. ③ 〈부모의 교접〉 교접하여 생명을 일으키며, 동업을 흡입하여 끌어당깁니다. 이러한 인(①②)과 연(③)이 있어 갈라람과 알포담 등이 생깁니다.
  ① 見明色發, 明見想成 ② 異見成憎, 同想成愛, 流愛爲種, 納想爲胎. ③ 交遘發生, 吸引同業. 故有因緣生羯囉藍遏蒱曇等.

① 밝음을 보니 색(色)이 발함 = 중음이 부모를 봄

 밝게 보고 상(想)을 이룸 = 중음이 입태를 생각
② ┬ 이견(異見): 같은 성(부와 자, 모와 녀)은 서로를 생각하지 않음 → 증(憎)
 └ 동상(同想): 다른 성(부와 녀, 모와 자)은 서로를 생각함   → 애(愛)
 ┬ 애(愛)를 흘려 넣어 종자(種子)가 됨: 태로 뛰어 들어감
 └ 상(想)을 받아들여 태(胎)가 됨: 애착을 유지하여 증장해서 태아가 되어감
③ 부와 모의 교접 – 동업(중음)을 끌어당김

---

13 일귀 역, 『수능엄경』, 278쪽, 주563, 564.

여기에서는 4생 중 인간이 태어나는 방식인 태생에 대해 좀 더 구체적으로 설명한다. 불교에 따르면 중생이 생을 받게 되는 친인(親因)은 ① 상(想)과 ② 애(愛)이고, 조연(助緣)은 ③ 부와 모의 교합이다.

태생의 ┌ 인(因): 태어날 자의 ① 상(想)과 ② 애(愛)
      └ 연(緣): ③ 부와 모의 교합

① 중음이 태생의 방식으로 태어나게 되는 과정을 설명한다. 중생이 생을 받는 친인(親因)을 불교는 중음의 상(想)과 애(愛)라고 보는데, 일단 중음이 어떻게 상(想)을 일으키는가를 설명한다. 『정맥소』는 다음과 같이 설명한다. "망심으로 망경을 보므로 '밝음을 보니 색이 발한다'고 했다. 즉 중음이 그 부모를 보는 것이다. '밝게 보아 상을 이룬다'는 것은 망경에 의지하여 허망한 미혹을 일으키는 것이다."[14] 다시 말해 중음이 앞을 볼 때 아무 인연이 없는 대지는 깜깜하지만 부모가 될 인연이 있는 곳에는 한 점 밝은 빛이 발현한다고 한다. 이것이 '밝음을 보니 색이 발함'이다. 그래서 중음신이 그 밝음을 따라가는데, 이것이 '밝게 보아 상을 이룸'이다. 그곳으로 가서 태어나려는 생각을 하는 것이다. ② 빛을 따라간 그곳에서 중음이 어떻게 애(愛)를 일으키는지를 설명한다. 부모 중 같은 성(性)은 견(見)이 달라서 미워하고 다른 성은 상(想)이 같아서 사랑한다고 한다. 여아이면 엄마와는 보는 것이 달라 미워하고, 아빠와는 생각이 같아 사랑한다는 것이다. 여기에서는 서로를 보거나 생각하지 않는 것을 보는 것 또는 생각하는 것이 '다르다'라고 말하고, 서로를 보거나 생각하여 소통이 되는 것을 '같다'라고 말한다. 일귀 역에서는 『유가사지론』을 인용하여 이렇게 말한다. "자기가 그 때에 그 부모가 함께 사행을 행하여 내는 정혈(精血)을 보고 뒤바뀜을 일으킨다. 이러한 뒤바뀜을 일으킨다는 것은 부모가 사행을 하는 것을 볼 때 '부모가 사행을 행하는구나'라고 생각하지 않고 뒤바뀐 생각을 일으켜 '자기가 스스로 행한다'고 여기고, 자기가 스스로 행한다고 여기고 나서는 문득 탐애를 일으키는 것이다."[15] 서로 생각하면 그것이 사랑이다. 류애와 납상에 대해 『정맥소』는 이렇게 설명한다. "'사랑을 흘려 넣어 종자가 된다'는 것은 최초에 어미에게 사랑을 흘려 넣어 태에 뛰어들어 종자가 되는 것이다. '상

---

14   진감, 『정맥소』, 2권, 578쪽.
15   일귀 역, 『수능엄경』, 279쪽, 주567.

을 받아들여 태가 된다'는 것은 뛰어들어 종자가 된 뒤에 애착하여 버리지 않고 증장하여 태를 이루는 것이다. 뒤 경문에서는 이것을 '상(想) 가운데 명(命)을 전한다'고 했다."[16] 서양에서 아이의 성욕 내지 부모를 향한 애증에 관해 논하면서 그것을 남아의 '오이디푸스콤플렉스' 또는 여아의 '엘렉트라콤플렉스'라고 논하기 시작한 것은 20세기 프로이트에 이르러서이다. 반면 불교는 수천 년 전부터 이미 성욕에 해당하는 애(愛)를 이제 막 태어나려는 중음의 욕망으로 설명하며, 그 애를 부모 중 이성에 대한 애와 동성에 대한 증으로 파악하였다. 동양이 효(孝)를 강조한 것은 아마도 이러한 애증의 원리를 잘 알고 있었기 때문인지도 모른다. ③ 중음 자신의 상(想)과 애(愛)가 생을 받는 친인(親因)이라면, 부모의 교합은 생을 받는 조연(助緣)이다. 부모가 교합하면서 그 자리에 같은 업(業)의 자식을 끌어당긴다. 앞에서는 자식이 부모를 사랑하여 종자가 되고 태를 이루는 것을 말하였다면, 여기에서는 부모가 교접함으로써 자식을 흡입하여 끌어당겨서 자식의 생명을 일으킨다고 말한다. '교접하여 생명을 일으킴'은 곧 '교접하여 염심(染心)을 성취함'이며, 그렇게 성취된 염심에 중음이 응하여 끌려 들어간다. 이와 같이 인과 연이 갖추어지면 중음이 생을 받아 태에서 자라나게 된다. 입태 후 5주간, 즉 35일까지의 명칭은 다음과 같다.

태내 5위:
1. 갈라람(羯剌藍, 범어 kalala) 입태 후 7일. 응활(凝滑)·화합(和合)
2. 알부담(頞部曇, arbuda): 8–14일. 포(皰)·포결(皰結), 여드름 같은 모양
3. 폐시(閉尸, peśi): 15–21일. 혈육(血肉)·응결(凝結), 연한 몸
4. 건남(鍵南, ghana): 22–28일. 견육(堅肉)·응후(凝厚), 굳은 몸
5. 발라사거(鉢羅奢佉, praśākhā): 29–35일 또는 출산까지. 지절(支節), 형위(形位)

붓다: 태·난·습·화가 각기 그 감응하는 바에 따라 난생은 오직 상(想)으로 나고, 태생은 정(情)으로 인해 있게 되며, 습생은 합(合)하여 감하고, 화생은 리(離)하여 응합니다. 정·상·합·리가 서로 변역(變易)하여 업을 받으며 그에 따라 오르고 잠깁니다. 이런 인연으로 중생이 서로 상속하게 됩니다.

---

16   진감, 『정맥소』, 2권, 578쪽.

胎卵濕化隨其所應, 卵唯想生, 胎因情有, 濕以合感, 化以離應. 情想合離更相變易, 所有受業, 逐其飛沈. 以是因緣衆生相續.

감(感:정상합리)에 따라 4생(生:태난습화)으로 응(應):
　태생: 결애의 정(情)으로 유(有) - 수기(水氣)
　난생: 난상의 상(想)으로 생(生) - 화기(火氣)
　습생: 난기에 합(合)하여 감(感) - 수기(水氣)
　화생: 형 바꿈 리(離)하여 응(應) - 화기(火氣) = 업화(業化) ↔ 묘화(妙化): 화신(化身)
정·상·합·리의 변역 = 태·난·습·화의 바뀜

4생 각각이 형성되는 방식이 서로 다르니, 이는 각각 감응하는 바가 다르기 때문이다. 다시 태어나게 하는 두 요인이 상(想)과 정(情)인데, 상은 다른 곳으로 나아가려는 생각이고, 정은 나아간 그곳에 머무르고자 하는 애(愛)의 감정을 말한다. 난생은 상에 응하여 태어나고 태생은 정에 응하여 태어난다는 것은 태어남을 주도하는 것이 주로 상 또는 정이라는 뜻이다. 불교는 꿈틀거리는 벌레류는 더운 기운과 합하여 생긴다고 보며 이를 '습생'이라고 하고, 나비처럼 몸을 바꿔서 나오는 것을 떠남으로써 생긴다고 보며 이를 '화생'이라고 한다. 『계환해』는 여기에서의 화생에 대해 "화(化)를 논한 것은 곧바로 전(轉)하여 허물을 벗는 업화(業化)이지, 의(意)로 생하는 묘화(妙化)를 가리킨 것이 아니다"라고 하여 4생에서의 화생은 화신(化身)과 같은 묘화의 화생이 아니고, 업에 따른 업화의 화생이라고 말한다. 그리고 여기에서 태·난·습·화의 순서로 말하지 않고, 태생에 앞서 난생을 먼저 말한 것에 대해서는 "분별심(상념想念)이 처음 동하고 정애(情愛)가 뒤에 일어나기 때문"이라고 설명하며, "'정·상·합·리가 서로 변역한다'는 것은 혹 정이 변하여 상이 되고 합이 변하여 리가 되어 정해진 업이 없으며, 혹 난생이 바뀌어 태생이 되고 습생이 바뀌어 화생이 되는 것도 정해진 바탕이 없기 때문이다. 그러므로 받은 바 업보가 혹 오르고 혹 내리고 하지만 정해진 길(취)이 없다"[17]고 한다. 이상으로 중생이 어떻게 태어나고 또 죽어서 다시 태어나게 되는가를 설명하였다.

17　일귀 역, 『수능엄경』, 280쪽, 주569.

(3) 업과(業果)의 상속

붓다: 부루나여, ① 상(想)과 애(愛)로 함께 맺혀서 애를 떠나지 못하면 세간의 부모 자손이 서로 낳아 끊어짐이 없으니, 이들은 욕탐(欲貪)을 근본으로 삼습니다. ② 탐과 애가 함께 자양하여 탐을 그치지 못하면 세간의 태생·난생·습생·화생이 힘의 강약을 따라 돌아가며 서로 잡아먹으니, 이들은 살탐(殺貪)을 근본으로 삼습니다. ③ 사람이 양을 먹으면 양이 죽어 사람이 되고 사람이 죽어 양이 됩니다. 이와 같이 10생의 류(類)가 죽고 또 죽고, 나고 또 나면서 서로 와서 서로 잡아먹습니다. 악업으로 함께하면서 미래가 다하게 되니, 이들은 도탐(盜貪)을 근본으로 삼습니다. 당신은 나에게 목숨을 빚지고, 나는 다시 당신에게 빚을 받으려 합니다. 이런 인연으로 백천겁이 지나도록 항상 생사에 머무릅니다. 당신은 나의 마음을 사랑하고, 나는 당신의 몸을 애틋해합니다. 이런 인연으로 백천겁이 지나도록 항상 얽매여 있습니다. 오직 살·도·음 셋이 근본이 되니, 이를 인연으로 업과가 상속합니다.

富樓那, ① 想愛同結, 愛不能離, 則諸世間父母子孫相生不斷, 是等則以欲貪爲本. ② 貪愛同滋, 貪不能止, 則諸世間卵化濕胎, 隨力強弱遞相吞食, 是等則以殺貪爲本. ③ 以人食羊, 羊死爲人, 人死爲羊. 如是乃至十生之類死死生生互來相噉 惡業俱生窮未來際, 是等則以盜貪爲本. 汝負我命, 我還債汝. 以是因緣經百千劫常在生死. 汝愛我心, 我憐汝色. 以是因緣經百千劫常在纏縛. 唯殺盜淫三爲根本, 以是因緣業果相續.

① (난생의) 상(想) + (태생의) 애(愛) = 애(愛)로 태어남: 욕탐 - 〈음(淫)〉
② 탐(貪) + 애(愛) = 탐(貪)으로 서로 잡아먹음: 살탐 - 〈살(殺)〉
③ 악업으로 서로 빚짐: 도탐 - 〈도(盜)〉

업과(業果)의 상속은 중생이 업을 짓고 그 보로서 생을 받아 윤회를 반복하는 것을 말한다. 업과의 상속을 이루게 하는 가장 큰 업은 바로 음(淫)·살(殺)·도(盜)의 업이다. ① 생을 받을 때뿐 아니라 살아가는 과정에서도 늘 생각과 애욕이 함께 결합해서 생을 결박한다. 그래서 또 남녀가 만나 부모로서의 연을 맺고 그 연으로 중음이 다시 탄생하게 된다. 이러한 음(淫)을 이루는 마음이 애탐 내지 욕탐이다. ② 태어난 중생은 몸을 살리기 위해 먹어야 한다. 즉 자양(滋養)해야 한다. 살아남기 위해 먹이, 즉 자양 분을 구해 취하려는 마음도 탐이다. 먹기 위해 먹이를 죽여야 하므로 먹으려는 탐심을 '죽이려는 탐심'인 살탐이라고 한다. ③ 불교에서 신업(身業)으로 경계하는 것이 사음 과 살생과 도둑질이다. 여기에서는 남의 재산뿐 아니라 목숨을 취하는 것도 도둑질에 포함시켜 논한다.『계환해』에서 말한다. "주지 않는 것을 취하는 것과 슬쩍 취하는 것 (陰取)이 모두 도(盜)이다. 사람이 양을 먹는 것은 주지 않은 것을 취하는 것이고, 양 이 죽어 사람이 되고 서로 와서 서로 잡아먹는 것은 슬쩍 취하는 것이니, 세간에서 서 로 먹는 것이 모두 도탐이다."[18] 이렇게 불교는 육식을 남의 생명을 도둑질하여 먹는 도 탐의 행위로 간주한다. 목숨을 빚진다는 것은 목숨을 죽이고 목숨을 빼앗는다는 것이 다. 그래서 살(殺)이고 또 도(盜)이다. 육식을 한다는 것은 다른 생명을 죽이고 도둑질 하는 것이기에, 그 빚을 갚기 위해 다시 태어나 잡아먹히게 된다. 이렇게 해서 잡아먹고 잡아먹히는 윤회를 계속하게 되니, 살탐과 도탐이 계속되는 것이다. 그러면서 사람들끼 리는 애탐으로 서로 얽혀 있다. 나의 애탐이 너의 애탐을 불러일으키고, 다시 너의 애탐 이 또 나의 애탐을 불러일으켜 서로 얽혀 윤회를 벗어나지 못한다. 여기서는 사랑의 애 와 연민의 련(憐)을 함께 언급하고 있다. 목숨을 서로 빚짐이 살과 도이고, 애련으로 서로 얽힘이 음(淫)이다. 그러므로 살·도·음 셋이 업과 상속의 근본이 된다고 말한다.

붓다: 부루나여, 이와 같은 세 가지(세계·중생·업과)의 전도 상속은 모두 각 명(覺明)의 밝게 깨달아 아는 성이 그 료(了)로 인해 상(相)을 내어 망견을 좇아 일어난 것입니다. 산하대지와 모든 유위상이 차례로 변천하여 흐르는 것도 이 허망으로 인해 끝나고 또 다시 시작하는 것입니다.

富樓那, 如是三種顛倒相續, 皆是覺明明了知性, 因了發相從妄見生. 山河大地 諸有爲相次第遷流, 因此虛妄終而復始.

각명 ↔ 명각=명료지성 → 료(了) → 상(相)을 냄→ 망견(妄見) → 세계, 중생, 업과의 상속
　　　　무명업상　　　　능견상　　경계상　　4추상

---

[18]   일귀 역,『수능엄경』, 281-282쪽, 주572.

각명은 각의 본래 밝음이고 참된 밝음인 데 반해, 명료지(明了知)는 '밝게 요별하여 아는 것'으로서 각을 밝히려고 하는 명각의 허망한 밝음이다. 즉 본래 밝은 각을 다시 밝혀 알려고 하는 것이 명료지성, 곧 무명업상이다. 이러한 명료지의 성품에서 요별하려 함이 곧 능견상이며, 이 능견상으로 인해 생겨나는 상(相)이 곧 경계상이다. 이와 같이 3세(細)를 다시 정리하고 있다. 이렇게 생겨난 경계상을 따라 일어나는 것이 바로 망견(妄見)이며, 이것이 3세에 이어지는 6추에 해당한다. 그렇게 허망한 망견을 따라 세계와 중생과 업과가 끊임없이 이어져 상속한다. 허망한 망견을 따라 산하대지와 유근신이 형성되는 것이다. 각명에 머무르지 않고 망견을 냄으로써 3세 6추를 따라 세계와 중생과 업과가 상속한다고 할 수 있다.

4) 한번 깨달으면 다시 미혹하지 않음

> 부루나: 만약 묘각의 본묘각명이 여래심과 같이 부증불감하다가 까닭 없이 홀연히 산하대지와 유위상을 일으키는 것이라면, 여래가 지금 묘공명각을 얻었어도 산하대지와 유위와 습의 번뇌가 언젠가 다시 일어납니까?
> (富樓那言), 若此妙覺本妙覺明, 與如來心不增不減, 無狀忽生山河大地諸有爲相, 如來今得妙空明覺, 山河大地有爲習漏何當復生?

본묘각명 ↔ 중생: 〈진〉 ──────→ 〈망〉 산하대지(기세간) + 유위상(유근신)
　　　여래: 묘공명각 ─(?)→ 산하대지(기세간) + 유위(유근신) + 습루(업과)

모든 중생이 본래의 묘각명성을 갖고 있다가 홀연히 산하대지를 발생하게 한 것이라면, 지금 그러한 묘각명성을 갖고 있는 부처도 혹 다시 번뇌를 일으켜 산하대지를 발생하게 하는가를 묻는다. 중생이 곧 부처라면, 부처도 다시 중생처럼 번뇌를 일으키게 되는가를 묻는 것이다. 이하에서는 이 물음에 답하기 위해 4가지 비유를 든다. 전도 내지 가상은 근거가 없다는 것, 진실에 눈뜨면 다시 미망으로 빠지지 않는다는 것을 드러내기 위한 비유들이다. 즉 진정한 깨달음이 일어나면, 그 깨달음이 끝나고 다시 미혹이 시작되는 일은 없다는 것, 깨달음에는 그 끝이 없다는 것을 강조하는 것이다.

깨달음 이후 다시 미혹하지 않음을 보여주는 비유들:

① 남북 전도의 비유　　　방향 전도 ─(미혹 제거)→ 바르게 앎
② 허공화의 비유　　　　눈병/공화 ─(미혹 제거)→ 꽃이 사라짐
③ 금광의 비유　　　　　광석+금 ──(정련)──→ 　순금
④ 나무와 재의 비유　　　나무 　──(태움)──→ 　재
　　　　　　　　　　　　　←──✕──→
　　　　　　　　　　　역방향으로 돌아가지 않음

붓다: ① 비유하여 어떤 미혹한 사람이 한 마을에서 남을 북으로 안다면, 이 미혹은 a. 미혹으로 인해 나온 것입니까, b. 깨달음으로 인해 나온 것입니까?

부루나: 이와 같은 사람의 미혹은 a. 미혹으로 인한 것도 아니고 b. 깨달음으로 인한 것도 아닙니다. 왜 그렇겠습니까? a. 미혹은 본래 근거가 없으니, 어찌 미혹으로 인한 것이겠습니까? b. 깨달음은 미혹을 낳지 않으니, 어찌 깨달음으로 인한 것이겠습니까?

붓다: 그 미혹한 사람이 한참 미혹해 있을 때, 문득 깨달은 사람이 있어 지시하여 깨닫게 하면, 부루나여, 어떻게 생각합니까? 그 사람이 비록 미혹했었지만 그 마을에 대해 다시 미혹이 생기겠습니까?

부루나: 그렇지 않을 것입니다, 세존이여.

붓다: 부루나여, 시방 여래도 또한 이와 같습니다. 그 미혹은 근거가 없어 본성이 필경 공입니다. 예부터 본래 미혹이 없는데도 마치 깨달음에 미혹함이 있는 듯하지만, 미혹을 깨달아 미혹이 멸하면 깨달음은 미혹을 낳지 않습니다.

(佛告富樓那) 譬如迷人於一聚落惑南爲北, 此迷, a. 爲復因迷, b. 而有因悟所出?

(富樓那言) 如是迷人, a. 亦不因迷, b. 又不因悟. 何以故? a. 迷本無根, 云何因迷? b. 悟非生迷, 云何因悟?

(佛言) 彼之迷人正在迷時, 倐有悟人指示令悟, 富樓那, 於意云何? 此人縱迷於此聚落更生迷不?

不也, 世尊.

富樓那, 十方如來亦復如是. 此迷無本性畢竟空. 昔本無迷似有迷覺, 覺迷迷滅, 覺不生迷.

〈오(각성) → 미(미혹)〉, 미혹이 일어나는 근거가 있는가?

　　a. 미(迷)로 인한 것 아님 – 미는 근거가 없으므로. 〈미(망법/무명)는 시작이 없음〉
　　b. 오(悟)로 인한 것 아님 – 오는 미를 낳지 않으므로. 〈오(진각/명)는 끝이 없음〉

미혹 ─(수행)→ 깨달음
　　←─✕─
역방향으로 돌아가지 않음

a. 미혹은 근거가 없기에 미혹이다. 미혹할 근거가 따로 있으면, 그것은 인연에 따라 일어난 것이기에 미혹이라고 할 수 없고 따라서 그것을 넘어설 수도 없을 것이다. b. 그렇다고 미혹이 미혹 없는 본래의 각성, 본각으로부터 생겼다고 할 수도 없다. 미혹은 바로 그 본래의 각성을 모르는 것이며, 따라서 본각과는 반대이니, 본각이 미혹을 낳을 수 없다. 결국 미혹은 아무 근거 없이 홀연히 생겨나는 것이다. 그것이 근거 없음을 깨닫는 것이 바로 미혹을 넘어서는 길이다. 말하자면 무명은 그것을 일어나게 하는 합리적 근거가 없다. 그러므로 없다가 있게 되는 시작점을 말할 수 없다. 시작할 근거가 없는데도 홀연 생겨나기에 허망한 것이며, 시작이 없기에 '무시이래'라고 말한다. 무명은 본래의 명을 알지 못하는 전도로 인해 일어나는데, 그런 전도를 일어나게 하는 근거는 없다는 말이다. 근거가 있다면, 전도가 아닐 것이다. 근거 없는 뒤바꿈이기에 전도라고 한다. 그것이 전도임을 알아차리면, 무명이 아니고 명이다. 일단 전도가 없어지면 바른 깨달음인 명이 되고 어두운 무명은 사라진다. 그러므로 명을 명으로 알고 나면 다시 무명으로 바뀌지 않는다.

　그렇다면 미혹한 사람은 어떻게 해서 깨달음으로 나아가는가? 여기에서는 깨달은 사람이 미혹한 사람에게 지시(指示)하여 깨닫게 한다고 말한다. 지시한다는 것은 교학적으로 아공·법공을 설한다는 말이며, 그러면 듣는 사람은 비량(比量)으로 이해할 것이다. 그리고는 스스로 마음을 반조하다가 홀연 마음이 공(空)해져 아집·법집을 벗어나야 비로소 깨달음을 얻는다고 할 수 있다. 이때가 아공·법공을 현량(現量)으로 안 것이 된다. 여기에서 강조하는 것은 미혹에서 각성으로 한번 나아가면, 그 깨달음에서 다시 미혹으로 되돌아가지 않는다는 것이다. 미혹을 확인하고 그 미혹에서 벗어나면, 다시 또 미혹하게 되지 않는다. 미혹은 곧 무명(無明)이다. 무명은 자체 근거도 없고, 각성인 명에서 온 것도 아니기에 그 자체가 공하다. 그 공성을 깨달으면 다시 미혹, 무명으로 돌아가지 않는다. 마지막 문장에서 '본래 미혹이 없다'는 말은 처음에 무명이 없다가 언젠가부터 무명이 생기는 방식으로 무명의 시작이 있지 않다는 말이다. 미혹 내지 무명은 허망하기에 '본래 있는 것'이 아니다. 미혹은 명을 모르는 것, 각에 미혹한 것, 즉 미각(迷覺)이며, 그래서 각 내지 명을 대상화하여 밝히려고 하는 명각(明覺)이다. 그런데 그 명각의 바탕에는 이미 본각의 밝음인 각명이 놓여 있다. 그러니까 처음부터 끝까지 명이 있을 뿐 무명은 본래 없고 미혹은 허망하다는 것이다.

붓다: ② 비유하면 눈병이 난 사람이 허공에서 꽃을 보다가 눈병이 제거되면 허공에서 꽃이 사라지는 것과 같습니다. 갑자기 어리석은 사람이 그 허공의 꽃이 사라진 빈 곳에 다시 꽃이 나타나기를 기다린다면, 당신은 그 사람을 어리석다고 여기겠습니까, 지혜롭다고 여기겠습니까?

부루나: 허공에 원래 꽃이 없는데, 허망하게 (꽃이) 생기고 멸함을 본 것입니다. 꽃이 허공에서 멸함을 보는 것도 이미 전도인데, 다시 나오기를 기다리면 실로 미친 바보짓입니다. 어찌 이와 같은 광인을 어리석다 또는 지혜롭다 하겠습니까?

붓다: 그렇게 이해한다면, 어째서 '제불여래의 묘각명의 공에서 언제 다시 산하대지가 나옵니까'라고 묻습니까? ③ 이는 마치 광석에 순금이 섞여 있다가 그 금이 한번 순일하게 되면 다시 섞이지 않는 것과 같고, ④ 나무가 재가 되면 다시 또 나무가 되지 않는 것과 같습니다. 제불여래의 보리와 열반도 이와 같습니다.

② 亦如瞖人見空中花, 瞖病若除華於空滅. 忽有愚人於彼空花, 所滅空地待花更生, 汝觀是人爲愚爲慧?

(富樓那言) 空元無花妄見生滅. 見花滅空已是顚倒, 勅令更出斯實狂癡. 云何更名如是狂人爲愚爲慧?

(佛言) 如汝所解, 云何問言諸佛如來妙覺明空, 何當更出山河大地? ③ 又如金鑛雜於精金, 其金一純更不成雜, ④ 如木成灰不重爲木. 諸佛如來菩提涅槃亦復如是.

② 눈병: 공화 생+멸 ──(미혹 제거)──→   꽃이 없음

  산하대지   ──(깨달음)──→ 제불여래의 묘각명공

③ 광석 + 금   ──(정련)──→   순금

④ 나무   ──(태움)──→   재

←──×──→

역방향으로 돌아가지 않음

┌ 보리: 지덕(智德): 옹(用), 조(照): 혜(慧): 5주지를 극복
└ 열반: 단덕(斷德): 체(體), 적(寂): 정(定): 윤회를 벗음

② 본래 허공만 있고 허공 속 꽃이 없는데, 눈병으로 인해 꽃이 나타나고 멸하는 생멸현상이 드러난다. 꽃이 생기는 것이나 멸하는 것이 모두 전도된 현상이다. 실재하는 것은 빈 허공이다. 여래의 묘각명만이 실재하는 것이고, 꽃은 환화이기에 생기는 것도 멸하는 것도 모두 전도이다. 그러므로 묘각명으로부터 다시 환화와 같은 산하대지가 나오게 되는 것이 아니다. ③ 광석과 금은 서로 다른 별개의 것인데, 서로 뒤섞여 있을 수 있다. 그것에서부터 금을 제련하여 빼내면 순일한 금을 얻게 되는데, 한번 이렇게 하여 얻은 금이 다시 저절로 광석과 섞이지는 않는다. ④ 나무와 재는 서로 다른 것이 아니고, 나무가 불타면 재가 된다. 나무가 한번 타서 재가 되면 재가 다시 나무로 돌아가지 않는다. 그렇듯이 중생이 번뇌를 넘어 부처가 되면, 부처가 다시 번뇌의 중생으로 되돌아가지 않는다. 이와 같이 범부의 상태에서는 각명이 명각으로 전도되어 무명이 함께하지만, 수행을 통해 깨달음을 얻어 부처의 경지에 이르면 다시 무명에 빠지지 않는다는 것을 4가지 비유로 설명하였다. 그중 ① 방향에 미혹함의 비유와 ② 공화의 비유는 불여래의 지혜인 보리를 비유한 것이고, ③ 금광(金鑛)의 비유와 ④ 목회(木灰)의 비유는 그러한 지혜를 갖고 도달한 경지인 열반을 비유한 것이라고 볼 수 있다. 일단 보리와 열반을 얻으면 다시 무명으로 되돌아가지 않는다는 것이다.

2. 지·수·화·풍·공 5대의 장애 없는 두루함 〈공불공여래장〉

앞에서 붓다가 4과와 7대는 모두 자연도 아니고 인연도 아닌 허망상으로서 그 본래 성

이 여래장임을 밝히자(공여래장), 이에 부루나는 두 가지 질문을 하였다. 그런 청정한 여래장으로부터 세간과 중생이 어떻게 갑자기 생겨나서 상속하는가(불공여래장)와 그렇게 있게 된 7대가 어떻게 서로 장애하지 않고 두루할 수 있는가(공불공여래장)이다. 지금까지 그중 첫 번째 질문에 답하였고, 이하에서는 그중 두 번째 질문에 답한다.

> 붓다: 부루나여, 또 당신은 묻기를 <1> '지·수·화·풍의 본성이 원융하여 법계에 두루하다면, 물의 성질과 불의 성질이 서로 능멸하지 않을지 의심된다'고 하였고, 또 <2> '허공과 대지가 둘 다 법계에 두루하다면 서로 용납하지 못하는 것 아닌가'라고 하였습니다.
>
> 富樓那, 又汝問言地水火風本性圓融周遍法界, 疑水火性不相陵滅? 又徵虛空及諸大地俱遍法界不合相容?

〈1〉 수와 화가 서로 능멸하지 않겠는가? 찬 기운과 더운 기운의 대립. 색 간의 관계
〈2〉 허공과 지·수·화·풍이 서로 용납하지 못하는 것 아닌가? 비움과 채움의 대립. 공과 색의 관계

부루나의 두 번째 질문을 다시 정리한 것이다. 〈1〉 지·수·화·풍이 모두 각각 두루하다면 서로 상충하는 성질을 가진 물과 불이 어떻게 한 자리에 함께할 수 있는가? 〈2〉 7대 중에 허공도 포함되는데, 허공과 색(4대)이 어떻게 함께 있을 수 있는가?

1) 성(性)과 상(相): 허공과 유위상의 비유

> 붓다: 부루나여, 비유하면 마치 허공 자체가 상(相)이 아니어서 여러 상이 발휘되는 것을 막지 않는 것과 같습니다. 어째서 그렇겠습니까? 부루나여, 저 태허공은 해가 비치면 밝고, 구름이 끼면 어둡고, 바람이 불면 움직이고, 비가 개면 맑고, 기운이 얽히면 탁하고, 흙먼지 쌓이면 흙비가 내리고, 물이 맑으면 그림자를 만듭니다.
>
> 富樓那, 譬如虛空體非群相而不拒彼諸相發揮. 所以者何? 富樓那, 彼太虛空日照則明, 雲屯則暗, 風搖則動, 霽澄則清, 氣凝則濁, 土積成霾, 水澄成映.

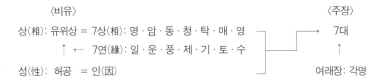

7대가 어떻게 서로 상충하지 않고 여래장의 표현으로 일체처에 두루할 수 있는가라는 부루나의 질문에 답하기 위해 붓다는 허공중에 여러 가지 유위상들이 나타난다는 것을 지적한다. 허공은 상(相)이 아닌 빈 공간이기에, 그 빈 허공 안에 여러 조건을 따라 갖가지 유위상들이 다양하게 나타날 수 있다. 해가 뜨면 밝아지고, 구름이 끼면 어두워진다. 허공에 등장하는 명과 암, 청과 탁 등의 여러 가지 유위상은 해나 구름 등의 갖가지 인연을 따라 그때마다 등장하는 것들이다. 그렇듯 각명의 여래장 안에도 이런저런 연을 따라 갖가지 모습의 7대가 나타날 수 있다는 것이다. 물론 비유에 사용된 여러 상과 허공의 구분은 속제적 의미에서의 상(相)과 성(性)의 구분일 뿐이다. 진제적 의미에서 보면 유위상뿐 아니라 허공도 모두 7대에 속한 것으로서 상(相)일 뿐이고, 성(性)은 그러한 상들의 바탕이 되는 여래장이다. 속제에서 여러 다양한 상들이 모두 허공 안에 포함되듯이, 그 다양한 상들과 허공까지도 진제에서의 성인 여래장 안에 모두 포함된다는 것이다. 이하에서는 명과 암, 청과 탁 등의 유위상이 특정한 어느 하나를 근거로 필연적으로 일어나는 것이 아니라 여러 가지 중연화합으로 형성되는 가상이고 허망상이라는 것을 밝힌다. 그러기 위해 허공에 드러나는 유위상이 정확히 무엇으로 인해 일어나는 것인지, ① 대상들 때문인지 아니면 ② 허공 때문인지를 묻는다.

붓다: 어떻게 생각합니까? 이와 같이 각각의 곳의 유위상은 ① 저것(해)으로 인해 생긴 것입니까, ② 아니면 허공으로 인해 있는 것입니까? ① 만약 저것(해)으로 인해 생기는 것이라면, 부루나여, 해가 비출 때 그것이 이미 해의 밝음이니, 시방세계가 다 해의 색인데 어째서 공중에 다시 둥근 해가 나타납니까? ② 만약 허공으로 인한 밝음이라면, 허공이 스스로 비추는데 어째서 밤중이나 구름 낄 때에는 광휘가 생기지 않습니까? 이 밝음은 해도 아니고 허공도 아니지만 허공이나 해와 다르지도 않다는 것을 알아야 합니다.

> 於意云何?如是殊方諸有爲相,① 爲因彼生,② 爲復空有?① 若彼所生,富樓那, 且日照時旣是日明,十方世界同爲日色,云何空中更見圓日?② 若是空明,空應自 照,云何中宵雲霧之時不生光耀?當知是明非日非空,不異空日.

유위상(예를 들어 밝음)은 ① 대상(해)으로 인한 것인가, ② 허공으로 인한 것인가?
　① 밝음이 해에서 온다면, 해 비치면 세계 전체가 해인데 공중의 해는 왜 있는가?
　② 밝음이 공에서 온다면, 왜 밤에는 어두운가?

상(相): 해 · 허공 / 7대
비시(非是)/불일(不一) ↓　↑ 비비(非非)/불이(不異)
성(性): 밝음 / 여래장

　허공 안에 등장하는 여러 가지 유위상이 정확히 무엇으로 인한 것인가를 밝히기 위해 대표적으로 유위상의 하나인 밝음을 들어 묻는다. 밝음은 ① 해로 인한 것인가? ② 허공으로 인한 것인가? ① 밝음이 해로 인해 생긴다면, 해의 밝음이 있는 곳은 모두 다 해로 인해 밝아진 것이니 거기에 밝음의 원인이 되는 해가 있는 것일 텐데, 어째서 하늘 저쪽에 다시 해가 따로 있는 것인가? 그러니까 밝음이 해에서 온다고 할 수 없다는 것이다. ② 밝음이 공으로부터 온다면, 공이 늘 비춰 밝아야 할 텐데, 해가 없는 밤에는 왜 밝지 않는가? 그러니까 밝음은 허공으로부터 오는 것도 아니라는 것이다. 이 논의는 우리의 상식과 맞지 않는 듯하지만, 대승적 세계관에 따르면 의미 있는 논의이다. 유식에 따르면 일체 존재는 원묘명심의 밝음 안에 드러나는 허망상이고 허공화이다. 이 점에서 현상세계는 영사기의 빛을 통해 필름이 그려내는 스크린 위 영상세계인 영화에 비유될 수 있다. 영화에서 등장인물이 방에 들어가 전등을 켜면 방이 밝아진다. 그렇다면 영화 속 방의 밝음은 ① 전등에서 온 것인가? 아니면 ② 방의 공간에서 온 것인가? 영화 속에서 보면 그 밝음이 전등에서 온 것 같지만, 그것이 영화임을 알고 보면 그 밝음은 전등이 아니라 필름 너머 영사기의 빛에서 온 것이다. 영사기의 빛은 언제나 증감 없이 화면을 향해 방출되고 있고 전등은 그 빛을 받아 드러난 영상 그 이상이 아닌 것이다. 밝음은 영사기의 빛, 원묘명심의 각명에서 온 것이지, 스크린 위에 펼쳐진 드러난 영상세계 사물 또는 그 빈 공간에서 오는 것이 아니다. 그래서 '이 밝음은 해도 아니고 허공도 아니다'라고 말한다. 그렇지만 그 영사기의 밝음이 스크린 위

사물과 공간 전체를 밝게 비추어 드러내며, 우리가 보는 사물의 색은 그렇게 드러나는 빛의 반사에 지나지 않으니, 결국 전등과 방이 영사기 빛의 밝음 이외의 다른 것이 아니다. 그래서 '이 밝음이 허공이나 해와 다르지도 않다'고 말한다. 일체의 허망상이 그대로 여래장인 것이다.

> 붓다: <1> 상(相)을 보면 원래 허망하여 가리킬 수 없으니, 마치 허공의 꽃이 허공의 열매를 맺기를 기다리는 것과 같습니다. 어찌 서로 능멸하지 않는지를 따집니까? <2> 성(性)을 보면 원래 진실이라 오직 묘각명일 뿐이니, 묘각명의 심은 본래 물도 아니고 불도 아닙니다. 어찌 서로 용납하지 않을 거라고 묻습니까?
>
> <1> 觀相元妄無可指陳, 猶邀空花結爲空果. 云何詰其相陵滅義? <2> 觀性元眞唯妙覺明, 妙覺明心先非水火. 云何復問不相容者?

상: 허공의 꽃 / 7대 - 〈1〉 서로 능멸하지 않음

↓ ↑   〈2〉 서로 용납함

성: 진실 묘각명심

부루나가 제기한 두 질문에 답하기 위해 성과 상의 관계를 허공과 유위상의 비유를 들어 논한 후, 〈1〉 상이 서로를 장애하거나 능멸하지 않는다는 것과 〈2〉 성이 다양한 상을 모두 용납한다는 것을 말한다. 〈1〉 밝음을 허공중의 허망상인 해에서부터 온다고 여긴다면, 그 밝음은 각명의 밝음이 아닌 허망한 명각의 허망상일 뿐이다. 상으로서의 밝음이 허망상인데 그것을 또 다른 허망상인 해나 공에서 온다고 여기는 것은 마치 허공의 꽃에서 허공의 열매가 맺기를 기다리는 것과 같다. 마찬가지로 드러난 갖가지 차별상들이 서로 물리치면서 능멸할 것이라고 생각하는 것도 그것이 허망하다는 것을 보지 못하기 때문이다. 〈2〉 반면 밝음을 허망상들의 바탕의 성(性)으로 보면, 그 밝음은 묘정명심의 밝음, 심의 본각인 묘각명이다. 이 각명으로부터 일체 유위상의 차별상들이 그려지니, 묘정명심의 성이 다양한 유위상들을 수용하지 못할 것이 없다. 성으로서의 밝음인 각명은 일체 유위상을 모두 포괄하는 밝음이다. 일체 상은 묘각명심의 각명 위에 드러나는 허망상으로서 모두 마음의 밝음 안에 수용된다.

붓다: 진실한 묘각명도 이와 같아서 ① 당신이 공으로 밝히면 공이 나타나고, 지·수·화·풍 각각으로 밝히면 각각이 나타나고, ② 그들을 함께 밝히면 함께 나타납니다. 어떻게 함께 나타납니까? 부루나여, 마치 하나의 물속에 해그림자가 나타나는데, 두 사람이 물속의 해를 함께 보다가 각각 동과 서로 가면 각자 해를 갖는 것과 같습니다. 해는 두 사람을 따라 하나는 동으로 하나는 서로 가서 선행하는 정해진 기준(준적)이 없으니, '저 해는 하나인데 어째서 각각 가는가' '각각의 해가 이미 둘이 되었는데, 어째서 하나로 나타나는가'라고 말할 수 없습니다. 완연히 허망하게 바뀌니, 의지할 근거가 없습니다.

眞妙覺明亦復如是, ① 汝以空明則有空現, 地水火風各各發明則各各現, ② 若俱發明則有俱現. 云何俱現? 富樓那, 如一水中現於日影, 兩人同觀水中之日, 東西各行則各有日. 隨二人去一東一西先無准的, 不應難言此日是一云何各行, 各日旣雙云何現一. 宛轉虛妄無可憑據

묘각명(성)이 업을 따라 다양한 모습(상)으로 나타남:
　① 각각 밝혀 다른 것들이 각각 나타남
　　　공을 밝히면(예, 우물을 파면) 공이 나타남
　② 함께 밝혀 다른 것들이 함께 나타남

〈비유〉			〈주장〉	
하나의 해그림자	↔	상이한 해그림자	같은 것을 봄	각각 다른 것을 봄
(함께 있음) ↘		↗ (각각 떠남)	(공업) ↘	↗ (불공업)
	하나의 해			하나의 묘각명심

진묘각명이 '이와 같다'는 것은 앞의 비유에서처럼 '마치 허공 자체가 상(相)이 아니어서 여러 상이 발휘되는 것을 막지 않는 것'과 같다는 것이다. 허공 안에 유위상들이 포함되듯이, 진묘각명에 7대가 모두 포함되어 있으며, 진묘각명의 여래장을 무엇으로 밝히는가에 따라 그 무엇의 모습으로 드러나는데, ① 각각으로 밝히면 각각으로 나타나고, ② 함께 밝히면 함께 나타난다고 한다. 여기에서 ① '각각으로 밝힌다'는 것은 '공으로 밝히면 공이 나타나고, 지·수·화·풍 각각으로 밝히면 각각이 나타난다'는 것이다. 이것은 앞에서 7대의 여래장성을 논하면서 7대가 모두 각각 '업을 따라 나타난다'고 말한 것과 같은 의미이다. 말하자면 '미진을 합하면 지대가 생기고, 화경을 비추

면 화대가 생기며, 우물을 파면 공대가 생긴다' 등에서의 모든 행위는 결국 7대를 성립시키는 업연에 해당한다. 그러므로 7대는 중생의 업을 떠나 그 자체로 존재하는 자연도 아니고, 중생의 업 이외의 다른 것들로부터 만들어진 인연도 아니며, 업행을 하는 중생의 여래장성의 표현인 것이다. 그것은 중생심 내지 여래장을 떠나 따로 존재하지 않는 상, 묘각명심의 여래장 위에 드러나는 갖가지 다양한 허망상일 뿐이며, 중생이 무엇으로 밝히는가에 따라 각각 그 무엇으로 모습을 드러낸다. ② '함께 밝히면 함께 나타난다'는 것은 7대가 동시에 함께 나타나는 경우이다. 여기에서는 업연에 따라서 유위상의 7상이 여러 방식으로 나타난다는 것을 일상의 예로 보여준다. 마치 하늘의 해가 물 안에 하나의 그림자를 그리기도 하지만, 또 보는 사람의 이동 방향에 따라 각각 다른 그림자를 따로 그리기도 하는 것처럼 우리는 공업(共業)을 따라 서로 같은 현상을 보기도 하고 또 불공업(不共業)을 따라 서로 상이한 것들을 보기도 한다는 것이다. 즉 하나의 강물 속에 하나의 해로부터 동쪽으로 가는 해그림자가 생길 수도 있고 또 서쪽으로 가는 해그림자가 생길 수 있다. 그렇듯 묘각명심의 마음으로부터 각각의 업연에 따라 수대(水大)가 드러날 수도 있고 화대(火大)가 드러날 수도 있다는 것이다. 즉 각자 보는 사람의 업에 따라 하나를 두고도 상이한 여러 가지 상을 그려서 볼 수도 있다. 이처럼 업에 따라 여러 가지 상이 각각 나타나기도 하고 또 함께 나타날 수도 있다. 모두 업에 따라 그려지는 허망상이니, 꼭 어느 것이어야 한다는 기준, 준적이 따로 있는 것이 아니다. 모두 연에 따라 일어난 허망상인 것이다. '완연히 허망하다', '의거할 바가 없다'는 것은 모두 연을 따라 일어난 허망성이라는 것을 강조한 말이다. 이처럼 여래장의 묘각명심으로부터 7대가 업연에 따라 갖가지 방식으로 나타나므로 〈1〉 7대는 서로를 능멸하지도 않고 〈2〉 하나의 여래장성 안에 모두 용납된다는 것이다. 이로써 부루나의 위의 두 질문에 답하였다.

2) 성과 상의 관계: 시·비의 리(離)와 즉(卽) 그리고 쌍차(雙遮)와 쌍조(雙照)

붓다: 부루나여, 당신이 색과 공으로써 여래장에서 서로 뒤집고 서로 빼앗으므로, 여래장이 (연을) 따라 색이 되고 공이 되어 법계에 두루합니다. 그러므로 그중에서 바람은 움직이고 허공은 맑으며 해는 밝고 구름은 어둡습니다. 중생이

미민하여 깨달음을 등지고 대상에 합치하므로 진의 피로가 일어나 세간상이 있게 됩니다.

　富樓那, 汝以色空相傾相奪於如來藏, 而如來藏隨爲色空周遍法界. 是故於中風動空澄日明雲暗. 衆生迷悶背覺合塵, 故發塵勞有世間相.

상(相)＝진(塵): 유위상: 세간상

　　　　　↑공과 색으로 상경상탈, 중생: 미민(迷悶) 〈배각합진〉

성(性)＝각(覺): 여래장: 묘각명심: 심

　여래장의 기반 위에서 연을 따라 유위상이 일어나는데, 현상 차원에서 드러나는 유위상들은 서로 대립하는 것으로 서로 뒤집고(상경) 서로 빼앗는다(상탈). 말하자면 더운 기운의 화와 찬 기운의 수가 서로 대립하고, 해의 밝음과 구름의 어둠이 서로 대립하며, 채우는 색은 비어 있는 공과 대립하고, 움직이는 바람은 고요한 허공과 대립한다. 이처럼 현상 사물을 이루는 4대와 공까지도 모두 묘각명심의 마음 안에 일어나는 허망한 유위상으로서 서로 대립하는 것들이다. 4대와 공은 서로 대비되고 서로 배척하지만, 그것들을 그 안에 포괄하는 묘각명심의 마음은 언제나 변함없이 그 바탕에 있는 것이다. 이 두루하는 묘각명심의 밝음을 알지 못하고, 그 안에 떠다니는 색이나 공에만 주목하는 것이 바로 묘명심의 각(覺)을 등지고 허망한 진(塵)에 합하는 '배각합진' 이다. 항상된 묘각명심을 자기 마음으로 깨닫지 못하고, 대상을 따라 움직이는 반연심을 자기 마음으로 아는 것이다. 중생이 이렇게 배각합진하는 근본 까닭은 바로 중생이 어리석고 어둡기 때문이다. 즉 미민(迷悶) 때문이다. 중생이 미민하여 마음이 움직이므로 그 마음을 따라 다양한 상이 나타난다. 미와 민의 차이에 대해 『정맥소』는 이렇게 설명한다. "욕계와 3도(혹·업·고)는 유념(有念)으로 미(迷)가 되고, 색계와 무색계와 2승은 무념(無念)으로 민(悶)이 된다. 유념과 무념이 함께 미민에 돌아간다."[19] 묘각명심을 깨닫지 못해 색에 헷갈리는 것이 미이고, 공에 빠져드는 것이 민이다.

욕계의 범부: 미(迷), 유념

색계·무색계의 2승: 민(悶), 무념

19　진감, 『정맥소』, 2권, 638쪽.

붓다: ① 나는 묘명의 불멸불생으로 여래장과 합하니, 여래장은 오직 묘각명이어서 법계를 두루 비춥니다. ② 그러므로 그 가운데에서 일(一)이 무량이 되고 무량이 일이 되며, 소 중에 대를 나타내고 대 중에 소를 나타냅니다. ③ 도량에서 움직이지 않고 시방세계에 두루하고, 몸은 시방의 무한한 허공을 포함합니다. ④ 한 털끝으로 보왕찰을 나타내고, 미진 안에 앉아 법륜을 굴립니다. 대상을 멸하고 깨달음에 합치하므로 진여의 묘각명성을 드러냅니다.

① 我以妙明不滅不生合如來藏, 而如來藏唯妙覺明圓照法界. ② 是故於中一爲無量, 無量爲一, 小中現大, 大中現小. ③ 不動道場遍十方界, 身含十方無盡虛空. ④ 於一毛端現寶王刹, 坐微塵裏轉大法輪. 滅塵合覺, 故發眞如妙覺明性.

상(相)=진(塵):　　　　　　　　세간상

　　　　　중생:〈배각합진〉　↑↓　부처:〈멸진합각〉

성(性)=각(覺):　　　　　　여래장 묘각명심

멸진합각의 모습:
　① 불생불멸의 여래장의 묘명. 법계를 두루 비춤 ― 이법계
　② 일(리)과 무량(사)의 무애
　　　대(리)와 소(사)의 무애　　　　　⎤ 이사무애법계
　③ 도량에서 부동: 리 + 시방세계에 두루함: 사
　　　몸　　　　　　+ 시방무진허공을 포함　⎤ 이사무애 – 일다 무애
　④ 모단: 정보(正報) + 보왕찰: 의보(依報)
　　　미진　　　　 + 대법륜을 굴림　⎤ 사사무애 – 광협 무애

　범부가 각을 등지고 대상과 합치하는 데 반해, 부처는 진을 멸하고 각에 합치한다. 그렇게 방향이 서로 다르다. 따라서 범부는 먼지와 피로를 일으켜 세간상을 만들지만, 부처는 진여의 묘각명성을 발현하는 차이를 보인다. 그러면서 부처는 여래장과 합치하여 여래장의 묘각명을 유지하면서도 또 현상에서의 갖가지 변화를 일으킬 수 있다. '일즉다 다즉일'이 성립하고 자유자재한 변화를 일으킬 수 있는 것이다. 여기에서 논의되는 것을 화엄의 4법계(四法界)로 해석하는 것은 『정맥소』의 설명을 따른 것이다. 일과 다, 대와 소의 관계를 이사무애로 간주하고, 털끝 안에 보왕찰을 담는 관계를 사사무애로 풀이하였다.

화엄의 4법계(四法界):

　　1. 사법계(事法界): 개별적 대상인 사(事)에 머묾

　　2. 이법계(理法界): 보편적 리(理)의 자각

　　3. 이사무애법계(理事無礙法界): 리와 사의 회통

　　4. 사사무애법계(事事無碍法界): 일체의 원융성

『정맥소』는 범부의 배각합진의 근거가 되는 미민(迷悶)의 대가 되는 단어는 오달(悟達)이라고 하며, "오는 미가 없고 달하면 민이 없다. 오는 진이 본유임을 깨닫는 것이고, 달은 망이 본공임을 통달하는 것이다"[20]라고 설명한다. 오(悟)로써 색에 매이지도 않고, 달(達)로써 공에 빠지지도 않는 것이다.

미(迷): 유념 ↔ 오(悟): 진이 본유임을 깨달음

민(悶): 무념 ↔ 달(達): 망이 본공임을 통달함

이상으로 범부와 달리 부처는 대상을 좇지 않고 깨달음에 합치함으로써 진여의 묘한 깨달음의 밝음이 충만함을 밝혔다. 이하에서는 깨달은 자인 여래의 묘하고 밝은 마음이 어떤 마음인지를 그 체와 용을 구분하여서 다시 논한다. 여래심의 체는 일체 현상을 넘어선 공여래장이고, 용은 일체 현상을 비춰내는 불공여래장의 양상을 띤다. 체는 적(寂)에 해당하고, 용은 조(照)에 해당한다. 체는 묘(妙)이고, 용은 명(明)이다. 공여래장은 불변 및 진공에, 불공여래장은 수연 및 묘유에 상응한다고 볼 수 있다.

여래심의 체와 용:

　　(1) 체(體): 공여래장: 묘(妙), 적(寂) : 불변(不變), 진공(眞空): 비(非)의 논리: 비심비공 - 허공

　　(2) 용(用): 불공여래장: 명(明), 조(照) : 수연(隨緣), 묘유(妙有): 즉(卽)의 논리: 즉심즉공 - 허공화

(1) 체의 관점에서의 여래장: 비(非)의 논리

체의 관점에서 본 여래장은 그 성이 그로 인해 형성된 상과 구분되기에, 여기에서 성은 상이 아니라는 의미에서 비(非)의 논리를 전개한다. 공여래장에 해당한다고 볼 수 있다.

20　진감, 『정맥소』, 2권, 651쪽.

붓다: 여래장 본래의 묘원심은 ① 심도 아니고 공도 아니며, ② 지도 아니고 수도 아니고 풍도 아니고 화도 아닙니다. ③ 안도 아니고 이도 아니고 비·설·신·의도 아니며, ④ 색도 아니고 성도 아니고 향·미·촉·법도 아니며, ⑤ 안식계 내지 의식계도 아닙니다.

而如來藏本妙圓心, ① 非心非空, ② 非地非水非風非火, ③ 非眼非耳鼻舌身意, ④ 非色非聲香味觸法, ⑤ 非眼識界如是乃至非意識界.

『능엄경』	『반야심경』
① 비심 비공	①② **공**중 무색무**수상행식**
② 비지수화풍: 4대	무**색**무수상행식
③ 비안이비설신의: 6근	③ 무안이비설신의
④ 비색성향미촉법: 6경	④ 무색성향미촉법
⑤ 비안식-의식계: 6식	⑤ 무안계내지무의식계

여래장 묘각명심은 현상에 드러나는 일체 상(相)과는 구분된다는 것을 강조한 말이다. 여래장은 심층의 본체이고 성이며, 표층의 현상은 다양한 상들이기에 여래장의 체에서 보면 여래장은 현상의 상과 구분되며 그런 상들이 아니다. 그래서 거듭 아니라고 비(非)를 말한다. 그런데 앞으로 논하듯이 여래장 묘각명심은 단지 세간상과만 구분되는 것이 아니라, 출세간에 속하는 여래와 열반과 상락아정도 아니다. 세간과 출세간이 서로 대립하는 한, 여래장은 세간이 아니듯이 세간의 반대로서의 출세간도 아니다. 여기에서 여래장이 무엇이 아니라고 설명하는 부분은 『마하반야바라밀다심경』의 구절과 많이 유사하다.[21] 능엄경에서 비(非)자를 쓰고 반야심경에서 '무(無)'를 쓴 것에 대해 『정맥소』는 이렇게 말한다. "『반야심경』에서는 제법의 공상을 취했기 때문에 '무(無)'

---

21   『마하반야바라밀다심경(摩訶般若波羅蜜多心經)』 전체는 다음과 같다. "觀自在菩薩行深般若波羅蜜多時, 照見五蘊皆空, 度一切苦厄. 舍利子, 色不異空, 空不異色, 色卽是空, 空卽是色, 受想行識亦復如是. 舍利子, 是諸法空相不生不滅, 不垢不淨不增不減, 是故 ①② 空中無色. 無受想行識, ③ 無眼耳鼻舌身意, ④ 無色聲香味觸法, ⑤ 無眼界乃至無意識界. ⑥ 無無明, 亦無無明盡, ⑦ 乃至無老死, 亦無老死盡. ⑧ 無苦集滅道, ⑨ 無智亦無得. 以無所得故, 菩提薩陀依般若波羅蜜多故, 心無罣碍, 無罣碍故無有恐怖, 遠離顚倒夢想, 究竟涅槃. 三世諸佛依般若波羅蜜多故, 得阿耨多羅三藐三菩提, 故知般若波羅蜜多是大神呪, 是大明呪是無上呪, 是無等等呪能除一切苦眞實不虛. 說般若波羅蜜多呪卽說呪曰, 揭諦揭諦波羅揭諦波羅僧揭諦菩提娑婆訶."

자를 썼고, 여기서는 일심이 제법에 속하지 않음을 취했기 때문에 '비(非)'자를 썼을 뿐이다."[22] 『반야심경』과의 또 하나의 차이는 『반야심경』은 색과 심의 부정을 통해 공(空)에 이르려는 데 반해 『능엄경』은 공마저도 넘어 불이(不二)로 나아간다는 것이다.

> 붓다: ⑥ 명도 무명도 아니고 명과 무명이 다함도 아니며, ⑦ 내지 노도 사도 아니고 노사가 다함도 아닙니다. ⑧ 고도 아니고 집도 아니고, 멸도 아니고 도도 아니며, ⑨ 지(智)도 아니고 득(得)도 아닙니다.
>
> ⑥ 非明無明, 明無明盡, ⑦ 如是乃至非老非死, 非老死盡. ⑧ 非苦非集, 非滅非道, ⑨ 非智非得.

『능엄경』	『반야심경』
⑥ 비명 비무명, 비명진 비무명진	⑥ 무무명, 역무무명진
⑦ 비노사, 비노자진	⑦ 무노사, 역무노사진
⑧ 비고집멸도	⑧ 무고집멸도
⑨ 비지 비득	⑨ 무지역무득

⑥ 『능엄경』의 '비무명, 비무명진'(무명도 아니고 무명이 다함도 아니다)은 『반야심경』의 '무무명역무무명진'(무명도 없고 무명이 다함도 없다)에 해당한다. 무명이 아니라는 '비무명'은 무명에서 시작하는 유전문이 아님을 말하고, 무명이 다함이 아니라는 '비무명진'은 무명을 멸해가는 환멸문이 아님을 말한다. 그런데 『능엄경』은 이에 더해 '비명, 비명진'(명도 아니고 명이 다함도 아니다)까지 말한다. 여기서 '비명 비명진'을 말한 것은 '명'이 '무명'의 대립인 한, '무명'이 없으면 '명'도 없다는 뜻이다. 즉 무명에 대립되는 명은 각명의 명이 아니라 명각의 명인 망명(妄明)에 해당한다. 그래서 『정맥소』는 "무명을 상대로 명을 세운 것이 대대가 있는 법이라면 지금 이 원묘명심은 대대가 끊어졌기에 아니라고 했다"[23]고 설명한다. 이와 같이 『반야심경』은 색의 부정으로서 공(空), 무명의 부정으로서 명(明)을 주장하지만, 『능엄경』은 그러한 대대를 넘어선 불

---

22 진감, 『정맥소』, 2권, 660-661쪽.
23 진감, 『정맥소』, 2권, 661쪽.

이(不二)의 여래장을 주장하는 것이다.

『반야심경』		『능엄경』	
무무명	=	비무명	유전문의 부정으로서의 공
무무명진	=	비무명진	환멸문의 부정으로서의 공
		비명	유전문 부정의 공(비무명의 공)의 부정
		비명진	환멸문 부정의 공(비무명진의 공)의 부정

⑦은 유전문과 환멸문의 연기 마지막 지인 노사(老死)를 언급한다. 무명에서부터 노사까지 12지 연기 고리 중에서 그 둘 사이의 10개의 지가 생략된 것이라고 볼 수 있다. 『능엄경』은 여래장이 유전문과 환멸문의 긍정과 부정, 둘 다를 넘어선 것임을 강조한다. ⑧과 ⑨는 『반야심경』의 '무고집멸도, 무지역무득'(고집멸도도 없고, 지도 없고 득도 없다)에 상응하는 구절이다. 여래장은 성문이 닦는 4성제의 고집멸도 영역에 속하는 것이 아니라는 뜻이다.

> 붓다: ⑩ 보시도 아니고, 지계도 아니고, 정진도 아니고, 인욕도 아니고, 정려도 아니고, 지혜도 아니고, ⑪ 도피안도 아닙니다.
> ⑩ 非檀那, 非尸羅, 非毘梨耶, 非羼提, 非禪那, 非鉢剌若, ⑪ 非波羅蜜多.

⑩ 비6바라밀: 보시(단나), 지계(시라), 정진(비리야), 인욕(찬제), 정려(선나), 지혜(발랄야)도 아님
⑪ 비바라밀다: 열반(바라밀다, 도피안)도 아님

⑩에서의 앞의 여섯 개념은 6바라밀에 해당하고, ⑪ 마지막 '바라밀다'는 도피안(到彼岸)이다. 6바라밀 중 인욕에 대해 『정맥소』는 6단계를 구분하여 설명한다.[24]

인욕(忍辱):
  1. 역인(力忍): 성내는 마음을 잊지 못하나 다만 보복하지 않음
  2. 망인(忘忍): 상대를 용납하여 욕을 보되 없는 것처럼 잊음

---

24   진감, 『정맥소』, 2권, 665쪽 참조.

    3. 반인(反忍): 자기를 돌이켜 스스로 꾸짖고 남을 탓하지 않음

    4. 관인(觀忍): 안팎으로 자타가 모두 꿈같은 줄을 통달함. 이하 리(理)를 얻은 단계

    5. 희인(喜忍): 나의 참는 힘이 성취됨을 기뻐함

    6. 자인(慈忍): 욕을 가한자의 어리석음에 연민을 느껴 제도할 마음을 발원

> 붓다: ⑫ 나아가 여래도 아니고, 응공도, 정변지도 아닙니다. ⑬ 대열반도 아니고, 상락아정도 아닙니다. 이처럼 세간도 출세간도 다 아니기 때문입니다.
>
> ⑫如是乃至非怛闥阿竭, 非阿羅訶三耶三菩. ⑬非大涅槃, 非常非樂, 非我非淨. 以是俱非世出世故.

비출세간:

    ⑫ 비여래: 여래(달달아갈), 응공(아라하), 정변지(삼약삼보)도 아님

    ⑬ 비열반, 비상락아정

    여래, 응공, 정변지는 모두 깨달은 자인 붓다를 지칭하는 것이고, 열반과 상락아정은 그 깨달은 자에 의해 깨달아진 내용 내지 결과이다. 여기에서는 능증(能證)의 사람이나 소증(所證)의 법이 모두 아니라는 것이다. 능소를 넘어섬을 강조한 말이라고 볼 수 있다. 『정맥소』는 상락아정을 다음과 같이 설명한다.[25]

상락아정(常樂我淨):

    상: 분단생사와 변역생사를 영원히 떠나 생멸이 없음. 세간상이 상주하여 구경에 견고함

    락: 생사고를 떠나고 부사의해탈을 얻어 무량한 법락을 수용

    아: 허공 같은 진법신을 증득. 산하초목이 법왕을 드러냄

    정: 묘정한 리체(理體)에 염착이 없음

(2) 용의 관점에서의 여래장: 즉(卽)의 논리

    지금까지 여래장을 체(體)의 관점에서 보아 그 여래장성이 그에 근거하여 나타나는

---

25   진감, 『정맥소』, 2권, 667쪽 참조.

현상, 즉 심이나 공, 4대나 6근, 여래나 열반 등이 아니라는 비(非)의 논리를 밝혔다면, 이하에서는 여래장을 용(用)의 관점에서 보아 앞에서 부정했던 모든 현상을 여래장성의 상으로 다시 포괄하여 긍정하는 즉(即)의 논리를 전개한다.

붓다: 그런즉 여래장의 원래 밝은 심묘는 ① 심이고 공이고, ② 지이고 수이고 풍이고 화이며, ③ 안이비설신의이고, ④ 색성향미촉법이며, ⑤ 안식계 내지 의식계입니다. ⑥ 명과 무명이고, 무명이 다함이고, 내지 ⑦ 노이고 사이며, 노사가 다함입니다. ⑧ 고이고 집이고 멸이고 도이며, ⑨ 지이고 득이고 ⑩ 보시 지계 인욕 선정 반야이고 ⑪ 도피안입니다. 나아가 ⑫ 여래이고 응공이고 정변지이고, ⑬ 대열반이며 상락아정입니다. 이처럼 세간이고 출세간이기 때문입니다.

即如來藏元明心妙, ① 即心即空, ② 即地即水即風即火, ③ 即眼即耳鼻舌身意, ④ 即色即聲香味觸法. ⑤ 眼識界如是乃至即意識界. ⑥ 即明無明, 明無明盡, ⑦ 如是乃至即老即死, 即老死盡. ⑧ 即苦即集即滅即道, ⑨ 即智即得, ⑩ 即檀那即尸羅即毘梨耶即羼提即禪那即鉢剌若, ⑪ 即波羅蜜多, ⑫ 如是乃至即怛闥阿竭即阿羅訶三耶三菩, ⑬ 即大涅槃即常即樂即我即淨. 以是即俱世出世故.

①~⑨ : 즉심즉공, 즉지수화풍 … : 세간법
⑩, ⑪ : 즉보시 즉지계 … : 수행
⑫, ⑬ : 즉여래, 즉열반 : 출세간법

앞에서 논한 것이 여래장의 체인 공여래장(空如來藏)으로서 세간 및 출세간의 상과 구분되어 그러한 상이 아니라는 것이었다면, 이제부터는 그러한 여래장이 불공여래장(不空如來藏)으로서 다시 일체의 세간과 출세간의 상을 모두 포함한다는 것을 논한다. 앞에서 상을 떠나기 위해 비(非)를 말하였다면, 지금은 다시 상을 포함하기 위해 즉(即)을 말하는 것이다. 이는 곧 『금강경』에서 'x가 아니므로 x라고 이름한다'고 하는 것과 마찬가지의 논리라고 볼 수 있다.

수보리여, 붓다는 반야바라밀은 곧 반야바라밀이 아니라고 설하며 그래서 반야바라밀이라고 부릅니다. … 수보리여, 모든 미진은 미진이 아니라고 여래가 설하며 그래서 미진이라고 부릅니다. 여래는 세계는 세계가 아니라고 설하며 그래서 세계라고 부릅니다.[26]

'x가 아니므로 x라고 부른다'가 갖는 의미는 무엇인가? 예를 들어 '이 사과는 빨간색이다'라고 할 때, 엄밀히 말하면 사과a는 빨간색x 자체가 아니다. 사과가 빨간색 자체라면 사과 아닌 장미가 빨간색일 수 없을 것이다. 그렇게 우리는 사과와 빨간색 자체를 구분한다. 비(非)의 논리이다. 그러나 바로 그렇기 때문에 우리는 사과를 빨간색 아래 포섭시켜 '빨간색이다'라고 말하는 것이다. 즉(卽)의 논리이다. '사과는 과일이다'도 마찬가지이다. 사과는 과일과 구분된다(비의 논리). 사과가 과일 자체라면, 사과 아닌 배는 과일이 아니게 될 것이다. 그런데 사과가 과일이 아니므로 '사과는 과일이다'가 의미 있는 말이 된다(즉의 논리). 주어와 술어가 자기동일적일 경우는 동어반복이 되어 의미 없는 말이 될 것이다. 이와 같이 우리의 일상의 사유와 언어에도 비(非)의 논리와 즉(卽)의 논리가 함께 작동하고 있다.

(3) 쌍차(雙遮)와 쌍조(雙照)의 논리

> 붓다: 그런즉 여래장의 묘명심의 근원은 ① 즉도 여의고 비도 여의며, ② 즉이기도 하고 즉이 아니기도(시이기도 하고 비이기도) 합니다.
> 卽如來藏妙明心元, ①離卽離非, ②是卽非卽.

(1) 비: 묘/공여래장 ⎤
(2) 즉: 명/불공여래장 ⎦ 묘명심
(3) ①리(離) = 즉과 비를 리: 리즉, 리비: 즉과 비, 둘 다를 부정: 쌍차(雙遮) ⎤ 묘명심의 근원
　②즉(卽) = 시와 비와 즉: 시즉, 비즉: 시와 비, 둘 다를 긍정: 쌍조(雙照) ⎦

위에서 (1) 여래장(성)은 현상(상)이 아니라는 의미에서 비(非)를 말하고, (2) 여래장(성)이 현상(상)으로 드러난다는 의미에서 즉(卽)을 말하였으며, 여기에서는 다시

26　『금강경』, "須菩提, 佛說般若波羅蜜, 卽非般若波羅蜜, 是名般若波羅蜜. … 須菩提, 諸微塵, 如來說非微塵, 是名微塵. 如來說世界非世界, 是名世界."

(3) 여래장이 이 두 측면을 모두 넘어선다는 것을 밝힌다. 말하자면 ① 즉과 비를 모두 떠난다는 의미에서 리(離)를 말하고, 또 ② 즉과 비를 넘어서되 다시 시와 비를 모두 포괄한다는 의미에서 즉(卽)을 말한다. 즉과 비를 모두 버리는 것이 쌍차(雙遮)이고, 시와 비를 모두 긍정하는 것이 쌍조(雙照)이다.

> 붓다: 어떻게 세간의 3유 중생과 출세간의 성문 연각이 알려진 마음으로 여래의 무상보리를 측탁하고, 세간의 언어를 갖고 불지견에 들어가겠습니까?
> 如何世間三有衆生及出世間聲聞緣覺, 以所知心測度如來無上菩提, 用世語言入佛知見?

세간 3유 중생 + 출세간 2승　　←　　　여래
　　　　소지심　　　　　　　　　　　무상보리
　　　　세간 언어　　　　　　　　　불지견(佛知見)

　욕계와 색계와 무색계 3유를 윤회하는 세간의 범부 그리고 수행을 통해 윤회를 벗고자 하는 출세간의 2승은 분별적 방식으로 알려지는 마음인 소지심(所知心)을 갖고 일상의 분별적 개념적 언어를 사용하여 일체를 이해하고자 한다. 그러나 그러한 분별적 소지심으로는 부처의 무상보리를 측량해 알 수 없고, 개념적 분별적 언어를 사용해서는 붓다의 깨달음의 경지인 불지견(佛知見)에 이르지 못한다. 불지견은 무명을 벗은 앎이고, 범부나 이승은 아직 무명을 벗지 못했기 때문이다. 우리의 일상적 앎은 언어적 개념틀에 따른 앎으로서 이원적 분별에 입각한 앎이다. x를 −x가 아닌 것으로서 아는 앎이다. 반면 불지견은 이원화된 앎이 아닌 앎, 무한과 절대의 앎이다. 그 부정을 생각할 수도 없는 앎, 절대적으로 확실한 앎에 해당한다. 일상의 논리가 대대(待對)의 논리라면, 불지견은 절대와 무한에 대한 앎이기에 그러한 대대를 넘어선 앎이다. 자신 너머 바깥이 없는 무외(無外)의 전체를 스스로 아는 것이 불지견에 해당한다. 우리의 일상의식은 분별과 상대의 논리를 따르므로 무분별과 절대의 부처의 경지, 무상보리와 불지견에 이르기 어렵다. 그러나 그렇다고 해서 붓다의 무분별적 경지가 우리의 일상적 분별의식과 완전히 분리되어 있는 것은 아니다. 우리의 분별적 표층의식의 기반에 무분별적 절대의 시점, 본래적 자기자각인 본각(本覺)이 이미 작동하고 있기 때문이다. 그래서 '중생즉부처', '번뇌즉보리'라고 말한다. 분별적 중생의 마음 안에 이미 무분별적 부처의 마음이 활동하고 있기에 중생 누구나 자신의 분별적 마음 안에서 이미 활동하고 있는 여래심을 발견할 수 있는 것이다.

붓다: 비유하면 마치 금·슬·공후·비파가 비록 오묘한 소리를 지니고 있어도 만약 묘한 손가락이 없으면 끝내 소리를 낼 수 없는 것과 같이, 당신과 중생도 또한 이와 같아 보각진심이 각각 원만하여도 만약 내가 손가락을 당기면 해인이 빛을 발하지만, 당신이 잠깐 마음을 움직이면 먼지와 피로가 먼저 일어납니다. 이것은 부지런히 무상의 깨달음의 도를 구하지 않고 소승을 좋아해서 적게 얻고도 만족하기 때문입니다.

譬如琴·瑟·箜篌·琵琶雖有妙音, 若無妙指終不能發, 汝與衆生亦復如是, 寶覺眞心各各圓滿, 如我按指海印發光, 汝暫擧心塵勞先起. 由不勤求無上覺道, 愛念小乘得少爲足.

〈악기의 비유〉 악기가 있어도, 묘지가 있어야 → 묘음을 얻음
일체 중생이 보각진심 있어도, ┌ 붓다의 손 → 해인의 빛
　　　　　　　　　　　　　　└ 중생의 손 → 먼지와 피로 일어남

금은 7현, 슬은 25현, 공후는 14현, 비파는 4현의 현악기라고 한다. 해인(海印)은 붓다가 화엄경을 설하면서 든 삼매로서 입정이 그대로 출정인 삼매이며 모든 삼매의 근원이다. '무상각도'는 붓다의 궁극적 깨달음으로서 불과(佛果)의 지혜이며 불지과(佛智果)이다. 앞서 말한 불지견(佛知見)이 이것이다. 아무리 귀한 악기가 있어도 그것을 숙달된 손가락으로 연주하지 않으면 오묘한 소리를 들을 수 없는 것처럼, 중생에게 아무리 보각진심이 원만하게 갖추어져 있다고 해도 중생이 그것을 건드려 알아차리지 못하면 무상의 지혜가 일어날 수가 없다. 부처는 내면의 보각진심을 일으켜 해인삼매의 빛을 발하는데, 중생은 똑같은 보배를 품고도 허망한 망상을 피워 결국 피로와 먼지만 일으킨다. 묘명을 알지 못하는 무명에 빠져 있는 것이다. 불지견을 얻는 불과에 이르려면 일체 번뇌의 근본이며 윤회의 원인이 되는 근본무명을 벗어야 한다. 그렇다

면 이 근본무명은 왜 생기는가? 무명의 원인은 무엇인가? 이하에서 다시 또 부루나가 이에 대해 질문한다.

3. 무명(無明)의 실상

> 부루나: 저와 여래에게 보각의 원명과 참된 묘정심이 둘이 없이 원만합니다. 그러나 저는 예전부터 무시의 망상을 만나 오래도록 윤회에 머물러 있으며 이제 성인의 과를 얻어도 아직 구경이 아닙니다만, 세존께서는 허망함 일체가 두루 사라져서 홀로 묘하고 참되고 항상되십니다. 감히 여래께 질문드리니, 일체 중생은 무슨 원인으로 허망이 있어 스스로 묘한 밝음을 가리고 윤회에 빠져듭니까?
>
> (富樓那言) 我與如來寶覺圓明眞妙淨心無二圓滿, 而我昔遭無始妄想久在輪廻, 今得聖乘猶未究竟, 世尊諸妄一切圓滅獨妙眞常. 敢問如來一切衆生何因有妄自蔽妙明受此淪溺?

일체 중생에게 보각=본각이 있는데, 무명은 왜 있는가?
범부: 망상으로 윤회. 성인과(아라한과) 얻어도 불과에 이르지 못함. 왜 그런가?
  ↑
부처: 허망이 사라짐, 묘(妙), 진(眞), 상(常)

범부든 부처든 일체 중생에게 원명의 묘정심이 있기는 하지만, 중생은 무명으로 인해 그것을 드러내지 못하고 허망한 윤회에 빠져 있는 데 반해, 붓다는 일체 허망함을 여의고 묘하고 참되고 항상되다. 부루나가 말한 '무시의 망상을 만나다'는 홀연히 생겨남을 뜻하고, '오래도록 윤회에 머물다'는 상속을 뜻한다. 성인의 과를 얻어도 구경이 아니라는 것은 아라한에게나 보살에게는 근본무명이 남아 있으므로 궁극의 단계에 이른 것이 아니라는 것이다. 근본무명을 넘어선 불과에 이르러야 구경이라고 할 수 있다. 중생이 윤회에 빠짐이 '윤익'이다. 윤(淪)은 물이 돌아서 그 물결에 빠져드는 것이고, 익(溺)은 물이 깊어서 거기 빠져드는 것이다. 윤은 오래도록 윤회함을 말하고, 익은 성문이 불완전하여 구경에 이르지 못함을 말한다. 범부든 부처든 원명의 묘정심이 있는데, 그런데도 중생은 왜 무명으로 인해 윤회에 빠져드는 것일까? 윤회의 근본 원인인 무명은 무엇으로 인해 생긴 것인가? 무명의 원인은 무엇인가? 이것이 부루나의 마지막 질문이다.

1) 본각과 불각: 연야달다의 비유

> 붓다: (부루나에게) 당신이 비록 의심을 제거하였으나 남은 미혹은 아직 다하지 못하였으니, 내가 세간의 현전하는 일들을 가지고 이제 당신에게 묻겠습니다. 당신은 들어보지 않았습니까? 실라벌성의 연야달다가 홀연히 이른 새벽에 거울로 얼굴을 비춰보면서 거울 속 머리에서는 눈썹과 눈을 볼 수 있어 좋아하다가, 자기 머리에서는 얼굴과 눈을 보지 못해 화내어 책망하면서 도깨비라고 여겨 이유 없이 미쳐 달아났다면, 어떻게 생각합니까? 이 사람은 무슨 원인으로 까닭 없이 미쳐 달아났겠습니까?
>
> 부루나: 이 사람은 마음이 미친 것 이외에 다른 이유가 없습니다.
>
> (佛告富樓那) 汝雖除疑餘惑未盡, 吾以世間現前諸事今復問汝. 汝豈不聞? 室羅城中演若達多忽於晨朝, 以鏡照面愛鏡中頭眉目可見, 瞋責己頭不見面目, 以爲魑魅無狀狂走, 於意云何? 此人何因無故狂走?
>
> (富樓那言) 是人心狂更無他故

무명의 원인(因)은 무엇인가?

비유 ┌ 물음: 연야달다의 미침의 원인이 무엇인가?
　　 └ 답: 미침에는 다른 원인이 없음

연야달다: 얼굴 있음(인) o → 얼굴이 있다고 앎(과): 앎에 이유가 있음 = 정상
　　　　　 얼굴 없음(인) x → 얼굴이 없다고 앎(과): 앎에 이유가 없음 = 미침 = 허망

부루나는 아라한으로서 번뇌를 제거하였으며, 일체 중생이 묘명심까지 믿으니 의심도 제거하였다. 그렇지만 마지막으로 남은 미혹은 제거하지 못하였다고 한다. 이 마지막 남은 미혹이 바로 근본무명이다. 근본무명은 중생 본래의 묘각명을 알지 못하는 무명이며, 그 무명에 원인이 없음을 알지 못하는 무명이다. 본래의 묘각명이 번뇌에 의

해 가려진다고 해서 번뇌가 무명의 원인이 아닌 것은 번뇌가 있어도 묘각명은 밝게 빛나고 있기 때문이다. 그 묘각명은 자각하면 자증적으로 확실한 것인데 자각하지 못하므로(불각) 무명이 되지만, 묘각명이 무명으로 바뀜에는 근거가 없다. 본래 각이 있는데, 각이 없다고 생각함에는 정당한 근거가 없다. 근거가 없기에 망상이고 무명이다. 없다고 생각하니까 불각이지만, 실제 각이 없지 않기에 망상인 것이다. 근본무명이 아무 원인 없이 일어난다는 것을 말하기 위해 연야달다가 까닭 없이 미쳐 달아남을 비유로 들었다. 무상(無狀)은 곧 무고(無故)이다. 이유 없이, 까닭 없이, 그냥 미치는데, 그렇게 미치게 되는 원인이 없다는 것이다. 미침의 원인, 인(因)은 없다. 그러니까 '미쳤다'고 부르는 것이다. 만약 원인이 있다면, 근거 있는 행동이기에 미쳤다고 부르지 않을 것이다. 부루나는 연야달다의 경우 마음의 미침에 다른 원인이 없다는 것을 금방 알아차렸다. 왜인가? 연야달다의 미침에 왜 원인이 없다는 것인가? 연야달다가 자기에게 얼굴이 없다고 여겨서 미친 건데, 실제로 얼굴이 없은 적이 없기 때문이다. 얼굴이 있는데도 그걸 모르고 없다고 생각하니 미친 것이고 허망한 것이고, 그래서 미침의 원인이 없다는 것이다. 얼굴이 있다는 걸 알기만 하면 미침은 끝난다. 얼굴이 있음을 모르는 미친 상태와 얼굴이 있음을 아는 미치지 않은 상태 사이에는 알거나 모름 이외의 다른 차이가 없다. 그러니까 알지 못하게 만드는 다른 원인, 미치게 만드는 다른 원인이 있지 않다는 것이다. 알게 하는 원인과 모르게 하는 원인이 따로 있지 않다. 얼굴이 있으니, 얼굴이 있음을 알 원인만 있을 뿐이다. 얼굴이 없어진 적이 없으니, 얼굴이 없다고 잘못 알 원인은 없는 것이다. 그런데 없다고 여기니 미친 것이다. 다른 원인이 없으니, 원인이 있어서 모르는 것이 아니니, 미쳤다고 하는 것이다. 그렇듯 중생의 진심(원묘명심)이 본래 명인데, 스스로 그 명이 없다고 생각하는 것이 무명이다. 그것은 마치 연야달다가 얼굴이 있는데도 스스로 얼굴이 없다고 생각하는 것처럼 허망한 생각, 전도된 생각, 미친 생각인 것이다. 중생의 심은 원묘명심으로 항상 두루 명이기에, 명이 없은 적이 없고 무명은 있은 적이 없다. 그런데도 명이 있다는 것을 모르고 없다고 생각하니, 그건 허망한 생각이고, 그 허망한 생각의 원인은 없는 것이다. 명이 없은 적이 없는데, 그러니까 무명인 적이 없는데, 스스로 무명이라고 생각하니 허망한 것이다.

> 붓다: 묘각의 밝고 두루함은 본래 두루하고 밝고 묘합니다. 이미 허망하다고 칭했으니, 어떻게 원인이 있겠습니까? 만약 원인이 있어 그렇게 된 것이라면, 어떻게 허망하다고 하겠습니까? 스스로 여러 망상이 전전하여 서로 원인이 된 것이니, 미혹함으로부터 미혹함이 쌓여 수많은 세월을 지나온 것입니다. 비록 붓다가 밝힌다고 해도 여전히 되돌릴 수는 없을 것입니다.
>
> (佛言) 妙覺明圓本圓明妙. 旣稱爲妄云何有因? 若有所因云何名妄? 自諸妄想展轉相因, 從迷積迷以歷塵劫. 雖佛發明猶不能返.

묘각명원: 본래 원(圓), 명(明), 묘(妙), 〈명 = 진(眞)〉

  ↕

〈무명 = 망(妄)〉　　→　　망상

　원인 없음　　　　　망상이 전전하여 인이 됨: 연기의 법칙 (무명업상/전상/현상)

　본각은 본래 명이다. 무명은 그 명을 모르는 허망함이다. 허망하기에 근거가 없다. 무명의 원인을 찾는 것은 무명이 허망하다는 것, 본래 본각의 명이 있다는 것을 아직 알지 못하는 것이다. 무명이 왜 허망인가? 중생의 묘명심이 본래 명이기 때문이다. 그 명을 알아차리지 못하기에 허망하다고 한다. 마음의 본각의 명을 모르고 무명에 따라 흔들림으로써 3세 6추의 세상 속에 살면서 업을 지어 6도 윤회한다. 망상이 종자를 낳고 종자가 다시 세계로 전변하여 끊임없이 유전 상속하게 되는 것이다. 이것을 벗어나는 길, 근본무명을 타파하는 길은 중생이 각자 스스로 회광반조하여 자신 내면의 마음의 빛, 명을 깨닫는 길밖에 없다. 붓다의 조력이 있다고 해도 어디까지나 스스로 깨닫기를 돕는다는 의미이지, 본인의 깨달음이 없이 무명을 벗어날 길은 없다.

> 붓다: 이와 같이 미혹의 원인은 미혹으로 인하여 스스로 있는 것입니다. 미혹이 원인이 없다는 것을 알면, 허망함이 의거할 바가 없게 됩니다. 이미 생긴 것도 없는데, 무엇을 멸하고자 하겠습니까? 보리를 얻는 것도 잠에서 깨어난 사람이 꿈속의 일을 말하는 것과 같으니, 마음이 비록 (꿈속의 일을) 면밀하게 안다고

해도 어떤 인연으로 꿈속의 사물을 취하겠습니까? 하물며 원인이 없다면, (미혹은) 본래 없는 것입니다. 저 실라벌성의 연야달다가 자신의 머리 없음을 두려워하여 달아남에 무슨 인연이 있겠습니까? 홀연히 광기가 멎는다고 해도 머리를 바깥에서 얻은 것이 아닙니다. 비록 아직 광기를 멈추지 않는다고 해도 또한 무엇을 잃어버린 것이겠습니까?

如是迷因因迷自有. 識迷無因妄無所依. 尙無有生欲何爲滅? 得菩提者如寤時人說夢中事, 心縱精明欲何因緣取夢中物? 況復無因本無所有. 如彼城中演若達多豈有因緣自怖頭走? 忽然狂歇頭非外得. 縱未歇狂亦何遺失?

┌─ 미혹의 원인이 있다는 미혹으로 인해, 미혹이 스스로 있음
└─ 미혹의 원인이 없다고 알면, 망(妄)의 의지처가 없어짐, 망의 공함을 알게 됨

미혹에 빠짐도 원인 없음: 머리를 잃은 것이 아니므로
미혹에서 벗어남도 원인 없음: 머리를 새로 얻은 것이 아니므로
(꿈에서 깨어남과 같아) 꿈속 사물이 원인일 수 없음

미혹이 원인이 없다는 것은 미혹이 허망하다는 것이다. 미혹이 미혹임을 안다면, 즉 그것이 허망하다는 것을 안다면, 그 마음은 이미 허망함을 벗어난다. 깨달음에서 보면 무명에는 원인이 없다. 무명으로 빠져드는 것도 원인이 없고, 다시 무명에서 벗어나는 것도 원인이 없다. 처음부터 끝까지 계속 무명이 아니고 명이 있기 때문이다. 명 대신 무명이라고 생각하는 것도 원인이 없고, 그 무명에서 다시 명으로 돌아오는 것도 특별한 원인이 없다. 허망함에 빠져드는 것도 그곳을 벗어나는 것도 모두 원인 없이 생기는 일이다. 그래서 허망하다고 하는 것이다. 연야달다의 머리는 처음부터 있었다. 그런데도 갑자기 머리가 없다고 생각하는 것은 원인이 없이 일어난 미혹이다. 머리는 계속 있었기 때문이다. 또 그 미혹으로부터 벗어나서 다시 머리가 있다고 생각하는 것도 원인이 없다. 머리가 없다가 그때 비로소 생겨난 것이 아니기 때문이다. 망상은 그냥 생겼다가 그냥 없어지는 것이지, 원인이 없다. 미치든 안 미치든 머리는 항상 거기에 있었듯이, 무명에 따라가든 무명을 벗어나든 명은 항상 거기 그렇게 본래 있는 것이다.

붓다: 부루나여, 허망함의 성도 이와 같으니 원인이 어디에 있겠습니까? 당신이 다만 세간과 업과와 중생의 3종 상속을 따라서 분별하지 않는다면, 3연이 끊어지므로 3인이 일어나지 않을 것이니, 그런즉 당신 마음속의 연야달다의 광기의 성품이 저절로 쉴 것입니다. 쉬면 곧 지혜의 수승한 정명심이 본래 법계에 두루하니 다른 사람으로부터 얻는 것이 아닙니다. 어째서 수고롭게 힘쓰는 번뇌 끊음의 수증을 빌리겠습니까? 비유하자면 어떤 사람이 자기 옷에 여의주가 매달려 있음을 스스로 알지 못해서 타지에서 굶주리고 헐벗고 걸식하며 돌아다니는 것과 같습니다. 비록 실제 빈궁하여도 일찍이 여의주를 잃어버린 적이 없으니, 문득 지혜로운 사람이 그 여의주를 지적해주면 소원하는바 마음대로 큰 부자가 될 것이며, 그때 비로소 신비한 여의주가 바깥으로부터 얻어진 것이 아님을 깨닫게 될 것입니다.

富樓那, 妄性如是因何爲在? 汝但不隨分別世間業果衆生三種相續, 三緣斷故三因不生, 則汝心中演若達多狂性自歇, 歇卽菩提勝淨明心本周法界不從人得. 何藉劬勞肯綮修證? 譬如有人於自衣中繫如意珠不自覺知, 窮露他方乞食馳走. 雖實貧窮珠不曾失. 忽有智者指示其珠, 所願從心致大饒富, 方悟神珠非從外得.

3업	→	3연	→	3인	→	허망 = 번뇌
세간·중생·업과 상속 따른 분별		3추(麤)		3세(細)		
↕		↕		↕		↕
3종 상속 따라 분별하지 않음	→	3연 끊어짐	→	3인 안 일어남	→	허망 쉼 = 보리

일체의 허망함은 그 자체가 원인이 있어 발생한 것이 아니라, 우리가 3종 상속을 따라 수념분별함으로써 그 대상(연)들이 계속 나타나게 되는 것이다. 세계(기세간)와 중생(유근신)의 경계상이 나타나기에 이로 인해 그것을 실재라고 집착하는 법집과 아집이 있으며 6추의 분별이 일어난다. 그러니까 수념분별 자체를 멈추면 그 경계상이 되는 3연이 끊어지고, 3세(細)도 일어나지 않아 결국 광기의 허망심이 멈추어 쉬게 된다는 것이다. 허망한 망상이 쉬고 광기가 멎으면, 즉 무명이 허망임을 알면, 그 자리가 곧 지혜의 밝은 마음이다. 여기에서 강조하는 것은 분별을 멈춰 3세 상속을 멈추면 허망이 멎는 바로 그 자리가 그대로 정명의 보리심이라는 것이다. 무명이 허상임을 보면 그게 곧 명이다. 미친 광기만 멈추고 무명이라는 생각만 버리면, 즉 무명이라는 생각

이 허상임을 보면, 그 자리가 바로 명이다. 그러니까 명을 어디 다른 곳으로부터 가지고 오는 것이 아니다. 무명 너머의 명을 주장하는 것이 아니라, 무명의 바탕이 명이라는 것을 말하는 것이다. 악무한이 아니고 진무한인 셈이다. 번뇌는 하나씩 끊어내기 전에 그것이 허망하다는 것을 먼저 아는 것이 필요하다. 허망함을 깨달으면 번뇌는 이미 번뇌가 아니다. 그러면 수고롭게 번뇌를 끊고자 뼈와 살을 발라내는 노고를 할 필요가 없다는 것이다. 긍계(肯綮)는『장자』「양생주」의 포정해우(庖丁解牛)에 나오는 단어로 뼈 사이의 살이 긍(肯)이고 근육살이 맺힌 곳이 계(綮)이다. 칼이 긍계를 지나도 상하지 않는다는 것이다. 무명의 허망함과 본래의 묘각명을 단번에 깨달아 '중생즉부처'의 도리를 안다면, 번뇌를 하나씩 제거하여 비로소 부처가 되려는 생각을 멈출 수 있다.

　스스로를 가난한 자라고 여기면서 걸식하고 다녀도, 스스로 번뇌에 쌓인 자로 여기면서 좌절하고 있어도, 그 안에 여의주 보물이 있고, 그 마음 안에 정명심이 밝게 있다. 다만 본인 스스로 그것을 자각하여 알지 못하는 것이 문제이다. 그러나 알지 못하게 하는 다른 근본 원인은 없다. 그냥 모르는 것이 습(習)이 되어 그렇게 전전하는 것일 뿐이다. 되돌려 마음의 묘명을 자각하면 그것이 언제나 거기 있었음을 알게 된다. 타지에서의 굶주림인 궁(窮)과 헐벗음인 로(露)에 대해『정맥소』는 이렇게 설명한다. "공(空)에 묶여서 묘용이 없는 것이 굶주림(궁)이고, 유(有)에 막혀서 물러나 숨을 곳이 없는 것이 헐벗음(로)이다. 공과 유는 둘 다 치우친 곳이기 때문에 타지와 같다. 오홍이 '인천(人天)의 낙(樂)을 구하여 치우친 작은 이익을 취하는 것이 걸식하며 떠도는 것과 같다'고 하였다."[27]

2) 무명(광기)의 원인 없음

　번뇌와 무명이 중생이 직면하는 결과(고)이니 그런 무명을 야기하는 원인(집)이 있을 것 같고, 깨달음이 수행의 결과(멸)이니 그런 깨달음에 이르는 인으로서의 수행(도)이 있어야 할 것 같다. 그렇게 유전문과 환멸문은 모두 인과 과의 인연법으로 보인다. 그런데 위에서 붓다는 번뇌와 무명은 허망한 것으로서 그 원인이 없다고 하고, 따

27　진감,『정맥소』, 2권, 704쪽.

라서 그것을 덜어내는 수행도 필요 없다고 하였다. 그저 번뇌 무명이 허망임을 알면 그것이 바로 명이고 보리(지혜)라고 한 것이다. 수행의 인연을 부정한 것이다. 깨달음은 수행의 결과가 아니라, 본래 항상 거기 그렇게 있다는 뜻이다. 이에 아난은 다시 인연을 끌고 온다. 깨달음에 이르는 전체 과정, 3연을 끊고 3인을 일어나지 않게 하는 것이 곧 깨달음의 인이 아니냐는 것이다.

아난: (대중 속에 있다가 붓다의 발에 정례하고 일어나서 붓다에게) 세존께서 지금 '살·도·음의 업과 3연이 끊어지므로 3인이 일어나지 않아 마음속 연야달다의 광기의 성품이 저절로 쉰다. 쉬면 즉 보리이니 다른 사람에 의해 얻어지는 것이 아니다'라고 말씀하셨습니다. 이런즉 인연이 확실하게 명백한데, 어째서 여래께서는 갑자기 인연을 버리셨습니까? 저도 인연을 좇아 마음이 개오를 얻은 것입니다. 세존이여, 이 뜻이 어찌 유독 우리 젊은 유학 성문에게만 그렇겠습니까? 지금 이 회중의 대목건련과 사리불과 수보리 등도 늙은 외도에게서 나와 붓다의 인연설을 듣고서 발심하고 개오하여 무루가 되었습니다. 이제 보리가 인연을 좇는 것이 아니라고 말씀하시면, 왕사성의 구사리 등이 말하는 자연이 제1의제가 됩니다. 부디 큰 자비를 내려서 미혹과 번민을 깨우쳐주십시오.

(卽時阿難在大衆中, 頂禮佛足起立白佛) 世尊現說殺盜婬業三緣斷故, 三因不生, 心中達多狂性自歇. 歇卽菩提不從人得. 斯則因緣皎然明白, 云何如來頓棄因緣? 我從因緣心得開悟. 世尊, 此義何獨我等年少有學聲聞? 今此會中大目揵連及舍利弗須菩提等, 從老梵志聞佛因緣, 發心開悟得成無漏. 今說菩提不從因緣, 則王舍城拘舍梨等所說自然成第一義. 惟垂大悲開發迷悶.

인연인가? 3업(살도음)/3연/3인 있음 → 광기(근본무명) 있음 → 번뇌
　　　　　3업(살도음)/3연/3인 없음 → 광기(근본무명) 다함 → 보리　｝인연 아닌가?
자연인가? 인연이 아니면, 외도가 말하듯 자연인가?

3연 3인과 근본무명이 정명심을 가리는 인연이고, 이 인연을 제거해야지 다시 정명심이 드러나게 되니 그렇게 광기와 광기로부터 벗어남의 인연이 있는데, 왜 인연을 부정하는가? 또 광기를 벗어나기 위한 수행이 필요한데, 왜 수행에 의거할 것이 아니라

고 말하는가? 이것이 아난이 궁금해하는 것이다. 위에서 붓다가 '미망이 원인이 없는데, 어째서 수고롭게 힘쓰는 수증이 필요하겠는가?'라고 말한 것에 대한 반문이다. 목건련, 사리불, 수보리 등 제자들이 붓다에게 와서 수행을 시작하게 된 것도 붓다의 인연법에 대해 듣고 발심했기 때문이다. 그런데도 붓다가 보리가 인연을 따르는 것이 아니라고 하니까, 의문을 제기한 것이다. 인연이 아니라면, 그럼 외도가 말하듯이 일체는 그 자체로 그렇게 존재하는 자연이란 말인가?

> 붓다: (아난에게) '실라벌성의 연야달다의 미친 성품의 인연이 만약 멸하여 제거되면, 미치지 않은 성품이 자연히 드러난다'고 한다면, 인연과 자연의 이치가 여기에서 끝날 것입니다.
>
> (佛告阿難) 卽如城中演若達多狂性因緣若得滅除, 則不狂性自然而出, 因緣自然理窮於是.

진과 망의 대립	미침의 원인 있으면 미침: 인연 ↔ 원인 없으면 안 미침: 자연	생멸문
	무명의 원인 있으면: 유전문 ↔ 무명의 원인 제거하면: 환멸문	
↕		↕
진과 망의 불이(不二): 무명의 바탕에 항상 명이 있음		진여문

'무명 망상(인연)이 없어져야 그때 비로소 본래 묘각명(자연)이 드러난다'고 주장하는 것은 '인연이 없어져야 자연이 있다', '무명이 없어야 명이 있다'고 말하는 것이다. 이처럼 만약 인연이 있어서 무명이 되고, 그 인연이 없어지면 비로소 본래성품의 묘각명이 있게 되는 것이라면, 이는 결국 무명과 명, 망과 진을 동일 차원에 놓고 대비시키는 것이 된다. 즉 망이 있으면 진이 없고, 망이 없으면 진이 있는 것이 된다. 무명이 있으면 명이 없고, 무명이 없으면 명이 있는 것이 된다. 이렇게 본각의 명(연야달다의 머리)이 무명과 동일 차원에서 대대가 되면, 무명의 순간에는 명(연야달다의 머리)이 없어야 한다. 말하자면 연야달다는 머리가 없어서 미치고, 머리를 얻어서 정상이 된 것이어야 한다. 그러나 실상이 그렇지 않으니, 이렇게 해서는 이치가 제대로 드러나지 않는다. 연야달다가 진짜 머리가 없어서 없다고 안 것이라면 미친 것이 아니다. 미쳤을 때도 머리는 있었다. 그러니까 미친 원인이 따로 있지 않다는 것이다. 그럴 원인이

없는데 그렇게 되므로 미쳤다고 하는 것이다. 말하자면 무명일 때에도 무명이 될 특별한 인연은 없다. 즉 무명일 때에도 명은 항상 거기에 있다. 그러므로 무명의 인연이 없어져야 본묘각명이 비로소 드러나는 것은 아니라는 것이다. 명이 있는데 그걸 모르고 무명에 빠지니 미쳤다고 하는 것이다. 미쳐도 머리가 없어진 적이 없듯이, 무명(불각)이 있어도 명(본각)은 없어진 적이 없다. 이하에서는 본각과 불각(무명) 둘 다가 인연도 아니고 자연도 아니라는 것을 밝힌다.

(1) 본각(머리)에 대해
  ① 깨달음이 자연이라면, 미치는 일이 없어야 함
  ② 깨달음이 인연이라면(미침도 인연이니), 미칠 때 머리가 없어야 함
(2) 무명(광기)에 대해
  ① 미침이 자연이라면, 늘 미쳐 있어야 함
  ② 미침이 인연이라면, 머리 있는데 왜 미치나

(1) 본각(머리): 자연도 아니고 인연도 아님

붓다: ① 아난이여, 연야달다의 머리가 본래 자연이라면, 본래 저절로 그러하여서 그렇지 않음이 없을 텐데, 무슨 인연으로 머리(없음)를 두려워하여 미쳐 달아났겠습니까? ② 만약 자연인 머리가 인연 때문에 미친 것이라면, 어째서 자연(머리)이 인연 때문에 유실되는 것은 아닙니까? 본래 머리는 잃어버리지 않았고, 미쳐 두려워함은 허망하게 나온 것입니다. 일찍이 변역(머리 잃음)이 없는데, 어째서 인연에 의거하겠습니까?
  ① 阿難, 演若達多頭本自然, 本自其然無然非自, 何因緣故怖頭狂走? ② 若自然頭因緣故狂, 何不自然因緣故失? 本頭不失, 狂怖妄出. 曾無變易, 何藉因緣?

① 본각(머리)이 자연이 아님: 머리가 자연(현상)이라면, 미치는 일이 없어야 함
② 본각(머리)이 인연도 아님: 머리가 인연이면, 미침도 인연
        미칠 때 머리가 인연 따라 유실돼야 함 ∴ 머리 있고 없음이 인연이 아님

① 머리 있음은 각이 항상 명임을 말한다. 본각 내지 머리를 자연이라고 하면서 인연에 대비시키면, 항상 깨달음에 머물러 있으면서 미치거나 무명에 빠지지 않아야 한

다. 그런데도 연야달다가 홀연히 미치고 중생이 홀연히 무명에 빠지는 것은 깨달음이 자연이 아니라는 말이 된다. 자연이 아니라는 것은 그것이 자연 현상처럼 늘 그렇게 현실로 드러나 있는 것은 아니라는 말이다. 현상적으로 미침의 현상이 있기에, 본각에 비유된 '머리 있음'은 자연이 아니다. ② 머리 있음에 해당하는 각명과 깨달음, 중생의 미치지 않은 상태를 인연이라고 한다면, 연야달다가 머리가 없다고 생각하는 미침도 인연으로 인한 것이어야 한다. 즉 연야달다가 실제로 머리가 없어서 미친 것이어야 한다. 그러나 실제로 머리가 없어진 적이 없으니, 본각에 해당하는 머리 있음 또한 인연이 아닌 것이다. 이처럼 머리 내지 본각은 항상 그렇게 있다. 그것을 망각하고 없다고 생각하는 것이 망상이고 미침이다. 그러니 있다고 생각하는 것이든 없다고 생각하는 것이든 모두 인연에 의한 것이 아니라 그저 망상인 것이다. 무엇이 인연이나 자연일 수 있기 위해서는 그것의 있음과 없음이 구분될 수 있어야 한다. 그런데 본각은 없는 적이 없으며 따라서 우리는 그것의 있음과 없음을 구분할 수가 없다. 그러므로 그것을 인연이다 또는 자연이다라고 규정하는 것이 맞지 않는 것이다.

(2) 무명(광기): 자연도 아니고 인연도 아님

붓다: ① 본래 미침이 자연이라면 미쳐 두려워함이 본래 있는 것일 텐데, 아직 미치기 전에는 미침이 어디에 숨어 있었습니까? ② 미침이 자연이 아니라면(인연이면), 머리에는 본래 허망이 없는데, 어째서 미쳐 달아났습니까?
① 本狂自然, 本有狂怖, 未狂之際, 狂何所潛? ② 不狂自然, 頭本無妄, 何爲狂走?

① 미침이 자연도 아님: 미침이 자연이라면, 항상 미쳐 있어야 함
② 미침이 인연도 아님: 미칠 인연 없는데(머리가 계속 있는데), 왜 미치는가

① 미침이 자연이라면, 항상 미쳐 있어야 하는데, 그럼 연야달다가 미치기 전에는 그 미침이 어디에 있었냐고 묻는다. 물론 비유에서는 연야달다가 미치지 않을 때가 있지만, 실제 무명은 무시이래이기에 중생이 무명이 없을 때는 없지 않냐고 반문할 수 있을 것이다. 그럼에도 여기에서 '아직 미치기 전'을 언급하며 중생이 늘 미친 것은 아니라고 말하는 것은 우리가 처음부터 끝까지 미쳐 있기만 하다면, 자신이 미쳤다는 사

실도 알지 못할 것이기 때문이다. 연야달다가 자신이 머리가 없다고 생각하면서 미치는 것은 자신이 본래는 머리가 있다는 것을 알기 때문이다. 그처럼 본래 머리 있음을 아는 것은 인간은 누구나 본래적 각성인 본각이 있음을 말해준다. 즉 미치지 않음이 있는 것이며, 따라서 미침이 자연이 아닌 것이다. ② '불광자연'은 '미치지 않음이 자연이라면'이다. 이것을 '광불자연'이라고 수정하여, '미침이 자연이 아니라면, 즉 인연이라면'으로 풀이하였다. 이렇게 해야지 앞에서 '미침이 자연이라고 한 경우'와 여기에서 '미침이 인연이라고 한 경우' 둘이 대비된다. 미치는 것이 인연이라면, 미치게 할만한 인연이 없는데, 즉 머리가 없어진 적이 없는데, 왜 미치는 것이냐고 반박한다. 그러므로 미침은 허망한 것으로서 인연이 없다는 것이다.

> 붓다: <결론> 만약 본래의 머리를 깨닫고 미쳐서 달아났었음을 알게 된다면, 인연과 자연이 모두 희론이 됩니다. 그렇기 때문에 나는 3연이 끊어지면 곧 보리심이라고 말했습니다.
>
> 若悟本頭識知狂走, 因緣自然俱爲戱論. 是故我言三緣斷故卽菩提心.

미침에 대해 인연이라고 논하는 것도 자연이라고 논하는 것도 제대로 된 설명이 되지 않는다. 인연은 인연의 있고 없음이 서로 구분되어야 하고, 자연도 자연으로 있고 없음이 구분되어야 한다. 그러나 본각의 밝음이나 깨달음은 있다가 없게 되거나, 없다가 있게 되는 것이 아니다. 연야달다의 머리가 있다가 없어지거나 없다가 생긴 것이 아닌 것과 같다. 그러므로 본각은 인연도 아니고 자연도 아니다. 그렇기에 '인연이다', '자연이다'라고 논하는 것은 모두 희론(戱論)에 불과하다는 것이다. 앞에서 말했던 '쉬면, 곧 보리이다'라는 것은 허망을 떠나면 일체가 정명심이고 보리라는 것이다. 3연은 세간·중생·업과의 상속에 대한 3종의 수연분별에 따라 드러나는 경계를 말한다. 경계를 일으키는 분별적 언설이 바로 희론이다. 분별을 그치면 희론이 멎고 그러면 무명이 거두어지고 결국은 거기에 언제나 함께하던 본각의 명(明)이 드러난다.

3) 생멸심 바탕의 보리 열반

붓다: ① 보리심이 일어나서 생멸심이 멸한다면, 이것은 다만 생멸일 뿐입니다. ② 생멸이 모두 다하여 공용이 없는 도에 만약 자연이 있다면, 이런즉 분명 자연심이 일어나서 생멸심은 멸한 것이니, 이것 또한 생멸입니다.

① 菩提心生, 生滅心滅, 此但生滅. ② 滅生俱盡無功用道若有自然, 如是則明自然心生, 生滅心滅, 此亦生滅.

① 〈생멸심이 멸 → 보리심이 생〉이라면, 〈생멸 ↔ 보리〉로서 보리심도 생멸심일 뿐
② 〈자연심이 생 → 생멸심이 멸〉이라면, 〈생멸 ↔ 자연〉으로서 자연심도 생멸심일 뿐

① 본래의 각성인 보리심을 망상의 생멸심이 멸하여서 일어나는 결과로 간주한다면, 그 보리심 또한 생멸심의 생멸을 따라 일어났다가 사라지는 것이 되므로 결국 보리심을 생멸로 보는 것이 된다. ② 생멸이 다하는 곳에 비로소 자연이 드러난다고 간주한다면, 자연심 또한 생멸심의 생멸로 인해 있게 된 것이니 자연 또한 생멸이 된다. 이와 같이 보리를 망상의 대대로, 본각을 불각(무명)의 대대로 보면, 보리 및 본각도 상대적인 것이 된다. 본각은 망상이 있거나 없거나 그 바탕에 항상 있는 것이지 망상이 있으면 없어지고 망상이 일어나면 사라지는 것이 아닌 것이다. 따라서 본각을 깨닫는 보리 지혜 또한 인연을 따라 생기고 없어지는 것이 아니다. 생멸 너머의 차원에 본각과 보리 지혜가 있다.

붓다: 생멸이 없는 것이 자연이라면, 마치 세간에서 모든 상이 복잡하게 섞여 하나가 된 것을 '화합성'이라고 부르고, 화합이 아닌 것을 '본연성'이라고 부르는 것과 같습니다. 본연과 비본연, 화합과 비화합이라는 합(인연)과 연(자연)을 모두 떠나고, 떠남과 합함도 모두 아니니, 이 구를 비로소 희론 없는 법이라고 할 수 있습니다. 보리와 열반은 오히려 너무 요원해서 당신이 긴 시간 동안 애써 부지런히 닦아도 증득할 수 있는 것이 아닙니다. 비록 시방 여래의 12부경의 청정하

> 고 묘한 이치를 항하사 수만큼 기억하고 유지해도 단지 희론만 더할 뿐입니다.
>
> 　無生滅者名爲自然, 猶如世間諸相雜和成一體者名和合性, 非和合者稱本然性.
> 本然非然和合非合, 合然俱離, 離合俱非, 此句方名無戲論法. 菩提涅槃尚在遙遠,
> 非汝歷劫辛勤修證. 雖復憶持十方如來十二部經淸淨妙理如恒河沙, 祇益戲論.

세간의 구분: 자연(본연성, 생멸 없음) ↔ 인연(화합성, 제상의 섞임) : 희론
　↕
『능엄경』: 본묘명심(여래장)은 자연도 아니고 인연도 아님 : 희론 없는 법
　　　　보리와 열반: 무명 망상의 유무, 수행의 유무와 상관없이 항상함. 희론 너머임

　생멸과 자연을 대대로 놓는 것은 현상에나 적용될 수 있는 세간적 구분이며 여래장 내지 묘정명심의 본각은 그러한 이원성을 넘어선 것이다. 그래서 여래장은 인연도 아니고 자연도 아니라고 말한다. 그리고 이러한 본각의 관점에서 보면 현상을 구성하는 4과와 7대도 모두 여래장의 드러남일 뿐이다. 본각은 일체의 세간적 분별, 인연이나 자연, 화합이나 비화합 등의 허망분별을 모두 떠난 무분별적 기반이다. 그러므로 본래의 묘각은 인연도 자연도 아니라는 것을 강조한다. 일체의 분별은 그러한 묘각 위에서 펼쳐지는 허망분별이고 희론이며, 묘각 자체는 일체의 희론을 떠난 것이다. 묘각은 모든 중생 안에 본래 빛나고 있는 것이지, 수행을 통해 그 인연 결과로 비로소 얻어지는 것이 아니다. 묘각의 증득인 보리와 열반은 일체 인연을 모두 제거하고 난 후 비로소 도달되는 것이 아닌 것이다. 만약 일체 인연과 희론을 모두 멸하고 나서 비로소 그 결과로 얻어지는 것이라면, 그것을 얻는 것은 너무 요원한 일이 될 것이다. 12부경은 붓다의 교설 전체를 그 내용과 형식에 따라 12부로 분류하여 놓은 것이다. 12분경(分經) 또는 12분교(分敎)라고도 한다. 이 모든 교설을 머릿속으로 전부 이해한다고 해도 자신 안의 묘명정심의 밝음을 자각하지 못한다면 오히려 희론만 일으킬 뿐 아무 의미가 없다는 것이다. 12부경은 아래와 같다.

12부경(十二部經):
　1. 계경(契經): 수다라(修多羅, 범어 sūtra/팔리어 sutta): 산문체로 설한 경
　2. 기야경(祇夜經): 기야(geya/geyya, 응송應頌 · 중송重頌): 장행을 정리한 게송
　3. 수기경(受記經): 화가라(和伽羅, vyākaraṇa): 부처가 제자에게 성불을 예언

4. 게경(偈經): 가타(伽陀, gāthā, 게송偈頌·풍송諷頌·고기송孤起頌): 장행 없이 운문 게송

5. 법구경(法句經): 우타나(優陀那, udāna, 자설自說, 무문자설無問自說): 질문 없이 붓다가 설

6. 상응경(相應經): 이제목다가(伊帝目多伽, itivṛttaka, 본사本事): 불제자의 과거 인연을 설

7. 본연경(本緣經): 사다가(闍多伽, jātaka, 본생담本生譚): 붓다의 전생 이야기

8. 광경(廣經): 비불략(毘佛略, vaipulya, 방광方廣): 방대한 진리를 설

9. 미증유경(未曾有經): 아부타달마(阿浮陀達磨, adbhuta-dharma, 희법希法): 붓다의 신통력 설

10. 천본경(天本經): 니타나(尼陀那, nidāna, 인연담因緣譚): 설법을 듣게 된 인연을 설

11. 비유경(譬喩經): 아파타나(阿波陀那, avadāna, 비유譬喩·출요出曜): 비유로 설

12. 대교경(大教經): 우파제사(優婆提舍, upadeśa, 논의論議): 교리에 대한 문답

붓다: 당신이 비록 인연과 자연을 정확하고 명료하게 말하고 사람들이 당신을 다문제일이라고 칭하며 그렇게 억겁을 쌓아 다문으로 훈습하였다고 해도 마등가의 난을 면할 수가 없었는데, 무슨 까닭에 나의 불정신주(능엄주)에 의지해서 마등가는 마음의 음욕의 불길이 갑자기 다해서 아나함을 얻고, (당신은) 나의 법 가운데에서 정진의 숲을 이루어 애욕의 강물이 말라 해탈하게 되었습니까? 그러므로 아난이여, 당신이 비록 억겁이 지나도록 여래의 비밀스럽고 묘한 장엄을 기억하고 지녀도 하루 동안 무루업을 닦아 세간의 증과 애의 두 고통을 멀리 떠남만 못합니다. 마등가는 이전에 음녀이었지만 신비한 주문의 힘으로 그 애욕을 없앴으니, 법 가운데에서 이제 '성비구니'라고 이름합니다. 라훌라의 어머니 야수다라와 함께 전생의 인연을 깨달았으니, 오랜 시기를 거쳐 탐애로 인해 고가 되었음을 알고, 일념으로 무루의 선(善)을 훈습하고 닦아 혹 매임에서 벗어나기도 하고 혹 수기를 받기도 합니다. (아난 당신은) 어찌하여 스스로 속아 오히려 보고 듣기에 머무릅니까?

汝雖談說因緣自然決定明了, 人間稱汝多聞第一, 以此積劫多聞熏習不能免離摩登伽難. 何因待我佛頂神呪, 摩登伽心婬火頓歇得阿那含, 於我法中成精進林, 愛河乾枯令汝解脫? 是故阿難, 汝雖歷劫憶持如來祕密妙嚴, 不如一日修無漏業遠離世間憎愛二苦. 如摩登伽宿爲婬女, 由神呪力鎖其愛欲, 法中今名性比丘尼. 與羅睺羅母耶輸陀羅同悟宿因, 知歷世因貪愛爲苦, 一念薰修無漏善故, 或得出纏或蒙授記. 如何自欺尙留觀聽?

마등가: 애욕을 멸해서 아나함이 됨
야수다라: 라훌라의 어머니 = 석가모니의 아내

본래 청정심의 본각은 번뇌 망상을 벗어나는 장기간의 갖가지 수행을 통해 비로소 얻어지는 것이 아니다. 본각인 묘각은 번뇌 안에서도 밝게 비추고 있는 것이므로 번뇌를 제거하는 수행과 별도로 어느 한순간 마음 본래 자리에 이르러 거기에 항상 있는 그 본래적 묘각을 스스로 자각하는 것이 가능하다. 이것을 '번뇌 없는 업'인 무루업(無漏業)을 닦는다고 한다. 마음의 각명을 알아차리고 묘각을 자각함으로써 세간 차원의 분별을 넘어서고 그런 분별에 따른 애증의 고통을 멀리 떠나게 된다. 마등가는 붓다의 능엄주문을 듣는 순간 자신의 묘정명심의 밝음을 깨닫고 아난을 향한 음욕의 허망함을 깨우쳐 곧바로 아나함이 되었다. 당시 아난은 수다원이었기에 마등가가 아난보다 더 높은 단계에 오른 것이다. 아라한이 되어야 비로소 무루의 무학이 된다. 마등가도 그렇고, 석가모니의 아내이고 라훌라의 어머니인 야수다라도 그렇고, 모두 전생의 업연을 보면서 인생의 고통이 탐진치의 번뇌에서 비롯됨을 알고는 일체 번뇌를 뛰어넘는 무루의 선(善)을 닦았다고 한다. 일념에 무루의 선을 닦는다는 것은 번뇌를 하나 둘 없애나가는 시간 과정 속에서의 점진적 수행이 아니고 일체 번뇌의 바탕이 되는 마음 본래의 명, 본각 내지 각명을 단번에 깨닫는 것을 말한다. 원묘명심의 밝음은 수행으로 인해서 비로소 생겨나는 인연도 아니고, 일상의 망상에 자연으로 있는 것도 아니다. 오히려 일체의 인연과 자연 너머, 일체의 분별 너머 마음 본래 자리에서 빛나는 밝음, 묘명정심의 밝음이다.

아난: (대중과 함께 붓다의 가르침을 듣고는 의혹이 제거되어 마음으로 실상을 깨닫고 몸과 뜻이 경안하며 미증유의 것을 얻어 거듭 슬피 울면서 붓다의 발에 정례하고 무릎 꿇고 합장하며 붓다에게) 위없이 대비한 청정 보왕께서 저의 마음을 잘 열어주시고 이와 같은 갖가지 인연과 방편으로 능히 도와주셔서 어둠에 빠짐으로부터 건져내어 고해를 벗어나게 해주었습니다.

(阿難及諸大衆聞佛示誨疑惑銷除, 心悟實相身意輕安, 得未曾有重復悲淚, 頂禮

佛足長跪合掌而白佛言) 無上大悲清淨寶王善開我心, 能以如是種種因緣方便提
獎, 引諸沈冥出於苦海.

아난과 대중은 지금까지 붓다가 중생의 묘각명심에 대해 밝히 설명해준 것을 듣고
의혹이 제거되고, 심신이 경안(輕安)에 이르렀다. 경안은 선정 수행에서 탐진치의 번
뇌심이 가라앉음으로써 얻게 되는 심신의 평안한 상태를 말한다. 그들은 여태까지 들
어보지 못한 새로운 통찰을 얻었기에 감격의 눈물을 흘리면서 붓다에게 예를 표하고,
그들을 무명과 고통으로부터 벗어나게 해준 붓다에게 감사의 뜻을 전한다.

여기까지가 사마타(견도분)이다. 이어 삼마제(수도분)에 들어가면서 아난은 붓다에
게 이렇게 말한다. "세존이여, 비록 저는 지금 이와 같은 법음을 듣고 여래장의 묘각명
심이 온 세계에 두루하며 여래의 모든 국토의 청정보엄 묘각왕찰을 모두 기르고 있음
을 압니다만, 여래께서는 다문만 하는 것은 공이 없어 수습(修習)에 이르지 못한다고
책망하십니다. 저는 지금 마치 여행하던 자가 갑자기 천왕으로부터 호화로운 집을 선
사받은 것과 같습니다. 비록 큰 집을 얻었지만 문으로 들어가는 것이 필요합니다." 중
생의 본래 마음이 묘명정심이란 것을 확연하게 깨달았지만, 이것은 아직 몸소 증득한
것이 아니다. 마치 대궐을 밖에서 보기만 하고 아직 그 안으로 들어서지 않은 것과 같
다. 확실하게 깨달은 그 묘명정심의 본래 마음자리로 성큼 나아가는 것, 깨달은 자신
의 보물인 호화로운 대궐에 문을 열고 들어서는 것, 그것이 필요하다. 이어지는 삼마
제(수도분)에서 그 방법을 제시한다.

제1부 사마타

능엄경 제1권

〈7처징심/7번파심〉 마음(반연심)의 처소를 찾음

1. 몸 안   ↔ 몸 안을 왜 못 보는가? 눈이 본다면, 그럼 창문이 보는가?
2. 몸 밖   ↔ 몸과 몸 밖의 마음이 어떻게 1대1로 연결되는가?
3. 근 안에 잠복   ↔ 근을 보는가?
4. 몸 안 어둠 속   ↔ 눈 감고 보는 어둠이 뱃속인가?
5. 법과 합하는 곳   ↔ 몸의 자극을 아는 마음이 일(一)인가, 다(多)인가?
6. 안과 밖, 근과 진의 중간   ↔ 중간이 정확히 어디인가?
7. 집착 없는 곳   ↔ 없다면, 뭘 집착 안 함? 있다면, 이미 집착 아닌가?

〈십번현견(十番顯見)〉 진심의 견을 밝힘

1. 눈 너머 마음의 견   – 손:주먹 = 눈:견의 비유, 맹인의 예. 등불이 보는가?
2. 움직이지 않음: 부동(不動)   – 주먹 펴고 쥠, 빛을 날림

능엄경 제2권

3. 멸하지 않음: 불멸(不滅)   – 파사익왕의 질문, 갠지스강을 본 나의 정체성
4. 유실되지 않음: 불실(不失)   – 성전도, 일첨시 · 배첨시, 명 → 무명 → 공 → 색
5. 환원되지 않음: 불환(不還)   – 견=정명=제2월 ↔ 월영
6. 사물이 아님: 부잡(不雜)   – 불견도 보는가?
7. 장애가 없음: 무애(無礙)   – 견의 크기?
8. 사물과 분리되지 않음: 불리(不離)   – 문수이다! 성립 안 함
9. 자연도 인연도 아님: 두루하는 견   – 자연이나 인연을 넘어섬
10. 견(망견)을 떠남: 제1의의 견(진견)   – 견견의 견(제1의의 견) ↔ 세속의 견

〈원심, 무명, ① 공, ② 색, ③ 신, ④ 심의 관계〉

어둠/무명 → ① 공 → ② 색(色) → ③ 신(身)

　↕　　　　　┗━━━━━━━━━┓

원묘명심　　　　식소변: 허망상　　→　　④ 반연심

① 〈회매위공〉: 원묘명심　↔　　회매　　→　　공(空)
　　　　　　　〈밝음〉　　어둠 〈무명업상〉

② 〈결암위색〉: 보려는 마음 → 어둠이 맺힘 → 보여지는 색(色) 등장
　　　　　　　　〈전상〉　　　　　　〈현상〉　　- 기세간 성립

③ 〈색잡망상〉: 기세간의 색에 망상이 섞임
　　〈상상위신〉: 그 망상(想)의 모습(相) → 〈신(身)〉　　- 유근신 성립

④ 〈취연내요〉: 안으로 흔들림 ┓ 〈혼요상을 심성으로 여김〉
　　〈취외분일〉: 밖으로 내달림 ┛　→ 〈반연심(心)〉　　- 자아식(말나식) 성립

〈심과 색: 영화의 비유〉

영사기의 빛　　　　원묘명심의 빛
　↓　　　　　　　　↓
스크린　　① 빛의 그림자(회매/무명) = 허공　　— 회매위공
　↓
세계　　② 세계(기세간)=어둠이 맺힌 상 = 색법　　— 결암위색
　　　　　　　　　↓
　　③ 망상이 섞인 망상의 상이 내 몸(유근신)이 됨　　— 상상위신
　　　　　　　　　↓
　　④ 몸 안팎으로 분주한 혼요상을 내 마음(반연심)으로 여김　　— 혼요상위심

〈5음(五陰, pañca skhandha)〉

	〈허망상〉	↔	〈묘진여성〉
1. 색(色, rūpa): 5근+5경+법처색: 눈을 눌러 만들어진 환화		↔	청정한 눈
2. 수(受, vedanā): 락수+고수+사수: 손을 비벼 일어난 느낌		↔	편안한 무느낌
3. 상(想, samjñā): 명언(名言)적 표상: 매실 상상으로 침 생김		↔	무념무상(無念無想)
4. 행(行, samskāra): 조업(造業) 활동: 물(水)의 흐름		↔	적정(寂靜)
5. 식(識, vijñāna): 분별적 앎: 빈 병 속의 허공		↔	허공(虛空)

능엄경 제3권

〈6입처〉

근의 피로　→　경(진)　→　식 ─(진을 흡입)─〉　근성＝입처

1. 안입: 눈을 부릅뜸으로써 명암이 생겨서 견이 일어나 진을 흡입하여 견성(안입)이 형성됨

2. 이입: 귀를 막음　　　동정　　　문　　　　　　청문성(이입)

3. 비입: 코로 들이쉼　　통색　　　문　　　　　　후문성(비입)

4. 설입: 혀를 핥음　　　첨고담　　각　　　　　　지미성(설입)

5. 신입: 손을 감촉함　　위순　　　각　　　　　　지각성(신입)

6. 의입: 의의 기억　　　생멸　　　지　　　　　　각지성(의입)

〈7대〉

1-4. 4대: 성이 지화수풍 ＝ 진공　　＆　성이 공　＝ 진대　　－4대의 성은 공(空)
　　　　　　　　〈성색진공〉　　　　　〈성공진색〉

5. 공대: 성이 공(각)　　＝ 진공　　＆　성이 공　＝ 진각　　－공대의 성은 각(覺)
　　　　　　　　〈성각진공〉　　　　　〈성공진각〉

6. 견대: 성이 견　　　＝ 각명　　＆　각이 정(견) ＝ 명견　－견대의 성은 명(明)
　　　　　　　　〈성견각명〉　　　　　〈각정명견〉

7. 식대: 성이 식　　　＝ 명지　　＆　각이 명　＝ 진식　　－식대의 성은 지(知)
　　　　　　　〈성식명지〉　　　　　〈각명진식〉

능엄경 제4권

〈세간의 형성: 3세의 발생〉

진(眞): 각명　↔　망(妄): 명각　→　①입소　→　②생능

〈심＝각＝명〉　심 ─(명)→ 각

　　　　　　　　능-소 분별　　　소 성립　　　능 생함　　소 규정
　　　　　　　　〈근본무명〉　　①〈무명업상〉→　②〈전상〉→　③ 현상
　　　├──────────────────┤　　　　　　　　　＝ 능　　　　＝ 소
　　　　　　　자증분　　　　　　견분＝능견상　상분＝경계상

〈중생의 상속〉

감(感:정 · 상 · 합 · 리)에 따라 4생(生:태 · 난 · 습 · 화)으로 응(應):

태생: 결애의 정(情)으로 유(有) – 수기(水氣)

난생: 난상의 상(想)으로 생(生) – 화기(火氣)

습생: 난기에 합(合)하여 감(感) – 수기(水氣)

화생: 형 바꿈 리(離)하여 응(應) – 화기(火氣) = 업화(業化) ↔ 묘화(妙化): 화신(化身)

〈비유〉